Barbara und Hans Otzen

# Eifel

„Warme Tage waren über die Eifel gekommen.
Frühsommertage.
Die Sonne brannte auf die nackten Kuppen,
die Felsen schleuderten die Strahlen zurück."

*Clara Viebig,*
*aus: „Das Weiberdorf", 1911*

## Impressum

Barbara und Hans Otzen
**Reise Know-How Eifel**

erschienen im
Reise Know-How Verlag Peter Rump GmbH
Osnabrücker Str. 79, 33649 Bielefeld


**5., neu bearbeitete und komplett aktualisierte Auflage 2017**


**Gestaltung**
Umschlag: Günter Pawlak, Peter Rump (Layout); Svenja Lutterbeck (Realisierung)
Inhalt: G. Pawlak (Layout und Realisierung)
Karten: Catherine Raisin, Thomas Buri
Fotonachweis: die Autoren (ot), Caroline Tiemann (ti), Christian Griesche (cg), www.fotolia.com, wikimedia.org (Autoren jeweils am Bild)
Umschlagfoto: Hans Otzen (Motiv: Fachwerkensemble an der Rur in Monschau)

**Anzeigenvertrieb:** KV Kommunalverlag GmbH & Co. KG, Alte Landstraße 23, 85521 Ottobrunn, Tel. 089 928096-0, info@kommunal-verlag.de

**Lektorat:** Caroline Tiemann
**Lektorat** (Aktualisierung): Ann-Cathrin Schwarzenfels

**Druck und Bindung**
D3 Druckhaus GmbH, Hainburg

**ISBN 978-3-8317-2918-0**
Printed in Germany

Dieses Buch ist erhältlich in jeder Buchhandlung Deutschlands, der Schweiz, Österreichs, Belgiens und der Niederlande.
Bitte informieren Sie Ihren Buchhändler über folgende Bezugsadressen:
**Deutschland**
Prolit GmbH, Postfach 9, D-35461 Fernwald (Annerod) sowie alle Barsortimente
**Schweiz**
AVA Verlagsauslieferung AG
Postfach 27, CH-8910 Affoltern
**Österreich**
Mohr Morawa Buchvertrieb GmbH
Sulzengasse 2, A-1230 Wien
**Niederlande, Belgien**
Willems Adventure, www.willemsadventure.nl

Wer im Buchhandel trotzdem kein Glück hat, bekommt unsere Bücher auch über unseren
**Büchershop im Internet: www.reise-know-how.de**

068ei ot

**Wir freuen uns über Kritik, Kommentare und Verbesserungsvorschläge, gern auch per E-Mail an info@reise-know-how.de.**

**Alle Informationen in diesem Buch sind von den Autoren mit größter Sorgfalt gesammelt und vom Lektorat des Verlages gewissenhaft bearbeitet und überprüft worden.**

**Da inhaltliche und sachliche Fehler nicht ausgeschlossen werden können, erklärt der Verlag, dass alle Angaben im Sinne der Produkthaftung ohne Garantie erfolgen und dass Verlag wie Autoren keinerlei Verantwortung und Haftung für inhaltliche und sachliche Fehler übernehmen.**

**Die Nennung von Firmen und ihren Produkten und ihre Reihenfolge sind als Beispiel ohne Wertung gegenüber anderen anzusehen. Qualitäts- und Quantitätsangaben sind rein subjektive Einschätzungen der Autoren und dienen keinesfalls der Bewerbung von Firmen oder Produkten.**

Barbara und Hans Otzen

# EIFEL

# Vorwort

Der nächste Vulkanausbruch in Deutschland findet garantiert in der Eifel statt. Vulkanologen sind sich darüber einig, dass die letzte Eruptionsphase in der Eifel noch nicht abgeschlossen ist – doch wann wieder ein Eifelberg Feuer spuckt, weiß keiner.

Die Eifel lag als einer der schönsten und vielseitigsten Landschafts- und Kulturräume Deutschlands bis ins beginnende 20. Jahrhundert hinein im Abseits. Früher als das „Sibirien Preußens" verschrien, ist sie heute längst kein Geheimtipp mehr, sondern steht bei Urlaubern hoch im Kurs. Die Eifel bietet in vielen Teilen noch unberührte Kulturlandschaften – ein von Wäldern, Wiesen und Äckern, Tälern und Höhen, Vulkanen, Maaren und Thermalquellen vielseitig geprägtes Erscheinungsbild.

Doch nicht nur die landschaftlichen Reize der Region mit ihren geologischen Besonderheiten, auch ihre Geschichte, die Baudenkmäler, ihre Gastronomie und vor allem die vielfältigen Sport- und Freizeitmöglichkeiten machen das Gebiet im äußersten Westen der Republik nahe der belgischen und luxemburgischen Grenze zu einer beliebten Ferienregion – ein Paradies für Wanderer, Radler, Biker, Reiter, Wellness-Freunde, Wintersportler oder einfach Erholung Suchende.

Das neue Bild der Eifel ist geprägt von der Hingabe zur Natur, ihrer Flora und Fauna und von den Anstrengungen, alles zu erhalten, was schützenswert ist. Die Schaffung des Nationalparks Eifel mit seinem hohen Freizeitwert ist eines der Ergebnisse dieser neuen Sicht der Eifel. Richtig populär ist die Eifel durch die vielen Kriminalromane geworden, die ihre raue Landschaft zum Tatort machen. „Eifel-Krimis" sind „in", genauso wie „Rock am Ring", das alljährlich wieder am Nürburgring stattfindende, legendäre Rockfestival.

Mit seinen zahlreichen praktischen Tipps und Anregungen soll dieses Buch dem Reisenden helfen, die Eifel in all ihren Facetten zu entdecken und zu erleben. Wir wünschen eine gute Reise!

*Barbara und Hans Otzen*

012ei ot

# Inhalt

## 6 Praktische Reisetipps A–Z 272



## 7 Land und Leute 292



## 8 Anhang 312



## Wandertipps

vulkanischen Aktivitäten der Osteifel. Hier erhebt sich die **Hohe Acht (S. 71)** als Vulkankegel und höchster Berg der gesamten Eifel. Ganz anders im Charakter ist das Weintal der Ahr, wo auf den terrassierten Weinbergen der Spätburgunder kultiviert wird.

## 3 Die Eifeler Nord-Süd-Senke | 98

Für den Betrachter nicht mehr ersichtlich ist die Senke, die in geologischer Frühzeit vom Meer bedeckt war und Sandsteinsedimente hinterlassen hat. In dieses Gestein haben die Flüsse tiefe Täler gegraben, die als Verkehrswege mit Burgen wie der **Burg Kerpen (S. 137)** oder mit reizvollen Orten wie **Bad Münstereifel (S. 106)** und **Kronenburg (S. 132)** besiedelt wurden. Hier findet man auch berühmte Klöster wie **St. Thomas (S. 147)** oder **Niederehe (S. 139).**

## 4 Die Westeifel | 168

Hier findet man urtümliche Landschaften wie die **Rureifel (S. 186),** den **Zitterwald (S. 213),** die **Schneifel (S. 214)** oder den **Islek (S. 225).** Im Herzen der Rureifel erstreckt sich der **Nationalpark Eifel (S. 198)** um den **Rursee (S. 193),** die größte Talsperre der Region. Eine Besonderheit stellt das urtümliche Hochmoor des **Hohen Venns (S. 170)** dar, das sich über die Grenze nach Belgien fortsetzt.

## 5 Die Moseleifel | 234

**Burg Eltz (S. 257)** erhebt sich in einem tief eingeschnittenen Seitental der Mosel als wohl bekannteste Burg Deutschlands. Reizvoll ist das Fachwerkstädtchen **Monreal (S. 254),** imposant die **Genovevaburg** in **Mayen (S. 236)**. Die Moseleifel läuft ostwärts in der **Pellenz (S. 242)** aus, in dessen Zentrum sich die Doppeltürme der Pfarrkirche St. Martin in **Münstermaifeld (S. 249)** erheben.

### Nicht verpassen!

Die Highlights der Region erkennt man an der **gelben Hinterlegung.**

**Unser Tipp:** ...

... steht für spezielle Empfehlungen der Autoren: abseits der Hauptpfade, nach ihrem persönlichen Geschmack.

**Kinder-Tipps ...**

... das Symbol kennzeichnet Sehenswürdigkeiten, Unterkünfte und Aktivitäten, an denen auch kleine Eifel-Urlauber ihre Freude haben werden.

# Fünf Burgen zum Staunen

114ei ot

**Schloss Bürresheim | 73**

Mächtig erhebt sich Schloss Bürresheim am Zusammenfluss von Nitzbach und Nette oberhalb von Mayen. Die nie eroberte Burg hat ihr historisches Inventar bewahren können, was sie für Besucher besonders reizvoll macht. Ein kleiner Barockgarten aus dem 17. Jahrhundert ergänzt das Bild der Burganlage.

117ei ot

**Burg Satzvey | 101**

Die zu den am besten erhaltenen Wasserburgen des Rheinlandes zählende Anlage versetzt die Besucher alljährlich in das Mittelalter zurück. Hier werden Ritterturniere geboten, hier gibt es Mittelaltermärkte und nicht zuletzt auch die historische Burgweihnacht.

116ei ot

**Kasselburg | 143**

Nördlich von Gerolstein erhebt sich die von dem Blankenheimer Grafen errichtete Kasselburg. Bis heute beeindruckt der wehrhafte Wohn- und Torturm. Die große Attraktion der Burg ist der Adler- und Wolfspark.

115ei ot

**Genovevaburg | 238**

Als Wahrzeichen von Mayen erhebt sich die Genovevaburg auf einer Felskuppe über der Altstadt. Die Burg ist der Schauplatz der Genoveva-Sage. Interessant sind die zum Eifelmuseum ausgebauten Stollen unter der Burg.

118ei ot

**Burg Eltz | 257**

Im engen Elzbachtal, einst ein wichtiger Verkehrsweg innerhalb der Eifel, findet man Burg Eltz, im 12. Jahrhundert erbaut und immer wieder erweitert, um allen Mitgliedern der Familie der Burgherren Wohnplatz zu bieten. Die Burganlage mit ihren sieben Türmen stellt den Inbegriff deutscher Burgenromantik dar.

# Fünf Klöster zur inneren Einkehr

**Kloster Marienthal | 40**

120ei ot

Anfang des 12. Jahrhunderts als Zweigkloster des Klosterrather Mutterhauses (heute in den Niederlanden) gegründet, diente es unter anderem der Weinversorgung – Wein wird bis heute in seinen Rebgärten angebaut. Das Kloster diente zuletzt als Domäne des Landes Rheinland-Pfalz und ist heute im Besitz eines Ahrtaler Winzerkonsortiums.

**Abtei Maria Laach | 60**

119ei ot

Mit dem Bau der Abtei am Laacher See wurde im 11. Jahrhundert begonnen. Im 13. Jahrhundert erhielt die Abteikirche vor dem Portal ein Paradies mit außergewöhnlichen Steinskulpturen. Heute leben 80 Mönche im Kloster und betreiben ein Hotel, eine Gärtnerei, einen Buchladen und auch eine Kunstschmiede.

**Abtei Himmerod | 95**

123ei ot

Im abgeschiedenen Salmtal stifteten die Trierer Erzbischöfe Anfang des 12. Jahrhunderts die Abtei Himmerod. Die romanische Klosteranlage wurde im 18. Jahrhundert barock erneuert, die Abteikirche nach Zerstörungen im Zweiten Weltkrieg original wieder aufgebaut. Die Abtei ist nicht nur für ihre Orgelkonzerte berühmt, sondern betreibt auch eine Gaststätte, eine Fischerei, einen Buchladen und eine Gärtnerei.

**Kloster Mariawald | 201**

122ei ot

Für eine auf dem Kermeter gefundene, Wunder spendende Marienstatue wurde am Ende des 15. Jahrhunderts ein Kloster errichtet, das bis heute besteht. Der Altar mit der Statue konnte während der napoleonischen Wirren in die Pfarrkirche von Heimbach gerettet werden. Heute leben Trappistenmönche im Kloster und betreiben eine Gaststätte, die für ihre Erbsensuppe berühmt ist.

**Kloster Springiersbach | 265**

121ei ot

In Bengel unterhalb des Kondelwaldes liegt an einem einst einsam gelegenen Standort das Kloster Springiersbach. Die romanische Klosterkirche wurde Ende des 18. Jahrhunderts nach einem Brand durch einen Rokokobau teilweise ersetzt. Teile der alten Klostergebäude stehen noch.

# Fünf der schönsten Orte

124ei ot

**Ahrweiler | 36**

Inmitten der Weinahr weist Ahrweiler eine komplett erhaltene mittelalterliche Stadtmauer auf. Ein großer Bestand an meisterlich renovierten Fachwerkhäusern macht den Reiz der Stadt aus. Am Marktplatz steht weithin sichtbar die St. Laurentiuskirche. In den Weinbergen wurde eine römische Villa ausgegraben, deren Reste heute überdacht als Museum besucht werden können. Gegenüber der Ahr erhebt sich inmitten von Weinbergen Kloster Kalvarienberg mit einer schlichten Barockkirche.

125ei ot

**Bad Münstereifel | 106**

Münstereifel entwickelte sich im 9. Jahrhundert aus einer Filiale der Benediktinerabtei Prüm. Später waren die Jülicher Grafen Herren in Münstereifel, die den Ort mit einer Mauer, Toren und einer Burg befestigten. Der Ort wurde durch Wollweberei reich, was an der Substanz an historischen Gebäuden und Fachwerkhäusern zu erkennen ist.

128ei ot

**Blankenheim | 125**

Die Herren von Blankenheim, die zu den stärksten Grafengeschlechtern der Eifel zählten, konnten sich bis zum Ende der Feudalzeit selbstständig halten. Sie errichteten ihre Burg im 12. Jahrhundert. Am Fuße der Burg entstand der Burgort, dessen Kern durch historische Fachwerk- und Steinhäuser geprägt ist. In der Burg selbst ist heute eine Jugendherberge untergebracht.

127ei ot

**Kronenburg | 132**

Ein typischer Burgort ist Kronenburg, den sich die Ritter von Dollendorf im 13. Jahrhundert errichteten. Von der Burg im Zentrum sind nur noch Reste erhalten, aber die alte Ummauerung des Ortes besteht noch. Die Fachwerkhäuser des Ortes sind in diesen Burgbering mit einbezogen. Weithin sichtbar erhebt sich die spätgotische Ortspfarrkirche, deren Turm zu Verteidigungszwecken ebenfalls in den Bering eingebaut ist.

126ei ot

**Monreal | 254**

Der kleine, malerische Ortskern von Monreal am Elzbach wird von zwei Burgen überragt. Im historischen Ortskern findet man schöne Fachwerkhäuser, die nach der Zerstörung des Ortes im Dreißigjährigen Krieg entstanden. Inmitten des Ortes steht die dreischiffige Pfarrkirche, deren Chor mit Kreuzrippengewölben ausgestattet ist. Die figürlichen Gewölbeschlusssteine in der angebauten Heiligkreuzkapelle sind beachtenswert.

# Vulkanismus aller Orten

129ei ot

### Landskrone | 34

Der Vulkanismus der Eifel zeigt verschiedenartigste Formen. Viele der Bergkegel sind Reste eines Ausbruchs. Die mit Wasser gefüllten Schlote, entstanden durch vulkanische Explosionen, sind als Maare einzigartig in der Eifel. Sogar Geysire gibt es. Manche der vulkanischen Bergkegel tragen Burgen oder Reste davon wie auf der Landskrone.

131ei ot

### Laacher See | 59

Der Laacher See entstand vor 12.000 Jahren durch eine der jüngsten Eruptionen in der Eifel. Die Aschewolke verbreitete sich über Europa, die heißen Gesteinsströme stauten sogar den Rhein auf. Durch die am See gelegene Abtei Maria Laach wird das Erscheinungsbild des Sees reizvoll ergänzt.

132ei ot

### Ulmener Maar | 80

Kreisrund wie die meisten Maare der Eifel wird das Ulmener Maar von der Ulmener Pfarrkirche und den Resten der Burg der Herren von Ulmen überragt. Der unmittelbar an der Autobahn gelegene See kann in einem leichten Spaziergang umrundet werden. Der auf der anderen Seite der Autobahn gelegene Jungfernweiher ist kein Maar, sondern ein im Mittelalter aufgestauter Zufluss.

133ei ot

### Weinfelder Maar | 83

Am Rand des auch Totenmaar genannten, über 500 Meter im Durchmesser großen Maares, steht heute noch die Weinfelder Kirche inmitten eines alten Friedhofs. Der Ort wurde im 15. Jahrhundert als Folge einer Pestepidemie aufgegeben.

134ei ot

### Pulvermaar | 88

Das bei Gillenfeld gelegene, kreisrunde Pulvermaar ist mit einer Tiefe von 74 Metern das tiefste natürliche Gewässer der Eifel. Seine trichterförmige Gestalt wird noch durch die steilen Ufer unterstrichen. Wie alle Maare steht es unter Naturschutz, im See darf aber gebadet werden. Vielerlei Sagen ranken sich um das Maar, so auch die von einer hartherzigen Gräfin, die im Boden versank und das Maar hinterließ.

# 1 Das Eifelvorland

Die Römerthermen in Zülpich sind ein sehenswertes Beispiel antiker Kultur im Eifelraum. Die Abtei Kornelimünster zeigt den Übergang der Römerzeit in die Epoche der karolingischen Herrscher.

< Im historischen Ortskern von Kornelimünster bei Aachen

Eifelvorland

# Die nördlichen Ausläufer der Eifel

## Info

■ **Rhein-Voreifel Touristik eV.:** 53343 Wachtberg, Rathausstr. 34, Tel. 0228 9 54 41 00, www.rhein-voreifel-touristik.de.

Das von Tälern strukturierte Rumpfbergland der Eifel senkt sich zum Norden hin flacher ab als im Osten zum Rhein und im Süden zur Mosel. Die Übergangslandschaft zur Norddeutschen Tiefebene, die mit der **Zülpicher Börde** tief in die Eifellandschaft eingreift, wird vom so genannten Eifelvorland gebildet.

## Oberwinterer Terrassen- und Hügelland

Die östlichen Teile dieser Übergangslandschaft werden vom Oberwinterer Terrassen- und Hügelland und Drachenfelser Ländchen gebildet. Die Bezeichnung als **Drachenfelser Ländchen** leuchtet zunächst nicht ein, erhebt sich doch der Drachenfels auf der gegenüberliegenden Seite des Rheins. Doch im Jahre 1402 ging der Besitz an der Burg Gudenau bei **Villip** an die Drachenfelser Grafen über, worauf die Bezeichnung des Gebietes zurückgeht. Die heute zur Gemeinde **Wachtberg** zählenden Ortschaften Adendorf, Arzdorf, Fritzdorf und Klein-Villip gehörten vormals zum Herrschaftsbereich der Grafen von Neuenahr, weshalb der südliche Teil des Oberwinterer Terrassen- und Hügellandes als **Grafschaft** bezeichnet wird.

### Burg Gudenau

Burg Gudenau zählt zu den am besten gepflegten **Wasserburgen** des gesamten Rheinlands. Die Burganlage besteht aus einem weitläufigen, über Jahrhunderte gewachsenen Baukomplex aus von Wassergräben umgebenem Wohnturm, Herrenhaus, Torturm und Alter Vorburg mit einem anschließenden Renaissancegarten, der in die Landschaft des Kottenforstes übergeht. Als die Herren von Waldbott zu Bassenheim in den Besitz der Burg gelangten und diesen erheblich erweiterten, erhob Kaiser *Leopold I.* das Gebiet des Drachenfelser Ländchens im Jahre 1659 zur Reichsherrschaft.

■ **Burg Gudenau:** 53343 Wachtberg-Villip, Burg Gudenau 1, die Burg ist in Privatbesitz und nicht zu besichtigen, die Parkanlagen der Burg sind von März bis 20. Dez. jeweils Mo bis Fr 8–12 und 13–17 Uhr geöffnet.

## Rodderberg

Die Oberflächenstruktur des Oberwinterer Terrassen- und Hügellandes, das sich weitgehend auf der Hauptterrasse des Rheins erstreckt, wurde durch vulkanische und tektonische Einwirkungen des sich tiefer eingrabenden Rheins geschaffen. Im Gegensatz zu den Vulkankuppen des Drachenfelser Ländchens und der Grafschaft ist der sich unmittelbar am Rhein erhebende Rodderberg der jüngsten Ausbruchsperiode des vor etwa 600.000 Jahren einsetzenden quartären Eifelvulkanismus mit Schwerpunkten in der Westeifel und dem Laacher Gebiet zuzurechnen. Er bildet auch keine Kuppe, sondern ist vielmehr durch seine charakteristische **Caldera** (Kraterkessel) gekennzeichnet. Sein Ausbruch

### NICHT VERPASSEN!

- **Burg Gudenau:** Wasserburg mit Renaissancegarten | 18
- **Abtei Kornelimünster:** Wallfahrtsort mit Reliquien aus der Gründerzeit | 25

**Diese Tipps erkennt man an der gelben Hinterlegung.**

### Die Highlights für Kinder

- Kinder- und Jugendreitturniere der **Reitschule Rodderberg** | 20
- Die **Lüfthildis Mysterienspiele** in **Meckenheim** | 21
- **Waldgaststätte** Bahnhof **Kottenforst** mit **Kinderspielplatz** | 21
- **Glasmuseum Rheinbach**, hier gibt es Kinderprogramme | 22

liegt „nur“ etwa 150.000 Jahre zurück. Es entstand ein Tuffring mit einem Durchmesser von 800 Metern, der eine etwa 50 Meter tiefe Senke umschließt, in deren Mitte sich heute der Broichhof befindet. Der Auswurfschlot liegt am Rand, gut einsehbar vom Feldweg, der zum Rolandsboden führt. Neueste Bohrungen 2012 sollen weiteren Aufschluss über den Aufbau des Kraters und seine aufliegenden Sedimente liefern.

Klimatisch in der Senke begünstigt, konnte sich auf den Verwitterungsböden der Senke ein spezifischer Lebensraum für Tier- und Pflanzengemeinschaften ausbilden, die ansonsten eher in südlicheren Gefilden anzutreffen sind.

Aufgrund der geologischen und biologischen Besonderheiten des Rodderberges wurde das gesamte Areal unter **Naturschutz** gestellt.

## Essen & Trinken

■ **Gasthaus Kräutergarten**④, 53343 Wachtberg-Adendorf, Töpferstr. 30, Tel. 02225 75 58, www.gasthaus-kraeutergarten.de. In einem alten Adendorfer Wohnhaus, nur wenige Tische, Spitzenrestaurant im Bonner Raum, das für seine niveauvolle Küche mit kleiner, gepflegter Karte und reichhaltiger Weinkarte bekannt ist. Auf jeden Fall Reservierung empfohlen, geöffnet Di–Sa ab 18 Uhr, So 12–18 Uhr.

■ **Waldesruh**①, 53343 Wachtberg-Villiprott, Dorfstr. 62, Tel. 0228 32 54 88, www.waldesruh.net. Gartenlokal mit Kinderspielplatz am Kottenforst, an schönen Tagen und Abenden gern von Radlern und Reitern aufgesucht, geöffnet Mo bis Sa ab 12 Uhr, So und feiertags ab 11 Uhr.

## Aktivitäten

■ **Reitschule Rodderberg:** Gut Broichhof, 53343 Wachtberg-Niederbachem, Rodderbergpark, Tel. 0228 34 50 36, www.rodderberg.de.

## Veranstaltungen

■ **Adendorfer Töpfertage / Martinsmarkt:** Veranstaltet vom Töpferdorf mit vielen Töpfereien alljährlich am 2. Wochenende Mitte Oktober in der Hauptstraße und den Nebenstraßen, Organisation: Verein Adendorfer Gewerbetreibender, Tel. 02225 78 74, www.vag-wachtberg.de.

**Reitturniere Rodderberg:** Rodderberg Park-Derby, Nationale und internationale Vielseitigkeitsreitturniere, jährlich Ende Juli/Anfang August. Deutsche Meisterschaft Vielseitigkeit Senioren, Junioren und Junge Reiter.

### Wandertipp Rodderberg

Der 3,4 Kilometer lange Rundweg auf dem Schlackenrand des Rodderberges bietet immer wieder **herrliche Ausblicke auf den Rhein** mit dem **Siebengebirge** als Kulisse, bis Bonn und in den Krater mit dem Broichhof hinein. Die Anfahrt erfolgt über die Vulkanstraße in Niederbachem bis zum Parkplatz an der kleinen Kapelle am Kraterrand.

## Meckenheim

Nordwestlich von Wachtberg liegt Meckenheim. Der erstmals im Jahre 853 erwähnte Ort besaß einst eine Ummauerung und eine Stadtburg. Das alte Stadtbild ging jedoch völlig im Bombenhagel des März 1945 unter. Der sehenswerteste Ortsteil ist Lüftelberg mit seinen reizvollen Fachwerkhäusern, seiner Wasserburg und seiner romanischen Kirche.

### Lüftelberg

In Lüftelberg nördlich von Meckenheim an der Swist war ein fränkisches Straßendorf entstanden, das seinen Namen der Heiligen *Lüfthildis* verdankt, die hier um 800 gelebt haben soll und deren Grabstätte in der hiesigen Pfarrkirche St. Peter verehrt wird. **Burg Lüftelberg,** Sitz einer kurkölnischen Unterherrschaft und unmittelbar neben der Pfarrkirche gelegen, wird 1260 erstmals erwähnt. Im 15. Jahrhundert erfolgte der Ausbau der Anlage zu einem steinernen Herrensitz mit vier runden Ecktürmen, der ab 1730 barockisiert wurde. Der Gartensaal als zentraler Raum der Burg wurde repräsentativ als Festsaal mit Gemälden und Stuckaturen ausgeschmückt. Oberhalb der Burg steht die Pfarrkirchkirche St. Peter, ehemals Eigenkirche der Ortsherren und ein Kleinod rheinischer Kirchenromanik.

■ **Burg Lüftelberg:** 53340 Meckenheim-Lüftelberg, Besichtigung: am Tag des Offenen Denkmals; Gartensaal kann für private Veranstaltungen gemietet werden (Tel. 02225 77 49); Veranstaltungen: Konzerte im Gartensaal, Weihnachtsmarkt.

**Lüfthildis Mysterienspiele e. V.:** Wiederbelebung der Wallfahrtstradition durch jährlich neue Inszenierungen, aufgeführt durch Laienschauspieler des Theatervereins, Schloßstraße 6, 53340 Mekkenheim-Lüftelberg www.mysterienspiele.de.

**Waldgaststätte Bahnhof Kottenforst**①, 53340 Meckenheim, Bahnhof Kottenforst 8, Tel. 02225 73 22, www.kottenforst-bahnhof.de, am Rand des Kottenforstes im historischen Fachwerkbahnhof, großer Außenbereich mit neuem Spielplatz, ab 11 Uhr geöffnet, Mo Ruhetag.

## Rheinbach

Weiter nach Westen auf dem Weg durch das Eifelvorland kommt man von Meckenheim nach Rheinbach. Der Ort geht auf ein Lehen der Abtei Prüm aus dem 9. Jahrhundert zurück. 1247 übernahmen die Kurkölner die Herrenrechte und bauten die vorhandene Burg zur Landesburg als militärischen Stützpunkt gegen die Grafen von Jülich aus. Die Stadt litt schwer unter dem Bombenhagel am Ende des Zweiten Weltkrieges, doch die Rheinbacher Hauptstraße mit ihren vielen renovierten Fachwerkhäusern vermittelt immer noch einen Eindruck von dieser einst so schönen Stadt.

Von der mit acht Befestigungstürmen versehenen ehemaligen Stadtbefestigung, die schon ab 1820 weitgehend niedergelegt wurde, sind noch der runde **Wasemer Turm** am Prümer Wall und der viereckige **Kallenturm** an der Grabenstraße erhalten. Die **Kurkölner Landesburg** war wie in Zülpich und Lechenich ursprünglich in den Befestigungsring einbezogen. Von dieser einst so stattlichen Anlage sind noch der Bergfried und der Torbau aus dem 12. Jahrhundert erhalten.

## Glasmuseum

Zwischen Wasemer Turm und ehemaliger Landesburg steht der **Himmeroder Hof,** ein innerhalb der Stadtmauer gelegener Landwirtschaftshof von Mönchen des Klosters Himmerod in der Eifel. Der schöne Fachwerkgebäudekomplex beherbergt heute das Glasmuseum der Stadt, ein Spezialmuseum für nordböhmisches Hohlglas – Glasbläser aus Böhmen, die sich nach dem Zweiten Weltkrieg in Rheinbach niederließen, begründeten die neue „Tradition" Rheinbachs als Glasstadt mit entsprechender, 1995 gegründeter Fachhochschule. Heute ist sie in die Fachhochschule Bonn-Rhein-Sieg integriert und hat hier zusätzlich ihren betriebswirtschaftlichen Zweig.

**Glasmuseum Rheinbach:** Himmeroder Wall 6, Tel. 02226 91 75 01, www.glasmuseum-rheinbach.de, Spezialmuseum für nordböhmisches Hohlglas, geöffnet Di–Fr 10–12 und 14–17 Uhr, Sa und So 11–17 Uhr, Mo, 24./25.12., 31.12.,1.1. geschlossen, bietet Führungen für verschiedene Gruppen an, mit Museumsshop, behindertengerecht, Eintritt 3 €, ermäßigt 1,50 €.

002ei ot

# Euskirchen

## Info

**Stadtverwaltung Euskirchen:** 53879 Euskirchen, Kölner Str. 75, Tel. 02251 1 40, www.euskirchen.de

Die erstmals im Jahre 870 urkundlich erwähnte Stadt Euskirchen, westlich von Rheinbach gelegen, befand sich später im Besitz der Herren von Monschau, die der Ortschaft 1302 die Stadtrechte verliehen. 1355 kam Zülpich an die Grafen von Jülich, die den Ort als Grenzfeste gegen Kurköln ausbauten. Weithin herausragendes Gebäude aus der mittelalterlichen Stadt ist die katholische **Pfarrkirche St. Martin.** Die dreischiffige Basilika stammt im Kern aus dem 12. Jahrhundert – möglicherweise sind Bauteile einer vorangegangenen Saalkirche einbezogen worden.

## Industriemuseum

Sehenswertes Technikmuseum in der 1961 stillgelegten **Tuchfabrik Müller,** deren gesamtes Betriebsinventar noch vorhanden und einsatzfähig ist. Nur im

Der erste Schnee im Herbst im Eifelvorland

Rahmen von Führungen zu besichtigen, bei denen die alten Maschinen in Gang gesetzt werden. Die Kraftübertragung erfolgt noch durch Treibriemen.

■ **Rheinisches Industriemuseum Kuchenheim:** Euskirchen-Kuchenheim, Carl-Koenen-Str., Tel. 02251 1 48 80, www.freunde-rim-euskirchen.de. Führungen Di–Sa 11, 14, 15.30 Uhr, So 11, 12, 13, 14, 15, 16 Uhr; 1.1., Weiberfastnacht bis Karnevalsdienstag geschlossen, Eintritt 7 €, ermäßigt 4 €, Jugendliche bis 18 Jahren frei.

## Zülpich

### Info

■ **Stadtverwaltung Zülpich:** 53909 Zülpich, Markt 21, Tel. 02252 5 20, www.zuelpich.de.

Der zentrale Ort des Eifelvorlands ist Zülpich. Hier an der Kreuzung der Straßenverbindungen Trier – Neuß und Reims – Köln hatten die Römer ein Kastell errichtet, dessen Namen uns der römische Geschichtsschreiber Tacitus als *Tolbiacum* überliefert hat. Die **römische Badeanlage** an der Südseite der Peterskirche, die vom **Heimatmuseum** in den ehemaligen Propsteigebäuden zugänglich ist, zeugt noch aus dieser Epoche. In nachrömischer Zeit schrieb Zülpich sogar Weltgeschichte – hier schlug der Frankenkönig *Chlodwig* im Jahre 496 ein Heer der Alemannen vernichtend, einer der wichtigsten Schritte auf dem Weg zur fränkischen Vorherrschaft in Mitteleuropa, die unter *Karl dem Großen* ihren Höhepunkt erreichte.

1255 erhielt Zülpich Stadtrechte, der Ort war eine weit vorgeschobene Bastion der Kölner Erzbischöfe gegen die Grafen von Jülich. Die Kölner versahen Zülpich im 13. und 14. Jahrhundert mit einer Stadtmauer mit vier teils doppeltürmigen Stadttoren. Innerhalb der Ummauerung errichteten sie ihre **Landesburg** – der rechteckige Bau mit seinen vier Ecktürmen beherbergte lange Zeit eine Brennerei, wurde verkauft und war zentraler Austragungsort der Landesgartenschau 2014. Seither sind die Parkanlagen am Wall und am Zülpicher See noch attraktiver geworden.

■ **Römerthermen Zülpich:** Andreas-Broicher-Platz 1, 53909 Zülpich, www.roemerthermen-zuelpich.de, Tel. 02252 83 80 60, Dauerausstellung zu den Themen Römer, Mittelalter, Frühe Neuzeit, Industrie, Erfindungen, Baden und Hygiene, geöffnet Di–Fr 10–17 Uhr, Sa, So, feiertags 11–18 Uhr, Karfreitag, Ostersonntag, Ostermontag und Pfingstmontag geöffnet, Weiberfastnacht, 24., 25., 31.12. und 1.1. geschlossen, Eintritt 4 €, ermäßigt 3 €, Jugendliche bis 18 Jahren frei, Führung auf Vorbestellung 30 €, barrierefrei.

## Düren

### Info

■ **Stadtverwaltung Düren:** 52349 Düren, Kaiserplatz 2–4, Tel. 02421 2 50, www.dueren.de.

Im Jahre 747 hielt der fränkische Hausmeier *Karlmann* „in Villa, quae dictur duria“ eine Reichsversammlung ab – ihm war dieses Hausmeieramt nach *Karl*

*Martells* Reichsteilung 741 für den Osten des Frankenreichs zugekommen, das er in politischer Übereinstimmung mit seinem Bruder *Pippin* ausübte, der im Westen des Frankenreichs amtierte. Damit wird auch erstmals die heutige Stadt Düren urkundlich erwähnt. Ab Ende des 12. Jahrhunderts wurde mit dem Bau der Ummauerung begonnen, der bis ins 16. Jahrhundert die Stadt beschäftigte. Kaiser *Friedrich I.* verpfändete die Freie Reichsstadt Düren, die dadurch in den Besitz der Grafen von Jülich geriet. Im Zuge der Jülicher Fehde eroberten Truppen Kaiser *Karls V.* Düren – große Teile der Stadt brannten ab.

Im 18. Jahrhundert entwickelte sich dann in der bislang handwerklich geprägten Stadt ein Metall- und Textilgewerbe, das die Grundlage der späteren Industrialisierung im Dürener Raum bildete. Nach der fast vollständigen Zerstörung im Zweiten Weltkrieg erfolgte der Wiederaufbau der Stadt ganz im Stil der 50er und 60er Jahre des 20. Jahrhunderts.

### Schloss Burgau

Das restaurierte **Wasserschloss** Burgau, mit dessen Bau ab dem 14. Jahrhundert begonnen wurde, ist heutiges **Kulturzentrum** der Stadt Düren. Es liegt etwas außerhalb des Zentrums im Stadtwald, mit Zimmertheater, Theaterschule, Ausstellungsräumen, Café und Weinlokal sowie Winkelsaal für private Veranstaltungen und Trauungen.

■ **Schloss Burgau:** 52349 Düren-Niederau, Von-Aue-Str. 1, Tel. 02421 2 23 19 37, www.dueren.de.

## Stolberg

### Info

■ **Stadtverwaltung Stolberg:** 52222 Stolberg, Rathausstraße 11–13, Tel. 02402 1 30, www.stolberg.de.

Das Städtchen Stolberg erstreckt sich am Rand der Eifel entlang des Tales des Vichtbachs, der in den Höhen der Nordeifel entspringt. Die Wasserkraft des Bachs war es auch, die hier seit dem 13. Jahrhundert den Betrieb von Hammerwerken ermöglichte, die das Erz aus dem Tal mit den nahe gelegenen Kohlevorkommen verarbeiteten. Bereits die Römer hatten im nördlich gelegenen, heutigen Vorort Atsch Erzbergbau betrieben. Seit dem 16. Jahrhundert ist in diesem Gebiet die Kupferproduktion beurkundet, und auf der Basis der hier gefundenen Galmei-Erze mit Zink- und Bleianteilen entwickelte sich eine frühe Messingindustrie. Die Metallverarbeitung erfolgte dann in wehrhaften Hofanlagen.

Mehrere der herrschaftlichen Kupferhöfe aus dem 15. bis 17. Jahrhundert sowie einige **historische Schmelzöfen** aus dem 17. Jahrhundert sind noch als Zeugnisse dieser Zeit erhalten.

Das Stadtbild von Stolberg wird nach wie vor von der ab etwa 1100 errichteten **Burg** geprägt. Sie erhebt sich auf einem mächtigen Kalksteinfelsen oberhalb des Vichtbachtals mit Herrenhaus, doppeltem Mauerring, drei Rundtürmen und rundem Bergfried. Besonders reizvoll ist das Bau-Ensemble der **Altstadt** beiderseits des Vichtbachs gelegen mit seinen wunderschön restaurierten alten Bürgerhäusern.

### Kupferhöfe

Zu den sehenswerten Kupferhöfen zählen der 1699 gegründete **Sonnenhof,** der 1600 gegründete **Hof Schardt,** dessen hinterer Teil als Wohngebäude diente, der **Kupferhof** an der Burgstraße, der **Kupferhof Rose,** der heute als Kunsthof Künstlerateliers beherbergt, der **Seifenhof,** der 1575 erbaute **Hof Schleicher,** seit 1750 Apotheke – das älteste Steinhaus Stolbergs – sowie der **Zinkhütter Hof** in Münsterbusch, heute ein Industriedenkmal aus einer 1830 errichteten Glashütte mit Herrenhaus und Arbeiterwohnungen.
Das **Museum Zinkhütter Hof** hält die Tradition der Zink- und Kupferverarbeitung der Stadt aufrecht. Es präsentiert Exponate zur Stolberger, Eschweiler und Aachener Industrie-, Wirtschafts- und Sozialgeschichte, zur Geschichte der Werkstoffe Messing und Zink sowie zur Aachener Nadelproduktion.

■ **Museum Zinkhütter Hof:** 52222 Stolberg, Cockerillstraße 90, Tel. 02402 90 31 30, www.zinkhuetterhof.de, geöffnet Di bis Fr 14–17 Uhr, Eintritt 4,50 €, ermäßigt 2,50 €, Sa 14–18 Uhr, So 10–18 Uhr.

## Kornelimünster

Die Geschichte von Kornelimünster, am Nordwestrand der Eifel im Aachener Raum gelegen, reicht bis in die Römerzeit zurück. Hier wurde eine **römische Kultstätte** mit Tempel, Nebengebäuden und zweiflügeligem Portalbau aus dem 2. Jahrhundert n. Chr. frei gelegt. An dieser Stelle kreuzte sich im frühen Mittelalter die bedeutende Fernstraße von Köln über Jülich nach Bauvais (Nordfrankreich) mit der von Aachen nach Trier.

### Abtei

Diesen zentralen Standort wählte Kaiser *Ludwig der Fromme* im Jahr 814 aus, um mit dem Bau der Reichsabtei Kornelimünster ein Vorbild für die Erneuerung des gesamten Klosterwesens im Frankenreich zu schaffen. Ihre **Reliquienschätze** aus der Gründerzeit führten seit der Mitte des 14. Jahrhunderts so große Pilgerscharen nach Kornelimünster, dass die Abteikirche im 15. und 16. Jahrhundert mehrmals durch Anbauten vergrößert werden musste. Seither wird bis heute die Tradition der **Wallfahrten** „Kornelioktav“ und „Heiligtumsfahrt“ gepflegt. Der allgemeine Wohlstand des 18. Jahrhunderts ermöglichte der Abtei den Neubau des Klosters und die Barockausstattung der Kirche. Nach der Säkularisation im Jahre 1802 wurde die Abteikirche Pfarrkirche, die Klostergebäude nutzte man nacheinander als Fabrik, Lehrerseminar und Heimatmuseum, heute beherbergen sie Bundesarchiv und Kunstsammlung.

Der heutige **fünfschiffige Kirchenbau** der Klosteranlage spiegelt seine Funktion als Wallfahrtskirche wider. Nach der Zerstörung des ersten Kirchenbaus durch die Wikinger Ende des 9. Jahrhunderts entstand zunächst ein ottonisch-romanischer Bau, dessen gotischer Neubau sich am Mittelschiffgrundriss des ottonischen Baus ausrichtete. Ihm wurde zu Beginn des 18. Jahrhunderts die Korneliuskapelle als achteckige Barockkapelle vorgesetzt und mit der Apsis verbunden. An der Südseite schließt sich eine zweischiffige Säulenhalle an, die ostwärts mit zwei Chören abschließt – sie entstand im 15. bzw. 16. Jhd. An der Nordseite befinden sich ebenfalls zwei Seitenschiffe, das innere beinhaltet eine Sängerempore und an das verkürzte äußere sind die Sakristei und die Schatzkammer angebaut. Das lange Mittelschiff mit dem Hauptaltar im Chor diente den Mönchen als Gebetsstätte, in der doppelschiffigen Halle wallfahrten die Pilger an den ausgestellten Reliquien vorbei, in den Nordschiffen präsentierte der Abt die Reliquien auserwählten Pilgern und Gönnern des Klosters zur Verehrung. Zu den wertvollsten Stücken der Innenausstattung der Abteikirche zählen der Hochaltar, das Rokoko-Tabernakel, geschaffen von *Johann Joseph Couven*, dem großen Aachener Baumeister, eine gotische Skulptur des Heiligen *Kornelius*, das gotische Chorgestühl, der Anna-Altar im inneren südlichen Seitenschiff sowie die Orgel.

Die **Abteigebäude** wurden zwischen 1721 und 1745 als fünfflügelige Barockanlage neu errichtet. Besonders sehenswert ist der Kapitelsaal mit seinen Dekkengemälden und schönen Stuckaturen. Der Mitteltrakt wird heute für **Ausstellungen moderner Kunst** genutzt. Nach der **Säkularisation** wurde die Abteikirche zur Ortspfarrkirche von Kornelimünster. Die Neugründung der Benediktinerabtei Kornelimünster erfolgte 1906. Das neue Kloster steht auf einer Anhöhe zwischen Kornelimünster und Oberforstbach.

▷ Die Abteikirche Kornelimünster mit der Korneliuskapelle

■ **Benediktinerabtei Kornelimünster:** 52076 Aachen-Kornelimünster, Oberforstbacher Str. 71, Tel. 02408 30 55, www.abtei-kornelimuenster.de. Gottesdienste Abteikirche: So 8 Uhr, 10.30 Uhr Eucharistiefeier, 17.30 Uhr Vesper, Mo–Fr 18 Uhr Konventamt und Vesper, Sa 11.30 Uhr Konventamt. Wallfahrten: Kornelioktav Mitte September, Heiligtumsfahrt alle 7 Jahre zu den drei großen biblischen Heiligtümern Schürztuch, Schweißtuch und Grabtuch Christi aus dem Reliquienfundus der Abtei.

■ **Kunst aus NRW:** Abteigarten 6, Tel. 02408 64 92, www.kunsthaus.nrw.de, Ausstellung geöffnet Di und Fr 14–18 Uhr, Sammlung und Ausstellung geöffnet Sa 14–18 Uhr, So 12–18 Uhr, Eintritt frei, Führung 40 €, letzten So im Monat um 15 Uhr Gratisführung.

## Ortschaft

Sehenswert im historischen Ortskern von Kornelimünster ist das Bau-Ensemble teils denkmalgeschützter Häuser am **Korneliusmarkt** und am angrenzenden **Benediktusmarkt.**

## Essen & Trinken/Unterkunft

■ **Zur Abtei**②, 52076 Aachen-Kornelimünster, Napoleonsberg 132, Tel. 02408 92 55 00, www.zur-abtei.de. Design-Hotel, Restaurant③ mit anspruchsvoller Küche, insbesondere raffinierte Menüs, Bistro und Außenterrasse.

■ **St. Benedikt**③, 52076 Aachen-Kornelimünster, Benediktusplatz 12, Tel. 02408 28 88, www.stbenedikt.de. Das antik eingerichtete Restaurant bietet regionale und französische Spezialitäten in einem Fachwerkhaus von 1755 inmitten der Altstadt, abends vorwiegend Menüs, großartiger Weinkeller, mit Bistro, So Ruhetag.

003ei ot

004ei ot

# 2 Die Osteifel

Highlight der Osteifel ist der Laacher See mit der Abtei Maria Laach. Viele weitere Maare zeigen die vulkanischen Aktivitäten der Osteifel. Hier erhebt sich auch die Hohe Acht als Vulkankegel und höchster Berg der Eifel. An der unteren Ahr erstrecken sich Weinberge, die den hochwertigen Spätburgunder hervorbringen.

< Rech an der Ahr – das untere Ahrtal ist vom Weinbau geprägt

# Überblick

Im Gegensatz zur Nordseite der Eifel, die relativ flach in die Norddeutsche Tiefebene ausläuft, fällt die Ostseite viel steiler zum **Rhein** hin ab. Als größere Flüsse haben die **Ahr** und der **Brohlbach** streckenweise tiefe Engtäler in die Höhenzüge der Osteifel gegraben. Beide Flussläufe weisen ein typisches Erscheinungsbild auf. Den schönsten Abschnitt der Ahr bildet die Wein-Ahr zwischen Altenahr und Neuenahr. Das Tal des Brohlbaches besticht durch seine geologischen Aufschlüsse, die einen tiefen Einblick in die vulkanische Geschichte dieses Teils der Eifel im Einzugsgebiet des Laacher Sees ermöglichen.

# Unteres Ahrtal

## Info

■ **Ahrtal-Tourismus Bad Neuenahr-Ahrweiler e.V.,** 53474 Bad Neuenahr-Ahrweiler, Hauptstr. 80, Tel. 02641 91 710, www.ahrtal.de.

Das Ahrtal lässt sich in drei Abschnitte untergliedern. Von der Quelle in Blankenberg führt ihr Oberlauf durch die Dollendorfer Kalkmulde der Hocheifel südostwärts bis Ahrdorf. Hier macht der Flusslauf eine Wende nach Nordosten. Ihr oberer Mittellauf führt am Aremberg vorbei und richtet sich dann nach Osten bis Dümpelfeld aus. Hier mündet der in nördlicher Richtung fließende Adenauer Bach – nun folgt die Ahr in ihrem unteren Mittellauf dieser Talrichtung bis **Altenahr.** Hier beginnt das Engtal der unteren Ahr, das sich erst östlich von **Bad Neuenahr** zum Rhein hin öffnet.

# Bad Neuenahr

## Info

- **Postleitzahl:** 53474, **Tel.-Vorwahl:** 02641
- **Kurverwaltung:** 53474 Bad Neuenahr-Ahrweiler, Hauptstraße 116, Service-Center: Kurgartenstraße 13, Tel. 02641 91 75 540, www.das-heilbad.de

Wie viele der Orte an der Ahr hat auch Bad Neuenahr seine „herrschaftliche" Geschichte. Doch diese währte nicht lange. Die Anfang des 13. Jahrhunderts von Graf *Otto von Neuenahr* auf dem Neuenahrer Berg errichtete Burg wurde schon 1372 von Ahrweiler Schützen im Auftrag des Kölner Erzbischofs erobert und zerstört.

Neuenahr erlangte erst wieder überregionale Bedeutung, als der Winzer *Georg Kreuzberg* in seinem Weinberg im Neuenahrer Ortsteil Wadenheim die **Apollinarisquelle** erbohrte. Die daraufhin gebauten Kur- und Badeanlagen wurden 1859 von der preußischen Prinzessin *Augusta* eingeweiht. Damit waren sämtliche Voraussetzungen gegeben, um aus den bestehenden Ortsteilen Wadenheim, Hemmessen und Beul ein prominentes Heilbad entstehen zu lassen, das sich ab 1927 Bad Neuenahr nennen durfte.

## NICHT VERPASSEN!

- **Ahrweiler Altstadt:** Fachwerk und kunsthistorische Schätze | 37
- **Sanct Peter:** renommiertes Restaurant und Vinothek | 41
- **Brücke von Remagen:** Friedensmuseum | 46
- **Vulkan-Express:** Fahrt mit der Museumsbahn | 54
- **Abtei Maria Laach:** Kloster am Laacher See | 60
- **Nürburgring:** Rennstrecke, Erlebnispark und Rockfestival | 67
- **Schloss Bürresheim:** eine der schönsten Burgen der Eifel | 73
- **Dauner Maare:** Kraterseen am Mäuseberg | 83
- **Abtei Himmerod:** Barockbau aus dem 18. Jahrhundert | 95

**Diese Tipps erkennt man an der gelben Hinterlegung.**



## Kurbetrieb

Der Neuenahrer Kurbetrieb erstreckt sich am rechten Ahrufer. Im Zentrum steht das **Kurhaus,** ein zwischen 1903 und 1905 errichteter, dem Casino von Monte Carlo nachempfundener barokker Prachtbau mit dem von zwei Pavillontürmen flankierten Fest- und Theatersaal. Der angrenzende Flügel des Baus beherbergt die **Spielbank.** Gegenüber steht das **Badehaus** von Bad Neuenahr als „Tempel der Heilkunst". Entsprechend pompös gestaltet ist sein Eingang mit vorgesetztem Giebelportikus, der von vier Säulen getragen wird. Gegenüber vom Kurhaus setzt sich die Bäderarchitektur mit dem **Steigenberger Kursanatorium** fort, geprägt von einem großen Turm mit polygonalem, fünffach gestuftem Helm. **UNSER TIPP:** Östlich der zentralen Kurgebäude findet man die **Ahr-Thermen,** unübersehbar durch ihre moderne Rundarchitektur.

## Die Highlights für Kinder

- **Pfarrkirche Sinzig,** hier kann eine echte **Mumie** besichtigt werden | 48
- **Burg Olbrück – Kinderprogramme** | 54
- **Grube Bendisberg** | 73
- **Erlebnispfad Kempenich** | 75
- **Nostalgikum Uersfeld** | 80
- **Naturschwimmbad Pulvermaar** | 89
- **Ritterlager Niederburg** in Manderscheid (letztes Augustwochenende) | 92

# Rotwein von der Ahr

Die antike Geschichte des Weinbaus Alpen beginnt mit der griechischen Kolonisation Südfrankreichs. Von Marseille aus, einer griechischen Stadtgründung aus dem 6. Jahrhundert v. Chr., gelangte der Wein die Rhône aufwärts nach Burgund. Mit den **Römern** kam dann die Kultur des Weinbaus an die Mosel und von dort aus an den Rhein und auch an die Ahr.

Mit dem Ende des Römischen Reiches setzte der Niedergang der Rebkulturen ein, doch wurde die Weinbautradition von den Franken wieder aufgegriffen. Mit der Christianisierung breitete sich das **Klosterwesen** als großer Förderer des Weinbaus aus. Im Ahrtal war dies vor allem das Kloster Prüm. Als die Normannen dieses Kloster Ende des 9. Jahrhunderts zweimal gebrandschatzt hatten, beschloss sein Abt 893, ein Güterverzeichnis aller seiner Besitzungen anfertigen zu lassen. Dieses so genannte **„Prümer Urbar"** ist eine bedeutende Quelle für die Geschichte des Weinbaus an der Ahr.

Über Jahrhunderte spielte der Weinbau eine wichtige wirtschaftliche Rolle an der Ahr. Doch Marktferne und der Reblausbefall brachten im 19. Jahrhundert einen Einbruch, von dem sich die Ahrwinzer nur langsam erholten. Ein wichtiger Schritt auf diesem Weg war die Gründung von **Winzergenossenschaften.**

Lange richtete man sich an der Nachfrage nach süffigen Massenweinen aus, doch vor einigen Jahren setzte ein wahrer Qualitätssprung ein. Einzelne Winzer wie auch Winzergenossenschaften an der Ahr konnten in den letzten Jahren **höchste Auszeichnungen** für ihre Weine erringen.

Die Ahr ist das einzige größere deutsche Rotweingebiet. Traditionell wird hier der **Spätburgunder** kultiviert, daneben auch der **Portugieser.** Eine wahre Ahrspezialität ist der **Frühburgunder,** vor allem aus dem östlichen Teil des Ahrweingebietes. Doch wachsen auch an einigen Steillagen mit Schieferverwitterungsböden qualitätsvolle **Rieslingreben.**

## An der Landskrone

Wenn Bad Neuenahr heute auch primär auf den Kurbetrieb ausgerichtet ist, so ist der Wein doch allgegenwärtig. Die Hänge am linken Ahrufer sind ganz mit **Weinbergen** bedeckt und hier hat die größte Winzergenossenschaft der Ahr, die Ahr-Winzer e.G., ihren Sitz. Die Weinberge erstrecken sich flussabwärts weiter über **Heppingen** unterhalb der weithin sichtbaren Vulkankuppe der Landskrone mit der gleichnamigen Burgruine bis **Lohrsdorf** und am anderen Flussufer bis **Ehlingen.**

## Wellness

- **Ahr-Resort:** Zusammengefasste Kur- und Wellnessangebote von Thermal-Badehaus, Ahr-Thermen und das Badehaus, Kurgartenstraße 1, Tel. 80 11 00, www.ahr-thermen.de. In elegantem Jugendstilambiente bietet das Resort breit gefächerte Angebote von der Heilwasser- und Kneippbehandlung über Fango, Schönheitspflege, Heilpflanzenanwendungen, Lichttherapie, Bewegungstherapie, Aromamassagen etc., Kosten für z.B. 20 Min. klassische Massage 20 €, Cranio-Sacrale-Massage 60 Min. 50 €, Gesichtskosmetik 50 Min. 60 €.
- **Ahr-Thermen:** Felix-Rütten-Straße 3, Tel. 80 12 00, www.ahr-resort.de, Thermalbad in architektonisch interessantem Rundbau mit weitläufiger Badelandschaft, Sauna, Bewegungs- und medizinischen Gymnastikangeboten sowie Restaurant mit regionaler und mediterraner Küche, täglich geöff-

Steigenberger Hotel in Bad Neuenahr

005ei ot

net von 9–23 Uhr, Medical Fitness Studio Mo, Mi, Fr 9–21 Uhr. Di, Do 7.30–21 Uhr, Sa. So 9–17 Uhr, Eintritt Therme 2 Std. 10 €, jede weitere Std. 1,50 €, Tageskarte 16 €, div. Ermäßigung für Studenten, Senioren, Abendstunden etc.

■ **Garten der Sinne:** Im 19. Jahrhundert an der Ahrpromenade westlich vom Kurhaus angelegter Kurpark mit altem Baumbestand, Trinkhalle, Kneipp-Tretanlage, Konzerthalle, Lesesaal, historischer Wandelhalle, täglich geöffnet 9–21 Uhr, täglich 15–15.30 Uhr und So 11–11.30 Uhr Fontäne des „Großen Sprudels" im Kurpark, Eintritt 3 €, frei für Einwohner und Kurkarten-Inhaber, Konzerte im Kurpark Eintritt 3 €.

## Essen & Trinken/Unterkunft

■ **Steigenberger Hotel Bad Neuenahr**④, Kurgartenstr. 1, Tel. 94 10, www.steigenberger.com/Bad_Neuenahr. Spitzenhotel in architektonisch beachtenswertem Prachtbau vom Beginn des 20. Jahrhunderts, über 200 luxuriöse Zimmer und Suiten. Das **Parkrestaurant**④ bietet lokale Spezialitäten und internationale Küche, verschiedene Diätformen und vegetarische Menüs, Do und Sa (abends) Vollwert- und Spezialitätenbuffet, geöffnet Mo bis Sa 18.30–21 Uhr, Sa und So 12–14 und 18.30–21 Uhr. **Café und Bistro** bieten Kaffeespezialitäten und kleine Gerichte, **Café & Bistro Figaro** geöffnet Mo bis So 10–23 Uhr, **Bar Belle Epoque** täglich ab 17.30 Uhr, Sommerterrasse, Konferenzräume.

■ **Hotel Fürstenberg:** Mittelstraße 4–6, Tel. 9 40 70, www.hotel-fuerstenberg.de mit **Metzeler's Restaurant Habsburg**③ in elegantem toskanisch-mediterranem Ambiente, mit wechselnden Dekorationen, preiswerten Mittags-Menüs, Biergarten sowie angeschlossenem Hotelbetrieb und dem Gästehaus „Beethovenhaus" nebenan. In dem Barockbau (damals als Wohnhaus errichtet) weilte die Familie *van Beethoven* mit Sohn *Ludwig*, der die Kinder des Hausbesitzers am Klavier unterrichtete, 1786–92 den Sommer über.

■ **Steinheuers L'Art de Vivre-Restaurant**⑤, Ortsteil Heppingen, Landskroner Str. 110, Tel. 9 48 60, www.steinheuers.de. Gourmetrestaurant an der Ahr von Starkoch *Hans Stefan Steinheuer*, hoch dekoriert. Steinheuer führt auch persönlich Kochkurse durch. Als regionale Ergänzung zum Spitzenrestaurant bietet der **Landgasthof Poststuben**④ rheinische Küche auf höchstem Niveau. Restaurant geöffnet Mo, Do und Fr 18.30–22 Uhr, Sa und So 12–14 und 18.30–22 Uhr, Poststuben geöffnet Do bis Mo 12–14 und 18–22 Uhr, Betriebsferien Anf. Juli bis Anf. August. Gegenüber liegt **Steinheuers Landhaus**④ als Dépendance mit drei luxuriösen Suiten und einem Penthouse.

■ **Idille**③, Am Johannisberg 101, Tel. 2 84 29, www.idille.de. In feiner Wohnlage oberhalb von Neuenahr gelegen hat sich dieser ehemalige Geheimtipp in die Reihe der gehobenen Restaurants an der Ahr hocharbeiten können. Es hat das Ambiente einer 100 Jahre alten Villa mit idyllisch-wildem Garten, hervorragender Küche und großer Weinkarte, täglich ab 18 Uhr geöffnet, Sa, So und feiertags ab 12 Uhr. Di Ruhetag.

## Winzer

■ **Weingut Sonnenberg:** Heerstr. 98, Tel. 67 13, www.weingut-sonnenberg.de. Renommiertes Weingut, auf trockene, feinfruchtige Spätburgunder spezialisiert, vielfach ausgezeichnet, bietet Weinproben auf Anfrage, Verkauf geöffnet Mo bis Fr 10–12 und 14–18 Uhr, Sa 10–14 Uhr, So und feiertags 10–12 Uhr. Vermietet auch Ferienwohnungen, Straußwirtschaft geöffnet Mitte Sept. bis Ende Okt. Do, Fr 18–22 Uhr, Sa 15–22 Uhr.

■ **Weingut Peter Lingen:** Teichstraße 3, Tel. 2 95 45, www.weingut-lingen.de. Das Weingut bietet in 10. Generation ein breites Weinsortiment, Spezialität sind Rotweine aus neuen kleinen Eichenholzfässern, Probierkeller für Weinproben auf Anfrage, ver-

## Wandertipp Rotweinwanderweg

Der wohl **populärste Weinwanderweg von Bad Bodendorf nach Altenahr** führt auf einer Länge von 35 Kilometern durch das „Tal der roten Trauben". Der 1972 eingerichtete Wanderweg ist ganzjährig begehbar.

Los geht's in **Bad Bodendorf** (km 0), von wo der Weg leicht ansteigt und durch die Lohrsdorfer Orchideenwiesen zu den ersten Weinbergslagen gegenüber von **Heimersheim** (km 3,4) führt. Die nächste Station ist **Heppingen** (km 4,5), wo sich über dem Ort die Ruine der Landskrone erhebt. Danach geht es weiter nach **Bad Neuenahr** (km 6,8) und entlang der Ahrpromenade bis **Bachem** (km 9,4). Als Etappenziel folgt nun **Ahrweiler** (km 13,5), dessen historische, turmbewehrte Stadtmauer schon von weitem zu sehen ist. Danach folgt **Walporzheim** (km 16,9), wo der Weinbaulehrpfad hinunter ins Tal führt. Über den Weinort **Marienthal** (km 20) mit seiner Klosterruine führt der Weg weiter nach **Dernau** (km 24) und **Rech** (km 28), wo das Ahrtal enger wird. Nun streift der Weg die extremen Steillagen über der Ahr – vielleicht der schönste Abschnitt des Rotweinwanderwegs – wo einzelne Terrassen nur für wenige Weinstöcke Platz bieten. Weiter geht es nach **Mayschoß** (km 31). Der letzte Abschnitt endet, nachdem Reimerzhoven passiert ist, in **Altenahr** (km 35).

mietet werden auch Ferienwohnungen, der Verkauf ist tagsüber geöffnet.

- **Dagernova Weinmanufaktur (Ahr Winzer e.G):** Heerstraße 91–93, Tel. 9 47 20, www.ahrwinzer.de. Sie zählt zu den fortschrittlichsten Winzergenossenschaften Deutschlands und bietet überzeugende trockene Rotweine, Weinproben sind auf Anfrage möglich, geöffnet Mo–Fr 8–18 Uhr, Sa bis 12 Uhr.
- **Weingut Franz Schäfer:** Ortsteil Ehlingen, Bodendorfer Str. 11, Tel. 9 46 60, weinhaus-franz-schaefer.de. Inmitten von Weinbergen gelegen, mit gemütlicher prämierter Weinstube Fr ab 17 Uhr, Spezialität sind hausgemachte Kuchen und Reibekuchen. Vermieten auch Appartements und Ferienwohnungen.

### Veranstaltungen

- **Burgunderfest:** letzter Samstag im Juli, ein Sommerabend auf Strohballen mit Wein, Vesper und Musik, Tanz auf dem Festplatz, Weinprobierstände (www.burgunderfest.de).

## Ahrweiler

### Info

- **Postleitzahl:** 53474, **Tel.-Vorwahl:** 02641
- **Tourist-Information:** Blankartshof 1, Tel. 9 17 10, www.ahrtal.de.

Ahrweiler ist eine der wenigen Städte in Deutschland mit gänzlich erhaltener **Stadtbefestigung.** Das Gebiet des heutigen Ahrweiler am Beginn des unteren Ahrtals war schon von Kelten besiedelt. Viele Funde in und um Ahrweiler erinnern an die **Römerzeit.** So fand man vier römische Gutshäuser, darunter die Römervilla am Fuße des Silberberges. Des weiteren hat man Reste von Wasserleitungen, Münzen sowie eine römische Eisenschmelzersiedlung südlich der Stadt gefunden.

Die erste Erwähnung von Ahrweiler als *Arwilre* erfolgt im Urbar, dem Güterverzeichnis der Abtei Prüm aus dem Jahr 893. Die Abtei belehnte um 1100 die Grafen von Are, die hier auch schon begütert waren, mit den Vogtsrechten von Ahrweiler. Das heutige Stadtbild entstand nach dem Franzoseneinfall vom 2. Mai 1689.

## Altstadt

Für den Besucher zeigt sich Ahrweiler mit seinem Mauerring zunächst von der wehrhaften Seite. An der **Stadtmauer** mit ihren Tortürmen und Wehrgängen wurde zwei Jahrhunderte lang gebaut.

Mittelpunkt des Ortes ist der **Marktplatz.** Die von hier zu den Tortürmen führenden Straßen sind teilweise zur Fußgängerzone ausgebaut und von schönen, mit Schnitzereien, Ornamenten und Skulpturen versehenen **Fachwerk- und Bürgerhäusern** flankiert.

Die **Pfarrkirche St. Laurentius** aus dem 13. Jahrhundert mit den großflächigen Freskenresten aus dem 14. und 15. Jahrhundert beinhaltet als wertvollstes Stück des Kirchenschatzes die so genannte **„Ahrweiler Monstranz“**, ein Meisterstück spätmittelalterlicher Feinschmiedekunst.

Seit einigen Jahren zeigt ein kleines **Museum** kunsthistorische Schätze der drei Ahrweiler Schützengesellschaften. Die Exponate sind bis zu 300 Jahre alt.

■ **Haus der Schützen:** Auf der Rausch 4a, Tel. 3 49 86, www.haus-der-schuetzen.de, Führungen auf Anfrage, Sonderöffnungszeiten für individuelle Besucher, Eintritt 2,50 €.

## Historische Höfe

Sehenswert sind auch die Kloster- und Adelshöfe, die über die Altstadt verteilt liegen, allen voran der gotische **Weiße Turm,** ein dreigeschossiger Wohnturm aus der zweiten Hälfte des 13. Jahrhunderts.

Der **Kolventurm** war ein Prümer Lehen, das seit dem 13. Jahrhundert im Besitz der Ritter von Kolf war. Heute steht hier die so genannte **Burg Adenbach** aus dem 19. Jahrhundert, darin ein Hotel-Restaurant.

Der **Blankartshof** ist, wie fast alle anderen Adelshöfe in Ahrweiler auch, ein ehemaliges Prümer Lehen. Der Barockbau aus dem Jahr 1680 wurde von der Familie Blankart errichtet. Heute ist hier die **Tourismusinformation** untergebracht.

Der „Mutterhof“ der Abtei Prüm war der **Prümer Hof.** Er war nicht bewohnt, bot aber Räumlichkeiten für den Prümer Abt. Im 15. Jahrhundert wurde dieser Verwaltungs- und Gerichtshof aufgelassen. Heute steht hier das 1773 errichtete **Pfarrhaus.**

Der **Kempenicher Hof,** möglicherweise früher im Besitz des Deutschen Ritterordens gewesen, geht auf das frühe 15. Jahrhundert zurück. Ein rechteckig risalitartig vorgezogener Turm prägt das Gebäude, dessen Wetterfahne die Jahreszahl 1581 trägt.

Der **Klosterhof** von Niederehe geht sogar auf das 12. Jahrhundert zurück. Der Hof des Klosters Klosterrather bei Aachen, Mutterkloster von Marienthal, wurde Ende des 15. Jahrhunderts in das südwestliche Ahrweiler Stadtgebiet verlegt. Er war schon um 1300 unter die Jurisdiktion der Abtei Prüm gekommen.

Der später **Rodderhof** genannte Hof ging wie aller Klosterbesitz mit der Säkularisation in private Hände über und beherbergt heute ein Hotel-Restaurant.

## Römervilla

Im Jahr 1980 hat man bei Straßenbauarbeiten am Fuße des Silberberges oberhalb von Ahrweiler ein römisches Herrenhaus entdeckt und freigelegt. Die Reste mit aufschlussreichen **Grundmauern** und teilweise noch erhaltenen **Fresken** sind 1993 überdacht und als Museum hergerichtet worden.

■ **Museum Römervilla:** Am Silberberg 1, Tel. 53 11, www.museum-roemervilla.de, geöffnet Ende März bis Mitte Nov. Di bis So 10–17 Uhr, Eintritt 5 €, ermäßigt 2,50 €.

## Regierungsbunker

Zur Zeit des **Kalten Krieges** und angesichts der Gefahr eines Atomkrieges, beschloss die Bundesregierung an ihrem damaligen Sitz in Bonn ein nahe gelegenes Ausweichquartier zur Aufrechterhaltung ihrer Funktionsfähigkeit während möglicher Kriegsereignisse zu errichten. Dazu wurden die **Tunnel** der im Ersten Weltkrieg nicht mehr fertig gestellten **Ahrtalbahn,** die vom Rhein zur französischen Grenze führen sollte, ins Auge gefasst. Einer der Tunnel oberhalb von Ahrweiler wurde zu diesem Regierungs-Ausweichquartier ausgebaut – aber niemals benutzt. Auch war die Funktionsfähigkeit dieses so genannten Regierungsbunkers von Anfang an infrage gestellt worden.

Längst ist der Bunker rückgebaut, ein 200 Meter langes Teilstück ist aber heute als **Museum** zugänglich.

■ **Dokumentationsstätte Regierungsbunker:** Bad Neuenahr – Ahrweiler, Silberberg 0, Tel. 9 11 70 53, www.regbu.de, geöffnet im Rahmen von Führungen Ende März bis Anf. Okt. Mi, Sa, So und feiertags 10–18 Uhr, Eintritt 9 €, Rentner und Schwerbehinderte 8 €, Schüler und Studenten 6 €, Kinder von 12 bis 16 Jahren 4 €, darunter frei.

## AhrWeinForum

Ahrweiler zählt zu den „großen" Weinbaugebieten der Ahr. Auch hier schlossen sich die Winzer zu einer Genossenschaft zusammen. So wurde im Jahre 1874 der **Ahrweiler Winzer-Verein** gegründet, dem seit einigen Jahren das AhrWeinForum angeschlossen ist, welches über die Kulturgeschichte des Weinbaus an der Ahr vom Mittelalter bis zur Gegenwart informiert.

■ **Ahrweiler Winzer-Verein:** Walporzheimer Straße 19, Tel. 3 43 76, www.ahrweiler-winzerverein.de. Der Verein bietet den Ausbau von Rotweinen im Barrique-Fass, kaltvergorene Weißweine und Weißherbste, Weißwein aus Rotweintrauben (blanc de noir) sowie die Herstellung von Hefe-, Trester- und Weinbrand in der eigenen Brennerei. Es finden Weinproben und Kellereiführungen im Gewölbekeller statt, zudem gibt es ein **Winzer-Café,** geöffnet Di bis Sa 9–18 Uhr, Verkauf geöffnet Mo bis Fr 8–18 Uhr, Sa, So und feiertags 10–18 Uhr, im Winter 10–12 und 13–17 Uhr.

> Dernau an der Wein-Ahr

■ **AhrWeinForum:** (im Winzer-Verein), Tel. 91 71 76. Das Forum verbindet auf eindrucksvolle Weise wirtschaftliche und kulturhistorische Aspekte rund um den Weinbau des Ahrtals, zeigt auf dem historischen Gelände des Ahrweiler Winzervereins eine Ausstellung zur Kulturgeschichte des Weinbaus an der Ahr vom Mittelalter bis in die Gegenwart, geöffnet für Gruppen auf Anfrage, bis 25 Personen 70 €, jede weitere Person 2,50 €.

## Essen & Trinken/Unterkunft

■ **Rodderhof**③, Oberhutstraße 48, Tel. 39 90, www.rodderhof.de. Hotelbetrieb mit eleganten Zimmern im ehemaligen Klosterrather Hof gegenüber dem Obertor gelegen. Es besteht aus einem zweigeschossigen Bruchsteinbau, einem rechtwinklig anschließenden Gebäudetrakt sowie einem lang gestreckten Wirtschaftsgebäude mit Tordurchfahrt zum Innenhof. Es bietet ein ehemaliges Wohnhaus mit Stuckdecke im Erdgeschos und das *Restaurant Augustiner Stuben* mit Innenhofterrasse und täglich wechselnden Menüs und regionaler Küche, Spezialität: Fondueabend, mit Weinkeller.

■ **Kleinertz – Restaurant & Bar**②, Marktplatz 12, Tel. 90 51 81, www.kleinertz-restaurant.de, modern gestaltet in der ehemaligen Kellerei der in Ahrweiler begüterten Reichsabtei Prüm, bietet niveauvolle regionaltypische und mediterrane Gerichte zu angemessenen Preisen, mit Außengastronomie auf dem Marktplatz, April bis Okt. tägl. geöffnet, im Winter Di Ruhetag.

■ **Restaurant Eifelstube**②, Ahrhutstraße 26, Tel. 3 48 50, www.eifelstube-ahrweiler.de. Historisches Gasthaus mit Bistro, in altem Fachwerkhaus mit Kachelofen gelegen, bietet frische Küche in rustikalem Ambiente und ein angeschlossenes Hotel mit ruhigen Zimmern. Restaurant geöffnet Mi bis So 11.30–14 Uhr und ab 17.30 Uhr, So durchgehend 11.30–21 Uhr.

## Winzer

■ **Weingut J.J. Adeneuer:** Max-Planck-Str. 8, Tel. 3 44 73, www.adeneuer.de. Oft prämiertes Weingut, seit 500 Jahren in Familienbesitz, Spitzenlage „Walporzheimer Gärkammer" im Alleinbesitz, Spezialität: Auslesen von Portugieser und Spätburgun-

006ei ot

der, Gewinner des Deutschen Rotweinpreises; Verkauf Mo–Fr 9–12 Uhr und 13.30–18 Uhr, Sa 10–15 Uhr, Weinproben auf Anfrage (bis 30 Pers.).

### Veranstaltungen

- **Gebietsweinmarkt:** Die Winzer der Ahr präsentieren alljährlich zu Pfingsten ihre Weine auf dem Marktplatz, dazu Live-Musik, Proklamation der Weinkönigin (www.ahrtal.de).
- **Großes Winzerfest:** 1. Wochenende im September mit Festzug am Samstag und Sonntag, Höhenfeuerwerk am Sonntag.
- **Weinmarkt und Altstadtfest:** 2. Wochenende im September, verkaufsoffener Sonntag.

## Die Wein-Ahr

### Info

- **Walporzheim:** Tourist-Information Ahrweiler (s. dort).
- **Gemeindeverwaltung Dernau:** 53507 Dernau, Römerstraße 32, Tel. 02643 90 47 070, www.dernau.de.
- **Heimat- und Verkehrsverein Rech:** www.weinort-rech.de.
- **Verkehrs- und Verschönerungsverein Mayschoß:** www.mayschoss.de.

Reizvoll ist die Fahrt durch das Engtal der Ahr flussaufwärts nach Altenahr – ein Weinort folgt dem anderen. In **Walporzheim** steht das Gasthaus Sanct Peter, das älteste Gasthaus an der Ahr, dessen Tradition als Kurkölner Domhof und Weingut bis zum Jahr 1246 zurückreicht.

**Unser Tipp:** **Kloster Marienthal** diente mit seinen Weinbergen als Weinbaudomäne mit Weinbauschule des Landes Rheinland-Pfalz. Die Domäne wurde inzwischen an eine Gruppe von vier Ahr-Winzern mit dem Starwinzer *Meyer-Näkel* an der Spitze verkauft, die in den Wirtschaftsgebäuden eine Weinschänke eingerichtet haben. Im Sommer kann man gemütlich im alten Kreuzgang sitzen. Die ab 1137 errichtete Klosterkirche Marienthal steht malerisch als Ruine in den Weinbergen. Der Rokokopavillon diente einst als Sitz der Weinbaudomäne.

Das Weingut Meyer-Näkel hat im nächsten Weinort **Dernau** seinen Sitz. Weiter talaufwärts führt in **Rech,** im Zentrum der Wein-Ahr, eine barocke Steinbrücke über den Fluss, die von einer Statue des Brückenheiligen Sankt Nepomuk geziert wird.

Unterhalb der auf einem weit ins Ahrtal hineinreichenden Felsvorsprung errichteten **Saffenburg,** heute Ruine, liegt **Mayschoß,** wo die erste Winzergenossenschaft Deutschlands gegründet wurde. Interessant ist die Lage des Ortes am Berg Etzhardt, der einst von der Ahr umflossen wurde. In der Ortspfarrkirche aus dem frühen 18. Jahrhundert mit einem neoromanischen Langhaus befindet sich das Grabmal der 1646 verstorbenen Gräfin *Katharina von der Mark,* Herrin der Saffenburg. Als einstige Magd avancierte sie zur dritten Frau des Grafen *Ernst von der Mark.* Ihr Sarkophag ist aus schwarzem Marmor, der Deckel trägt ein plastisches, barockes Bildnis der Gräfin.

Flussaufwärts trifft man auf die **Lochmühle,** eine ehemalige Bannmühle der Herrschaft Saffenburg, die bereits 1475 erwähnt wird und heute als Hotel-Restaurant zu den Spitzenbetrieben an der Ahr zählt (s.u.).

## Essen & Trinken/Unterkunft

■ **Restaurant Weinkirche in Brogsitter's Gasthaus Sanct Peter**④, 53474 Walporzheim, Walporzheimer Str. 134, Tel. 02641 9 77 50, www.sanct-peter.de. Traditionsreichstes Gasthaus an der Ahr, von 1246 bis 1805 war Sanct Peter Hof und Weingut des Kölner Domstifts, benannt nach dem Schutzpatron von Köln. Nach der Franzosenzeit gelangte der Domhof in verschiedene Hände, bis er nach dem Zweiten Weltkrieg von der Familie *Brogsitter,* die sich seit 400 Jahren im Ahrtal mit dem Weinbau beschäftigt, erworben und zu einem renommierten Spitzenbetrieb mit Kaminstube und Vinothek ausgebaut wurde. Vinothek täglich ab 10 Uhr geöffnet, Restaurant Mi bis So 11.30–14 Uhr und ab 17.30 Uhr, nachmittags Kaffee und Kuchen, Do Ruhetag.

■ **Restaurant-Hotel Hohenzollern,** 53474 Walporzheim, Am Silberberg 50, Tel. 02641 97 30, www.hotelhohenzollern.de. Gepflegte Gastronomie③ in herrlicher Lage über dem Ahrtal, hervorragende Küche, umfangreiche Weinkarte. Im Haus gibt es auch Hotelbetrieb④ in den oberen Stockwerken, luxuriöse Zimmer überwiegend mit Balkon oder Loggia zum Ahrtal sind zu mieten.

**Unser Tipp:** **Altenwegshof**①, 53474 Walporzheim, Im Teufenbach 100, Tel. 02641 3 47 53, www.altenwegshof.de. Oberhalb von Walporzheim am Rotweinwanderweg gelegen, eine Weinschänke mit wunderschöner Terrasse unter Lindenbäumen, sie bietet kleine Gerichte genauso wie deftige Wandererkost, geöffnet ab 10.30 Uhr, Di Ruhetag, im Winter nach Wetterlage geöffnet.

■ **Hofgarten**②, 53507 Dernau, Bachstr. 26, Tel. 02643 15 40, www.hofgarten-dernau.de. Gutsschänke des Weinguts Meyer-Näkel (im Gebäudekomplex des Weinguts), mit schöner Weinlaube im Innenhof, gepflegte kleine Gastronomie, täglich 11–23 Uhr geöffnet.

■ **Weinschänke Kloster Marienthal:** 53507 Marienthal, Klosterstraße 3–5, Tel. 02641 9 80 60, www.weingut-kloster-marienthal.de. Ausgesuchte Weine der Inhaber-Spitzenweingüter, herzhafte Flammkuchen, traumhaft schöne Kulisse an der Klosterruine, Weinverkauf und Gaststube täglich 10.30–18.30 Uhr geöffnet.

■ **Landhotel Lochmühle**④, 53508 Mayschoß-Laach, Ahr-Rotweinstr. 62, Tel. 02643 80 80, www.hotel-lochmuehle.com. Die Lochmühle wird als ehemalige Bannmühle der Herrschaft Saffenburg bereits 1475 erwähnt. Ein künstlicher Stollen durch den Felsen der Lochmühlerley versorgte diese Mühle mit Wasser der Ahr. 1921 übernahm ein neuer Besitzer das Anwesen und richtete darin ein Restaurant ein, das – mit dem 1972 erbauten Hotel – zu den Spitzenbetrieben an der Ahr zählt.

## Winzer

■ **Winzergenossenschaft Walporzheim:** 53474 Walporzheim, Walporzheimer Str. 173, Tel. 02641 3 47 63, www.weinmanufaktur-walporzheim.com. Besondere Auszeichnung für Frühburgunder-Weine, mit Restaurant **Weingarten Walporzheim**①, Tel. 02641 90 06 88, Spezialität: deftige Winzerspeisen. Geöffnet Di bis So ab 12 Uhr.

■ **Weingut Meyer-Näkel:** 53507 Dernau, Hardtbergstr. 20 (Eingang: Friedenstr. 15), Tel. 02643 16 28, www.meyer-naekel.de. Spitzenwinzer der Ahr, der entscheidend zur Qualitätsverbesserung des gesamten Weinbaus an der Ahr beigetragen hat, Vinothek geöffnet Mo–Fr 9–12 und 14–17 Uhr, Sa 11–16 Uhr.

■ **Jean Stodden – Das Weinhaus:** 53506 Rech, Rotweinstr. 7–9, Tel. 02643 30 01, www.stodden.de. Ein weiterer Spitzenwinzer an der Ahr, der auch schon als „Winzer des Jahres" ausgezeichnet wurde, produziert vor allem meisterhaft ausgebaute Rotweine, Vinothek geöffnet Mo–Fr 9–12 und 13–18 Uhr, Sa 10–14 Uhr.

■ **Winzergenossenschaft Mayschoß-Altenahr:** 53508 Mayschoß, Ahr-Rotweinstr. 42, Tel. 02643 93 600, www.wg-mayschoss.de. Älteste Winzergenossenschaft Deutschlands, bietet hervorragende Weine, mit **Restaurant und Weinstube** Winzerverein, Tel. 02643 21 36; täglich Weinproben und Kellerbesichtigung für 10–300 Personen. Weinverkauf geöffnet Mai–Okt. Täglich 9–18.30 Uhr, Nov.–April Mo–Fr 8–18 Uhr, Sa, So und feiertags 10–18 Uhr.

Darüber hinaus bewirtschaftet die Genossenschaft die **Wanderhütte Akropolis** oberhalb von Mayschoß, geöffnet für Wanderer immer am 2. und 4. Sonntag im Monat.

## Veranstaltungen

- **Ländliches Weinfest Walporzheim:** letztes August-Wochenende mit Umzug und Feuerwerk.
- **Weinfest Dernau:** letztes Wochenende im September.
- **Weinfest Rech:** 3. Wochenende im September mit Feuerwerk am Samstag und Winzerfestzug am Sonntag.
- **Lucia-Markt Rech:** 2. Advent, Buden entlang der gesamten Dorfstraße, mit Lucia-Umzug im Kerzenschein.
- **Weinfest Mayschoß:** an allen Oktober-Wochenenden.

▷ Burg Kreuzberg thront majestätisch über der Ahr

# Altenahr

## Info

- **Postleitzahl:** 53505, **Tel.-Vorwahl:** 02643
- **Tourist-Information Altenahr:** 53505 Altenahr, Haus des Gastes, Altenburger Straße 1a, Tel. 84 48, www.altenahr-ahr.de.

Altenahr, reizvoll im Inneren einer Ahrschleife gelegen, entstand zu Füßen der **Burg Are,** mit deren Bau Graf *Theoderich I. von Are* um 1100 begonnen hatte. Die Engelsley bot sich mit ihrem zerklüfteten Gestein geradezu für den Bau einer Befestigungsanlage an. Nach drei Seiten fällt der Fels uneinnehmbar ab, nur nach Norden einen Zugang frei lassend. Von der Nase des Burgfelsens aus ließ sich das Ahrtal in beide Richtungen kontrollieren. Besonders bemerkenswert an der Burganlage ist die Doppelkapelle, die um 1200 an der Ostseite der Kernburg unmittelbar an den steil abfallenden Felsen neben dem am besten erhaltenen östlichen Eckturm errichtet wurde. 1246 kamen Ort und Burg vom Geschlecht der *Are-Hochstaden* durch eine Schenkung an Kurköln – der letzte Graf hatte keine männlichen Nachkommen.

Fast sechshundert Jahre lang blieb Burg Are uneingenommen, bis die Franzosen sie 1690 stürmten. Da war ihr militärischer Wert jedoch längst fraglich geworden. Altenahr hatte zeitweise Stadtrechte und war kurkölnischer, ab 1816 preußischer Verwaltungssitz im mittleren Ahrtal. Mit dem Bau des Straßentunnels 1834, für den ein Durchgang durch den Felsgrad des Langfig gesprengt wurde – und endgültig mit dem Bau der Eisenbahnlinie nach Altenahr – setzte auch hier der Fremdenverkehr ein.

An der Hauptkreuzung im Ort steht das historische Weinhaus „Schäferkarre", eine bemerkenswerte gastronomische Adresse hinter einer schönen Fachwerkfassade, an deren Giebel ein Glockenspiel angebracht ist. Gleichermaßen bemerkenswert ist die Fassade des Hotels „Zum Schwarzen Kreuz".

## Pfarrkirche

Die erste urkundliche Erwähnung der Ortspfarrkirche Mariä Verkündigung, die sich etwas zurückversetzt erhebt, erfolgte im Jahr 1166 in einer Urkunde, in der das Burgrecht an Burg Are festgelegt wird. Der heutige Bau entstand im zweiten Viertel des 12. Jahrhunderts als dreischiffige **romanische Bruchstein-Basilika.** Im 14. Jahrhundert wurde ein gotischer Chor angefügt und Ende des 19. Jahrhunderts das Langhaus verlängert. Außerdem erhielt die Kirche ihren nördlichen Turm wie auch das südliche Querschiff.

## Burg Kreuzberg

Oberhalb von Altenahr erhebt sich Burg Kreuzberg markant auf einem **Felsen über der Ahr.** Erstmals erwähnt wird sie im Prümer Urbar aus dem Jahre 893 als *Cruceberge*. Den Kern der Höhenburg auf dreieckigem Grundriss bildet der im Jahr 1343 errichtete Turm, der mit der Burgmauer die Zufahrt sichert – an den anderen Seiten fällt der Kreuzbergfelsen steil ab. Anstelle der 1686 von den Franzosen zerstörten Anlage wurde 1760 der heutige Bau unter Einbeziehung noch vorhandener alter Bauteile, so vor allem des alten Bergfrieds, errichtet und in eine Wohnburg umfunktioniert. Die zur Burg gehörige Kapelle wurde 1783 erbaut. Auf Burg Kreuzberg lebte der am 1. Mai 2008 verstorbene *Philipp Freiherr von Boeselager*, ein Widerstandskämpfer gegen das Nazi-Regime.

007ei ot

## Langfigtal

In einer großen Mäanderschlinge umrundet die Ahr unmittelbar unterhalb des Ortskerns von Altenahr den Langfig, einen Bergrücken mit zwei ausgeprägten Gipfeln. Der Nord- wie der Südgipfel sind jeweils an die 300 Meter hoch und können auf einem Felsgrat von der Burg Are erklettert werden. Wegen der landschaftlichen Schönheit der wilden Felsgruppen, der interessanten Schichtverwerfungen und seiner Wärme liebenden Pflanzen- und Tierwelt steht das Gebiet schon seit über 30 Jahren unter Naturschutz. Ein wirklich zauberhafter **Spazierweg** mit herrlichen Ausblicken auf Burg Are führt entlang des Flusses durch das Tal.

## Essen & Trinken/Unterkunft

■ **Zum Schwarzen Kreuz**②, Brückenstr. 5–7, Tel. 15 34, www.zumschwarzenkreuz.de. Historisches Haus mit zauberhafter Fassadengestaltung, rustikal eingerichtetes Restaurant mit gehobener regionaler Küche, Weinstube und uriger Weinkeller, Hotelbetrieb nebenan.

■ **Weingasthaus Schäferkarre:** Brückenstr. 29, Tel. 71 28. Gehobene Küche in historischer Atmosphäre; im hinteren Gastraum erinnert ein alter Karren daran, dass ein Onkel des Inhabers von Beruf Schäfer war. Regionale Spezialitäten wie Felchen aus dem Laacher See, Lammtopf, Weinschaumschüsselchen als Nachspeise, Mo Ruhetag.

## Wandertipp Langfigtal

Ausgangspunkt des Rundweges durch das Langfigtal ist der Tunnel unterhalb von Altenahr. Der **Rundweg** verläuft auf dem lokalen Wanderweg 1, einem **Abschnitt des „Ahrtalweges"** (Markierung: A). Abgesehen von einigen kleinen Unebenheiten im westlichen Abschnitt ist der Rundweg im Langfigtal in 45 Minuten auch bequem **mit Kinderwagen** zurückzulegen. Seit 1983 ist das Langfigtal übrigens als Naturschutzgebiet „Ahrschleife bei Altenahr" ausgewiesen.

## Jugendherberge

■ **Naturschutz-Jugendherberge:** Langfigtal 8, Tel. 18 80, www.diejugendherbergen.de. Das Programm und die Informationsangebote dieser Jugendherberge sind ganz auf Natur und Naturschutz ausgerichtet, 19 Schlafräume mit 1–4 Betten, alle Zimmer mit Dusche/WC, Rezeption, Speiseraum, Bistro, Café-Bar, Snackbereich und Kinderspielecke, 4 Aufenthalts- und Tagungsräume unterschiedlicher Größe, Ausstattung für Seminare, Workshops, Musikfreizeiten, zusätzliche Ausstattung für den Seminarbetrieb im Bereich Umwelt- und Naturschutz wie z.B. Mikroskope werden geboten. Übernachtung mit Frühstück ab 21 €.

## Camping

■ **Campingplatz Altenahr:** Zur Burgwiese, am linken Ahrufer, Tel. 85 03, www.camping-altenahr.de. Gepflegter Familienplatz mit 38 Dauerstellplätzen, 40 Saisonplätzen und rund 180 Touristenstellplätzen, modern ausgestattetes Sanitärgebäude, Kinderspielplatz, große separate Jugendwiese sowie Laden und **Gaststätte Teufelsloch** mit Imbiss. Geöffnet April bis Oktober.

### Winzer

■ **Weingut Sermann-Kreuzberg:** Seilbahnstraße 22, Tel. 71 05, www.sermann.de. Das Weingut existiert seit 1775, hier wird Spätburgunder, Frühburgunder und Riesling angebaut, der Gutsausschank und die Vinothek sind geöffnet 10–18 Uhr, Mi Ruhetag, dazu gibt es ein Gästehaus.

### Veranstaltungen

■ **Weinfest:** Letztes Septemberwochenende und an den vier Wochenenden im Oktober.
■ **Wein- und Burgfest:** Anfang August.

# Rheineifel

Unter dem Begriff Rheineifel werden die zum **Mittelrhein** hin ausgerichteten **Höhenzüge der Eifel** zusammengefasst. Das Gebiet erstreckt sich von Rolandseck im Norden bis nach Andernach und dem Laacher See im Süden.

### Arp-Museum

Oberhalb des „Kaiserbahnhofs" von Rolandseck wurde 2007 das lange Zeit umstrittene Arp-Museum in einem vom Stararchitekten *Richard Meier* entworfenen Bau eröffnet.

Der 1858 fertig gestellte **Bahnhof** diente nach dem Zweiten Weltkrieg als kulturelles Zentrum, in dem auch der **Dadaist** und **Surrealist** *Hans Arp* verkehrte. Nach Auseinandersetzungen mit der Arp-Stiftung bestückte das Land Rheinland-Pfalz das Museum aus eigenem Bestand mit Werken von Arp und seinen Zeitgenossen. Das Arp-Museum ist seither das **meistbesuchte Kunstmuseum** im Land.

■ **Hans-Arp-Museum:** 53424 Remagen-Rolandseck, Hans-Arp-Allee 1, Tel. 02228 4 25 12, www.arpmuseum.org, geöffnet Di bis So 11–18 Uhr, 24.12., 31.12. sowie Rosenmontag geschlossen. Mit Bibliothek und Bistro, Eintritt 9 €, ermäßigt 7 €.

## Remagen

### Info

■ **Postleitzahl:** 53424, **Tel.-Vorwahl:** 02642
■ **Touristinformation Stadt Remagen:** Kirchstraße 7, Tel. 2 01 87, www.remagen.de.

Remagen liegt am äußersten nordöstlichen Ausläufer der Eifel am Rhein. Die Ortsbezeichnung, von *Rigomagus* abgeleitet, soll bereits keltischen Ursprungs sein. Im Jahr 43 n. Chr. ließ der römische Kaiser *Claudius* hier ein erstes Kastell errichten. Reste der antiken Umfassungsmauer findet man noch in den Bögen der Stützmauer unterhalb der Pfarrkirche St. Peter und Paul.

Im Mittelalter entwickelte sich Remagen zu einer ansehnlichen Siedlung mit Stadtrecht. Ab Mitte des 14. Jahrhunderts wurde mit dem Bau der Ummauerung begonnen. Dennoch blieb die Stadt nicht von nachhaltigen Heimsuchungen verschont. Schwere Schäden erlitt die Stadt Remagen im Dreißigjährigen Krieg und am Ende des Zweiten Weltkrieges, als die Amerikaner zum Rhein vorstießen.

## Pfarrkirche

Die Ursprünge der das Stadtbild von Remagen beherrschenden Pfarrkirche **St. Peter und Paul** gehen auf das Jahr 1003 zurück. Der romanische Neubau wurde gemäß einer Inschrift am Ostchor am 6. Mai 1246 geweiht. Bei Erneuerungsarbeiten zu Beginn des 20. Jahrhunderts versetzte man das spätromanische Pfarrhoftor an die Ostseite der Basilika. Dieses Doppeltor mit rundbogiger, großer Öffnung für Wagen und einer Fußgängerpforte ist mit reichem Flachreliefschmuck mit heidnischen und christlichen Motiven versehen.

## Römisches Museum

Folgt man der Rheinstraße in Richtung Rhein, findet man das Römische Museum. In der ehemaligen Kapelle der Abtei Knechtsteden aus dem 15. Jh., die auf römischen Fundamenten steht, werden Exponate aus der römischen Zeit zu den Themen Religion (mit römischem und fränkischem Totenkult), Kunst und Alltagsleben gezeigt. Man sieht Gegenstände des täglichen Gebrauchs wie Waffen, Schmuck, Münzen, Spielzeug und Gefäße aus Glas und Keramik.

■ **Römisches Museum:** Kirchstr. 9, Tel. 2 01 59, www.remagen.de/Tourismus/Museen, geöffnet März bis Oktober Mi–So 15–17 Uhr, für Gruppen nach Vereinbarung, Eintritt 2 €, Kinder 1 €.

> Neogotik aus dem 19. Jahrhundert: die Apollinariskirche in Remagen

## Apollinariskirche

**Unser Tipp:** Oberhalb von Remagen erhebt sich weithin über dem Rheintal sichtbar die neugotische Apollinariskirche. Hier stand einst eine Martinskapelle, doch als Erzbischof *Reinald von Dassel* in seiner Eigenschaft als Kanzler von Kaiser *Friedrich I. Barbarossa* die Reliquien des heiligen *Apollinaris* hierher verbringen ließ, setzte ein zunehmender Pilgerstrom ein. Nach der Säkularisation wurde durch den Kölner Dombaumeister *Ernst-Friedrich Zwirner* 1839–42 die neue Apollinariskirche in Form eines griechischen Kreuzes mit filigranen Türmen errichtet und großflächig von Künstlern der Nazarener-Malschule ausgemalt. In der überwölbten Krypta steht das Hochgrab mit der silbernen Reliquienbüste des heiligen Apollinaris, die alljährlich zur Wallfahrtszeit im Juli aus dem Sarg gehoben wird.

## Brücke von Remagen

Die südlich von Remagen im Ersten Weltkrieg errichtete **„Ludendorff"-Eisenbahnbrücke** fiel am 7. März 1945 den amerikanischen Truppen als erste noch befahrbare Rheinbrücke in die Hände, brach aber wenig später in sich zusammen. Die Doppelpfeiler auf der Remagener Seite sind inzwischen zum **Friedensmuseum** „Brücke von Remagen" ausgebaut worden.

In den Türmen auf der Remagener Seite (vorn) befindet sich das Museum, betrieben von einem Förderverein, das mit Exponaten über den Bau, die Eroberung und den Zusammenbruch der Brücke sowie über das nahe gelegene

Gefangenenlager zwischen Remagen und Sinzig informiert. Der Verein organisiert auch Treffen mit ehemaligen amerikanischen Soldaten.

■ **Friedensmuseum Brücke von Remagen:** Tel. 2 18 63, www.bruecke-remagen.de, geöffnet Anfang März bis Mitte November 10–17 Uhr, Mai–Okt. 10–18 Uhr, Eintritt 3,50 €, Jugendliche 1 €, Familien 7 €.

## Essen & Trinken

■ **Weinhaus Alte Rebe**③, 53424 Remagen, Kirchstraße 4, Tel. 02642 90 29 269, www.alte-rebe-remagen.de, in historischem Ambiente am Marktplatz 2016 neu eröffnetes Restaurant mit erlesener Küche, geöffnet Mi bis So 11.30–14 Uhr und Di bis So 17.30–21.30 Uhr.

■ **Restaurant Bellevuechen**③, Remagen-Rolandseck, Bonner Str. 68, Tel. 02228 79 09, www.bellevuechen.de. Idyllisch und landschaftlich besonders reizvoll am Rhein gegenüber dem Künstlerbahnhof Rolandseck in Sichtweite des Siebengebirges gelegen. Die kleine, ausgewogene Speisekarte bietet anspruchsvolle Küche mit mediterranem Einschlag, dazu große Weinkarte, geöffnet Mi bis So 12–14 Uhr und 18.30–23 Uhr, Mo und Di Ruhetag.

## Camping

■ **Camping Siebengebirgsblick:** 53724 Remagen-Rolandswerth, Tel. 02228 91 06 82, www.siebengebirgsblick.de. Am Fuß des Rolandsbogens am Rheinufer gelegen, mit Blick auf den Drachenfels, spontan zu buchender Platz, gute Ausstattung mit Gastronomie, geöffnet April bis Okt.

# Sinzig

## Info

■ **Postleitzahl:** 53489, **Tel.-Vorwahl:** 02642

■ **Tourist-Service Sinzig:** Bachovenstr. 10, Tel. 02642 98 05 00, www.sinzig-info.de.

Der Ortsname von Sinzig leitet sich von der römischen Siedlung *Santiacum* ab. Später stand an diesem erhöhten Standort über der Ahrmündung ein fränkischer Königshof, dann eine Kaiserpfalz zur Sicherung der hier verlaufenden Aachen-Frankfurter Heerstraße, der wichtigsten Verkehrsverbindung im Deutschen Kaiserreich. 1267 erhielt Sinzig Stadtrechte, wenig später wurde mit dem Bau der Stadtmauer begonnen. Brände der zum Herzogtum Kleve-Jülich gehörenden Stadt richteten mehrfach große Schäden an, die Häuser wurden in den Jahren 1583 und 1758 fast vollkommen zerstört.

Hoch über dem Rhein- und Ahrtal erhebt sich die 1220–40 errichtete **Pfarrkirche St. Peter,** eine spätromanische Emporenbasilika mit Vierungsturm von großer baugeschichtlicher Bedeutung, die heute wieder in ihrer ursprünglichen Farbgebung mit abgesetzten Kanten, Lisenen und Gesimsen erstrahlt. Chorpartie und Apsis weisen besonders deutlich auf die Architekturtradition der niederrheinisch-kölnischen Romanik hin. Der Innenraum der Kirche mit ihrer wertvollen Ausstattung wirkt besonders harmonisch, denn die Emporen werden im Querschiff und im Chor als Umgang weitergeführt.

Außergewöhnlich ist die **Mumie,** die in der rechten Chorkapelle in einem gläsernen Sarg ausgestellt ist – im Volksmund als der „Heilige Vogt" bezeichnet. Diese Mumie taucht erstmals 1736 in den Kirchenunterlagen auf – es soll sich um einen Sinziger Amtmann gehandelt haben, der auf diese Weise bis in die Gegenwart „überlebt" hat.

Am Kirchplatz steht auch das **klassizistische Rathaus** der Stadt, 1834–37 als Stadt- und Schulhaus erbaut. Unterhalb der Kirche findet man den alten **Zehnthof** mit seinem sehenswerten Innenhof und dem „Rittersaal".

### Heimatmuseum

Im neugotischen **Sinziger Schloss** ist heute das Heimatmuseum untergebracht. Den bestehenden Bau ließ sich ein Kölner Kaufmann im neugotischen Stil der Rheinromantik am Standort der alten Sinziger Burg als Sommerresidenz errichten. Das Museum zeigt eine ständige Ausstellung mit Stadtmodell, eine Gemäldesammlung mit Arbeiten von *Johann Martin Niederée, Franz Ittenbach* und *Joseph Keller* (allesamt Künstler der Düsseldorfer Akademie, die im 19. Jahrhundert internationales Ansehen genoss), Glasfensterentwürfe des Künstlers *Carl Andreae,* dazu heimatkundliche Apothekergerätschaften sowie Medizin- und Gesetzbücher des 17. und 18. Jahrhunderts, darunter ein Medizin- und Kräuterbuch aus dem späten 15. Jahrhundert und das Medizinbuch des *Paracelsus* von 1530.

■ **Heimatmuseum Sinzig:** Barbarossastr. 35, Tel. 34 06, www.museum-sinzig.de, geöffnet Sa/So 14–17 Uhr, Do 10–12 Uhr und nach Vereinbarung, Eintritt frei, jeden 1. Sa im Monat 14.30 Uhr eine kostenlose Führung durch Museum und Schloss.

### Essen & Trinken

■ **Aux Vieux Sinzig④,** Kölner Straße 6, Tel. 4 27 57, www.vieux-sinzig.de. Spitzenrestaurant, welches bekannt ist für seine frische Natur- und Kräuterküche aus eigenem Garten, mit ausgewählter Weinkarte. Der Inhaber und Chefkoch *Jean Marie Dumaine* bietet Kochseminare an, geöffnet mittags und abends, Mo/Di Ruhetag.

## Naturschutzgebiet Ahrmündung

**Unser Tipp:** Das Naturschutzgebiet der Ahrmündung umfasst den letzten Stromkilometer des Flusses zwischen dem nördlich auf einem flachen Schwemmkegel gelegenen Kripp und dem südlich gelegenen Sinzig. Es handelt sich um die einzige noch im natürlichen Zustand belassene Flussmündung im Mittelrheingebiet. Typisch dafür ist, dass die Ahr in ihrem Mündungsbereich noch das Flussbett je nach Wasserführung ändert. Es ist sogar davon auszugehen, dass sich die Ahr eines Tages knapp 100 Meter weiter südlich einen Austritt freispülen wird. Wenn das eintrifft, muss die hölzerne Fußgängerbrücke über die Mündung entsprechend verlegt werden.

Die Flora an der Ahrmündung ist vielfältig. Im Uferbereich sind es Schmalblattweiden-Gebüsche. Knöterich- und Gänsefußgewächse wie beispielsweise auch Rainfarn-Beifuß-Hochstauden und Natternkopf-Steinkleehochstauden findet man auf den Schottern. Hier fühlen sich Insekten wohl und es findet manch andernorts selten gewordene Vogelart ihren Lebensraum, so Grasmücke, Nachtigall, Girlitz, Teichrohrsänger und der auffallend gelb gefärbte Pirol.

# Bad Breisig

## Info

- **Postleitzahl:** 53498, **Tel.-Vorwahl:** 02633
- **Tourist-Information:** Koblenzer Straße 59, Tel. 4 56 30, www.bad-breisig.de.

An der Mündung des Vinxtbaches in den Rhein liegt Bad Breisig. Dieser kleine Bach markierte einst die Grenze zwischen den römischen Provinzen Ober- und Niedergermanien, hier liegt auch die Sprachgrenze zwischen Ober- und Niederdeutsch. Der Ort Bad Breising entwickelte sich im Mittelalter recht gut und erhielt Ende des 13. Jahrhunderts eine Stadtmauer. Der heutige Kurort verfügt über drei **Thermalquellen,** der **Kurpark** zieht sich bis fast zum Rhein hinunter.

Das Breisiger Ländchen befand sich einst im Besitz des Damenstiftes zu Essen, verbunden mit dem kaiserlich verbrieften Recht, hier am Rhein Zoll zu erheben. Am Rheinufer steht noch das um 1500 erbaute **Alte Zollhaus** mit eindrucksvollen Hochwassermarken. Der **Templerhof** an der Koblenzer Straße wurde nach dem Dreißigjährigen Krieg neu errichtet und beherbergt heute eine Weinstube. Die rückwärtig angebaute Donatuskapelle aus dem 13. Jahrhundert barg früher eine wertvolle Kreuzreliquie, die heute in der barocken **Ortspfarrkirche St. Marien** mit dem weithin sichtbaren quadratischen Turm mit doppelter Barockhaube im Zentrum untergebracht ist.

## Oberbreisig

Ein kurzer Abstecher talaufwärts nach Oberbreisig lohnt. Dieser Ortsteil wurde 1041 erstmals urkundlich erwähnt. **Unser Tipp:** Hier steht die **Pfarrkirche St. Viktor** als Mutterkirche des Breisiger Ländchens. Die spätromanische Kirche mit mächtigem querrechteckigem Turm entstand zwischen 1220 und 1240. Sie birgt **Fresken** aus dem 14./15. Jahrhundert. Die Ausstattung ist barock.

## Puppenmuseum

Wer die Räume des ehemaligen, im neoklassizistischen Stil errichteten Rathauses betritt, fühlt sich in die so genannte gute alte Zeit des ausgehenden 19. Jahrhunderts versetzt, spiegeln doch die Puppen und die ausgestellten Spielzeuge ein Stück Alltagsgeschichte dieser Zeit wieder. Die vielen alten Puppen, das Zubehör und die Puppenstuben wurden von einem Sammler zusammengetragen. Gezeigt werden u.a. deutsche Puppen aus dem thüringischen Raum und französische aus der Zeit von 1850 bis 1930.

- **Puppenmuseum Bad Breisig:** Koblenzer Straße 31, Tel. 94 25, www.bad-breisig.de, im alten Rathaus, geöffnet 12–18 Uhr an Veranstaltungs-Wochenenden in der Stadt, Eintritt frei.

## Burg Rheineck

Oberhalb von Breisig erhebt sich Burg Rheineck. Der aus dem 11. Jahrhundert stammende Bau, der 1832 im Stil der Rheinromantik wieder aufgebaut wurde, befindet sich in Privatbesitz und kann nicht besichtigt werden.

### Essen & Trinken/Unterkunft

■ **Rheinhotel Vier Jahreszeiten④,** Rheinstr. 11, Tel. 60 70, www.breisig.de. In direkter Lage am Rhein, komfortable Zimmer, A-la-carte-Restaurant mit regionalen und internationalen Spezialitäten, Café-Wintergarten, Rhein-Terrassen unter Schatten spendenden Bäumen, Bier- und Weinstube „Alt-Breisig", Tanzbar „Sunrise" mit Discobetrieb bis in den frühen Morgen.

■ **Templerhof:** Koblenzer Straße 45, Tel. 94 35, www.templerhof.de. Historisches Weinhaus mit Gartenterrasse im ehem. Ordenshaus. Erste urkundliche Erwähnung des Gebäudes um 1245, in seinem heutigen Aussehen stammt das Haus aus dem Jahre 1657. Aus dieser Zeit ist auch die Inschrift über dem Eingang des Restaurants. 1957 wurde der Templerhof zu einem Weinhaus umgebaut, sehr gute Küche und hervorragender Service, besonders empfehlenswerte Fischgerichte, geöffnet 11.30–14.30 und ab 17.30 Uhr, So und feiertags durchgehend.

### Camping

■ **Camping Rheineck:** 53498 Bad Breisig, Tel. 02633 95 645, www.camping-rheineck.de, ganzjähriges Camping unterhalb der Burg Rheineck im Vinxtbachtal, einem ruhigen Seitental zum Rhein, mit Kiosk für Speisen, Getränke, Lebensmittel.

### Wellness

■ **Römer-Thermen:** Albert-Mertès-Straße 11, Tel. 48 07 10, www.roemerthermen.de. Thermalbecken innen 280 m², außen 130 m², 31 °C im Innenbecken, 32 °C im Außenbecken, geöffnet Mo 10–22 Uhr, Di–Fr 8–22 Uhr, Sa und So 8–20 Uhr, Eintritt ab 15 € (Kurgäste 12 €), Sauna und Bad 20 € (16 €), Fitnessstudio 10 €.

### Freizeit

■ **Märchenwald:** Am Kesselberg, Tel. 02633 85 34, www.maerchenwald-bad-breisig.de. Darstellung von 13 Märchenthemen in einem Parkgelände oberhalb des Ortes, mit Märchenlehrpfad und Gastronomie, geöffnet Ostern bis 1.11. an Wochenenden und Feiertagen 10–18 Uhr, Juli/Aug. täglich 10–18 Uhr, Eintritt 4,50 €, ermäßigt 3,50 €.

### Veranstaltungen

■ **Zwibblesmaat (Zwiebelmarkt):** 3. Wochenende im September (Sa–Di) auf der Koblenzer Straße. Traditioneller Markt seit dem Mittelalter mit religiösem Hintergrund, zu diesem Fest kamen viele Gläubige, um hier die Kreuzpartikel, welche von den Templern aus dem Heiligen Land nach Breisig gebracht worden waren, zu verehren. Heute großer Trödel-, Obst- und Gemüsemarkt.

## Brohltal

### Info

■ **Tourist-Information Brohltal,** 56651 Niederzissen, Kapellenstr. 12 (Rathaus), Tel. 02636 1 94 33, www.brohltal.de. Mit Info-Zentrum Vulkanpark.

Das Brohltal nimmt seinen Ausgang im Brohler Ortsteil Lützing. Die Fahrt talaufwärts führt durch interessante Felsformationen aus Schiefer- und vulkanischem Trass- und Tuffgestein über Bad Tönisstein, Burgbrohl, Niederzissen und Oberzissen am Bausenberg bis hin zur Burg Olbrück.

## Mosenmühle

Im unteren Engtalabschnitt erscheint **Schloss Schweppenburg,** erstmals um 1160 urkundlich erwähnt. Das ehemalige kurkölnische Lehen kam im 14. Jahrhundert mit der dazugehörigen Mosenmühle an den Andernacher Schöffen *Arnold von Schweppenburg*. Der heutige Bau, von dem der Ostflügel erhalten ist, entstand im 17. Jahrhundert. Die 1268 erstmals urkundlich erwähnte Mosenmühle ist noch in Betrieb. Das gewaltige Wasserrad hat sieben Meter Durchmesser und 1,60 Meter Schaufelbreite. Ein Schaufelbecher fasst 128 Liter. Damit erzeugt es eine Antriebskraft von 50 PS bei sieben bis acht Umdrehungen/Minute.

■ **Mosenmühle:** Getreidemühle Schweppenburg 1, 56656 Brohl-Lützing, Tel. 02633 15 13, www.mosenmuehle.de. Mühlenladen geöffnet Mo–Fr 9–12.30 und 13.30–18 Uhr, Sa 9–12 Uhr, Führungen nach telefonischer Voranmeldung.

## Bad Tönisstein und Burgbrohl

Über Bad Tönisstein mit der **Kurfürstenquelle** und den Ruinen des ehemaligen **Klosters Antoniusstein** aus dem 14. Jahrhundert, das dem Ort den Namen gab, geht es nach Burgbrohl, dem Hauptort des Brohltals. Hier hatten die Herren *von Brule* seit dem 11. Jahrhundert ihren Sitz. Anstelle ihrer einstigen Burg steht heute ein schlichtes **Barockschloss** auf einem Felsplateau. In Sichtweite des idyllischen Bahnhofs schaut man auf die seinerzeit futuristische **Kaiserhalle,** eine dem Pantheon ähnliche Leichtbeton-Kuppelhalle aus dem Jahr 1896, die Veranstaltungszwecken dient.

■ **Hotel-Restaurant Schloss Burgbrohl**③, Auf der Burg 1, 56659 Burgbrohl, Tel. 02636 90 70-34 (Hotel), -78 (Restaurant), www.schloss-burgbrohl.de. Elegante und modern eingerichtete Zimmer im Barockschloss, Restaurant mit Wintergarten und Biergarten, Restaurant täglich geöffnet 12–22 Uhr, Schenke täglich ab 17 Uhr.

## St. Servatius

Von Burgbrohl führt eine schmale Straße nach **Buchholz,** wo die 1135 gegründete ehemalige Propstei des Benediktinerklosters St. Vitus in Mönchengladbach steht. Die ursprünglich bedeutende, dreischiffige romanische **Propsteikirche** St. Servatius wurde mehrfach umgestaltet und mit einer barocken Fassade versehen. Sehenswert ist ihr aus der Mitte des 13. Jahrhunderts stammender, prachtvoller Blattrankenfries aus der Werkstatt des Laacher Samson-Meisters. Der gesamte Komplex der Propstei ist längst säkularisiert, die inzwischen renovierte Kirche dient Konzertveranstaltungen.

■ **Propsteikirche St. Servatius:** Förderverein zur Wiederherstellung und Unterhaltung der Propstei Buchholz e.V., *Gerd Rothbrust,* 56659 Burgbrohl Buchholz, Buchholz 7, Tel. 02636 94 13 00, www.propstei-buchholz.de.

## Niederzissen

Im Zentrum des Brohltals liegt Niederzissen, Sitz der Verbandsgemeinde mit dem **Vulkanpark-Infozentrum.** In

▷ Barockschloss in Burgbrohl, inzwischen mit Hotel-Restaurant

Sichtweite erhebt sich die 340 Meter hohe Kuppe des **Bausenberges,** eines vor 140.000 Jahren ausgebrochenen Vulkans, der durch seine vielfältige Flora und Fauna weithin bekannt ist. Der Bausenberg wurde durch Schlacken gebildet, die nach ihrem Auswurf nicht schnell genug erkalteten und so am Boden verschweißten. Fließende Lava konnte durch eine seitliche Öffnung entweichen, wodurch kein Kegel, sondern eine Schweißschlackenkuppe entstand. Der Wärme haltende vulkanische Boden dieses Hufeisenkraters bietet den Lebensraum für eine außerordentliche Artenvielfalt – hier gibt es Tiere, die sonst nur im Mittelmeerraum vorkommen. Man zählt 640 Schmetterlingsarten, es gibt flügellose Urinsekten, Wärme liebende Käfer und seltene Pflanzen. Wegen seiner außerordentlichen Flora und Fauna wurde das Gebiet des Bausenberges 1981 zum **Naturschutzgebiet** erklärt.

## Burg Olbrück

Weiter geht es über Oberzissen nach Niederdürrenbach, wo die oberhalb liegende Fläche des **Rodder Maares** als Wasserfläche renaturiert wurde.

**Unser Tipp:** Über allem erhebt sich die eindrucksvolle Burgruine Olbrück. Die Grafen von Wied hatten um 975 mit ihrem Bau begonnen, 1093 wird ein *Burchard de Ulbrucke* als Besitzer genannt. Ab 1345 erfolgte der Ausbau zur Ganerbenburg. Um diese Zeit erhielt die Anlage einen mächtigen rechteckigen, 24 Meter hohen Bergfried. Durch Erbe, Heirat oder auch Verkauf erlebte die Burg viele unterschiedliche Herrschergeschlechter und veränderte durch An- und Umbauten ihr Erscheinungsbild. Im Jahr 1689 legten französische Truppen sie dann in Schutt und Asche. Zwar wurde danach das Herrenhaus wieder aufgebaut, aber im 18. Jahrhundert verfiel die Anlage

009ei ot

und wurde zeitweise sogar als Steinbruch genutzt. Erst Ende des 20. Jahrhunderts setzte sich die Verbandsgemeinde Brohltal für ihren Erhalt ein. Die Gemeinde übernahm die renovierungsbedürftige Anlage, reparierte sie und baute sie zu einem **historischen Erlebnispark** aus, in dem die Burgführer „lebendiges Mittelalter" zeigen. Inzwischen ist die Anlage an einen Investor verkauft, bleibt aber für die Öffentlichkeit zugänglich,

**Burg Olbrück:** 56651 Niederdürrenbach-Hain, Burgstraße 1, Tel. 02636 19 433, www.olbrueck.de. Informationen und Schautafeln zur Geschichte, zum Burgenbau und mittelalterlichen Burgleben, Besichtigung des Bergfrieds, mit Souvenirladen und Burggastronomie **Olbrücker Kastellaney,** Tel. 96 89 40, www.burg.brohltal.de. Im Bergfried der Burg kann man standesamtlich getraut werden, weitere Informationen vermittelt die Tourist-Information Brohltal (s.o.). An Veranstaltungen bietet Burg Olbrück beispielsweise **„Olbrücker Zeitreise in die Antike"**, **„Tag der Artenvielfalt"**, **„Falknerei zum Anfassen"** und **„Sommer Open-Air mit EifelFolk"** sowie nicht zuletzt im Rahmen der **„Nacht der Vulkane"** Kindertheater und **„Geo für Kids".** Burgbesichtigung Ende März bis Ende Okt. Di bis So 11–18 Uhr, Eintritt 3,50 €, ermäßigt 2,50 €, Kinder frei. Burgführung regelmäßig 1. So im Monat 14 Uhr, Eintritt zuzügl. 1 €. Falknerei jeden 2. So im Monat, Eintritt 5,50/3,50 €.

## Vulkan-Express

Die Brohltalbahn, die einst von Lützing am Rhein das Brohltal aufwärts bis Kempenich verkehrte, fährt heute als **Museumsbahn** unter der liebevollen Bezeichnung Vulkan-Express bis Engeln. Es ist eine abwechslungs- und erlebnisreiche Fahrt durch eines der landschaftlich schönsten Seitentäler des Rheins, wo schon die Römer Trass abbauten und zu Ziegeln verarbeiteten. Die von **Dampf- und Diesellokomotiven** gezogenen Züge bringen die Fahrgäste mit einer Geschwindigkeit von 20 km/h über Bad Tönisstein bis Burgbrohl entlang des Brohlbaches. Weiter geht es über Niederzissen und Oberzissen in Sichtweite des Vulkankegels des Bausenberges sowie der Burg Olbrück. Hier steigt die Strecke bis kurz vor Engeln stark an. Diese Passage war den Dampfloks bis 1934 nur mit Hilfe der Abt'schen Zahnstange möglich.

Nach fast 400 Metern Höhenunterschied vom Ausgangspunkt in Brohl-Lützing hält der Vulkan-Express an der Endhaltestelle auf 465 Metern Höhe im Naturschutzgebiet des Engelner und Lehrenkopfes. Das Bahnhofsgebäude von Engeln bietet dem Wanderer Einkehr und einen sicheren Unterstand vor dem starken Wind, der hier beinahe zu allen Jahreszeiten herrscht.

■ **Vulkan-Express:** 56651 Niederzissen, Kapellenstr. 12 (Rathaus), Tel. 02636 8 03 03, Fahrplanansage: Tel. 02636 80 500, www.vulkan-express.de. Bietet neben den allgemeinen Betriebsfahrten von März bis Okt. Winterfahrten, Ostereierfahrten, Fahrten mit Dampflok etc. Einfache Fahrt von Brohl nach Engeln 11,50 €, Hin- und Rückfahrt 13,50 €, Kinder von 6 bis 11 Jahren halber Preis, darunter frei.

■ **Royal's Vulkanstube:** 56651 Oberzissen, Brohltalstr. 21, Bahnhof Engeln, Tel. 02636 68 84, www.royals-vulkanstube.de. Rustikal eingerichtete Gaststube, großer mietbarer Saal für 200 Personen, Außenbereich für 250 Personen.

[>] Das Rodder Maar mit Burg Olbrück bei Niederzissen

# Wandertipp Rund um die Olbrück

Die anspruchsvolle, ca. 22 Kilometer lange Wanderung bietet viele interessante Details an der Wegstrecke. Ausgangspunkt ist der Bahnhof **Niederzissen.** Der Weg verläuft durch den Ort und dann entlang der K 49/50 nach **Oberzissen.** Am Sauerbrunnen vorbei, dessen Heilwirkung schon im 15. Jahrhundert bekannt und von den Herren der Olbrück auch genutzt wurde, geht es weiter entlang des Brenkbaches, der überquert wird, dann über die Gleise der Brohltalbahn (Vulkan-Express) etwas aufwärts und in das **Quackenbachtal** wieder abwärts. Durch die Ortslage von Hain steigt man den **Vulkankegel** mit der **Burg Olbrück** empor. Nach einer Besichtigung der Burg geht es wieder abwärts am Nordrand von **Hain** talwärts in Richtung **Niederdürenbach.** Am Talhang entlang führt der Weg am Maarhof mit einer Swin-Golf-Anlage vorbei in Richtung **Oberdürrenbach.** Vor der Ortslage verlässt man den Weg ostwärts zum **Königssee,** einem mit Grundwasser vollgelaufenen ehemaligen Steinbruch. Nicht mehr weit ist es zum **Roddermaar,** einem revitalisierten Maar, das durch zwischenzeitliche Trockenlegung auch landwirtschaftlich genutzt wurde. Die letzte Etappe der Wanderung führt auf den **Bausenberg**, einen Schlackenvulkan mit interessanter Flora und Fauna. Den Berg abwärts geht es letztendlich zurück zum Ausgangspunkt.

## Vulkanpark Brohltal/Laacher See

Das als Laacher-See-Gebiet bezeichnete junge Vulkangebiet der Osteifel bietet interessierten Besuchern auf **fünf Wanderrouten** an 50 geologischen Punkten Einblicke in die vielfältigen erdgeschichtlichen Vorgänge dieser Region. Je ein Weg führt durch das obere, das mittlere und das untere Brohltal – jeweils auch von Haltestellen des Vulkan-Expresses (s.o.) aus erreichbar –, der vierte um den Laacher See und der fünfte durch das Vinxtbachtal. Die Strecken sind bis zu 20 km lang, können aber abgekürzt werden. Zusammenfassend führt eine 67 km lange **Fahrrad- oder Autoroute** zu den wichtigsten dieser geologischen Aufschlüsse.

## Essen & Trinken/Unterkunft

- **Gasthaus Ratsschenke**①, 56651 Niederzissen, Kapellenstraße 17, Tel. 02636 62 80, www.ratsschenke-niederzissen.de. Rustikale Küche und eine kleiner Biergarten, außerdem werden Zimmer mit und ohne Bad/WC vermietet.
- **Landgasthaus Rothbrust**①, Burgbrohl-Weiler, Brohltalstr. 245, Tel. 02636 25 94, www.landgasthaus-rothbrust.de. Sonnige Südhanglage am Ortsrand, großzügig-modern eingerichtete Gästezimmer, teilweise mit Balkon, sonnige Gartenterrasse mit Blick ins Brohltal; das Restaurant① bietet gutbürgerliche Küche.

## Museum

- **Tuffsteinmuseum – Steinmetzbahnhof:** 56745 Weibern, im Steinmetzbahnhof, Tel. 02636 19 433 (Touristinformation Brohltal), betrieben vom Steinhauerverein Weibern, der auch Steinmetzkurse anbietet, umfangreiche Sammlung Ostfelder Gesteine, Exponate und Informationen zum Weiberner Tuff, geöffnet auf Anfrage Mai bis Oktober, Eintritt 2 €, ermäßigt 1 €.

## Veranstaltungen

- **Apfelprobiertage:** Alljährlich zum Erntedank am 1. Oktoberwochenende auf dem Kahlenberger Hof, 56659 Burgbrohl, Wilhelm-Bell-Str. 6, Tel./Fax 02636 31 26, www.vulkanapfel.de. Es gibt hausgemachte *Kröbbelchen* (Kartoffelreibekuchen) und *Äppelschmeer* (hausgemachtes Apfelmus), dazu frisch gepressten Apfelsaft oder *Apfelfietz* (Apfelfederweißer), Fruchtweine, Schnäppsken etc.; verkauft werden Äpfel, Apfelsaft, Kirschen, Erdbeeren, Kirsch-wein, Apfelbrand, Apfelfietz, Kartoffeln, Gemüse und Eier. Der Hof besitzt eine interessante Sammlung von Oldtimer-Traktoren.

# Andernach

## Info

- **Postleitzahl:** 56626, **Tel.-Vorwahl:** 02632
- **Tourist-Information:** Läufstr. 4, Tel. 29 84 00, www.andernach.net.

Andernach öffnet sich rheinaufwärts das Neuwieder Becken. Der Standort wurde von den Römern befestigt, die Merowinger bauten ihn zu einer Residenz aus. Kaiser *Barbarossa* unterstellte Andernach der Hoheit seines Kanzlers, dem Kölner Erzbischof *Rainald van Dassel.*

Das Stadtbild wird vom **Runden Turm** geprägt, einem der gewaltigsten Wehrtürme am Rhein, der Mitte des 15. Jahrhunderts errichtet wurde und den selbst die Franzosen Ende des 17. Jahrhunderts nicht zu sprengen vermochten. Es handelt sich um den nordwestlichen Eckpfeiler der mittelalterlichen Stadtbefestigung, deren **Rheintor** aus staufischer Zeit als Doppeltor ausgebaut ist. Neben dem **Koblenzer Tor** breitet sich die alte kurkölnische **Burg** aus – als Zwingburg wurde sie von den Andernachern gehasst und von diesen dann auch teilweise zerstört. Übrig geblieben sind ausschließlich der Bergfried, der Pulverturm und dazwischen die Außenmauern des Palas.

Architekturhistorisch bedeutsam ist die zu Beginn des 13. Jahrhunderts im kölnisch-niederrheinischen Stil vollendete katholische **Pfarrkirche Mariä Himmelfahrt.** Ebenfalls bedeutend ist die **Minoriten-Hallenkirche,** ein feingliedriger spätgotischer Bau mit großartiger Raumwirkung. Zahlreiche teils repräsentative Wohnbauten aus dem 16. bis 18. Jahrhundert zeugen noch vom Reichtum der alten Handelsstadt Andernach, deren aus dem Mittelalter stammender **Alter Kran** am Rhein noch bis 1911 benutzt wurde.

## Namedy

Vor gut hundert Jahren wurden aufsteigende Gasblasen im toten Rheinarm der Halbinsel **Namedyer Werth** nördlich von Andernach beobachtet. Bei der Erschließung dieser Quelle sprang ein **Kaltwasser-Geysir** an die 40 Meter in die Höhe. Nach Beeinträchtigungen im Zweiten Weltkrieg kam der Geysir 1957 zum Erliegen. Inzwischen ist er durch Bohrungen wieder aktiviert worden. Die Eruptionsdauer beträgt acht Minuten bei einem natürlichen Intervall von 115–120 Minuten zwischen den einzelnen Ausbrüchen. Angetrieben wird der Geysir mit Kohlendioxidgas aus 4000 m Tiefe.

■ **Geysir Andernach:** Erlebniszentrum, 56626 Andernach, Konrad-Adenauer-Allee 40, www.geysir-andernach.de. Nach einem empfohlenem ca. 1,5-stündigen Besuch des Erlebniszentrums legen Fahrgastschiffe um 11.15, 13.05, 15 und 17 Uhr zur Halbinsel Namedyer Werth ab, wo dann der Geysir springt, Eintritt und Fahrt 15 €, ermäßigt 9,80 €, Öffnungszeiten Erlebniszentrum: März bis einschließlich Oktober Mo–So 9–17.30 Uhr.

## Stadtmuseum

Im **Haus von der Leyen** aus dem 16. Jahrhundert mit beeindruckendem Renaissance-Portikus, früher Stadtpalast des Oberamtmannes, ist ein Heimatmuseum untergebracht.

■ **Stadtmuseum:** Hochstr. 99, Tel. 92 22 18, geöffnet Di–Fr 10–12 und 14–17 Uhr, Sa, So und feiertags 14–17 Uhr, Sonderausstellungen, Eintritt 1 €, Kinder 0,50 €.

Der kleine Ort Namedy ist auch für sein am westlichen Rand gelegenes **Schloss** bekannt. Die Anlage entstand im 13. Jahrhundert als Burg und wurde im 16. Jahrhundert erweitert. Im 19. Jahrhundert erfolgte der historisierende Ausbau. Das heutige Schloss wird für kulturelle Zwecke genutzt, vor allem finden hier alljährlich die **Andernacher Musiktage** statt.

Laacher See
0 500 m
©Reise Know-How 2017
Eifel07
Glees
Wassenach
Wehr
Freibad am Campingplatz
Nickenich
NATURSCHUTZGEBIET
Laacher See
Bad Neuenahr
Rund um den Laacher See
Laacher Kopf 442,5
Alte Burg
447
462
Abtei Maria Laach
400
61
Bell
Koblenz
Mendig
Übernachtung
1 Camping Laacher See
2 Seehotel Maria Laach
Einkaufen/Sonstiges
3 Hofladen
4 Buch- und Kunsthandlung
400
300
200 m

### Essen & Trinken/Unterkunft

- **Hotel am Helmwartsturm③**, Am Helmwartsturm 4–6, Tel. 02632 95 84 60, www.hotel-am-helmwartsturm.de, familiär geführtes Garni-Hotel, renoviert.
- **Weinhaus Merowingerhof:** Hochstr. 30, Tel. 4 48 48, www.merowingerhof.de. In einem Rheinschifferhaus aus dem Jahr 1787. Sein Zeichen, ein Anker, kann man noch im Stein über dem Brunnen im Hof sehen. Mit Weinstube Stockerauer Stuben (früher die Werkstatt des Schiffers), historischer Innenhof, dazu zwei separate Gaststuben, abwechslungsreiche regionale Küche, große Weinkarte vor allem mit Weinen aus den deutschen Anbaugebieten. Mo Ruhetag.

### Veranstaltungen

- **Andernacher Musiktage:** Kammerkonzerte, alljährlich im Mai, Tel. 02632 48 625, www.andernachermusiktage.de auf Burg Namedy, www.burg-namedy.de.

## Laacher See

Oberhalb von Andernach erstreckt sich in den Ostausläufern der Eifel der Laacher See, der mit Wasser gefüllte **Doppelkrater** einstiger Vulkane der letzten Ausbruchsperiode. Vor rund 12.000 Jahren bescherte ein vermutlich nur wenige Tage dauernder, gewaltiger Ausbruch des Laacher-See-Vulkans weiten Teilen Mitteleuropas Ascheregen. In rund drei Kilometern Tiefe hatte sich eine Magmakammer gebildet, in der die heiße Gesteinsschmelze stagnierte und sich im oberen Bereich der Magmakammer stark mit leichtflüchtigen Gasen anreicherte. Dadurch verringerte sich die Dichte der Schmelze, ihr weiterer Aufstieg wurde erleichtert. Als das Magma schließlich in Kontakt mit dem Grundwasser geriet, öffnete sich unter gewaltigen Wasserdampfexplosionen ein trichterförmiger Schlot. Eine Eruptionssäule aus Bims und Ascheteilchen, getrieben von der Schubkraft der sich kraftvoll ausdehnenden Gase, stieg wohl zeitweise bis über 30 Kilometer in den Himmel auf.

Bis heute ist es unter dem Laacher See heißer als anderswo in Mitteleuropa, und aus der langsam abkühlenden Magmakammer im Untergrund entweicht ständig Kohlendioxid, das in feinen Spalten und Rissen aufsteigt. Wo es im Laacher See austritt, ist es durch **aufsteigende Gasblasen** sichtbar. Wegen seiner außergewöhnlichen geologischen Historie sind der Laacher See und die ihn umgebende Landschaft zum **Naturschutzgebiet** erklärt worden.

### Wandertipp Laacher See

Um den See führt ein 8 Kilometer langer Rundweg, von dem aus man die als **Mofetten** bezeichneten Gasblasen erkennen kann – abgesehen von den schönen Ausblicken auf den See mit der **Abteikirche.**

Übrigens wurde im Oktober 2012 in der Nähe des Laacher Sees durch einen Hobby-Mineralogen der **weltgrößte Haüyn** gefunden. Es handelt sich um einen kleinen himmelblauen, sehr selten vorkommenden **Kristall,** der in der Regel nur in Millimetergröße vorkommt. Der gefundene Kristall hat etwa Walnussgröße und einen sehr hohen Wert. Der Finder übergab ihn gegen einen Finderlohn der Bergakademie Freiberg.

## Essen & Trinken/Unterkunft

■ **Hotel Burgklause**②, 56645 Nickenich, Hauptstr. 78–80, Tel. 02632 98 330, www.hotel-burgklause.de. Gaststube in Landhaus-Atmosphäre, mit Burgkeller und Kegelbahn, organisiert für Gäste und Gruppen Veranstaltungsprogramme. Modern eingerichtete Gästezimmer.

2 **Seehotel Maria Laach**④, 56653 Wassenach – Maria Laach, Tel. 02652 58 40, www.seehotel-maria-laach.de. Entstanden Mitte des 19. Jahrhunderts, moderner Hoteltrakt mit eigenem Hallenbad, gepflegte Gastronomie mit hauseigener Konditorei. Gehobene Küche mit regionalen Produkten, welche unter anderem aus dem Klostergut stammen, sonntagvormittags Familienbrunch; Bier- und **Weinstube Im Eichenkamp** (Mo–Sa ab 19 Uhr), Sommerterrasse.

## Camping

1 **Camping Laacher See:** 56653 Wassenach, Tel. 02636 24 85, www.camping-laacher-see.de. Exklusive Lage am See, zweckmäßig-einfache Standplätze, mit **Gaststätte Seeblick,** geöffnet April bis September.

## Aktivitäten

■ **Segeln:** Segelclub Laacher See Mayen, Tel. 02636 26 10, www.sclm.de. Clubgelände am Campingplatz, führt auch Regatten auf dem See durch.

☒ Die Abtei Maria Laach

## Abtei Maria Laach

Am Ostufer des von bewaldeten Basaltkuppen umgebenen Laacher Sees hat Pfalzgraf *Heinrich II.* eine **Burg** errichten lassen, deren Spuren heute noch erkennbar sind. Gemeinsam mit seiner Frau *Adelheid von Meißen-Orlamünde* berief er im Jahr 1093 Benediktinermönche zur Gründung eines Klosters am gegenüberliegenden Ufer des Sees. Als er 1095 starb, setzte Adelheid das großartige Werk an der **Abteikirche Maria Laach** fort, das den Vorbildern der Dome von Speyer, Mainz und Worms nacheiferte. Die Weihe der Kirche erfolgte durch den Trierer Erzbischof *Hillin* mit dem zweiten Klosterabt *Fulbert* (1152–77). Den Abschluss der Bauarbeiten bildete der zwischen 1220 und 1230 erfolgte Vorbau des Paradieses an der Westfront der Kirche. Die Einwölbung wurde offensichtlich erst später im 13. Jahrhundert vorgenommen.

Es war Abt Fulbert, der dem abflusslosen Laacher See, der neben unterseeischen Quellen als Zufluss nur das Beller Wiesenbächlein hat, durch die Anlage eines 750 Meter langen Stollens einen ersten Abfluss schuf und damit den Wasserspiegel nachhaltig zum Sinken brachte, wodurch am See wertvolle Landwirtschaftsflächen für das Kloster geschaffen werden konnten. Eine weitere Absenkung wurde zwischen 1842 und 1844 vorgenommen.

Die Klosterkirche Maria Laach verkörpert das **karolingisch-ottonische Konstruktionsideal** von Sakralbauten. Äußerlich wird sie von ihren beiden **Turmgruppen** im Westen und Osten beherrscht, beide mit eigener Choranlage und durch das Langhaus miteinander verbunden. Im Inneren sind die Bauteile des Ostwerkes, des Westwerkes und des Langhauses harmonisch miteinander abgestimmt, doch kommt gerade hierdurch der im Laufe des Mittelalters zunehmende Gegensatz zwischen weltlicher Macht und kirchlichem Anspruch im Heiligen Römischen Reich Deutscher Nation zum Ausdruck. Traditionell war das **Westwerk** die „Fürstenkirche" und das **Ostwerk** die „Priesterkirche", wobei das verbindende Langhaus die Klostergemeinde aufnahm. Dass hier in Maria Laach das Westwerk geradezu festungshaft ausgebaut wurde, war demonstrative Opposition gegen den zunehmenden weltlichen Anspruch des Papstes.

Der Zutritt zur **dreischiffigen Hallenkrypta** erfolgt vom Querschiff seitlich des Chores. Hier wird das Vorbild des Speyerer Doms an den hohen Basen und glatten Schäften der Säulen mit ihren Würfelkapitellen besonders deutlich. In der Mitte der Krypta liegt die Grabplatte des ersten Abtes *Gilbert* – es ist eine Kopie, das Original ist im Rheinischen Landesmuseum Bonn zu sehen.

Der letzte Bauteil der Abteikirche Maria Laach war das vorgesetzte **Paradies.** Diese Vorhalle ist ein Spätwerk deutscher Romanik, ein letzter künstlerischer Höhepunkt, denn in Frankreich begann man zu dieser Zeit bereits, gotische Kathedralen zu errichten. Es handelt sich um einen rechteckigen Wandelgang, der immer wieder wechselnde Durchblicke durch seine von Doppelsäulen getragenen Arkaden in den Innenhof frei gibt, in dem heute eine moderne, von vier Löwen getragene Brunnenschale steht. Einzigartig sind die

011ei ot

skulptierten Kapitelle mit ihren feingliedrigen figürlichen, pflanzlichen und tierischen Motiven.

Besondere Beachtung verdienen schon die Kapitellfriese beim Betreten des Paradieses durch das mit Säulen bewehrte **Portal.** Hier erkennt man die so genannten „Haarraufer", Figuren, die sich streitend in den Haaren liegen, und den Teufel, der die *peccata populi*, die Sünden des Volkes, notiert, damit der Kirchgänger vor Betreten der Kirche schuldbeladen die innerliche Reinigung seiner Seele vornimmt.

Die **barocken Klostergebäude** der Abtei Maria Laach sind bis auf einen 1775 errichteten Flügel und ein Gartenhaus aus dem 19. Jahrhundert nicht mehr vorhanden. Die heutigen Gebäude stammen aus dem 20. Jahrhundert.

■ **Benediktinerabtei Maria Laach,** 56653 Wassenach – Maria Laach, Tel. 02652 59-0, www.maria-laach.de, Kirche tagsüber geöffnet, mit Klosterforum, Info-Film und kleinem Museum über die Abtei, geöffnet April bis Oktober Di bis Sa 10–17 Uhr, So, Mo und feiertags 13–17 Uhr, im Winter Mo bis Sa 10–11.30, nachmittags nach Voranmeldung, So und feiertags 13–17 Uhr, Eintritt frei, auch Kinder-, Schul- und Gruppenveranstaltungen.

4 **Buch- und Kunsthandlung Maria Laach:** Tel. 02652 5 93 65, buchhandlung@maria-laach.de, geöffnet Mai bis Okt. Mo bis Fr 9–19 Uhr, Sa, So und feiertags 10–19 Uhr, ansonsten Mo bis Fr 9–18 Uhr, Sa, So und feiertags 10–18 Uhr, Weihnachten bis März So geschlossen, Osterfeiertage geschlossen, Heiligabend und Silvester 9–13 Uhr.

■ **Gärtnerei Maria Laach:** Tel. 02652 5 94 20, klostergaertnerei@maria-laach.de, im Sommer geöffnet Mo bis Fr 9–18 Uhr, Sa, So und feiertags 10–18 Uhr, im Winter jeweils bis 17.30 Uhr.

■ **Kunstschmiede:** Tel. 0 26 52 59 371 , geöffnet Mo bis Do 7–12 und 13-16.30 Uhr, Fr 7–12 Uhr.

■ **Bildhauerei:** Tel. 0 2652 59-344 (Werkstatt), -364 (Büro), kunstwerkstaetten@maria-laach.de, Öffnungszeiten auf Anfrage.

3 **Hofladen:** Tel. 02652 52 86 90, www.klostergut-maria-laach.de, geöffnet Mo–Sa 9–18 Uhr, So 10–18 Uhr. Breites Angebot an Waren aus Kloster und Hofgut: neben frischem Fleisch aus eigener Tierhaltung, Gesundem aus Getreide, Obst und Gemüse sind hier auch Weine und Säfte sowie kunsthandwerkliche Produkte und Geschenkartikel zu finden.

## Wassenach

Im kleinen Ort Wassenach nordöstlich vom Laacher See steht das Burghaus Wassenach, ein 1772 durch die Herren von Kolb errichteter zweiflügeliger barocker Bau mit Mansardwalmdach. Im Burghaus finden Konzertreihen von überregionaler Bedeutung statt. Darüber hinaus beherbergt das Burghaus die größte private **Sammlung alter Musikinstrumente** mit Orgel, Clavichord, Cembalo, Spinett und Hammerklavier sowie frühen Formen des Harmoniums.

■ **Burghaus Wassenach:** 56653 Wassenach, Kirchstraße, die Instrumentensammlung ist anlässlich von Konzerten zu besichtigen, Programm und Kartenbestellung Tel./Fax 02636 47 32, Eintritt 10/15 €.

Zur Zeit des letzten Trierer Kurfürsten stellte die Familie der Herren von Kolb neben Äbtissinnen auch noch Kämmerer und ranghohe Offiziere am Kürfürstlichen Hof. Später diente das Haus etwa 160 Jahre lang als Gasthof nahe dem Laacher See.

# Hocheifel

Im Umfeld der **Nürburg,** um die sich die Rennstrecke des Nürburgrings windet, erheben sich die höchsten Berge der Eifel – den höchsten unter ihnen bildet die 747 Meter hohe Vulkankuppe der **Hohen Acht.** Es sind Kuppen des tertiären Vulkanismus, die hier das typischste Landschaftsbild der Eifel geschaffen haben. Erosion gab ihre harten Kerne frei, die nun markant in die Höhe ragen. Eckpunkte dieses Teils der Eifel bilden die Orte Adenau, Kempenich und Kelberg.

## Kesseling

Nähert man sich von Norden dem Gebiet der Hohen Acht, so nimmt man am besten den Weg durch das mittlere Ahrtal. Reizvoll ist das **Tal des Staffeler Bachs,** der von Osten bei Ahrbrück mündet. Hauptort im Tal ist Kesseling. Die Pfarrkirche St. Petrus mit ihrem Turm aus dem 13. Jahrhundert erhebt sich auf einer Anhöhe über dem Ort.

Von hier führt eine schmale Straße hinauf zum **Steinerberghaus,** eine reizvolle Hütte, 1910 vom Eifelverein inmitten eines großartigen Wanderparadieses errichtet, heute in privater Hand. Von der Terrasse oder aus dem Panoramafenster hat man einen Ausblick über das Kesselinger Tal hinüber zur Hohen Acht. Links davon erhebt sich der 652 Meter hohe Schellkopf mit seinem markanten Fernmeldeturm. Ein weiterer Panoramablick eröffnet sich vom **Gipfel des Steinerbergs,** nur wenige Meter von der Berghütte entfernt: vom Siebengebirge im Osten über die Grafschaft, den Rheinbacher Stadtwald mit der Tomburg bis hin zu dem markanten Gipfel des Aremberges.

### Essen & Trinken/Unterkunft

**Unser Tipp: Landgasthaus Steinerberg:** 53506 Kesseling-Ahrbrück, Tel./Fax 02647 32 16, www.steinerberg-haus.com. Rustikale Wanderer- und Motorradfahrergaststätte auf 531 Metern Höhe mit Unterkunft in 1–8-Bett-Zimmern mit Dusche/ WC, geöffnet Mi bis So und feiertags ab 10 Uhr.

■ **Camping Denntal:** 53506 Ahrbrück, Denntalstraße 49, Tel. 02643 69 05, www.camping-denntal.de, ruhig gelegener Halbjahresplatz am Talende eines Seitentals bei Kesseling, sehr gute Ausstattung mit Fitnessraum, Gastronomie, Brötchenverkauf, Stellplätzen mit Wasser und Abwasser.

Die Kesslinger Kirche

# Adenau

## Info

- **Postleitzahl:** 53518, **Tel.-Vorwahl:** 02691
- **Tourist-Information Hocheifel-Nürburgring:** Kirchstr. 15, Tel. 30 51 22, www.hocheifel-nuerburgring.de; www.stadt-adenau.de.

Folgt man der mittleren Ahr bis Dümpelfeld, so führt der Weg weiter durch das reizvolle Adenbacher Tal nach Adenau, dem **Hauptort der Westlichen Hocheifel.** Von besonderer Bedeutung für die Stadt war die Einweihung des nahe gelegenen Nürburgrings im Jahre 1927 – als Strukturförderungsmaßnahme gedacht, hat der „Ring" längst internationale Ausstrahlung und bringt immer mehr Besucher nach Adenau (s.u.).

Funde zeigen an, dass das Tal bereits in römischer Zeit besiedelt war, nachweislich wird der Ort im Jahre 992 in einer Urkunde König *Ottos III.* erwähnt, wo es um die Jagdrechte im Tal geht. Graf *Ulrich von Are-Nürburg* richtete in Adenau 1162 eine Kommende des Johanniterordens ein, die durch ihr karitatives Wirken viele Schenkungen erhielt und deswegen in der Hocheifel reich begütert war. 1601 verlieh der Kölner Erzbischof Adenau Marktrechte. Ab 1689 wurde der Ort Verwaltungsmittelpunkt des kurkölnischen Amtes Nürburg nach der Zerstörung der Burg durch französische Truppen.

All das zog einen nachhaltigen wirtschaftlichen Aufschwung nach sich, was bis heute noch an vielen historischen Bauten zu sehen ist. So bietet der Marktplatz ein stattliches Ensemble prachtvoller **Fachwerkhäuser**. Hinter dem Marktplatz erhebt sich der mit abgeflachten

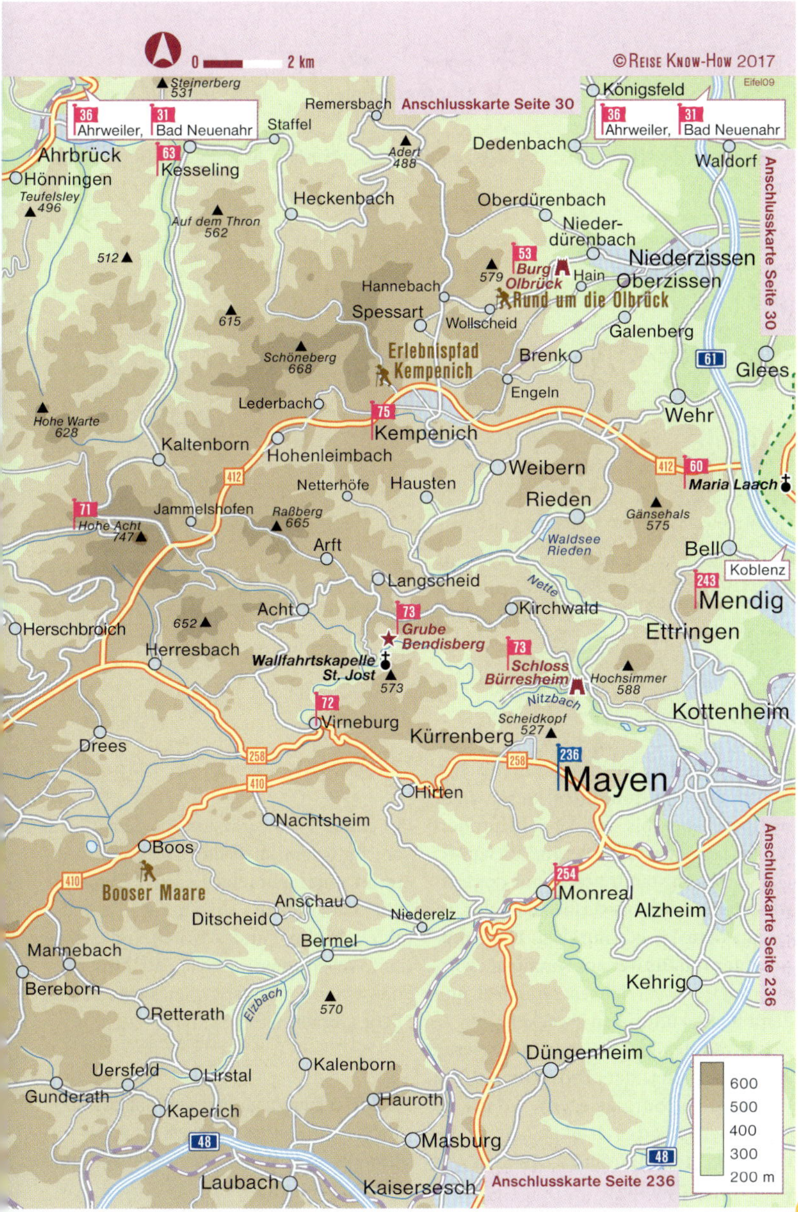
0
2 km
©Reise Know-How 2017
Eifel09
Anschlusskarte Seite 30
Anschlusskarte Seite 30
Anschlusskarte Seite 236
Anschlusskarte Seite 236
36 Ahrweiler,
31 Bad Neuenahr
36 Ahrweiler,
31 Bad Neuenahr
Steinerberg 531
Remersbach
Königsfeld
Staffel
Adert 488
Dedenbach
Waldorf
Ahrbrück
63 Kesseling
Hönningen
Teufelsley 496
Heckenbach
Oberdürenbach
Auf dem Thron 562
Nieder-dürenbach
Niederzissen
512
53 Burg Olbrück
579
Hain
Oberzissen
Hannebach
Rund um die Olbrück
615
Spessart
Wollscheid
Galenberg
Schöneberg 668
Erlebnispfad Kempenich
Brenk
61
Glees
Engeln
Lederbach
Wehr
Hohe Warte 628
75 Kempenich
Kaltenborn
Hohenleimbach
Weibern
412
60 Maria Laach
412
Netterhöfe
Hausten
Rieden
71 Hohe Acht 747
Jammelshofen
Raßberg 665
Gänsehals 575
Waldsee Rieden
Arft
Bell
Koblenz
Langscheid
243 Mendig
Nette
Acht
Kirchwald
73 Grube Bendisberg
Herschbroich
652
Ettringen
Herresbach
Wallfahrtskapelle St. Jost
73 Schloss Bürresheim
Hochsimmer 588
573
Nitzbach
72 Virneburg
Scheidkopf 527
Kottenheim
Drees
Kürrenberg
258
258
236 Mayen
410
Hirten
Nachtsheim
Boos
254
Booser Maare
410
Monreal
Anschau
Alzheim
Ditscheid
Niederelz
Mannebach
Bermel
Bereborn
Kehrig
Retterath
Elzbach
570
Düngenheim
Uersfeld
Lirstal
Kalenborn
Gunderath
Kaperich
Hauroth
600
500
400
300
200 m
Masburg
48
48
Laubach
Kaisersesch

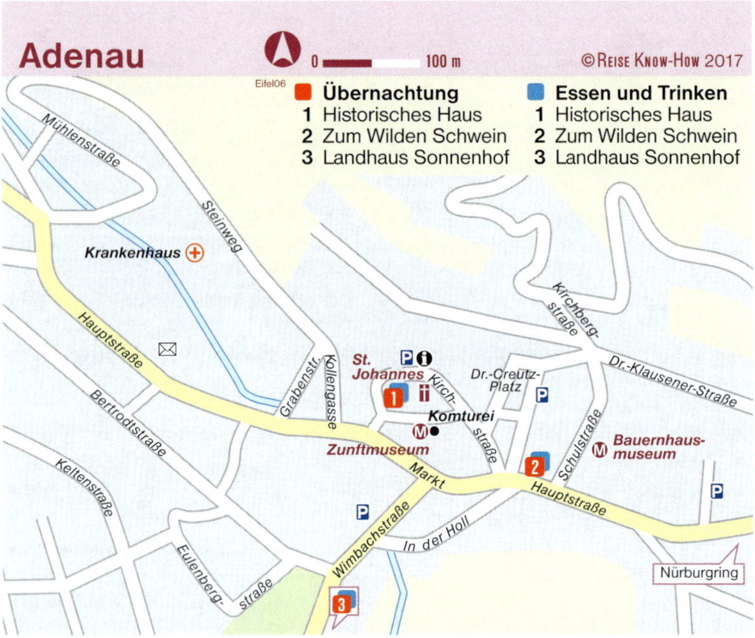


Ecken versehene Turm der romanischen **Pfarrkirche St. Johannes,** deren Bausubstanz aber bis ins 19. Jahrhundert hinein immer wieder verändert wurde. Der Taufstein stammt noch aus der Entstehungszeit, sehenswert ist auch der Altar aus dem 16. Jahrhundert. Die **Komturei der Johanniter** am Kirchplatz wurde in den 1870er Jahren renoviert und dient heute kulturellen Zwecken.

Ein zweites historisches Stadtviertel Adenaus bietet der **Buttermarkt** (in Richtung Nürburg gelegen), wo die ältesten Gebäude des Ortes stehen, so das Burghaus der Herren zu Adenau aus dem 14. Jahrhundert.

## Bauernhausmuseum

In einem Fachwerkhaus aus dem 17. Jh. am Buttermarkt ist das Bauernhausmuseum untergebracht. Es zeigt Exponate zum bäuerlichen Leben des 19. Jh. in der Eifel: Wohn- und Kücheneinrichtung mit Webzimmer und Knechtzimmer neben einem Fruchtspeicher sowie bäuerliche Gerätschaften.

■ **Eifeler Bauernhausmuseum Säujass:** In der Schulstr. oberhalb des Dr.-Creutz-Platzes, Tel. 3 05 30, www.stadt-adenau.de, Führungen nach Vereinbarung, Eintritt frei.

### Zunftmuseum

Im Haus des letzten Adenauer **Nagelschmiedes** kann man sich über viele ausgestorbene **Handwerksberufe** informieren, so zeigt das Museum unter anderem eine komplett eingerichtete Nagelschmiede, eine Schuhmacherwerkstatt, eine Schneiderei, eine Stellmacher- und eine Sattlerwerkstatt. Auch andere Handwerksgruppen, wie z.B. Zimmermann, Dachdecker, Gerber, Schreiner, Weber und Seilmacher sind in diesem Museum mit ihren typischen Handwerkszeugen vertreten.

■ **Zunftmuseum:** Kirchplatz, Tel. 3 05 30, www.heimatverein-adenau.de, betreut durch den „Verein für Heimatpflege", geöffnet April bis Nov. Sa 11–13 Uhr, So und feiertags 11–15 Uhr und nach Vereinbarung, mit Museumsladen, Eintritt frei.

### Essen & Trinken/Unterkunft

2 2 **Zum Wilden Schwein**③, Hauptstr. 117, Tel. 91 09 20, www.hotel-zum-wilden-schwein.de. Traditionshaus seit 1844, unübersehbar in der Altstadt von Adenau gelegen. Gemütliches, rustikales Restaurant, regionale und internationale Küche, Spezialität: Wildgerichte, Wildschweingerichte zur Jagdsaison. Mit Eingangsterrasse, gemütliche Zimmer, im Januar 14 Tage geschlossen.

1 1 **Hotel-Restaurant „Historisches Haus" Blaue Ecke**③, Am Marktbrunnen 4–5, in einem der alten Fachwerkhäuser am Marktplatz, Tel. 20 05, www.blaueecke.de. Historisches Gasthaus, erste urkundliche Erwähnung 1578, Neubau um 1640, 2005 Renovierung und moderne Erweiterung. Das Restaurant bietet gehobene deutsche Küche, dazu Café, Bistro und Bar, große Außengastronomie, im zweiten Stock im alten Teil der „Blauen Ecke" komplett renovierter Rittersaal und Johannitersaal für größere Veranstaltungen. Hotelzimmer mit 65 Hotelbetten in verschiedenen Kategorien von liebevoll restaurierten Zimmern bis hin zum großen, zeitlos-eleganten Raum im Neubau.

3 3 **Landhaus Sonnenhof**③, Auf dem Hirzenstein 1, Tel. 70 34, www.sonnenhof-adenau.de. Oberhalb der Stadt in Waldrandlage ruhig gelegenes, elegant-rustikales Haus. Das Restaurant bietet vielseitige Küche mit Eifeler Gerichten, Feinschmeckerspezialitäten, auch Vollwertkost aus biologischem Anbau, hausgebackene Kuchen und Waffeln und deftige Brotzeit; geräumige Hotelzimmer, fast alle mit Zugang zu Balkon oder Terrasse.

## Rund um den Nürburgring

### Info

■ **Tourismus-Information Hocheifel:** siehe Adenau.

Bei der Weiterfahrt auf der B 257 von Adenau in die Hocheifel unterquert man gleich hinter dem Ort zum ersten Mal die **Rennstrecke** des Nürburgrings. Bis zur Kreuzung mit der die Eifel in Ost-West-Richtung querenden B 410 geht es in weit ausholenden Kurven, einmal den Blick auf die Nürburg frei gebend, bis auf 650 Meter Höhe hinauf.

Der Bau des Nürburgrings in den Jahren 1925–27 war primär als eine Maßnahme der Wirtschaftsförderung für die Region zu verstehen. In dieser Bauphase war die Nürburgring-Schleife über 25 Kilometer lang, hatte 87 Kurven und bis zu 17 % Steigung. Später wurde die Strecke mehrfach umgebaut, entschärft und modernen Rennbedingungen angepasst. Heute hat die Nordschleife 20,8 Kilometer Länge mit 73 Kurven. Seit 1984 besteht die **Grand-Prix-Strecke** für nationale und internationale Rennen und für Motorrad-Weltmeisterschaften. Im Sommer finden **Oldtimer-Rennen** und der **Truck-Grand-Prix** statt. Wichtigstes Rennen auf dem Nürburgring ist inzwischen die **Deutsche Tourenwagen-Meisterschaft.**

Der Ausbau des Zielpunkts Nürburgring zu einem ganzjährigen **Erlebnispark** hat den ersehnten Erfolg noch nicht gebracht. Ein weiterer schwerer Schlag bestand darin, dass es nach dem durch die Landesregierung veranlassten Verkauf des Nürburgrings zum Zerwürfnis zwischen dem neuen Eigner und dem Veranstalter des schon legendären **„Rock am Ring“** kam. Das Rock-Festival fand daraufhin zweimal auf dem Mendiger Flugplatz statt, kam aber ab 2017 zum Nürburgring zurück.

- **Rock am Ring:** beliebtes Musik-Festival, jeweils 1. Juni-Wochenende, Information: www.rock-am-ring.com.
- **Info-Zentrum Nürburgring:** Capricorn Nürburgring GmbH, 53520 Nürburg, Otto-Flimm-Straße, Info- & Ticket-Hotline: 0800 20 83 200, www.nuerburgring.de
- **Oldtimer-Grand-Prix:** jährlich drei Tage Anfang August, Tickets Fr 28 €, Sa 38 €, So 38 €; Veranstalter: AvD Wirtschaftsdienst, Tel. 069 6 60 60, www.avd.de.
- **Truck-Grand-Prix:** Ende Juli, Wochenend-Ticket ab 36 €.
- **Fahrsicherheitstraining:** „Race & Fun“-Training auf der Rennstrecke mit teilnehmereigenen Fahrzeugen ab 99 € pro Person, Termine und Anmeldung beim ADAC Fahrsicherheitstraining Koblenz-Nürburgring, 56070 Koblenz, Hans-Böckler-Straße 7, Tel. 0261 98 84 98 40, www.fsz-koblenz.de.
- **Erlebniswelt am Nürburgring:** 53520 Nürburg, Otto-Flimm-Straße, Tel. 02691 30 20, www.nuerburgring.de. Erweiterter Erlebnispark rund um die Rennstrecke, neue Gebäude für ein ganzjähriges Freizeit- und Businesszentrum mit „Boulevard“. **Ring-Werk:** (Autosport-Museum) variable Öffnungszeiten (unter Tel. 3 02 66 70 erfragen) Eintritt 9,90 €, Kinder und Jugendliche von 6 bis 18 Jahren 7,90 €. **Ring-Kino:** im 3D-Format, Reservierungen Tel. 3 02 66 07. **Ring-Kartbahn:** variable Öffnungszeiten (unter Tel. 3 02 66 70 erfragen), 10 min Fahrzeit 12 € (über 12 J.), 10 € (ab 10 J.). **Backstage-Tour:** Tel. 30 26 30, täglich 10, 12, 14 und 16 Uhr, Dauer ca. 1½ Std, Teilnahme 7,50 €. **Ring-Casino:** www.ring-casino.de, täglich ab 11 Uhr geöffnet, American-Roulette, Kartentische für Poker und Black Jack, Spielautomaten, ab 18 Uhr Live-Games, Eintritt ab 18 Jahren 2,50 €.

### Im Umfeld des Nürburgrings:

- **Classic Race Museum:** 53520 Kaltenborn-Jammelshofen, Tel. 0171 1 22 41 82, www.classic-race.de. Das Museum nordöstlich des Rings zeigt einen Querschnitt durch die Rennsportgeschichte anhand von über 200 historischen und modernen Rennfahrzeugen, mit Gastronomie, geöffnet Sa, So 10–17 Uhr, Gruppen n. Vereinbarung, Eintritt 6 €, Kinder frei.

## Burgruine Nürburg

**UNSER TIPP:** Die Nürburg erhebt sich auf dem 678 Meter hohen *Mons Nore*, wie er im 10. Jahrhundert genannt wurde. Hier befand sich einst eine römische Siedlung. Die Burg selbst stammt aus dem 12. Jahrhundert. Nach ihr benannte sich ein Seitenzweig des Geschlechts der Grafen *von Are*. Französische Truppen zerstörten die Anlage 1690, seither ist sie Ruine. Von der weitläufigen Anlage bestehen nach Restaurierungsarbeiten

013eiot

noch die Grundmauern, Teile des Mauerwerks und als Aussichtsturm der runde Bergfried mit großartigen Gewölben.

Wintersportfreunde finden direkt um die Nürburg drei **Langlauf-Loipen.**

■ **Nürburg**: Geöffnet Karwoche bis Okt. 9–18 Uhr, Nov. bis Gründonnerstag bis 17 Uhr, über Weihnachten und ersten Werktag in der Woche geschlossen, Eintritt 3 € , ermäßigt 2/1,50 €, Parkplätze am Fuß der Burg, Aufstieg ca. 10 min.

### Essen & Trinken/Unterkunft

■ **Hotel zur Burg**①, 53520 Nürburg, Burgstr. 4, Tel. 02691 75 75, www.nuerburgring-hotel.de. Traditionshotel 500 m von Start/Ziel entfernt, das Restaurant bietet gutbürgerliche Küche, das Hotel praktisch eingerichtete Zimmer. Im Dezember geschlossen.

■ **Am Tiergarten**③, 53520 Nürburg, Kirchweg 4, Tel. 02691 92 00, www.am-tiergarten.de. Mit Restaurant Pistenklause. Geleitet von der Rennfahrerin Sabine Schmitz, mit der man auch Runden auf der Nordschleife des Rings fahren kann.

■ **Dorint-Hotel am Nürburgring**④, 53520 Nürburg, Tel. 02691 30 90, www.dorint.de. Gegenüber der „Erlebniswelt" am Nürburgring.

⌃ Die Nürburg aus dem 12. Jahrhundert bietet eine herrliche Aussicht vom Bergfried

### Camping

■ **Camping am Nürburgring:** 53520 Müllenbach, Tel. 02692 2 24, www.camping-am-nuerburgring.de. Event-Platz am Ring, 3 Hektar groß, mit Shuttle-Service, plant und begleitet Events für kleine und große Gruppen, Agenturen und Firmen.

## Kelberg

### Info

■ **Postleitzahl:** 53539, **Tel.-Vorwahl:** 02692

■ **Verbandsgemeinde Kelberg:** Dauner Str. 22, Tel. 8 72 18, www.vgv-kelberg.de.

Im Zentrum des Eifelvulkanismus zwischen Adenau und Ulmen, wo an die **300 Vulkane** anzutreffen sind, liegt der Luftkurort Kelberg in einer geschützten Talmulde, von prächtigen Laub- und Nadelwäldern umgeben. Das Landschaftsbild wird geprägt von dem 675 Meter hohen **Hochkelberg,** einem der höchsten und markantesten Vulkane der Region.

Die erste Erwähnung des Orts Kelberg stammt aus einer Schenkungsurkunde aus dem Jahr 1195. Ortsansässig war das Rittergeschlecht derer von *Keleberch.* Aus dieser Zeit stammt auch noch der Turm der **romanischen Ortspfarr-**

**kirche,** deren Schiff neugotisch umgestaltet wurde und die mit ihrem spägotischen Kruzifix, dem „Kelberger Christus", ein Kunstwerk von überregionaler Bedeutung besitzt. Beachtenswert ist auch das Osterkreuz aus dem Jahre 1696 wie auch der an die Pfarrkirche angrenzende Friedhof mit dem Baldachinkreuz und alten Grabkreuzen. Das alte **Pfarrhaus Kelberg** ist ein dem Spätbarock zuzurechnendes Herrenhaus aus Bruchstein mit aufgesetztem Fachwerk.

## Schwarzenberg

Östlich von Kelberg steht am Hang des 562 Meter hohen Schwarzenbergs die gleichnamige **Wallfahrtskapelle** aus dem Jahre 1719. Der inzwischen verputzte Bau weist stichbogige Fenster im Langhaus und im Chor auf.

## Hilgerath

In großartiger Lage erhebt sich die Kirche von Hilgerath südöstlich von Kelberg auf einem Bergrücken, weithin sichtbar von der B410. Es ist die Pfarrkirche der umliegenden Ortschaften. Der Turm stammt aus dem Jahr 1500, das Kirchenschiff ist von 1805. Im Jahr 1950 wurde die Kirche durch zwei Seitenschiffe erweitert.

## Heyer-Kapelle

Etwas abseits der Straße nach Nohn stifteten die Herren von Heyer im 13. Jahrhundert eine Kapelle, die 1875 nach Abriss neu errichtet wurde. 1878 kamen 14 Kreuzwegstationen dazu. Die Kapelle in herrlicher Lage inmitten des Kelberger Staatsforstes ist heute noch Ziel zahlreicher Prozessionen.

## Center Parc

Südöstlich von Kelberg befindet sich bei Gunderath am **Heilbachsee,** schon im Einzugsbereich des oberen Elzbachtales, der Center Parc, einer der großen **Ferienparks** der Eifel.

- **Center Parc Eifel:** 56767 Gunderath, am Kurberg, Tel. 02657 80 90, www.centerparcs.com. Mitten in der Vulkaneifel gelegen, ein Park mit 450 Wohneinheiten. Um das Zentrum „Grand Place" gruppieren sich viele Restaurants, Bars, Geschäfte, Bowling- und Kegelbahnen und eine Disco. Dazu gibt es das Südsee-Badeparadies, ein tropisches Schwimmbad mit Innen- und Außenbecken. Ausgangspunkt für Skitouren im Winter, ganzjährig geöffnet.

## Essen & Trinken/Unterkunft

- **Haus Hedwig②,** Am Markt 3, Tel. 92 14 10, www.haushedwig-kelberg.de. Gemütliches Café mit Terrasse und Bäckerei sowie Hotelbetrieb im Zentrum.
- **Bauernhofcafé Clemenshof:** 53539 Bongard, Brückerstraße 1, Tel. 93 23 30, www.bauernhofcafe-clemenshof.de. Hier gibt es herrliche Kuchen, z.B. wunderbaren gedeckten Apfelkuchen, ganzjährig geöffnet Fr bis So 13–19 Uhr, Ostern bis Okt. Mi bis So 13–19 Uhr.

## Einkaufen

■ **Heimtextilien:** Collection Michel, Schulstr. 14, Tel. 17 24, www.collection-michel.de. Polsterbezüge für Wohnmobile, Tischdecken, Kissen, Brotkörbchen, Körnerkissen, Klima-Wohndecken, Läufer, Tischsets, Schürzen, Überhandtücher bis hin zum passenden Schlaufenschal im Uni-Stil oder Karo- und Landhausstil.

## Freizeit

■ **Geschichtsstraße rund um den Hochkelberg,** den Hausberg von Kelberg mit Hinweisen über historische Punkte am Wegesrand. 15-Stationen-Parcours (Teil 1) von Uersfeld und über weitere 8 Stationen zurück nach Gunderath zum Center Parc Eifel; Teil 2 führt von Kelberg über den Nürburgring nach Borler.

# Hohe Acht

## Info

■ **Postleitzahl:** 53520, **Tel.-Vorwahl:** 02691
■ **Gemeinde Kaltenborn-Jammelshofen:** Mittelstr. 6, Tel. 77 41, www.kaltenborn-eifel.de, www.jammelshofen-eifel. de.

Abseits des Zentrums des Hocheifelvulkanismus erhebt sich östlich von Adenau bei **Jammelshofen** die Hohe Acht als **höchster Berg der Eifel** (747 m) weit über die ihn umgebende Landschaft hinaus. Auf der Hohen Acht steht seit dem Jahre 1909 aus Anlass der Silberhochzeit von Kaiser *Wilhelm II.* der 17 Meter hohe **Kaiser-Wilhelm-Turm,** von dessen Plattform man eine weite Aussicht über die gesamte Eifellandschaft hat.

## Wintersport

Die ganze Region ist im Sommer ein herrliches Wander- und im Winter ein ideales Skilanglaufgebiet. Eine Reihe von **Loipen** wird bei entsprechender Schneelage gespurt. An der Hohen Acht gibt es sogar zwei **Abfahrtspisten** und moderne **Schleppliftanlagen.** Ganz in der Nähe bei Arft findet sich ein weiteres Skigebiet mit zwei Schleppliften.

■ **Wintersport Hohe Acht: Alpin:** 2 Doppelschlepplifte; Abfahrten 800 m, 500 m, 2x 400 m; bei ausreichender Schneehöhe werktags von 10 bis 17 Uhr und an den Wochenenden von 9 bis 17 Uhr in Betrieb, mit Übungshang; Skischule nach Anmeldung mit DSV-geprüften Übungsleitern, Information Tel. 25 19. **Langlauf:** Loipen „Lützelacht“, gespurte Loipen von 3, 5 und 7 km; in Heiligenhäuschen an der Landesstraße Richtung Adenau Verleih von Langlaufski, Tel. 25 19. **Rodelbahn:** Unterhalb des Berghotels Hohe Acht, Länge 300 m. **Schneetelefon:** 02691 77 41.

## Wandertipp Booser Maare

Es lohnt ein Abstecher in den südlichen Teil der Hohen-Acht-Region nach Boos. Nahe dem Ort befinden sich die beiden Booser Maare, die durch einen knapp 4 Kilometer langen und mit dem Logo der Kratertour ausgeschilderten Wanderweg erschlossen sind. Auf 35 Hinweistafeln werden Einblicke in den **örtlichen Vulkanismus** sowie die **Tier- und Pflanzenwelt** gegeben. Auf dem nahe gelegenen, 557 Meter hohen **Schneeberg** wurde der Booser **Eifelturm** aus Douglasienstämmen als Aussichtsturm errichtet.

■ **Wintersportanlage Arft des Wintersportvereins Mayen:** 56729 Arft, www.wsv-mayen.de. Abfahrtspiste mit Flutlichtanlage, Kinderhang, 2 Skilifte, bei guter Schneelage Mo–Fr 14–16.30 Uhr, Sa und So 10.30–16.30 Uhr, Flutlichtanlage Mo, Mi, Fr 18.30–21.30 Uhr, Skischule für Mitglieder. **Schneetelefon:** 02655 35 39.

### Essen & Trinken/Unterkunft

■ **Berghotel Hohe Acht**②, Jammelshofen – Hohe Acht, Tel. 4 71, www.hohe-acht.com. An der Bundesstraße unmittelbar unterhalb der Hohen Acht gelegen, weithin bekannt für reichhaltiges Frühstück, A-la-carte-Restaurant.

■ **Waldhotel Hohe Acht**②, Jammelshofen – Hohe Acht, Tel. 20 31, www.waldhotel-eifel.de, in ruhiger Lage unterhalb der Hohen Acht am Ortsrand von Jammelshofen. Mit eigenem Bauernhof mit Rinderzucht, Produkte dieses Hofes werden frisch in der Hotelküche verarbeitet, auch Wildspezialitäten. Komfortable, mit Bauernmöbeln eingerichtete Zimmer mit Balkon.

## Virneburg

### Info

■ **Ortsgemeinde Virneburg:** 56729 Virneburg, St. Joster Straße 5, Tel. 02656 85 04, www.virneburg-eifel.de.

■ **Wallfahrt:** Zur Kapelle St. Jost alljährlich an den zwei letzten September-Wochenenden und den beiden ersten Wochenenden im Oktober, www.pfarrei-langenfeld.de.

Zwischen Nürburg und Kempenich findet man noch eine weitere Burg, die einst Sitz einer der vielen kleinen Eifel-Herrschaften war, welche im Laufe des ausgehenden Mittelalters ihre Selbstständigkeit weitgehend oder ganz verloren. In Virneburg erheben sich noch die **Ruinen** einer Burg, deren Ursprünge auf das 7. Jahrhundert zurückgehen. Ab dem 11. Jahrhundert herrschten dort die Grafen von Virneburg. Die kleine Grafschaft konnte durch geschicktes Taktieren zwischen den Interessen der Großterritorien Köln, Mainz und Trier ihr Gebiet noch vergrößern. Durch Aussterben der männlichen Linie kam die Grafschaft in wechselnde Hände, der größte Teil an Kurtrier. Als die französischen Truppen 1794 auch Virneburg eroberten, bestand die Grafschaft nur noch aus wenigen Kirchspielen. Übrig geblieben sind die romantischen Reste der Virneburg auf einem vom Nitzbach umflossenen Felsvorsprung, die von den Franzosen 1689 zur Ruine gemacht wurde.

Von Virneburg führt ein **Wanderweg** entlang des Nitzbaches zu der dem heiligen Jodokus geweihten **Wallfahrtskapelle St. Jost.** Der älteste Teil der Kapelle ist der um 1400 entstandene gotische Chor. Im 16. Jahrhundert wurde die Kapelle erweitert. Der barocke Altar mit eindrucksvollen Schnitzfiguren von einem heimischen Steinmetz wurde 1655 geweiht. Bis heute finden Wallfahrten zur Kapelle statt.

Die nahe gelegene **Grube Bendisberg** ist inzwischen Museumsbergwerk. Sie wurde ab 1900 erschlossen und musste den Betrieb immer wieder einstellen. Nach dem Zweiten Weltkrieg war endgültig Schluss. Die Gemeinde Langenfeld erwarb die Grube 2005 und ließ drei Stollen für Besucher wiederherstellen, auch Verbindungen zwischen dem unteren, mittleren und oberen Stollen. Die Betriebsgebäude sind wiederhergestellt und beherbergen ein Café.

**Grube Bendisberg:** 56729 Langenfeld – St. Jost, www.grube-bendisberg.de, Information Tel. 02655 96 29 96, Führungen ca. 1½ Std. (mit Infofilm, Einkleiden und Führung durch den Mittelstollen), Sa, So und feiertags 11, 14, 16 Uhr, Eintritt 6 €, Kinder 4 €, es werden auch spezielle Kinderführungen angeboten.

### Essen & Trinken

■ **Café-Gasthaus-Bendisberg:** 56729 Langenfeld St. Jost, In der Eisenkaul, Tel. 02655 33 03, www.cafe-gasthaus-bendisberg.de. Rustikal eingerichtete Gaststätte mit Pferdestall und Wildschweingehege, täglich frischer Kuchen, kleine Gerichte. Geöffnet Mi bis Fr ab 14 Uhr, Sa und So ab 11 Uhr, in der Wintersaison nur Fr, Sa und So.

## Schloss Bürresheim

■ **Schloss Bürresheim:** 56727 Mayen, Tel. 02651 7 64 40, www.burgen-rlp.de. Führungen April bis Sept. 9–18 Uhr, Okt. bis März 9–17 Uhr, im Dez. geschlossen, Eintritt 5 €, Kinder von 6–18 Jahren 2 €.

Nordwestlich von Mayen auf dem Weg nach Kempenich passiert man eine der **schönsten Burgen der Eifel.** Schloss Bürresheim, prächtig vor der Eifelkulisse am Zusammenfluss des Nitzbaches und der Nette gelegen, ist im Gegensatz zu den meisten anderen Burgen nie erobert oder verwüstet worden.

Als erster Burgherr wird im 12. Jahrhundert *Eberhard von Neumagen* genannt. Unter der Herrschaft seines Nachfahren *Heinrich* erwarben die Kölner und Trierer Bischöfe Anteile an der Burg, sodass es lange Zeit die Kölner und die Trierer Burghälfte gab. Im 15. Jahrhundert kaufte *Gerlach von Breidbach* Teile der Burg, die nun zur Ganerbenburg ausgebaut wurde. So entstanden auch die Wohnteile im Ostteil sowie der mächtige Rundturm. Als dann die Breidbacher zu Alleinbesitzern aufstiegen, errichteten sie die barocken Wohnteile der nun zum Wohnschloss ausgebauten Burg. Der Kölner Burgteil verfiel allerdings später.

Die Nachfahren der Breidbacher bewohnten das Schloss bis 1938, als sie es samt Inventar an die damalige Preußische Rheinprovinz verkauften. Als Rechtsnachfolger ist heute das Land Rheinland-Pfalz in ihrem Besitz. Weil die Burg durch familiäre Bande zur Generalität *Ludwigs XIV.* Ende des 17. Jahrhunderts von der Zerstörungswut französischer Truppen verschont blieb und durch den Umstand des Verkaufs kann der heutige Besucher Schloss Bürresheim als unversehrten Bau mit einer einzigartigen Inneneinrichtung besichtigen.

Der **Barockgarten** auf der Südseite entstand im 17. Jahrhundert. Zauberhaft präsentiert sich der **Burghof** mit seinen Fachwerkbauten und unterschiedlichen Dachformen mit Erkern und Turmhelmen dem Besucher. Das Schloss, das mit seiner **wertvollen Inneneinrichtung** einen tiefen Einblick in fünf Jahrhunderte herrschaftlicher Wohnkultur gibt, kann im Rahmen von Führungen besichtigt werden.

### Waldsee Rieden

**UNSER TIPP:** In den 80er Jahren des vorigen Jahrhunderts wurde der Rehbach, der an den Riedener Mühlen in die Nette mündet, zum 4 Hektar großen Waldsee aufgestaut. Um den Waldsee ist ein neuer

Ferienpark mit Badeplatz und einem reizvoll gelegenen Restaurant entstanden.

- **Ferienpark Waldsee-Rieden;** Ferienhaus-Vermietung durch die Prjektgesellschaft Waldsee-Rieden, 56743 Mendig, Fallerstraße 55a, www.waldsee-rieden.de, Tel./Fax 02652 52 93 34.
- **Eifeler Seehütte**②, Hotel-Restaurant direkt am Waldsee gelegen, 56745 Rieden, Am Waldsee, Tel. 02655 36 96, www.seehuette.de, rustikale Restaurationsräume, große Seeterrasse, internationale Küche und modern eingerichtete Zimmer.

## Rieden

Der Ort Rieden, der sich nördlich des Waldsees erstreckt, ist durch seine **Passionsspiele** bekannt. Diese wurden 1923 mit Laiendarstellern aus dem Ort in der Pfarrkirche aufgeführt. Seither gab es zehn Inszenierungen mit jeweils über 10.000 Zuschauern. Die letzte Aufführung der Leiden Christi fand 2011 statt, die nächste Aufführung erfolgt 2017.

- **Ortsgemeinde Rieden:** 56745 Rieden, Brohltalstraße 44, Tel. 02655 36 33, www.rieden-eifel.de.
- **Landgasthaus Silberdistel**②, 56745 Rieden, Kirchstraße 77, Tel. 94 19 91, www.landgasthaus-silberdistel.de. Getäfelte Speiseräume, regionale Eifeler Küche und gute Weinkarte. Geöffnet Do–Sa ab 18 Uhr, So und feiertags ab 11.30 Uhr, vermietet auch Ferienwohnungen.

Von den vielen Eifelburgen ist Bürresheim eine der schönsten

015ei ot

# Kempenich

## Info

- **Postleitzahl:** 56746, **Tel.-Vorwahl:** 02655
- **Gemeinde Kempenich:** Im Wiesengrund 5, Tel. 33 07, www.kempenich.de.

Am östlichen Rand der Hohen Eifel liegt Kempenich, dessen Siedlungsgeschichte bis in die keltische Zeit zurückreicht. Auch römische Funde zeigen, dass hier im Altertum Menschen durchgängig gewohnt haben. Das frühe Mittelalter hat keine Zeugnisse hinterlassen. Eine erste urkundliche Erwähnung erfolgt Ende des 11. Jahrhunderts, als *Richwin von Kempenich* in einer Stiftsurkunde des Klosters Maria Laach als Zeuge benannt wird.

Die Herren von Kempenich errichteten auf dem Burgberg eine **wehrhafte Anlage** in staufischer Architektur. Hier hatte im Jahre 1147 *Bernhard von Clairvaux* zum Kreuzzug gepredigt. Als das Geschlecht der Herren von Kempenich im 15. Jahrhundert ausstarb, wurde die Burg mehrfach verpfändet, zuletzt an die Herren der Eltz, deren Geschlecht der *Eltz-Kempenich* bis zum Einmarsch französischer Revolutionstruppen hier seinen Sitz hatte. Sie bauten sogar die von Truppen *Ludwigs XIV.* zerstörte Burg teilweise wieder auf, doch in der nachnapoleonischen Zeit verfiel sie. 1822 wurde der Rest der Burggebäude in ein Forsthaus umgewandelt.

Inzwischen hat die Anlage einen privaten Besitzer, der ein Pferdegestüt betreibt.

## Wandertipp Erlebnispfad Kempenich

Der 1,8 Kilometer lange Naturerlebnispfad enthält 8 Spiel- und 9 Infostationen mit kindgerechten Informationen über den **Wald, die heimische Flora, Fauna** und **Geologie.** Bei dem Gelände handelt es sich um ein verwunschenes **Buchenwaldstück**, in dem große moosüberwachsene Steinblöcke vulkanischen Ursprungs liegen. Denn hier befindet man sich im Gebiet des **ehemaligen Vulkans** Steinrausch. Am Ende des Pfades gibt es auch noch einen **Waldspielplatz.** Ausgangs- und Endpunkt ist der Waldfestplatz an der B412 in Kempenich.

## Essen & Trinken/Unterkunft

- **Eifel-Gasthof Kleefuß:** 56746 Kempenich, In der Hardt 1, Tel. 02655 94 18 80, http://eifelgasthof.de. Außerhalb ruhig gelegenes saniertes und renoviertes Hotel mit modern eingerichteten Gästezimmern mit Balkon. Außerdem gibt es hier eine große Liegewiese und eine Sonnenterrasse, ein Restaurant mit gepflegter Gastronomie, regionale Küche und eine Café-Terrasse.

## Aktivitäten

- **Westernreiten:** Circle-CN-Ranch, 56746 Kempenich, Tel. 41 82, www.circle-cn-ranch.com. Reitanlage mit zwei großen, von Flutlicht beleuchteten Außenplätzen, einer Reithalle sowie einem offenen und einem überdachten Round Pen, Winterausläufen und weitläufigen, zum Teil bewaldeten Weideflächen. Westernreitunterricht in Einzel- und Gruppenstunden, Wochenendkurse mit namhaften Trainern für Einsteiger bis hin zum Turnierreiter, dazu

Pferdeausbildung vom Freizeitreiter bis zur Turnierreife, organisierte Wanderausritte. Einrichtungen vom gepflegten „Saloon“ über sanitäre Einrichtungen mit Duschen und Pferdewaschraum bis zum Pferdesolarium und Sattelshop. Pferdezucht amerikanischer Quarter Horses, Paint Horses und Appaloosas für den Verkauf und den Eigenbedarf an Schulpferden.

# Vulkaneifel

## Info

- **Natur- und Geopark Vulkaneifel:** Kreisverwaltung 54550 Daun, Mainzer Str. 25, Tel. 06592 93 30, www.geopark-vulkaneifel.de.

Das **Herzstück der Eifel** wird von der Vulkaneifel gebildet. In diesem Gebiet um Daun und Manderscheid finden sich die wichtigsten **Maare** der Eifel, so das Ulmer Maar, das Gemündener, das Schalkenmehrener und das Weinfelder Maar, das Pulvermaar und das Meerfelder Maar. Bei diesen Maaren handelt es sich um vulkanische Hohlformen, die im Zuge von Gaseruptionen ins Grundgestein eingesprengt wurden: Aufsteigendes heißes Gestein kam mit dem Grundwasser in Berührung, dessen plötzliche Verdampfung explosionsartige Ausbrüche verursachte und Hohlformen im Gestein hinterließ. Die Hohlkegel füllten sich dann mit Grund- und Oberflächenwasser.

Die meisten Maare vermoorten und verlandeten. Heute sind in der Vulkaneifel noch acht Maare mit Wasser gefüllt (s. auch Exkurs „Die Eifel-Maare – Kratermulden mit und ohne Wasser“ im Kapitel „Land und Leute“).

## Vulkane

Insgesamt hat man in der Vulkaneifel, einem Gebiet von 30 Kilometern Breite und 50 Kilometern Länge, an die 270 Ausbruchzentren gefunden, deren kegel-

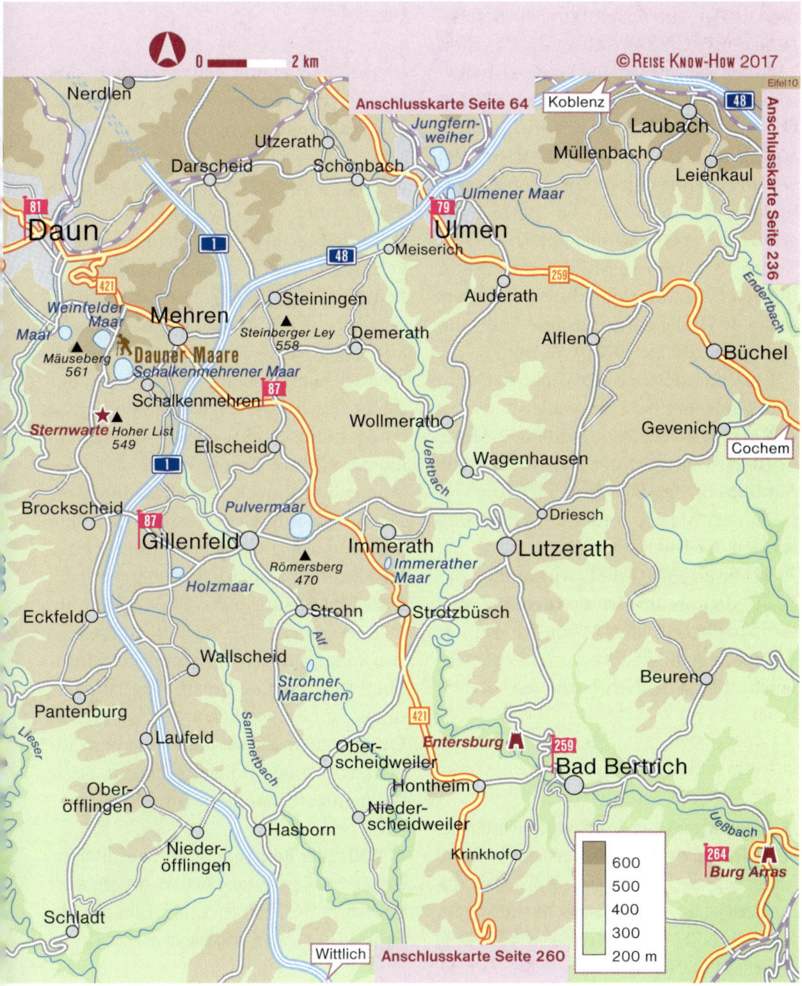


artige Erhebungen das Landschaftsbild prägen – und doch gleicht keine der anderen. Der **Ernstberg** bei Hinterweiler ist mit 699 Metern der höchste Berg der Vulkaneifel. Hier findet man riesige Lavablöcke und eine Höhle, und im Winter ist hier ein sehr beliebtes **Langlauf-Skigebiet.**

Auf dem 647 Meter hohen **Nerother Kopf** ragen noch die Ruinen der **Burg Freudenkoppe** empor. Die Anlage wurde 1340 von König *Johann von Böhmen,* dem Grafen von Luxemburg, als Befestigung seiner Grenzen erbaut. Doch schon 1346 fiel die Burganlage an den Kurfürsten von Trier, wurde dann aber etwa in der zweiten Hälfte des 15. Jahrhunderts aufgegeben. Das ganze Burgplateau ist von drei Seiten mit einem Trockengraben umschlossen, an die vierte Seite grenzt die große Mühlsteinhöhle. Dort waren ab 1788 vier Mühlsteinwerke in Betrieb. Die unter der Burganlage verlaufende Höhle hat heute eine Tiefe von 18 und eine Höhe von 10 Metern.

Eine wunderbare Fernsicht hat man vom **Eselsberg** bei Dockweiler und vom **Radersberg** bei Dreis, beide 637 Meter hoch. Attraktiv ist der 561 Meter hohe **Mäuseberg,** der das Weinfelder vom Gemündener Maar trennt. Zur Erinnerung an den Gründer des Eifelvereins, *Dr. A. Dronke* (gest. 1898), wurde hier der 10,50 Meter hohe **Dronketurm** als Aussichtsturm errichtet. Wenn im Winter Schnee liegt, fährt dort der Lift – die Abfahrt zählt zu den schönsten der Eifel.

- **Langlaufzentrum Ernstberg:** Kleinschlepplift, Rodelmöglichkeiten, 16 km gespurte Langlaufloipen, Skischule mit Skischulwiese, Skiverleih, Öffnungszeiten: bei entsprechender Witterung jeden Tag von 10 bis 17 Uhr, Schnee-telefon 06592 17 36 06, allgemeine Auskünfte: Tel. 06592 9 51 30, www.daun.de.
- **Wintersport am Mäuseberg:** Abfahrt 440 m; Doppelschlepplift; Flutlicht bis 20 Uhr, 3 gespurte Loipen 750 m bis 2,2 km, Rodelbahn; Skihütte. Geöffnet bei entsprechenden Schneebedingungen werktags 14–20 Uhr, Sa und So 11–20 Uhr, Information: www.ski-club-daun.de, Schneetelefon: 06592 77 37.

## Quellen

In der Vulkaneifel zeugen neben den Maaren und Kegelbergen noch über **200 Mineralquellen** von der nicht erloschenen unterirdischen Vulkantätigkeit. Manche dieser Quellen, aus denen das Wasser unter natürlichem Druck durch Risse und Spalten empordringt, wurden gefasst und man kann sich aus ihnen frei bedienen. **UNSER TIPP:** Die attraktivste Quelle ist der **Wallende Born** – oder die „Brubbel" wird –, das Wahrzeichen der kleinen Eifelgemeinde Wallenborn, der dieser Quelle ihren Namen verlieh. Es ist eine periodisch aufwallende Quelle, ein kleiner **Geysir,** dessen Zyklus auf Gas-Wasser-Eruptionen zurückzuführen ist. Die Entgasung des Wassers mit dem Wasserspiegelanstieg braucht hier etwa 40 Minuten. Dabei hält die eigentliche Gaseruption ungefähr 20 Minuten an. Der gesamte Zyklus mit Ruhephase und Aufwallung dauert insgesamt 55 Minuten. Der Wallende Born selbst ist allerdings keine natürlich intermittierende Quelle, vielmehr verdankt er diese Eigenschaft einer Bohrung an der Stelle der heutigen Brunnenfassung.

- **Wallender Born:** Ganzjährig zu besichtigen, Zugang 1,50 € pro Person, Kontakt: Ortsgemeinde Wallenborn, 54570 Wallenborn, Schulstraße 14a, Tel. 0 6599 2 41, www.wallenborn-eifel.de.

> Ulmener Maar

# Ulmen

## Info

- **Postleitzahl:** 56763, **Tel.-Vorwahl:** 02676
- **Verkehrsverein Ulmen e.V.:** In der Lay 4, Tel. 95 28 00, www.verkehrsverein-ulmen.de.

Im Nordosten der Vulkaneifel liegt Ulmen am gleichnamigen Maar, unmittelbar südlich der Autobahn, überragt von der Kirche und der **Burg.** Mit dem Bau dieser Burg wurde um das Jahr 1000 begonnen, 1292 entstand die Niederburg. Ihr berühmtester Ritter war *Heinrich von Ulmen,* der im vierten Kreuzzug (1200–04) mit den Staufern nach Palästina zog und aus der Hagia Sophia in Byzanz wertvolle Schätze mitbrachte, so die berühmte Staurothek (eine Lade zur Aufbewahrung einer Reliquie), die heute noch im Dom zu Limburg zu besichtigen ist.

Im 14. Jahrhundert trieben die Ulmener Herren gemeinsam mit den Daunern als Raubritter ihr Unwesen, bis sie vom Trierer Kurfürst *Balduin* unterworfen wurden. Zwar war die Ulmener Burg wegen ihrer enormen Ausmaße nie eingenommen worden, doch nunmehr verfiel sie zusehends. Ende des 17. Jahrhunderts marschierten die Truppen *Ludwigs XIV.* auch in Ulmen ein und brannten den gesamten Ort, die Stadtmauer und die Festung nieder. Die Bürger von Ulmen bauten nach dem Abzug der Franzosen den Ort wieder auf, einzig die Stadtmauer gab man auf.

Anfang des 19. Jahrhunderts verstarb der letzte Ulmener Ahnherr und die Burg wurde wenige Jahre später an einen Händler aus Cochem/Mosel versteigert. Der Händler veräußerte die Steine des heruntergekommenen Gemäuers. So wurden viele Dörfer und Häuser mit den **Steinen der Ulmener Burg** errichtet,

016ei ot

und man kann beispielsweise in alten Häusern in Ulmen Steine mit Wappen oder eingemeißelten Hinweisen finden, die auf die Burg zurückzuführen sind.

Noch bis in die 1950er und 1960er Jahre lebten viele Ulmener von der Landwirtschaft, doch inzwischen stellen Dienstleistung und Tourismus den Haupterwerb dar.

## Ulmener Maar

**Unser Tipp:** Das Ulmener Maar stellt den jüngsten Vulkan nördlich der Alpen dar. Sein Ausbruch liegt erst knapp 10.000 Jahre zurück. Das Maar ist 37 Meter tief und umfasst eine Fläche von 5,4 Hektar. Im 18. Jahrhundert richtete man einen Zu- und Abfluss ein. Nördlich vom Maar, heute jenseits der Autobahn, hatte man bereits im Mittelalter einen Teich, den heutigen **Jungferweiher,** als Zufluss aufgestaut, der aber wieder versandete. Im Zusammenhang mit dem Autobahnbau wurde er erneut auf eine Tiefe von knapp vier Metern aufgestaut.

Im Laufe der Jahre bildeten sich breite Schilfgürtel, die sich längst zu einem **Wasservogelparadies** entwickelt haben. Im Frühjahr und Herbst ziehen Brutvögel aus Lappland und den Tundren Sibiriens durch Mitteleuropa und suchen dann Rastgebiete wie den Ulmener Jungfernweiher auf. Hier finden die Strand- und Watvögel nach einer Reise über Tausende von Kilometern Nahrung. Taucher, Reiher, Kormorane, Gänse, Enten, Blesshühner sowie zahlreiche Singvogelarten sind hier ganzjährig oder zeitweilig heimisch. Ganz selten kann man auch einen Fischadler beobachten, der aus Skandinavien kommt und Nahrung am Weiher sucht.

## Meiserich

Im nahe gelegenen Ort Meiserich verdient die **Filialkapelle St. Anna** Beachtung. Der heutige Bau stammt aus dem Jahr 1524 und beinhaltet als Kunstschätze den Altar „Zur Schmerzhaften Mutter" und zwei Seitenaltäre zu Ehren der hl. *Mutter Anna* und des *Wendelinus* sowie das holzgeschnitzte Antependium (Altarvorderseite) mit den fünf Bildern des Schmerzhaften Rosenkranzes von 1585.

## Uersfeld

Nordöstlich von Daun liegt Uersfeld. In feudaler Zeit unterstand der Ort dem Erzbistum Köln. Das Patronat der Pfarrkirche hatte aber das Erzbistum Trier. In der alten, vor 1900 erbauten Dorfschule ist das Heimatmuseum Nostalgikum untergebracht, das sich mit seinen Exponaten auf die 1940er bis 1960er Jahre konzentriert. Ein lohnenswertes Ziel, das das ländliche Leben vor noch nicht allzu langer Zeit dokumentiert – mit Schulzimmer, Kolonialwarenladen, Friseur, Gendarmerie, Kinderspielzeug etc.

**Nostalgikum:** Nostalgie-Erlebnis-Museum, 56767 Uersfeld, Lindenstraße 1, Tel. 02657 94 01 13, www.oberes-elztal.de, geöffnet April bis Okt. Do, Sa und So 14–17.30 Uhr, im Winter nur So, Eintritt 5 €, ermäßigt 3 €.

## Essen & Trinken/Unterkunft

■ **Hotel-Restaurant-Café Bürgerstube②**, Alter Postplatz, Tel. 3 67, www.buergerstube-ulmen.de. Motorradtreff, gemütliche Landhauszimmer, Eifeler Küche mit regionalen Gerichten, Bierstube, Mitgliedsbetrieb der „Eifler Gastlichkeit zwischen Thermen und Maare" und „Bett & Bike". Hier gibt es Angelscheine für das Ulmener Maar.
■ **Ferienwohnung:** Helga Decker, Fronwiese 12, Tel. 712, www.eifel-fewo-ulmen.de, 2 Fewo für 4 (mit Balkon) bzw. 2 Personen, eingerichtet ím Landhausstil, mit Gastgarten.
■ **Campingplatz Ulmen:** 56766 Ulmen, Am Jungferweiher 4, Tel. 02676 95 19 113, www.campingplatz-jungferweiher.de, am See gelegener, gut ausgestatteter Platz, bietet auch Mobilwohnheime und Plätze für Dauercamper an, ganzjährig geöffnet.

## Aktivitäten

■ **Gestüt Pfauenhof:** Egon und Dorle Kessler, 54552 Utzerath, Mühlenweg 2–4, Tel. 6 03 und 17 71, www.ferien-gestuet-pfauenhof.de. Pferdezuchtbetrieb nord- westlich von Ulmen, Vollblut-Zucht, Pensionspferdehof, Ferienwohnungen, Reiterurlaub für Mädchen von 8 bis 15 Jahren; im Bestand für Gäste 40 Pferde, Stuten und Fohlen, dazu ein edler Vollblut-Deckhengst und fünf schöne Ponys.

## Veranstaltungen

■ **Burgfest:** Zweites Juliwochenende, beginnt freitagabends mit einem Festumzug auf die Burg, samstags Rockmusik auf der Burg, sonntags großer mittelalterlicher Markt mit Gauklern, professionellen Rittergruppen, Feuerspuckern, Minnesängern und Verkaufsständen.
■ **Blutwurstwanderung:** „Blootwooscht unn Quellkrumbere", im November am Totensonntag mit dem Eifelverein, Ziel Rothenbusch-Schutzhütte. Die Ortsgruppe Ulmen des Eifelvereins organisiert dazu das Blutwurstessen.

# Daun

## Info

■ **Postleitzahl:** 54552, **Tel.-Vorwahl:** 06592
■ **Tourist-Information Daun:** Leopoldstr. 5, Tel. 9 51 30, www.tourismus.daun.de.

Im nördlichen Zentrum der Vulkaneifel liegt Daun, dessen Ortsname wohl schon keltischen Ursprungs ist. Auch die Römer hatten hier einen befestigten Posten. Die mittelalterliche Burg entstand um das Jahr 1000. Erstmals im Jahr 1075 wird ein *Adalbero de Duna* als ihr Herr urkundlich erwähnt. Knapp hundert Jahre später starb das freie Dauner Herrengeschlecht aus; ein Dienstmann dieses Geschlechtes übernahm Namen und Wappen mit dem Dauner Gitter – er ist der Stammvater der nachfolgenden Familien, also auch der späteren Grafen von Daun. 1346 erhielt der Ort die Stadtrechte mit eigenem Marktrecht. 1353 wurde die Burganlage durch den Trierer Kurfürsten *Balduin* teilweise zerstört, weil sich ihre Herren inzwischen als Raubritter zur Landplage entwickelt hatten. Im Jahr 1689 zerstörten französische Truppen *Ludwigs XIV.* die Dauner Burg dann völlig. Große Ehre wurde Daun 1911 zuteil, als Kaiser *Wilhelm II.* die Stadt besuchte.

Heute stellt sich Daun als **heilklimatischer Kur- und Kneipport** inmitten der reizvollen Eifeler Waldlandschaft dar. Seine **Dunaris-Quelle** ist ein Natrium-Magnesium-Hydrogencarbonat-Säuerling und als Heilquelle staatlich anerkannt. Das Wasser ist sowohl für Badezwecke als auch für gesunde Trinkkuren geeignet.

■ **Mineralquellen:** Offen austretende, wohlschmeckende Säuerlinge findet man an der Städterbrücke (Hotzendrees), bei der Einfahrt zur Bundeswehrkaserne „Heinrich Hertz", im Lehrwald bei Darscheid (an der B 257), an den Tennisplätzen Richtung Gemünden, in Rengen (hinter der Bahnüberführung Lupinenstraße), bei Niederstadtfeld, im Dockweiler Wald, an der Strotzbüscher Mühle, in Wallenborn, am Lieserpfad zwischen Weiersbach und Üdersdorf und mit besonders hoher Ausstoßmenge mitten im Stadtteil Steinborn.

## In der Altstadt

Die Dauner Burg erhob sich einst auf hohen Stützmauern auf einem steilen Basaltfelsen. Geblieben ist nur die **Ringmauer** mit Wächterhaus und einer **Bastei.** Im Jahre 1712 wurde das **Kurtrierische Amtshaus** auf dem Burgberg für den Trierer Kurfürst und Erzbischof *Karl-Josef* teilweise aus Mauersteinen der alten Burg errichtet und 1980 durch Anbau eines dritten Traktes zur Drei-Flügel-Anlage als Hotel „Kurfürstliches Amtshaus" erweitert (siehe Unterkunft).

Neben dem Amtshaus steht die 1863 erbaute, schlichte **Evangelische Kirche** an prägnantem Standort. Einige Burgmannenhäuser unterhalb der Burg weisen noch spätmittelalterliche Baukörper auf, so **Haus Rodemacher** an der Südseite der Burg aus dem 16. und 18. Jahrhundert und der **Waldenhof** am Ost-

☐ Das Schalkenmehrener Maar bei Daun

018ei ot

hang des Burgberges. Der Turm der dreischiffigen romanischen **Ortspfarrkirche,** einer der ältesten Kirchen der Eifel, stammt aus dem 10. Jahrhundert, der Chor aus dem 12. und das Deckengewölbe aus dem 15. Jahrhundert. Das Schiff musste nach dem Zweiten Weltkrieg neu errichtet werden.

## Zweite „Krimi-Hauptstadt der Eifel"

Neben Hillesheim hat sich Daun auch als **zweite „Krimi-Hauptstadt der Eifel"** einen Namen gemacht. Der Hauptort der Vulkaneifel-Gemeinde richtet zweijährlich das Krimi-Festival „Tatort Eifel" aus.

■ **Tatort Eifel:** Krimi-Festival 2013, 2015 etc. mit Fachprogramm für Verlage und Fernsehanstalten, Publikumsveranstaltungen (u.a. Lesungen) und Rahmenprogramm (z.B. Krimi-Musik), 10 Tage Mitte September, ausgerichtet durch die Kreisverwaltung Vulkaneifel, 54550 Daun, Mainzer Str. 25, Tel. 93 32 45, www.tatort-eifel.de.

## Dauner Maare

Die größte Attraktion Dauns stellen die drei auf unterschiedlichem Höhenniveau um den **Mäuseberg** gruppierten Kraterseen dar. Die Dauner Maare sind nach neueren Untersuchungen ihrer Tuffwälle, der Kraterwände und des Seebodens vermutlich innerhalb des geologisch kurzen Zeitintervalls der Weichsel-Kaltzeit vor etwa 20.000 bis 30.000 Jahren entstanden.

Das 407 Meter hoch gelegene **Gemündener Maar** liegt nur etwa eineinhalb Kilometer südlich von Daun. Seine Wasserfläche beträgt 7,2 Hektar, es ist 38 Meter tief und hat einen Durchmesser von 325 Metern.

Das 484 Meter hoch gelegene **Weinfelder Maar** weist eine Fläche von 16,8 Hektar auf. Es ist mit 51 Metern Tiefe das tiefste der drei Dauner Maare, sein Durchmesser beträgt 525 Meter. Baden ist hier nicht gestattet. In unmittelbarer Nähe befindet sich ein Friedhof mit einer kleinen Kapelle, die auf das 14. Jahrhundert zurückgeht. Es ist die ehemalige Pfarrkirche des Dorfes Weinfeld am Maar, dessen Bewohner im 16. Jahrhundert durch die Pest ausstarben. Dies ist wohl der Grund dafür, dass das Weinfelder Maar auch *Totenmaar* genannt wird.

Der Wasserspiegel des **Schalkenmehrener Maares** liegt 65 Meter unter dem des Totenmaares. Das Schalkenmehrener Maar ist ein Doppelmaar. Die Gesteinswand aus devonischem Schiefer, die die beiden Maare trennt, ist nur 410 Meter breit, der ältere Maarkessel bereits vermoort. Der jüngere Maarausbruch hat den älteren weitgehend zugeschüttet, was eine Verlandung dieses Teils begünstigte. Das nach dem nahe gelegenen Dorf Schalkenmehren benannte Maar ist mit einer Wasserfläche von 21,6 Hektar das größte der drei Dauner Maare. Es ist 21 Meter tief und hat einen Durchmesser von 575 Metern.

■ **Gemündener Maar:** 54550 Daun, Maarstraße 7, Tel. 9 51 30. Baden ist im Maar (im Freibad, www.hallenbad.daun.de/Freibad1.htm) erlaubt, ausreichend Liegewiesen sowie ein Bootsverleih sind vorhanden, geöffnet in der Badesaison Mai bis Sept., Eintritt 3 €, Kinder/Jugendliche 1,50 €, Bootsverleih Tret-/Ruderboot ½ Std. 3 €, 1 Std. 5 €.

■ **Schalkenmehrener Maar:** 54552 Schalkenmehren, Pitt-Kreuzberg-Weg, Tel. 17 39 39. Angeln

## Wandertipp Dauner Maare

Ausgangspunkt der familienfreundlichen Wanderung um das Gemündener und Weinfelder Maar ist der Parkplatz an der Maarstraße am Gemündener Maar. Die Strecke ist 4,3 Kilometer lang, 170 Höhenmeter sind zu überwinden. Östlich geht es aufwärts durch einen Wald zur **Wintersportanlage** und über den Sattel, von dem man links in eine **Lavagrube** schaut. Nach einem Zickzack führt der Weg zur **Weinfelder Kapelle.** Dann wird das Weinfelder Maar umrundet und man folgt aufwärts dem Weg hinauf zum Dronketurm auf dem **Mäuseberg,** von dessen 10,5 m hohen **Aussichtsplattform** man beide Maare überblicken kann. Nun folgt man dem Eifelsteig westlich um das Gemündener Maar herum und gelangt zurück zum Ausgangspunkt.

ist erlaubt, außerdem Schwimmen, Bootfahren und Surfen im Naturfreibad, geöffnet in der Badesaison von Mai bis Sept., Eintritt 3 €, Kinder bis 16 Jahre 1,50 €, www.tourismus.daun.de.

### Wildpark

Einen weiteren großen Anziehungspunkt der Region bildet der **Wild- und Erlebnispark Daun** am Wendsberg – hier wird heimisches Wild in seiner natürlichen Umgebung gezeigt. In dem 200 Hektar großen Park geht es auf einer acht Kilometer langen Autowanderstraße durch alten Mischwald mit Rotwild, Damwild und Mufflons, einem Greifvogelgehege sowie einer Affenschlucht mit Berberaffen, Wildyaks, Lamas und Nandus. Außerdem gibt es einen Abenteuerspielplatz und eine Sommerrodelbahn.

■ **Wild- und Erlebnispark Daun:** Mainzer Str. 11, Tel. 31 54, www.wildpark-daun.de. Mit Berberaffen-Freigehege und Falknerei. Mitte März bis Mitte Nov. 10–18 Uhr, Eintritt 9,50 €, Kinder 5–15 Jahre 8 €, Familienermäßigung.

### Vulkanmuseum

Ziel des Dauner Vulkanmuseums ist es, dem Besucher ein hautnahes Erleben vulkanischer Tätigkeit zu vermitteln, insbesondere im Hinblick auf die erdgeschichtliche Entwicklung der Vulkaneifel. Neben Informationstafeln, Fotos und Exponaten, die aus der Vulkaneifel und zum Teil von aktiven Vulkanen aus Europa und Asien stammen, gibt es interaktive Computermodelle, vorwiegend über die vulkanische Eifel.

■ **Eifel Vulkanmuseum Daun:** Geo Zentrum Vulkaneifel, Leopoldstr. 9, Tel. 98 53 53, www.vulkaneifel.de/eifel-vulkanmuseum, behindertengerecht. Geöffnet Ostersonntag bis Okt. Di bis Fr 11–16.30 Uhr, Mo geschlossen, Juli/Aug. auch Mo geöffnet, 14 Uhr kostenlose Führung, Eintritt 3 €, Ermäßigungen 2 bzw. 1,50 €, Führungen 6 €, Anfrage bei der Tourismusinformation Daun.

### Sternwarte

Auf dem **Hohen List** (549 m) steht die Eifelsternwarte der Universität Bonn. Sie wurde in zwei Bauphasen zwischen 1952 und 1964 mit insgesamt sechs Kuppeln ausgestattet. Das Argelander-Institut für Astronomie der Universität Bonn (AIfA) hat das Observatorium Hoher List im Jahr 2012 leider aufgegeben. 2013 wurde die Anlage unter Denkmalschutz gestellt, so dass keine Demontagen bzw. Geräteverkäufe stattfinden können. Ein Förderverein kümmert sich um den Erhalt und den weiteren Betrieb der Teleskopanlage. Das 1-Meter-Spiegelteleskop steht auch der interessierten Öffentlichkeit für astronomische Beobachtungen zur Verfügung. Es gilt als eines der größten Teleskope in Europa.

■ **Information:** Astronomische Vereinigung Vulkaneifel am Hohen List e.V., 54550 Schalkenmehren, Aachener Str. 3, www.hoher-list.de.

## Steinborn

Im drei Kilometer nordwestlich von Daun gelegenen Ort Steinborn lohnt ein Blick in die **Ortspfarrkirche.** Der ursprünglich romanische Bau steht oberhalb des Ortes und wurde zu Beginn des 16. Jahrhunderts in eine Einstützenkirche umgewandelt. Ihr Netzgewölbe ist mit filigranem Rankenwerk bemalt, Konsolen und Schlusssteine sind farbig gehalten.

## Essen & Trinken/Unterkunft

■ **Schloss-Hotel Kurfürstliches Amtshaus** ⑤, Dauner Burg, Tel. 92 50 www.daunerburg.de. Ehemaliges Kurtrierisches Amtshaus, Zimmer und Suiten exklusiv mit Himmelbetten und Antiquitäten eingerichtet, Schwimmbad, Solarium etc., mit Feinschmecker-Restaurant **Graf Leopold**④, bietet französische Küche, Sommerterrasse im Innenhof.

■ **Dorint Hotel & Resort**③, Daun-Gemünden, Im Grafenwald, Tel. 71 30, www.hotel-eifel-daun.dorint.com. Mit elegantem A-la-carte-Restaurant „Grafenwald" und origineller Brasserie, Badevergnügen in der „Wellnessworld" mit integriertem Kinderplantschbecken, Sauna mit Dampfbad und Solarium, Badeabteilung „Dorimare", Tennisplätze, Fitness-Center, Beauty-World. Vermietet auch Appartements.

■ **Hotel Panorama**②, Rosenbergstr. 26, Tel. 93 40, www.hotelpanorama.de. 1980 gebautes Hotel am Waldrand mit Landhausatmosphäre, Restaurant bietet Eifeler Spezialitäten; mit Wellness- und Beautybereich mit Kosmetik, Schwimmbad 32 °C, Whirlpool, Sonnenbank, orientalisches Dampfbad; Kurabteilung mit Massagen, Stangerbad, Fango etc.

■ **Kucher's Landhotel**③, 54552 Darscheid, Karl-Kaufmann-Str. 2, Tel. 629, www.kucherslandhotel.de. Im nordöstlichen Dauner Ortsteil Darscheid an der Autobahnauffahrt A1 gelegenes Haus in reizvoller landschaftlicher Umgebung, gediegen eingerichtete Zimmer teilweise mit Balkon. Regionale Küche frisch zubereitet und großer Weinkeller.

■ **Caféhaus Schuler**①, Leopoldstraße 1, Tel. 28 85, Konditorei, Café, Confiserie und Glacerie im Zentrum von Daun, Spezialität Vulkantorte, geöffnet 9.30–18 Uhr, Sa ab 10 Uhr, So ab 12 Uhr.

■ **Campingpark Dockweiler Mühle:** 54552 Dockweiler, Tel. 06595 96 11 30, www.campingpark-dockweiler-muehle.de, nördlich von Daun mit zwei Angelweihern, Zeltplatz, Caravanplatz, Vermietung von Nur-Dach-Ferienhäusern, ganzjährig geöffnet, Gastronomie ab März.

## Jugendherberge

■ **Eifelmaar-Jugendherberge:** Maria-Hilf-Str. 21, Tel. 28 84, www.jugendherberge.de. Zimmer für die 1-, 2- und 4-Bettbelegung, alle mit Dusche/WC, 3 Aufenthalts- und Seminarräume für 25 bis 50 Personen, 2 Speiseräume, Kinderspielecke, Cafeteria, 3 Tagungsräume, Übernachtung/Frühstück (einschl. Bettwäsche) ab 20,50 €.

## Aktivitäten

- **Ballonfahrten:** Eifel-Ballooning Jung, Wirichstr. 8, Tel. 98 54 65, www.eifel-ballooning.de.
- **Kur- und Hallenbad Daun:** Leopoldstr. 14, Tel. 24 44, www.hallenbad.daun.de, Hallenbad Eintritt 3 €, ermäßigt 2 €, große Schwimmhalle 10x25 m, 28 °C, Warmwasserbad 32 °C, Sauna, Infrarot-Center, Sonnenstudio.
- **Planwagenfahrten:** Tägliche Touren durch die Umgebung von Daun unternimmt *Ursula July*, Buchenweg 9, Daun-Waldkönigen, Tel. 33 61. Während der kalten Jahreszeit Glühweinfahrten im beheizten Planwagen.
- **Rundflüge:** Segelflugplatz Senheld, Segelflugverein Vulkaneifel, Tel. 29 76, www.flugplatz-daun.de. Rundflüge mit Motorflugzeugen, Motorseglern und Ultraleichtflugzeugen Sa, So und in den Ferien täglich und nach Vereinbarung, Kurzflüge über die Dauner Maare, 1-Std.-Flüge zum Nürburgring oder zur Mosel, großer Rundflug (Dauer 60 Minuten) bis zur Mosel und zum Rhein, Mindestpreis 180 €, ½ Std. mit dem Ultraleichtflugzeug kostet 49 €.
- **Flugplatz Hinterweiler:** betrieben durch den DFC-Vulkaneifel e.V., www.dfc-vulkaneifel.de. Für Rundflüge Auskünfte und Terminanfrage bei dem UL-Piloten Günter Hens, Tel. 1 01 85. Ultraleicht-Sonderlandeplatz, hier werden Drachen in die Luft gezogen, auch Tandemflüge mit einem modernen Doppelsitzerdrachen oder mit Ultraleicht sind möglich, Gastpiloten willkommen. Der Flugplatz ist von der B 410 erreichbar, Richtung Hinterweiler abbiegen, dann den ersten Feldweg (ca. 100 m) rechts den Berg hoch, nach ca. 200 m ist der Windsack zu sehen.
- **Wintersport am Mäuseberg:** (s. Abschnitt „Vulkaneifel“)

Das Kellisch-Haus in Schalkenmehren

103ei ti

# Schalkenmehren

## Info

- **Postleitzahl:** 54552, **Tel.-Vorwahl:** 06592
- **Tourist-Information Schalkenmehren:** Maarstr., Tel. 06592 98 53 83, www.schalkenmehren-eifel.de.

Im nahe Daun gelegenen Schalkenmehren (Schalkenmehrerner Maar siehe „Daun") zeigt das **Heimweberei-Museum,** wie viele Bauernfamilien früher durch Nebenerwerb ihre Lebensbedingungen verbessern konnten. Dazu gründeten sie 1926 die „Heimweberei-Genossenschaft Schalkenmehren", die von großer wirtschaftlicher und sozialer Bedeutung für den Ort wurde. Die Ideen und die besondere kreative Begabung der Lehrerin *Anna Droste-Lehnert* (1892–1976), die ab 1920 in Schalkenmehren lebte und wirkte, begründeten den Erfolg des Schalkenmehrener Beiderwandes, ein Gewebe für Trachten.

Besonders eigenwillig das **Kellisch Haus** im Ort, ein Fachwerkhaus aus der Mitte des 18. Jahrhunderts, das mit breitem Giebel zur Straße steht.

- **Heimweberei-Museum Schalkenmehren:** Alte Schule, Mehrener Straße 5, 54552 Schalkenmehren, Tel. 40 85, www.heimwebereimuseum.de, geöffnet April bis Mitte Okt. Sa, So 10–17 Uhr, Eintritt 2 €, reduziert 1 €, Führungen zusätzlich 1 €.

## Essen & Trinken/Unterkunft

- **Landgasthof Michels**③, Sankt-Martin-Str. 9, nahe der Autobahnauffahrt gelegen, Tel. 92 80, Fax 92 81 60, www.landgasthof-michels.de. Restaurant mit Terrasse, spezialisiert auf Eifeler Fleisch-, Fisch- und Wildgerichte, Hotelbetrieb mit fast 100 Zimmern verschiedener Kategorien, teilweise mit Balkon, mit Schwimmbad.
- **Haus am Maar**②, Hotel Schneider, Maarstr. 22, Tel. 9 55 10, www.hotelschneider.de. Eifeler Traditionsbetrieb am Maar, hoteleigene Wellness- und Beauty-Einrichtungen mit Sauna, Dampfbad, Tecaldarium, Whirlpool, Solarium, Liegewiese mit Maarblick, Restaurant mit Gartenterrasse. Bietet gehobene Eifeler Küche an.

## Camping

- **Camping am Maar:** zum Haus am Maar gehörig, Tel. 9 55 10, www.hotelschneider.de. Kleiner Platz direkt am Maar, 200 m Naturstrand, Baden nur im nahen Maar-Freibad (s.u.), 30 Dauerplätze, 30 Touristenplätze, ganzjährig geöffnet.

## Aktivitäten

- **Schalkenmehrener Maar:** Angeln ist erlaubt, außerdem Schwimmen, Bootfahren und Surfen im Naturfreibad. Pitt-Kreuzberg-Weg, geöffnet in der Badesaison von Mai bis Sept., Eintritt 3 €, Kinder bis 16 Jahre 1,50 €, www.schalkenmehren.de.

# Gillenfeld

## Info

- **Postleitzahl:** 54558, **Tel.-Vorwahl:** 06573
- **Gemeinde- und Verkehrsbüro:** Am Markt 5, Tel. 7 20, www.gillenfeld.de.

Gillenfeld gehörte im Mittelalter zum Maifelder Gau. Erstmals erwähnt wird der Ort im Jahre 1016, als Kaiser *Heinrich II.* (1002–24) dem St.-Floriansstift in Koblenz das Markt-, Münz- und Zollrecht zu *Gilliveld* verlieh. Vom Stift wurden die Herren von Kerpen mit Gilliveld belehnt, das später durch Erbschaft an die Herzöge von Arenberg kam. Bis zum Jahr 1795 übten so das Floriansstift und die Arenberger die Grundherrschaft in Gillenfeld aus.

Heute ist der Ort als Zentrum der **Ferienregion „Rund ums Pulvermaar"** ein beliebtes Ausflugsziel. Er bietet dem Gast als Sehenswürdigkeiten die neugotische Kirche mit dem einzeln stehenden Glockenturm aus dem 14. Jahrhundert, dem benachbarten alten Friedhof und der Kriegerkapelle, eine Mariengrotte sowie ein wunderschön restauriertes altes Backhaus.

## Maare

In der Umgebung von Gillenfeld finden sich besonders viele vulkanische Eruptionsstellen der unterschiedlichsten Art. Ganz in der Nähe liegt das **Pulvermaar,** dessen fast kreisrunde Form es zum typischsten Maar der Eifel macht. Es bedeckt bei einem Durchmesser von 700 Metern eine Fläche von 36 Hektar. Mit 74 Metern Tiefe ist es das tiefste natürliche Gewässer der Eifel. Seine trichterförmige Gestalt wird noch durch die steilen, bewaldeten Uferhänge unterstrichen. Das Seegebiet ist Naturschutzgebiet, aber Baden, Bootfahren und Angeln sind erlaubt.

019ei ot

Das Gelände um das 6,2 Hektar große und nur 3 Meter tiefe **Immerather Maar** wurde ebenfalls zum Naturschutzgebiet erklärt. Wassersport ist nicht gestattet, wohl aber Angeln. Der zu den jüngsten Eifelmaaren zählende See ist halbrund, da der zuführende Uessbach den Boden mit Schwemmmaterial aufgefüllt hat. Sein weitgehend unberührtes Erscheinungsbild macht ihn für Erholung suchende Wanderer besonders attraktiv.

Nördlich des Pulvermaares findet man das kleine **Ellerscheider Maar,** etwas älter als das Pulvermaar. Es ist bis auf die Vermoorung des Bodens trocken und entwässert in den Laubach. Die sich südlich des Pulvermaares unterhalb des 465 Meter hohen Römerberges erstreckenden **Strohner Maarchen** sind kein echtes Maar, sondern ein Schlackenvulkan mit schrägem Schlot, der heute von einem Hochmoor eingenommen wird.

Südlich von Gillenfeld findet man den Strohner Vulkankomplex im Bereich der sogenannten **Strohner Schweiz,** dem Durchbruchstal der Alf durch einen 12.000 Jahre alten Lavastrom, der vom Wartgesberg ausging. Der Wartgesberg ist ein Schlackenrücken, dem an der Westseite noch weitere Schlackenkegel vorgelagert sind. Hier fand man eine Basaltkugel von vier Metern Durchmesser, die heute als **„Lavabombe"** am Vulkanhaus Strohn steht, einem neuen Erlebnismuseum, das in die Vulkanlandschaft der Eifel einführt (s.u.).

Nur wenig nordwestlich von Strohn liegt das **Trautzberger Maar** mit nur 100 Metern Durchmesser, das als runde, sumpfige Vertiefung erkennbar ist. Nahe am heutigen Strohner Ortsteil Sprink hat ein Gasausbruch den Lavastrom vom Wartgesberg durchschlagen und das **Sprinker Maar** geschaffen.

Westlich des Alftales findet man noch eine weitere Gruppe von drei Maaren. Das **Holzmaar** verdankt seine Wasserfüllung einer künstlichen Aufstauung, die der Wasserversorgung der unterhalb gelegenen Holzmühle diente. Es steht unter Naturschutz. Nördlich davon stellt sich das **Dürre Maar** als Trockenmaar dar, das sich schon im Hochmoor-Stadium befindet und durch seine vielfältige Flora und Fauna bekannt ist, denn es ist noch von einem schmalen Sumpfring eingerahmt. Nur 140 Meter davon entfernt liegt die **Hitsche,** mit 60 Metern Durchmesser das kleinste Maar der Eifel. Man erkennt dieses Minimaar als rundliche, mit Simsen und Seggen bestandene Senke zwischen den Feldern.

Letztlich muss noch der sich ganz im Norden des Gillenfelder Vulkangebietes erstreckende **Mürmes** erwähnt werden, ein verlandetes Maar von einem Kilometer Länge und 500 Metern Breite. Bis vor 200 Jahren war der Mürmes ein durch einen Damm aufgestauter Fischweiher. Das verbliebene Flachmoor mit seinen Schilfbeständen stellt ein wichtiges ornithologisches Gebiet dar und steht unter Naturschutz. Besucher sollten der Empfindlichkeit dieses Biotops Rechnung tragen!

◁ Die Lavabombe bekam vor dem Erlebnismuseum Vulkanhaus Strohn einen Ehrenplatz

## Vulkanhaus Strohn

Im Nachbarort Strohn gibt es ein **interaktives Museum,** in dem man vulkanische Phänomene erleben kann. Hauptattraktion ist die „glühende" Strohner Lavaspaltenwand.

**Unser Tipp: Vulkanhaus Strohn:** 54558 Strohn, Hauptstr. 38, Tel. 95 37 21, www.vulkanhaus-strohn.de, April bis Okt. Di–So 10–17 Uhr, ansonsten 13–17 Uhr, Eintritt 3 €, Kinder 2 €, Familien 6 €, kleines Café im Eingangsbereich.

## Essen & Trinken/Unterkunft

■ **Maar Perle**③, Am Markt 1–3, Tel. 99 25 0, www.maar-perle.de, elegantes Hotel-Restaurant mit Café und Bierstube, Schwimmbad und Wellness-Einrichtungen, der Betrieb ist ganzjährig geöffnet.

## Aktivitäten

**Naturschwimmbad Pulvermaar:** www.feriendorf-pulvermaar.de. Mit großen Liegewiesen, Nichtschwimmerbecken, Kinderplanschbecken, Kiosk und Cafeteria mit Terrasse, Eintritt 3 €, Jugendliche bis 17 Jahre 1,50 €, Ruder-/Tretboot ½ Std. 4 €.

■ **Planwagen- und Kutschfahrten:** Familie Albert Schmitz, 54531 Pantenburg (bei Manderscheid), Grafenstraße 5, Tel. 06572 46 63, www.planwagenfahrten-schmitz.de, im Bestand zwei große Planwagen (bis 16 Pers.), eine Kutsche (bis 6 Pers.), eine Hochzeitskutsche für Fahrten in die Umgebung, 2 Std. 70 €, 1 Tag 190 €, bietet auch Imbiss und Getränke an.

## Museum

- **Schulmuseum Immerath:** 54552 Immerath, Hauptstraße, Tel. 2 74, www.vgv-daun.de, historischer Klassenraum in einem um 1760 erbauten Backhaus, das ab 1800 als Schule diente und heute Museum ist, eingerichtet wie in der Zeit um 1900, geöffnet April bis Okt. Do 14–17 Uhr, Eintritt 2 €, ermäßigt 1,50 €.

## Camping

- **Pulvermaar Camping**: 54558 Gillenfeld, Am Pulvermaar 1, Tel. 06573 311, www.pulvermaar-camping.de, Büroadresse: 54558 Gillenfeld, Im Gänsepesch 3a, Tel. 06573 397. Kleiner, länglich zum See hin gestreckter Platz, herrliche Lage, einfache Ausstattung, geöffnet April bis Okt.
- **Feriendorf Pulvermaar:** 54558 Gillenfeld, Auf der Maarhöhe, Vulkanstraße, Tel. 2 87, Tel. Gaststätte 99 65 00, www.feriendorf-pulvermaar.de. In der Nähe der Naturbadeanstalt, leicht oberhalb gelegenes, 4 Hektar großes Gelände für Wohnmobile und Ferienhäuser. Mit Naturschwimmbad (s.o.).

> Die Manderscheider Niederburg wurde umfassend renoviert, hier findet alljährlich ein großes Burgfest statt

# Manderscheid

## Info

- **Postleitzahl:** 54531, **Tel.-Vorwahl:** 06572
- **Verbandsgemeinde Manderscheid:** Kurfürstenstr. 15, Tel. 9 21 50, Fax 92 15 50, www.manderscheid.de.

Manderscheid ist das Zentrum der südlichen Vulkaneifel und mit seinen zwei sich gegenüberliegenden Burgen und dem nahe gelegenen Meerfelder Maar ein weiterer touristischer Anziehungspunkt. Urkundlich wird die Region Ende des 10. Jahrhunderts erstmals erwähnt, als die karolingischen Herrscher des Frankenreichs im Tal der Lieser – im Gebiet des heutigen Manderscheid – dem Kloster Echternach Besitzungen schenkten. Zu ihrer Verwaltung setzten die dem **Bistum Trier** unterstehenden Äbte von Echternach Vögte ein, die hier aber im Laufe der Zeit als die eigentlichen Herren von Manderscheid die Oberhoheit ausübten – und sich zu Lehensleuten der **Grafen von Luxemburg** machten.

Die Oberburg als kurtrierische Landesburg und die Niederburg als Domizil der Herren von Manderscheid dokumentieren dann auch das Spannungsfeld zwischen den mittelalterlichen „Großmächten“ Trier und Luxemburg um die Vorherrschaft in der Eifel – das zwischen den beiden Burgen tief eingeschnittene Tal der Lieser bildete die Grenze zwischen diesen beiden Territorien. Entsprechend ist die mittelalterliche Geschichte von Manderscheid durch die Auseinandersetzungen zwischen Trier und Luxemburg, das zunehmend von

020ei ot

den Herren von Manderscheid repräsentiert wird, geprägt.

Die Herren von Manderscheid bauten sich ab der Mitte des 12. Jahrhunderts die Niederburg zu ihrem Domizil aus. Sie konnten auch einmal die Oberburg für sich gewinnen, doch nach einer Belagerung durch Trier mussten sie sie wieder räumen. 1332 verliehen die Trierer dem Ort Manderscheid die Stadtrechte. Wenig später belagerten die Trierer die Niederburg, mussten aber nach zweieinhalb Jahren aufgeben. Die Manderscheider bauten daraufhin ihre Niederburg zu einer massiven Festung mit Vorburg und ummauerter Talsiedlung aus, dem Ort Niedermanderscheid. Um 1460 wurden die Manderscheider vom Kaiser in den Reichsgrafenstand erhoben. Im Jahre 1488 setzte Graf *Dietrich III.* seine Söhne *Konrad, Johann* und *Wilhelm* als neue Herrscher ein, womit der Manderscheider Besitz aufgeteilt wurde. Johann bildete die Linie Manderscheid-Blankenheim-Gerolstein, Wilhelm die Linie Manderscheid-Kail und Konrad (Cuno) die Linie Manderscheid-Schleiden.

Als letzte Gräfin regierte *Augusta von Manderscheid-Blankenheim*. Sie war mit dem Grafen von Sternberg, einem böhmischen Adligen, verheiratet. Als französische Revolutionstruppen 1794 bis zum Rhein vordrangen, floh die gräfliche Familie in ihre zweite Heimat nach Böhmen. Das war das Ende der Manderscheider Herrschaft in der Eifel. Nach der napoleonischen Zeit fiel auch Manderscheid an Preußen. Es begann eine entbehrungsreiche Zeit. Die Lage besserte sich erst wieder durch den aufkommenden Tourismus. Heute ist Manderscheid anerkannter **Kurort** mit einem umfassend eingerichteten Kurhaus.

## Nieder- und Oberburg

Die Manderscheider Burgen haben im Dreißigjährigen Krieg und durch die Invasion französischer Truppen wenige Jahrzehnte später gelitten. Durch entsprechende Renovierung sind die Befestigungsanlagen der Manderscheider Niederburg mit Vorburg, dem Zwinger, dem Palas und der Burgkapelle in einem besseren Erhaltungszustand als die der sich oberhalb erhebenden Oberburg. Die Niederburg befindet sich seit 1899 im Besitz des Eifelvereins.

Um die Oberburg vor dem endgültigen Verfall zu bewahren, restaurierte die Gemeinde 1921 die Ruine des Bauwerkes, dessen Besonderheit ein rautenförmiger Bergfried ist. Die Ruine ist frei zugänglich, sie besitzt aber keine Gastronomie. Das ursprüngliche Aussehen beider Burgen ist heute nur noch in einem Stich von *Merian* dokumentiert. Tausende Besucher zieht das jährlich wiederkehrende **Burgenfest** vor der hervorragenden Kulisse der Ruinen an.

**Niederburg:** Niedermanderscheider Straße 1, Tel. 7 37, www.niederburg-manderscheid.de. Geöffnet Mitte April bis Okt. 10.30–17 Uhr, Eintritt 2 €, ermäßigt 1,50 €, Burgladen mit regionalen und historischen Produkten, standesamtliche Trauungen möglich. Letztes Augustwochenende großes Burgenfest mit Ritterlager, Handwerkermarkt, Kinderturnier, mittelalterlichem Imbiss, Eintritt Erwachsene 10 €, gewandete Erwachsene 7 €, Jugendliche von 12 bis 17 Jahren 4/2 €, Wochenendticket Erwachsene 16 € (nur an der Hauptkasse erhältlich), Jugendliche 5 €, kostenloser Bustransfer zu den Parkplätzen.

## Maarmuseum

Im Meerfelder Maarmuseum wird die **Geologie** der Vulkaneifel mit ihren landschaftlichen Ausformungen anschaulich dargestellt. Hier kann man auch viele **Fossilien** aus dem Eckfelder Maar betrachten. Das Museum zeigt die Entstehung, die Vielfalt und die internationale Bedeutung der Eifel-Maare für die Wissenschaft und die Region. Es ist untergebracht in der renovierten, im Stil der Neuen Sachlichkeit erbauten ehemaligen, heute denkmalgeschützten Turn- und Festhalle.

**Maarmuseum Manderscheid:** Wittlicherstr. 11, Tel. 92 03 10, Fax 92 03 15, www.maarmuseum.de. Das Museum bietet auch Exkursionen an, geöffnet März bis Okt. Di–Sa 10–12 und 14–17 Uhr, So und feiertags 13– 17 Uhr, im Winter nur Sa,

So. Eintritt 3 €, Jugendliche von 15 bis 18 Jahren 2 €, Kinder 1,50 €.

### Heimatmuseum

Im Gebäude gegenüber dem Rathaus wird die Geschichte der Grafen von Manderscheid gezeigt, dazu Exponate zur Landwirtschaft mit Ackergeräten, eine historische Bauernküche, ein Webstuhl und zahlreiche Dokumente und Urkunden, die die bewegte Vergangenheit der Vulkaneifel um Manderscheid belegen.

■ **Heimatmuseum Manderscheid:** Kurfürstenstr. 9a, Tel. 7 21, www.manderscheid.de, geöffnet Ostern bis Mitte Nov. 10–12 und 14–16 Uhr, ansonsten auf Anfrage, Eintritt 3 €, ermäßigt 1,50 €, Führung 26,50 € (Kinder), 31,50 € (Erwachsene).

### Geologische Sammlung

Eine wertvolle Privatsammlung *(Hans Stölben)*, bestehend aus 1500 Exponaten an Gesteinen, Mineralien und Fossilien, veranschaulicht die Vielfalt von deren Farben, Formen und Strukturen, die die Natur im Laufe der Jahrtausende ihrer Entwicklungsgeschichte geschaffen hat.

■ **Steinkiste:** Markt 1, Tel. 14 86, geöffnet So 11.30–12.30 Uhr, Mo 18–19 Uhr, Do 11–12.30 Uhr, weitere Termine auf Anfrage.

### Glockengießerei

Die im Manderscheider Ortsteil **Brockscheid** befindliche Gießerei, seit 1620 in Familienbesitz, stellt neben großen Bronzeglocken auch kleine Glöckchen aus Messing und Bronze her sowie alle Arten von Bronzekunstguss und Ofenplatten aus Bronze und Eisen. Außerdem fertigt man Kunstgussartikel nach Kundenwünschen an.

UNSER TIPP: **Eifeler Glockengießerei Brockscheid:** 54552 Brockscheid, Glockenstr. 51, Tel. 06573 99 03 30, www.glockengiesser.de, Führungen Mo–Sa 10, 11, 12, 14, 15 und 16 Uhr, Nov. bis März nur 15 Uhr, Eintritt 3 €, Jugendliche bis 17 Jahre 2 €, Kinder frei.

### Eckfeld

Im nordöstlichen Ortsteil Eckfeld findet man mit dem **Eckfelder Trockenmaar** das älteste Eifelmaar. Es ist weithin als Fossilfundstätte bekannt. Hierher stammen das „Eckfelder Urpferdchen" und auch die älteste bekannte Honigbiene.

### Mosenberg

Westlich von Manderscheid erstreckt sich eine hochinteressante, vielfältige **Vulkangruppe** mit dem 517 Meter hohen Mosenberg als höchster Erhebung – hier gibt es Schlackenkegel, Lavaströme, einen Kratersee und ein Maar aus verschiedenen Eruptionszeiträumen. Die beiden südlichen Krater der Mosenberggruppe sind jeweils an einer Stelle geöffnet. Aus dem Durchbruch des größeren dieser beiden floss vor etwa 43.000 Jahren ein Lavastrom durch den Horngraben, der im unteren Bereich das romantische Engtal der Wolfsschlucht bildet, bis in das Tal der **Kleinen Kyll** hinein, wo die Lava eine heute noch erkennbare

Basaltmasse aufstaute. Inzwischen hat sich die Kleine Kyll ihren Weg wieder freigebahnt. Hier führt eine Brücke über die Kleine Kyll, von der aus man die eindrucksvollen Strudellöcher im Bachbett betrachten kann.

## Windsberg

Nördlich der Kratergruppe des Mosenberges grenzt sich der Windsberg durch einen Taleinschnitt ab. Sein Schlackenwall ist geschlossen und sein Krater daher mit Wasser gefüllt, wenn auch der See nur 1,75 Meter tief ist. Eine weitere Eruption bildete im nördlichen Wallrand des Windsberges einen weiteren Krater, dessen Wall eine sumpfige Senke umgibt, **Hinkelsmaar** genannt. Auch dieses Sumpfmaar ist im eigentlichen Sinn ein Kratersumpf. Hier hat man den einstigen See im 19. Jahrhundert durch einen Stollen entwässert, um Torf zu gewinnen.

## Meerfelder Maar

Jünger als die Mosenbergkrater ist das Meerfelder Maar, vor etwa 11.500 Jahren entstanden im Tal des Meerbaches. Das Wasser dieses Baches ist offensichtlich für die Gasexplosionen verantwortlich, die den Krater entstehen ließen. Mit einem Durchmesser von fast eineinhalb Kilometern ist es der größte Kratersee der Vulkaneifel. Die Auswurfmassen am Oberlauf des Baches wurden in den Krater zurückgespült, woraus sich die heutige halbmondförmige Form des nur 17 Meter tiefen Maares ergibt. Auch hier wurde im 19. Jahrhundert durch einen Stollen der Seespiegel zur Gewinnung von Landwirtschaftsflächen abgesenkt.

## Essen & Trinken/Unterkunft

■ **Heidsmühle**②, Mosenbergstr. 22, Tel 747, www.heidsmuehle.de, Hotel, Café und Restaurant, in 5. Generation als Familienbetrieb am Ufer der Kleinen Kyll geführt, rustikale Speisen, ganzjährig geöffnet.

■ **Brunnenstübchen Meerfeld**①, 54531 Meerfeld, Brunnenstr. 15, Tel. 9 27 17, www.brunnenstuebchen-meerfeld.de, rustikale Küche, eigenes Brot, eigener Kuchen, vermietet Pensionszimmer.

■ **Bauernhofcafé Morgenfelderhof**①, Familie Borsch, 54531 Eckfeld, Brunnenstr. 37, Tel. 21 49, www.bauernhofcafe-morgenfelderhof.de. Gemütliches Hofcafé mit 30 Sitzplätzen und Gartenterrasse, geöffnet Ostern bis 1.11. Di–So 12–18 Uhr, ansonsten Fr–So 14–18 Uhr, Anf. Jan. Betriebsferien. Dazu kann der alte „Honastaal" (Hühnerstall für 30 Personen) angemietet werden. Selbstgebackener Kuchen und andere hausgemachte Köstlichkeiten im Angebot. Vermietet Zimmer und außerdem eine komfortable Ferienwohnung.

■ **Maarium Meerfeld**④, 54531 Meerfeld, Meerbachstraße 50, Tel. 44 26, www.maarium.de. Hotel und Restaurant, bietet hervorragende Eifeler Küche, dazu ein Café. Vermietet komfortable Zimmer, Suiten und Penthouse-Zimmer, mit Wellnessbereich.

■ **Hotel Zur Post**②, 54531 Meerfeld, Meerbachstr. 24–25, Tel. 9 27 70, www.hotel-zur-post-meerfeld.de. Einst Eifeler Dorfgasthaus mit Lebensmittelladen und Poststelle, heute moderner Hotelbetrieb, Zimmer teilweise mit Balkon, große Gartenanlage, Sonnenterrasse, gepflegte Gaststätte, ausgezeichnete regionale Küche, drei Gesellschaftsräume.

## Camping

■ **Naturcamping-Vulkaneifel:** Herbstwiese, Tel. 9 21 10, www.vulkan-camping.de. Etwas außerhalb von Manderscheid in Richtung Daun gelegener, kinderfreundlicher Platz mit Hüttendorf, komfortable Sanitäranlagen, ausgezeichnet als „vorbildlicher Campingplatz in der Landschaft", geöffnet April bis Okt.

## Jugendherberge

■ **Vulkaneifel-Jugendgästehaus Manderscheid:** Mosenbergstr. 17, Tel. 5 57, www.diejugendherbergen.de. Vier Tagungsräume, ganzjährig geöffnet, außer Weihnachten, Übernachtung/Frühstück ab 27,50 €.

## Aktivitäten

■ **Wanderungen: Georoute Vulkaneifel um Manderscheid:** Die Wanderstrecke wird vom Maarmuseum Manderscheid (s.o.) gepflegt. Sie ist in drei verschiedene Abschnitte unterteilt, die jeweils unterschiedliche geologische Themenkomplexe behandeln: Auf der „Vulkanroute", der „Buntsandsteinroute" und der „Devonroute" können Interessierte unter sachkundiger Führung des Maarmuseums die Zusammenhänge der Erd-, Natur- und Kulturgeschichte der Region um Manderscheid erwandern. Information: www.manderscheid.de.

**Lieserpfad:** Der von vielen Eifelwanderern als schönste Wegstrecke der Eifel eingestufte Weg ist Teil des „Erft-Mosel-Lieser-Weges" und verläuft gute 40 km von Daun über Manderscheid nach Wittlich. Die Wegmarkierung zeigt ein liegendes schwarzes Dreieck auf weißem Grund, dessen Spitze immer in Richtung Wittlich zeigt. Der Weg sollte in zwei Etappen begangen werden, die erste Etappe vom Gemündner Maar bis Manderscheid (17 km) und die zweite Etappe von Manderscheid zur Alten Pleiner Mühle und weiter bis Wittlich (24 km).

## Einkaufen

■ **Kerzen- und Wachsmanufaktur Moll:** Kurfürstenstr. 39, Tel. 21 80, www.kerzenmoll.de. Designerkerzen und Skulpturen aus Wachs, Gebrauchs- und Konsumkerzen, individuelle Anfertigung von Festtagskerzen, Wachsziehen für Kindergruppen nach Vereinbarung, Geschenkboutique, geöffnet Mo–Fr 9.30–12.30 und 14.30–18 Uhr, Sa 9.30–13 Uhr, Di und Do 11 Uhr Betriebsbesichtigung, Führungen auf Anfrage.

# Abtei Himmerod

Noch in der Vulkaneifel gelegen, aber schon zum Landkreis Bernkastel-Wittlich gehörig, erhebt sich die Abtei Himmerod bei **Großlittgen** im Salmtal. In der tiefen Einsamkeit ausgedehnter Wälder in diesem abgeschiedenen Eifelgebiet fanden **Zisterziensermönche** den richtigen Standort für eine neue Abtei, die im Jahre 1138 vom Trierer Erzbischof gestiftet wurde. Der romanische Bau wurde Mitte des 18. Jahrhunderts durch einen Barockbau mit einer hoch aufragenden, durch Pilaster gegliederten Fassade ersetzt.

Nach dem Einrücken französischer Revolutionstruppen floh der Ordenskonvent 1794 in das Tochterkloster Heisterbach bei Bonn. Die Mönche kehrten zwar zurück, konnten aber den Verkauf des Gebäudekomplexes nicht verhindern. Die Käufer schlachteten die kulturgeschichtlich so wertvolle Klosteranlage weitgehend aus. Erst 1919 konnte der Zisterzienserorden die ruinierte Ab-

021ei ot

tei zurückerwerben. Der Wiederaufbau der Anlage dauerte Jahrzehnte. In den 1920er Jahren entstanden die Klostergebäude neu, die Kirche wurde nach dem Zweiten Weltkrieg originalgetreu wieder errichtet.

Das älteste erhaltene Klostergebäude, die **Alte Mühle,** wurde 1998 zum Museum und zur internationalen Begegnungsstätte umgewandelt. Die Dokumentation zur Geschichte des Zisterzienserordens, das Museum für Emailkunst, die Mühleneinrichtung und die Fischzucht runden das breit gefächerte Angebot der Abtei für Besucher ab.

■ **Abtei Himmerod:** 54534 Großlittgen, Tel. 06575 9 51 30, www.abtei-himmerod.de, Öffnungszeiten: Di–Sa 14–17.30 Uhr, So 11–17 Uhr, Mo geschlossen, Nov. bis Feb. Sonderöffnungszeiten, **Stundengebete:** Vigilien 4.30 Uhr werktags, 4.15 Uhr So und feiertags, 7 Uhr Laudes (im Winter im Oratorium), Terz in das Konventamt integriert, 12 Uhr Sext, 13.15 Uhr Non (Vigilien, Terz, Sext und Non ganzjährig im Oratorium), 17.45 Uhr Vesper Mo–Fr 17 Uhr Sa/So in der Kirche, 19.30 Uhr Komplet in der Kirche, **Gottedienste:** 7.30 Uhr Mo–Sa Konventamt, 8 Uhr So Frühmesse, 10 Uhr So Konventamt in der Kirche, **Führungen:** allgemeine und Kinder/Schul-Führungen nach Absprache Tel. 9513-55. **Buch- und Kunsthandlung:** Tel. 95 13 28; **Klostergaststätte Himmerod:** Tel. 95 13 44; **Museum Alte Mühle:** Tel. 95 13 33, für Sonderausstellungen; **Fischerei Himmerod:** Tel. 90 16 15; **Abteikonzerte und Internationaler Orgelsommer:** Tel. 9513-55, Informationen auf der Internetseite bzw. www.abteiorgel.de (hervorragende Akustik durch die zisterziensische Bauweise).

☐ In der Klosterkirche Himmerod

■ **Kloster auf Zeit:** Tel. 95 13 59, die Abteikonzerte sind besonders beeindruckend durch die gute Akustik der Klosterkirche.

■ **Clara-Viebig-Zentrum Eisenschmitt:** 54533 Eisenschmitt, Manderscheider Str. 2, Tel. 06567 96 05 05, www.clara-viebig-zentrum.de, Museum und Informationszentrum zur berühmten Eifeldichterin, geöffnet So 14–17 Uhr und nach Vereinbarung, Eintritt 1 €, ermäßigt 0,50 €.

In Eisenschmitt gibt es im Übrigen auch noch eine alte **Kokosweberei,** die als Lieferant der Bundesregierung für „Rote Teppiche“ bekannt ist. Die Webstühle der Weberei sind 60 Jahre alt und werden mechanisch betrieben. Eine Umstellung auf automatische Fertigung ist für die speziellen Einzelanfertigungen wegen des groben und ungleichmäßigen Rohmaterials ausgeschlossen.

■ **August Schär KG:** Mech. Kokosweberei, 54533 Eisenschmitt, Himmeroder Str. 6, Tel. 06567 5 19, www.kokosweberei-schaer.de.

## Wandertipp Mühlenpfad

Ausgangspunkt der kulturgeschichtlich interessanten Wanderung ist das **Kloster Himmerod.** Der leichte abwechslungsreiche, auch als Mühlenpfad bezeichnete Rundwanderweg nach **Eisenschmitt** und zurück führt an den Bachläufen und Mühlengräben der Salm vorbei. Die Strecke ist 6,8 Kilometer lang, 150 Höhenmeter sind zu überwinden. Der Hinweg erfolgt auf der rechten Talseite der Salm bis Eisenschmitt, wo man das **Clara-Viebig-Zentrum** besuchen kann. Zurück geht es auf der gegenüber liegenden Seite.

027ei ot

# 3 Die Eifeler Nord-Süd-Senke

Die „Senke“ ist Krimi-Land. In Hillesheim entstehen die meistgelesenen Kriminalromane der ganzen Republik! Und hier findet man nicht nur viele schöne Burgen, sondern auch reizvolle Orte und berühmte Klöster.

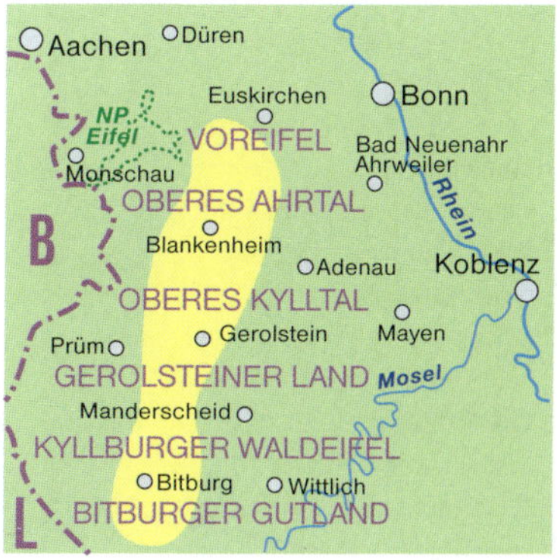


< Das Windeckhaus in Bad Münstereifel

# Voreifel

Die Eifeler Nord-Süd-Senke erstreckt sich von der Kölner Bucht über die Voreifel und die Kalkeifel bis zum Bitburger Land. Die als Voreifel bezeichneten nordöstlichen Ausläufer der Eifel lassen sich geographisch nicht eindeutig abgrenzen – im Wesentlichen handelt es sich um die zur Zülpicher Börde abgehenden Eifelausläufer, die sich in einem Kreissegment südlich um Zülpich, Euskirchen und Rheinbach erstrecken.

Die Herzstücke dieser Übergangslandschaft bestehen aus dem **Münstereifeler Wald,** dem **Flamersheimer Wald** und dem **Rheinbacher Wald** – herrliche Wälder, zum Teil mit alten Buchen- und Eichenbeständen, die zum Wandern einladen. Weite Hochflächen und kleine Täler bieten immer wieder neue Ausblicke. Hier gibt es unterschiedliche kulturhistorische und bauliche Sehenswürdigkeiten, deren Spanne von den Resten der römischen Eifelwasserleitung über

## NICHT VERPASSEN!

- **Burg Satzvey:** Wasserburg und Ritterspiele | 101
- **Freilichtmuseum Kommern:** Alltag früherer Zeiten | 104
- **Bad Münstereifel:** reizvoller Eifelkurort | 106
- **Lampertstal:** ein Muss für Naturliebhaber | 122
- **Blankenheim:** schon die Römer hausten hier | 125
- **Kronenburg:** typisches Burgenstädtchen | 132
- **Kriminalhaus:** Verlagshaus mit Krimi-Archiv und Café | 136
- **Villa Otrang:** Restaurant im römischen Stil | 157
- **Ferschweiler Plateau:** eine Naturfestung | 163

**Diese Tipps erkennt man an der gelben Hinterlegung.**

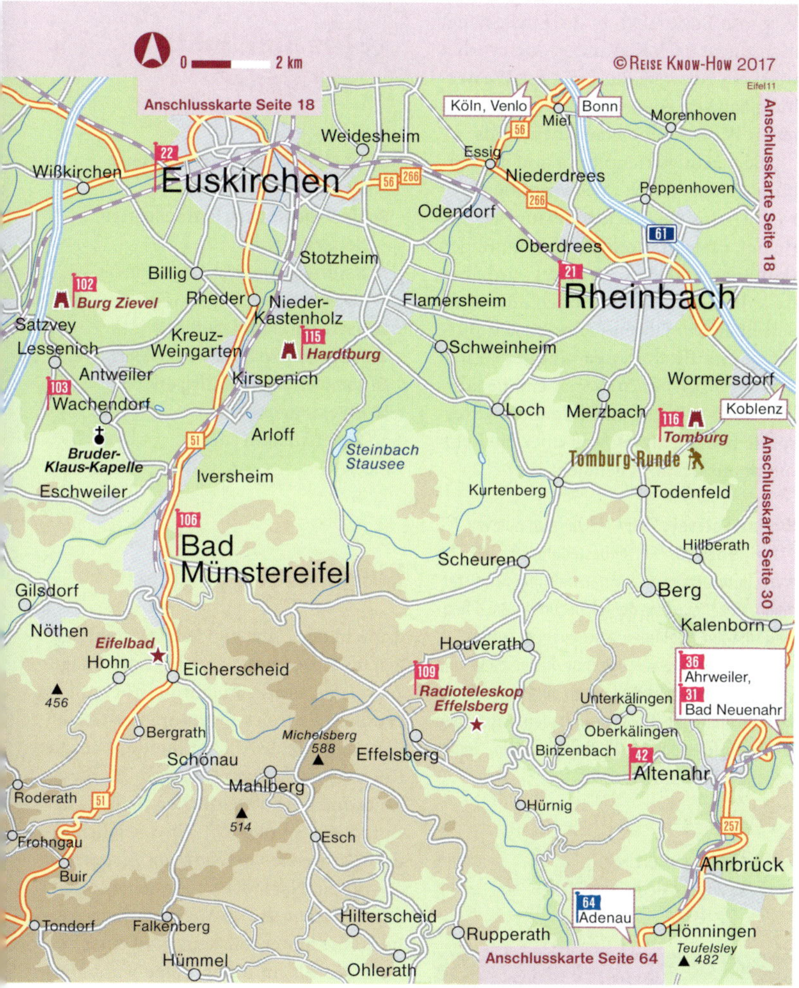


die alte Festungsstadt Münstereifel und das Bauernhausmuseum in Kommern bis zum Radioteleskop von Effelsberg reicht. Mechernich und Münstereifel sind die beiden Hauptorte dieses Teils der Eifel, der an den Köln-Bonner Raum grenzt.

## Burg Satzvey

Das Mechernicher Voreifelgebiet, das im Süden schon in die Sötenicher Kalkmulde übergeht, ist stark vom **Bergbau** geprägt, dessen Spuren weit in die vorrömische Zeit zurückreichen. Auf dem

Weg von Euskirchen in die Eifel gelangt man zuerst nach Kommern, doch vorher weist ein Abzweig den Weg zur **Wasserburg** Satzvey, einer der am besten erhaltenen Wasserburgen des Rheinlands.

Die mächtige Hauptburg und die Vorburg, einst durch Wassergräben getrennt, sind in Backsteinbauweise errichtet. Erste urkundliche Erwähnungen stammen von 1396, vermutet wird aber, dass die Grundmauern noch älter sind. Seit über 250 Jahren befindet sich Burg Satzvey im Besitz der Familie des Grafen *Beissel von Gymnich*. Vor allem die jährlich auf der Burg stattfindenden **Ritterspiele** haben Satzvey weit über die Region hinaus bekannt gemacht.

- **Burg Satzvey:** 53894 Mechernich-Satzvey, Tel. 02256 9 58 30, Kartenbestellung 95 83 12, www.burgsatzvey.de. Veranstaltungen: Ostermarkt, Hexenmarkt in der Nacht zum 1. Mai, Pfingsten und am folgenden Wochenende „Turney", 1. und 2. Septemberwochenende Ritterspiele und Markt, Geisterfest an Halloween, historische Burgweihnacht an den Adventssonntagen. Führungen Sa, So und feiertags 12–17 Uhr alle 45 Min., Vorbestellungen Tel. 02256 93 89 22.

Im historischen Ortskern von Kommern bei Mechernich

023ei ot

### Die Highlights für Kinder

- **Schatzsuche im Bergbaumuseum Mechernich** | 104
- **Kindergeburtstag Hochseilgarten Nettersheim** | 114
- **Naturzentrum Eifel,** Programme für Kinder und Jugendliche | 115
- **Kartbahn** in **Dahlem-Binz** | 131
- **Adler- und Wolfspark Kasselburg** | 143
- **Sommerrodeln** im **Eifelpark** | 161
- **Dinosaurierpark Teufelsschlucht** | 164

## Burg Zievel

Ganz in der Nähe von Satzvey steht eine genauso beeindruckende Burganlage: Zievel. Sie wurde im Jahre 1107 erstmals erwähnt als freies Eigentum der Grafen *von Limburg*. 1377 kam die Burg an die Ritter *Schmeich von Lissingen*. Zu dieser Zeit waren die wesentlichen Bauteile der Burg bereits vollendet. Im 15. Jahrhundert wurde sie von *Karl von Metternich* erworben. Nach dem Tode seines Nachfahren *Hartards von Metternich*, der keine Söhne hinterließ, kam es zu einer Teilung Zievels, in deren Folge wohl 1661 das Wohnhaus an der Nordecke der Burg entstand. Diese wurde dann ab 1766 durch die Familie *Krewel* zunächst gepachtet, die 1820 die Burg und alle Ländereien kaufte und heute noch Eigentümer ist. Die Burganlage ist prächtig in Schuss. Das Wohnhaus ist Verwaltungssitz einer Kiesfirma, dahinter öffnet sich das Barockgebäude zum Hof. Das Gelände dient nun als **Golfplatz** mit Restaurant, Golfschule und Golfshop (siehe Kap. „Reisetipps A–Z/ Golf").

# Wachendorf

Der südöstlich von Burg Zievel gelegene kleine Ort Wachendorf wurde erstmals im Prümer Urbar, dem Güterverzeichnis der Abtei Prüm aus dem Jahre 893, erwähnt. Mittelpunkt des kleinen Ortes war die **Burg der Vögte.** Die ältesten Burgteile stammen noch aus dem Mittelalter, das heutige Aussehen erhielt das Anwesen 1883. Seit der Renovierung 2006 kann die Beletage für Veranstaltungen gemietet werden. Das Herrenhaus ist von einem unter Denkmalschutz stehenden Park mit altem Baumbestand umgeben. Zur Burganlage gehört die alte Burgkapelle, deren Schiff noch aus dem 9. bis 10. Jahrhundert stammt. Der Choranbau erfolgte im 15. Jahrhundert.

Berühmt wurde Wachendorf, als im Jahre 2007 südlich des Ortes am Rand der Feldflur die vom Landwirt Hermann-Josef Scheidtweiler gestiftete **Bruder-Klaus-Kapelle** eingeweiht wurde. Der Entwurf dieses äußerlich etwas befremdlich wirkenden, 12 Meter hohen Betonbaus stammt vom Schweizer Star-Architekten *Peter Zumthor,* der auch das neue Kunstmuseum des Erzbistums Köln gebaut hat. Erst im Inneren erschließt sich dem Besucher die faszinierende Architektur dieses ungewöhnlichen kleinen Sakralbaus.

■ **Bruder-Klaus-Feldkapelle:** Anreise über den Parplatz Iversheimer Straße, 53894 Mechernich-Wachendorf, 1300 m langer Feldweg leicht ansteigend bzw. für gehbehinderte Menschen Parkplatz am Rißdorfer Weg 80 Meter von der Kapelle entfernt, im Sommer geöffnet 10–17 Uhr, Mo geschlossen, außer an kirchlichen Feiertagen, Besuchergruppen auf Anfrage, Information: www.feldkapelle.de.

# Mechernich

## Info

■ **Postleitzahl:** 53894, **Tel.-Vorwahl:** 02443
■ **Touristik-Agentur Mechernich:** Mechernich-Firmenich, Bergstraße 4, Tel. 49 43 21, www.mechernich.de.

Urkunden belegen, dass der **antike Bleiabbau** in Mechernich, dem Kern einer aus vielen Ortsteilen zusammengesetzten Gemeinde, ab dem 14. Jahrhundert weiter betrieben wurde. Erst 1957 wurde der Bergbau am Tanzberg, dem „Bleiberg", eingestellt. Oberhalb des Ortes erhebt sich auf dem Johannesberg inmitten des ummauerten Friedhofs die **Pfarrkirche St. Johann Baptist,** deren viergeschossiger Westturm noch aus dem 11. Jahrhundert stammt. Der Chor der Kirche ist gotisch und im zweischiffigen Langhaus sind Reste alter Fresken erhalten.

## Besucherbergwerk

Das alte Bergwerk ist inzwischen in ein hochinteressantes Besucherbergwerk umfunktioniert worden. Es veranschaulicht die 2000-jährige Bergbaugeschichte von der Römerzeit bis zur Stilllegung des Bleibergwerkes Ende 1957 und stellt die verschiedenen Abbautechniken sowohl im Tagebau als auch im Untertagebau dar. Durch die Eigenart der Vererzung (Knottensandstein) entwickelten sich hier Verfahren und Techniken, die einzigartig und nur am Mechernicher Bleiberg zu finden waren. In den Jahren 1989 bis 1995 wurden Teile der im 19. Jh. erschlossenen ehemaligen Grube Günnersdorf im Mechernicher Bergbaurevier von der „Vereinigung der Berg- und Hüttenleute in Mechernich e.V." von Schlamm befreit und für Besucher zugänglich gemacht.

**Bergbaumuseum Mechernich:** 53894 Mechernich, Bleibergstr. 6, Tel. 4 86 97, www.bergbaumuseum-mechernich.de, geöffnet Di–Sa 14–16 Uhr, So 11–16 Uhr, Führungen täglich (außer Mo) um 14 Uhr, Eintritt 5,50 €, Kinder und Jugendliche bis 16 Jahre 4 €, für Kinder werden spezielle Schatzsucher-Programme angeboten.

## Wandertipp Bleiberg

Eine geführte bergbauhistorische Wanderung, organisiert vom **Bergbaumuseum,** führt über den Bleiberg. Dabei werden die Zeugnisse der Bergbautätigkeit auf dem ehemaligen Betriebsgelände sichtbar. Der Wanderführer erläutert die Reste der Förder- und Aufbereitungsanlagen, Tagebaulöcher und die hier vorkommenden **Gesteinsschichten.** Die Wanderung für Gruppen bis zu 30 Personen dauert etwa 3 bis 3,5 Stunden. Die Weglänge beträgt zwischen 10 und 12 Kilometer über teilweise unbefestigte Wege mit unterschiedlichen Steigungen. Bei der Anmeldung solcher Gruppenwanderungen können auch Themenschwerpunkte und Streckenführung individuell abgesprochen werden. Information: siehe Bergbaumuseum.

## Kommern

Der sich nördlich an Mechernich anschließende Ortsteil Kommern blieb in seiner Geschichte von Stadtbränden und Kriegszerstörungen verschont. Das Ortsbild spiegelt den aus dem Bergbau resultierenden Reichtum wider. Doch mit dem Niedergang des Bergbaus im 19. Jahrhundert setzte auch der wirtschaftliche Niedergang des Ortes ein. Der historische Ortskern blieb aber erhalten, sodass sich Kommern heute als schönes und abwechslungsreiches **Voreifelfachwerkdorf** präsentiert.

Das erste schriftliche Zeugnis von Kommern stammt aus dem Jahre 1229, als Graf *Heinrich von Arenberg* das landesherrliche Jagdrecht in Cumbirne erwarb. Die Arenberger setzten zur Verwaltung einen Landschultheiß ein, der in der um 1350 erbauten „Reichsfreyherrlichen Burg zu Commern" residierte. Die Arenberger, erfahrene Bergbauunternehmer, begannen hier ab dem 16. Jahrhundert mit dem Abbau von Bleierzen. Mit dem Einmarsch napoleonischer Truppen war es jedoch mit der unabhängigen Herrlichkeit Kommerns zu Ende.

### Freilichtmuseum

Heute ist Kommern durch sein Bauernhausmuseum auf dem Kahlenbusch bekannt. Es zählt zu den größten Freilichtmuseen Europas. In verschiedenen Baugruppen wurden hier alte **Bauern-,**

**Handwerks- und Herrenhäuser** aus der Eifel, vom Niederrhein und aus dem Bergischen Land zusammengetragen und restauriert wieder aufgebaut. Das Museum zeigt primär das **Alltagsleben** in früherer Zeit in lebensnaher Umgebung: in Bauernstuben, auf den Äckern, in Gärten und Obstwiesen. In Drechsler-, Schmied- und Weberwerkstätten werden die **alten Handwerke** praktiziert. Einmal im Jahr lassen die Mitglieder des „Freundeskreises gespielte Geschichte" des Freilichtmuseums die Vergangenheit auferstehen, ziehen sich historische Kleider an und spielen für ein paar Tage für die Besucher die gute alte Zeit – so zählt das Freilichtmuseum Kommern zu den interessantesten Museen in der Eifel, das vor allem durch seine speziellen Angebote für Kinder **für Familien besonders attraktiv** ist, z.B. mit dem neuen Walderlebnispfad im Waldpädagogikzentrum.

■ **Rheinisches Freilichtmuseum/Landesmuseum für Volkskunde:** 53894 Mechernich-Kommern, Auf dem Kahlenbusch, Tel. 9 98 00, www.kommern.lvr.de, ganzjährig geöffnet, Mitte März bis Okt. 9–19 Uhr, sonst 10–17 Uhr, Eintritt 7,50 €, Kinder unter 18 Jahren frei, Schwerbehinderte, Studenten, Auszubildende 5,50 €, Parkgebühr 2,50 €. Laufend Sonderveranstaltungen und Sonderausstellungen, spezielle Angebote für Schüler und Klassen, Museumsshop mit „Tante-Emma-Laden" im neuen Eingangsgebäude, Gastronomie: Gastwirtschaft zur Post (Hof aus Oberbreisig), Pfannkuchen und Kuchen aus dem Museumsbackofen (Mo Backtag) und historischer Tanzsaal.

## Wildpark

Oberhalb von Kommern lädt der **Hochwildpark Rheinland** zu einem Besuch ein. Auf 80 ha Fläche wird das heimische Wild in Gattern gezeigt.

■ **Hochwildpark Rheinland:** Mechernich-Kommern, Tel. 65 32, www.hochwildpark-rheinland.de. Geöffnet März–Okt., in den Ferien und feiertags täglich von 9–18 Uhr; außerhalb der Ferien von Nov. bis April nur an Wochenenden, Feiertagen und mittwochs von 9–17 Uhr, Eintritt 6 €, Kinder 4 €, Jugendliche und Behinderte 5 €, mit **Restaurant Café Waldhaus,** Tel. 65 41.

## Zikkurat

In Mechernich-Firmenich wurde die alte **Ziegelfabrik** Zikkurat aus dem Jahre 1882 in eine moderne Disco- und Veranstaltungshalle mit angeschlossenem Thermalbad umgewandelt.

■ **Eifel Therme Zikkurat:** Mechernich-Firmenich, Lohmühle 4, Tel. 02256 9 57 90, www.eifeltherme-zikkurat.de, geöffnet Mo–Fr 11–21 Uhr, Sa 10–21 Uhr, So 10–20 Uhr, Frühschwimmen Mo–Fr 6.45–7.45 Uhr, Erlebnisbecken, Sportbecken, Kinderbereich, Sauna, Restauration. Eintritt 3,50/2,80 €, Familienkarte 18 €, Sauna-Tageskarte 15,50 €, Kinder 10 €, entsprechende Ermäßigungen.

## Essen & Trinken/Unterkunft

■ **Sporthotel Kommern**③, 53894 Mechernich-Kommern, Ernst-Becker-Weg, Tel. 99 09 55, www.sporthotel-kommern.de. Behaglich eingerichtete, großzügige Zimmer, mit eigenem Hallenbad, Sauna, Tennis, Tagungsräumen, Wochenendarrangements; Restaurant **Pfeffermühle**②, monatlich wechselnde Spezialitätenangebote.

# Bad Münstereifel

## Info

- **Postleitzahl:** 53896, **Tel.-Vorwahl:** 02253
- **Städtische Kurverwaltung:** Marktstraße 11–15, Tel. 50 50, www.bad-muenstereifel.de.

Die Grenzauseinandersetzungen zwischen Jülich und Kurköln, von denen große Teile des westlichen Niederrheins betroffen waren, machten auch in der Voreifel nicht Halt. So ist vor allem der Münstereifeler Wald weitläufig von einem **Ring von Burgen** umgeben. Manche von ihnen sind nur noch in Resten vorhanden, andere wurden später zu Wasserburgen oder Herrensitzen umgewandelt. In Wachendorf, Satzvey (s.o.), Veynau und Kirspenich stehen solche Anlagen – die interessanteste von allen ist aber wohl die Hardtburg im gleichnamigen Wald zwischen Kirchheim, Kreuzweingarten und Stotzheim (s.u.).

Im Zentrum der Grenzstreitigkeiten in diesem Raum lag Münstereifel. Hier entstand 830 eine Filiale der Benediktinerabtei Prüm. Die sich beim Kloster entwickelnde Siedlung erhielt 898 das Marktrecht, ihr Vogt war der Graf *von Are-Hochstaden*. Mit der „Are-Hochstaden'schen Schenkung" sollte 1246 Münstereifel an Kurköln kommen, doch auf Dauer konnten sich hier die Jülicher Grafen durchsetzen. Graf *Walram von Jülich* begann schon 1265 mit dem Bau der Burg und der Stadtbefestigung von Münstereifel. Mit der aufkommenden Wollweberei gewann der Ort an Wohlstand, was man noch heute an der wert-

024ei ot

Im Zentrum von Bad Münstereifel

vollen historischen Bausubstanz erkennen kann. Die französische Besetzung Ende des 17. Jahrhunderts überlebte Münstereifel noch relativ unbeschadet, die Stadt verarmte aber bald.

Bereits seit 1956 führt Münstereifel die Bezeichnung Kneipp-Heilbad, seit 1967 steht der Zusatz „Bad" vor dem Ortsnamen. Der Aufstieg zum Kurort hat die Attraktivität dieses reizvollen Eifelortes weiter erhöht. Auch die Umgebung von Bad Münstereifel weist eine Reihe interessanter Sehenswürdigkeiten auf, die es lohnt aufzusuchen.

## In der Altstadt

Der **historische Stadtkern** mit seinen malerischen Fachwerk- und Steinhäusern aus vielen Jahrhunderten blieb im Kern in seiner mittelalterlichen Ausstrahlung erhalten – ein Ensemble, das komplett unter Denkmalschutz steht. Unter den vielen Fachwerkhäusern ist das größte in der Orchheimer Straße aus der Mitte des 17. Jh. mit seinem reichen Schnitzwerk und zwei Hängestubenerkern besonders beachtenswert.

Achtzehn Türme umfasst die erhaltene **Stadtbefestigung,** vier Tore bieten Einlass: das Werther Tor, das Heisterbacher Tor, das Orchheimer Tor und das Johannistor. In die Stadtbefestigung integriert ist die Ruine der Landesburg der Jülicher Grafen. Zu- und Abfluss der Erft haben eigenständige Öffnungen in der Stadtbefestigung, die Obere Schlosspforte und die Untere Schlosspforte.

Im Altstadtkern erhebt sich die ehemalige Benediktiner-Stiftskirche **St. Chrysanthus und Daria.** Die Krypta, eine fünfschiffige Halle mit Tonnengewölbe, und das mächtige Westwerk mit seinem von zwei überragenden Rundtürmen flankierten quadratischen Mittelturm – wie bei St. Pantaleon in Köln – stammen noch aus dem 11. Jahrhundert. Langhaus und Chor stellen sich als dreischiffige Basilika unter Verzicht auf ein Querschiff dar.

Das gotische **Rathaus,** ein Gebäude im Kern aus dem 13. Jahrhundert, ist aus zwei Bauteilen zusammengesetzt. Der linke hat einen schönen Treppengiebel, der rechte einen dreijochigen Bogengang aus Spitzbögen. Das Mansardendach ist im Stil des Barock aufgesetzt worden. Hier hatten in der Blütezeit Münstereifels die Tuchmacher ihre Lager und es wurden die Tuchverkäufe abgewickelt.

Ganz neu ist die Entwicklung Bad Münstereifels zum **Outlet-Zentrum**. Außergewöhnlich daran ist, dass dieses Outlet-Zentrum nicht wie bisher üblich außerhalb oder am Rand einer Ortschaft entstanden ist. In der Fußgängerzone der historischen Altstadt haben sich dafür mehr als 30 Markenshops etabliert.

## Heimatmuseum

Am Klosterplatz steht das wohl älteste Privathaus des Rheinlands. Es handelt sich um das so genannte **Romanische Haus,** ein im Jahr 1167 erbautes ehemaliges Kanonikerhaus aus Bruchsteinmauerwerk mit Zwillings- und Drillingsbogenfenstern. Heute beherbergt dieses historisch so wertvolle Gebäude das Hürten-Heimatmuseum, so benannt nach seinem Gründer 1912, mit römischen Exponaten, einem mittelalterlichen Herdraum, einer nachempfundenen Münstereifeler Gastwirtschaft, einem Wollweber-Raum, einem Kirchenraum mit barockem Hausaltar und einer Eifeler Wohnstube. Seit dem Jahr 1994 ist zudem der Gewölbekeller mit einer Fossiliensammlung der Öffentlichkeit zugänglich.

■ **Hürten-Heimatmuseum:** Langenhecke 6, Tel. 54 22 44, www.bad-muenstereifel.de/seiten/kur_erholung/kultur/Huerten_Heimatmuseum.php, geöffnet Sa, So 11–17 Uhr, Mi (Mai–Okt.) 14–17 Uhr, Eintritt 3 €, ermäßigt 1,50 €.

## Apothekenmuseum

In der seit 1806 betriebenen historischen **Schwanen-Apotheke,** durch einen Förderverein zum Museum ausgebaut, wird heute die nahezu unveränderte Einrichtung gezeigt, dazu das **Labor,** welches mit Gegenständen aus dem 19. Jahrhundert ausgestattet ist, u.a. einem beeindruckenden Labortisch als Leihgabe des Deutschen Apotheken-Museums Heidelberg, und die **Materialkammer,** in der der Apotheker früher seine Vorräte hielt. Die Schübe der Regalwand sind mit einer Darstellung und Beschreibung der „Drogen“ (Heilpflanzen) sowie einer Riechprobe bestückt, die jeder Besucher selbst nehmen kann.

■ **Apothekenmuseum:** Werther Straße 15, Tel. 76 31, www.bad-muenstereifel.de/seiten/kur_erholung/kultur/Apothekenmuseum.php, geöffnet Di–Fr 14–17 Uhr, Sa, So und feiertags 11–16 Uhr, Mo geschlossen.

## Puppenmuseum

In einem alten Fachwerkhaus werden auf zwei Etagen Puppen und anderes Spielzeug aus verschiedenen Epochen ausgestellt, so Wachspuppen aus dem 18. Jahrhundert, Porzellanpuppen von verschiedenen Herstellern, Celluloidpuppen, Käthe-Kruse-Puppen und Massepuppen, darüber hinaus Puppenhäuser, Puppenstuben, Kaufläden, Bauernhöfe, Ritterburgen, Zinnsoldaten, Blechspielzeug und vieles mehr.

■ **Puppenmuseum:** Alte Gasse 28, Tel. 54 38 81 oder 0178 6 84 84 64, www.museum-puppen-und-spielzeug.de, geöffnet Sa und So 11.30–17 Uhr.

## Natur und Landschaftsmuseum

Im **Werther Tor,** dem nördlichen der vier Stadttore, ist im ersten Stock ein begehbares Diorama erstellt, in dem die Natur um Bad Münstereifel dargestellt wird. Es zeigt die drei wichtigsten Landschaftsformen um Bad Münstereifel mit ihren charakteristischen Pflanzen und Tieren: Buchenwald, feuchte Waldwiese und Kalkmagerrasen. Vor dem Werther Tor gibt es einen Kräutergarten, der in Anlehnung an das „*Capitulare de villis*“ Karls des Großen bepflanzt ist.

■ **Natur- und Landschaftsmuseum:** Tel. 76 77, http://www.bad-muenstereifel.de/seiten/kur_erholung/kultur/Natur_u._Landschaftsmuseum.php, geöffnet Mai bis Sept. So und feiertags 14–17 Uhr, Eintritt frei.

## Heinos Café

Das legendäre Rathaus-Café des Volkslieder-Sängers und gelernten Konditors *Heino* in der Marktstraße wurde im Sommer 2012 geschlossen. Seine musikalischen Aktivitäten betreibt der Sänger nunmehr vom Historischen Kurhaus mit seinen gastronomischen Einrichtungen aus, das seit einigen Jahren sein Domizil ist. So legendär wie das Café ist seine Haselnuss-Torte, deren Rezept im Internet abgerufen werden kann.

## Michelsberg

Beim Münstereifeler Ortsteil **Mahlberg** erhebt sich die 558 Meter hohe Vulkankuppe des Michelsberges, auf dem die **Wallfahrtskapelle St. Michael** steht. Dieser die Umgebung weit überragende Berg hat schon in vorchristlicher Zeit die Menschen magisch angezogen. So diente er den Germanen als Gerichts- und Kultstätte, an der sie ihren Gott Wotan verehrten. Mit der Christianisierung musste Wotan dem heiligen *Michael* weichen. Im Mittelalter diente der Berg wieder als Gerichtsstätte.

Eine erste gotische Kapelle wird für das 13. Jahrhundert auf dem Michelsberg erwähnt, der seither und bis heute Ziel von Wallfahrten ist. Im 17. Jahrhundert wurde diese Anbetungsstätte den Jesuiten übergeben. Ein verheerender Brand vernichtete die um 1500 entstandene Kapelle bis auf den Chor, dessen Netzgewölbe noch an diesen Bau erinnert – Langhaus und Turm wurden 1858 neu aufgerichtet. Bemerkenswert ist die Innenausstattung der Michaelskapelle mit Altären, Kreuzigungsgruppe, Figuren und einem Beichtstuhl aus der Zeit des Barock und Rokoko, die in den letzten Jahrzehnten zusammengetragen wurde.

## Radioteleskop

Wie in einem Science-Fiction-Film ragt die Antenne des Radioteleskops von **Effelsberg** als riesige Schüssel mit Gitterrand aus dem Tal des Effelsberger Baches empor – Hightech in der Eifel! Seit man die ersten Radiowellen aus dem Weltall empfangen hat, sind die Empfänger für solche „Mitteilungen" immer fortschrittlicher und auch größer geworden. Radiowellen geben Auskunft über die Entstehung und Zusammensetzung der Milchstraße und der Sterne im Weltall – und damit auch über die Erde. Seit 1972 empfängt das Max-Planck-Institut der Bonner Universität über die Parabolantenne des Effelsberger Radioteleskops, die einen Durchmesser von fast hundert Metern hat, Signale aus dem All. Die Antenne ist auf einem tief im Felsen verankerten, zweitürmigen Oktaeder befestigt und kann um die eigene Achse gedreht und in den Himmel gerichtet werden. Das Effelsberger Teleskop ersetzte das schon fünfzehn Jahre zuvor auf dem Stockert, einem über 400 Meter hohen Berg beim Münstereifeler Ortsteil Eschweiler, errichtete Teleskop, das störanfällig war. Am neuen Standort in der Talsenke des Effelsberger Baches wird das Teleskop gegen Oberflächenstörungen abgeschirmt.

■ **Max-Planck-Institut für Radioastronomie** (Radioobservatorium Effelsberg), 53902 Bad Münstereifel-Effelsberg, Max-Planck-Straße 28, Tel.

02257 30 11 00, www.mpifr-bonn.mpg.de/div/effelsberg, April bis Oktober Informationsvorträge im Besucherpavillon Di–Sa jeweils um 10, 11, 13, 14, 15 und 16 Uhr, Eintritt 2 €, ermäßigt 1 €, Voranmeldung für Gruppen, Tag der Offenen Tür 2. So im August 9–17 Uhr.

## Römische Kalkbrennerei

Nördlich von Münstereifel hat man nahe der B 51 im Ortsteil **Iversheim** eine Römische Kalkbrennerei entdeckt und in den 1960er Jahren ausgegraben. Insgesamt sechs Öfen fand man in einer annähernd dreißig Meter langen Produktionsanlage. Einer der Öfen wurde rekonstruiert und konnte tatsächlich in Betrieb genommen werden. Bestückt wurden die Öfen mit Dolomit, einem devonischen Kalkgestein, das die Römer oberhalb der Anlage am Hang abbauten.

■ **Römische Kalkbrennerei in Bad Münstereifel-Iversheim:** an der B 51, Tel. 02253 54 22 44, Sa, So Tel. 76 31, geöffnet Mai bis Okt. Sa 13–16 Uhr, So und feiertags 11–16 Uhr, Eintritt Erwachsene 2 €.

## Kunsthof Greven

Im Monschauer Ortsteil Honerath hat der Kölner Künstler *Paul Greven* auf dem Gelände eines alten Fachwerkhofs ein Kunstgelände errichtet, das zunehmend die Aufmerksamkeit der Besucher und Fachkundiger erweckt. Der **Skulpturenpark,** die eigenwilligen **Installationen** oder etwa auch das große Fresko „Fries der arbeitenden Bauern und Bäuerinnen“ in seinem Atelier sind Ergebnisse seines vielseitigen Schaffens.

■ **Kunsthof Greven:** 53902 Bad Münstereifel-Honerath, Brahmsstr. 37, Tel. 02257 31 71, www.kunsthofgreven.de, geöffnet nach Absprache, Eintritt Erwachsene 2 €.

## Rupperath

Ganz im Süden von Bad Münstereifel in Richtung Ahr liegt das alte **Handweberdorf** Rupperath. Der letzte Dorflehrer hat in mühevoller Kleinarbeit Zeugnisse dieser alten Handwerkstradition zusammengetragen, angereichert um Exponate der Handweberei aus allen Erdteilen.

■ **Handwebermuseum:** 53902 Münstereifel-Rupperath, Schulweg 1, Tel. 02257 8 31, geöffnet jeden 1. und 3. So im Monat 14–18 Uhr sowie am jeweils folgenden Mi 14–17 Uhr, Eintritt 2 €, ermäßigt 1 €.

## Steinbachtalsperre

**Unser Tipp:** Einen großen Anziehungspunkt inmitten der herrlichen Voreifellandschaft bietet die Steinbachtalsperre zwischen Bad Münstereifel und Rheinbach, die einst zur Versorgung der Euskirchener Textilindustrie mit frischem, sauberem Wasser gebaut wurde.

■ **Waldfreibad Steinbachtalsperre:** 53881 Euskirchen-Kirchheim, Talsperrenstraße, Telefon (nur während der Saison) 02255 65 20, www.euskirchen.de, geöffnet Mitte April bis Mitte Sept. Mo–Fr 11–19 Uhr (in den Ferien 10–20 Uhr), Sa und So 10–19 Uhr (in den Ferien 9–20 Uhr), Eintritt 6,60 €, Schüler und Studenten 3 €, Feierabendtarif ab 17 Uhr 2,50 € bzw. 2 €.

■ **Waldgasthaus Steinbach:** 53879 Euskirchen-Kirchheim, Talsperrenstr. 105, Tel. 02255 95 83 00. Beliebtes Ausflugsziel direkt am Steinbachtalsperren-Waldfreibad, rustikale Küche, Kuchen aus eigener Herstellung, hauseigenes Bier, im Sommer großer Biergarten. Täglich geöffnet 11–23 Uhr, www.waldgasthaus-steinbach.de.

## Essen & Trinken/Unterkunft

■ **Ambienta Wellness Hotel**②, Sebastian Kneipp Promenade 28, Tel. 92 34, www.ambientahotel.de. Kleines Hotel mit Badelandschaft, Sonnenterrasse, Champagner-Bar und Liegewiese, die Zimmer sind teilweise mit Balkon.

■ **Landgasthaus Steinsmühle**②, Kölner Str. 122, Tel. 45 87, www.landgasthaus-steinsmuehle.de. Reizvolles historisches Ambiente in einer alten Wassermühle mit Ziegel- und Bruchsteinwänden, frisch und schmackhaft zubereitete Gerichte, wechselnde Karte, mit eigener Kinder-Karte, spezielle Angebote, guter Service, ordentliches Preis-Leistungsverhältnis; täglich abends geöffnet, So und feiertags mittags. Do Ruhetag.

■ **Historisches Kurhaushotel und Restaurant** ④, Oertels Restaurant und Café, Nöthener Str. 10, Tel. 544 07 70, www.kurhaus-badmuenstereifel.de. Wurde 2008 privatisiert, mit 13 eleganten Zimmern, im stilvollen Restaurant wird gekonnt regionale Eifeler Küche geboten, geöffnet 17.30–22 Uhr, So auch mittags, Mo Ruhetag. Von hier aus betreibt auch *Heino* seine musikalischen wie gastronomischen Aktivitäten.

■ **Freizeit-Burg Oase**①, Burg 1, 53902 Bad Münstereifel, Tel. 02253 54 33 01, www.eifelburg.de. Hier werden hauseigene Eifel-Biere hergestellt, mit Senfmühle und neuerdings auch mit Hotelbetrieb, rustikales Ambiente und rustikale Küche, geöffnet täglich 11–22 Uhr.

## Jugendherberge

■ **Jugendherberge Bad Münstereifel,** Herbergsweg 1–5, Tel. 74 38, www.bad-muenstereifel.jugendherberge.de. Familien-Jugendherberge oberhalb des Ortes in Rodert mit 37 Zimmern und 164 Betten (alle mit Waschgelegenheit), davon 11 Leiterzimmer (alle mit eigener Dusche und WC), 5 Familienzimmer, 5 behindertengerechte Zimmer (rollstuhlgerechte Sanitäranlagen auf der Etage); 9 Gemeinschaftsräume (10–50 Personen), Spielzimmer, Spielplatz, Fußballwiese und Disco; Übernachtung mit Frühstück 21,40 € (Hauptsaison), über 27 Jahre zuzüglich 3 €.

## Einkaufen

■ **Münstereifeler Senf:** Burgmanufaktur SL Ibiza Kräuter, Burg 1, Tel. 54 33 01, www.senfburg.de, Handwerkliche Senfherstellung in verschiedenen Geschmacksrichtungen, erhältlich im Burg-Shop oder durch Direktbestellung.

## Aktivitäten

■ **Golf Bad Münstereifel,** Eschweiler (s. Kapitel „Reisetipps A–Z: Golf").

■ **Eifelbad** (Freizeit-Hallenbad), an der B 51 Richtung Eicherscheid, Tel. 54 24 50, www.eifelbad.com. Hallensport- und Freibad, neue 120 m lange Riesenrutsche, Sprunganlage, Sauna, Solarium, geöffnet Mo bis Fr 11.30–21 Uhr, Sa, So und feiertags 10–20 Uhr, während der NRW-Ferien täglich 10–21 Uhr, Seniorenschwimmen Mo 10–12 Uhr, Frühschwimmen Mo 7–8 Uhr, Eintritt 6,40 €, Kinder ab 3 Jahren 4,30 €, bis 3 Std. 4,90/3,30 €, Abendtarif 3,50/2,30 €.

# Nettersheim

## Info

- **Postleitzahl:** 53947, **Tel.-Vorwahl:** 02486
- **Tourist-Info im Naturzentrum Eifel:** Römerplatz 8–10, Tel. 12 46, www.nettersheim.de.

Nettersheim liegt mit seinem hübschen Fachwerk-Ortszentrum am Oberlauf der Urft in waldreicher Umgebung mit artenreicher Natur und reichen geologischen und historischen Zeugnissen. Hier siedelten die Römer, wie noch heute an vielen **archäologischen Stätten** zu sehen ist. Auch die Römische Wasserleitung nach Köln fand hier einen ihrer Anfänge.

Nettersheim erscheint erstmals 867 in einem Dokument *Lothars II.* als *Nefresheim.* Im Mittelalter standen hier drei Burganlagen. Nachdem der Ort 1871 an die Bahnlinie Köln – Trier angeschlossen worden war, erlebte er um 1900 als Kneipp'sches Kurbad eine kurze Blüte. Heute hat sich Nettersheim mit seinem Engagement für Natur- und Umweltschutz mit dem „Naturzentrum Eifel" und dem „Holzkompetenzzentrum Rheinland" bundesweit einen Namen gemacht. Beachtenswert ist die **St. Martinkirche** am Kirchberg, ein verputzter Bruchsteinbau mit vorgesetztem Westturm und dreiseitigem Chorschluss, der 1966/67 dreischiffig erweitert wurde.

## Römische Wasserleitung

Als die Römer die Eifel in Beschlag nahmen, begannen sie im 1. Jahrhundert n. Chr. mit dem Bau der Eifelwasserleitung nach Köln. Nur wenig das Urfttal flussabwärts von Nettersheim kann man heute an der wieder errichteten **Quellfassung Grüner Pütz** römische Wasserbaukunst erkennen. Hier bauten sie eine 80 Meter lange Sickerleitung, deren bergseitige Wange ohne Mörtel, also wasserdurchlässig, angelegt worden war. So konnte aus dem Hang quellendes Wasser in die Leitung eindringen. Das Kopfende dieser Sickerleitung wurde als kleines Becken ausgebaut. Die Leitung deckten sie mit Bruchsteinplatten ab und zur Frostsicherung war die gesamte Quellfassung des Grünen Pützes mit Erdreich überdeckt.

## Matronentempel

In der Umgebung von Nettersheim ist noch viel Römisches zu finden, vor allem die für ganz Niedergermanien typischen Matronentempel. In diesen Tempeln wurden die Matronen, Schutz- und Fruchtbarkeitsgottheiten, verehrt. In der Region Nettersheim sind drei dieser Heiligtümer bekannt. Auf Weihesteinen wurden Matronen dargestellt, meist zu dritt mit Fruchtkörben in den Händen. Solche Matronensteine stehen beispielsweise an der römischen Tempelanlage **Görresburg** bei Nettersheim, am römischen **Heidentempel** bei Pesch-Nöthen und am Römertempel **Vor Hirschberg** bei Zingsheim – es handelt sich um Kopien, die Originale stehen im Rheinischen Landesmuseum Bonn.

## Marmagen

Römischen Ursprungs ist auch der nahe gelegene Ort Marmagen mit seinen schönen Fachwerkhäusern. Zur Zeit des römischen Kaisers *Augustus,* als dessen Mitstreiter *Marcus Vispanius Agrippa* das Römische Reich vermessen und anschließend eine Karte der damals bekannten Welt für eine Wand der Säulenhalle auf dem Marsfeld in Rom anfertigen ließ, wurde der keltische Ort *Maromagum,* das heutige Marmagen, zum ersten Mal schriftlich erwähnt – er hatte damals offensichtlich überregionale Bedeutung. Heute sind die Marmagener auf einen berühmten Spross ihres Ortes besonders stolz – hierher stammen die Vorfahren des Konstrukteurs *Gustave Eiffel,* dem Erbauer des Pariser Eiffelturms. Um 1710 wanderte die Familie namens *Bönickhausen* nach Frankreich aus und nannte sich später zur Erinnerung an ihre Heimat *Eiffel.*

## Ahekapelle

Die einsam beim Nettersheimer Ortsteil Engelgau am Genfbach gelegene Kapelle ist der einzige bauliche Rest eines untergegangenen Dorfes. Sie wurde auf einem Bau aus römischer Zeit errichtet. An dem spätgotischen, mit Kreuzrippengewölbe versehenen Chor setzte man im 18. Jahrhundert ein niedrigeres Langhaus an. Es ist ein verputzter Bruchsteinbau mit Chorteil und dreiseitig geschlossenem Chor im Osten und hohen abgetreppten Strebepfeilern. Das hohe Dach ist im Westen abgewalmt.

## Kakushöhle

Schon vor den Römern hatten sich Kelten im heutigen Gebiet von Nettersheim niedergelassen. **Steinzeitliche Besiedlung** ist in der Kakushöhle bei Eiserfey nachgewiesen. Sie wurde bereits vor 60.000 Jahren als Wohnhöhle der Steinzeitmenschen genutzt. Man hat hier sieben übereinander liegende Kulturschichten festgestellt. Neben Resten von Beutetieren, darunter Knochen von Höhlenbären und Hyänen, wurden

### Wandertipp Kakushöhle

Eine Rundwanderung von Vussem über die Kakushöhle bietet mehrere Glanzpunkte. Zurückzulegen sind bei dieser mittelschweren Wanderung gut 13 Kilometer und 400 Höhenmeter. Ausgangspunkt ist das römische Aquädukt bei Vussem, ein gelungener Nachbau. Von hier folgt man der Wegmarkierung „7" über die Höhen bis Dreimühlen. Von dort sieht man schon den Kartsteinfelsen mit der Kakushöhle. Vom Parkplatz aus kann man am Felsen entlang laufen und die Höhle erkunden. Weiter geht es zum Friedhof von Weyer mit der romanisch-gotischen St. Cyriacuskirche, dann abwärts an einem Wegekreuz vorbei auf einen Fahrweg mit der Markierung „11" und man erreicht Urfey. Ab hier folgt man dem Römerkanal-Wanderweg. Am Kallmuther Bach trifft man auf ein römisches Brückenbauwerk. Weiter geht es entlang des Kallmuther Baches. Ein Hinweisschild führt über Treppen hinunter zur römischen Brunnenstube Klausbrunnen, eine Quellfassung. Weiter geht es auf dem Römerkanal-Wanderweg durch den Wald aufwärts und dann wieder abwärts an den Nordzipfel von Eiserfey. Hier liefen in einem römischen Sammelbecken die beiden Quellstränge von Dreimühlen und von Kallmuth/Urfey zusammen. Von hier geht es dann zum Ausgangspunkt zurück.

Herdstellen und Steinzeitwerkzeuge gefunden. Aus keltischer Zeit stammt auf dem Plateau der Höhle ein etwa hundert Meter langer Wallabschnitt, der Höhleneingang fällt nach drei Seiten steil ab und war daher gut zu verteidigen. Die Höhle ist frei zugänglich und leicht zu begehen (Taschenlampe!).

### Hochseilgarten

Ein Natur-Hochseilgarten ist mit verschiedenen Seilkonstruktionen, bestehend aus zahlreichen hohen und niedrigen Elementen, in den alten Baumbestand eines wunderschönen **Buchenwaldes** eingebettet worden. Unter fachkundiger Anleitung von speziell dafür ausgebildeten Trainern sind die unterschiedlichsten Aufgaben wie Flying Fox, Giant Ladder oder eine **Schluchtüberquerung** in der Gruppe zu bewältigen. Eine **Seilrutsche** führt in rasantem Tempo mehr als 100 Meter quer durch den Wald.

**Hochseilgarten Nettersheim:** Dipl. Sportwiss. Markus Berg, Sicherheitstrainer für Hochseilgärten, Systemischer Outdoortrainer, 53945 Blan-

## Der geologische Aufbau der Kalkeifel

Die Kalkeifel umfasst ein Gebiet von etwa 100 km² zwischen der Mechernicher Voreifel im Norden und dem Bitburger Land im Süden. Das Gelände ist aus einer Schichtenfolge von **Buntsandstein** und **Muschelkalk** aufgebaut. Es handelt sich im Einzelnen um acht aneinander gereihte mitteldevonische Kalkgebiete, die durch unterdevonische kalkfreie Gebiete voneinander getrennt sind. Zu diesen Kalkgebieten gehören vor allem die kleineren **Kalkmulden** von Blankenheim, Dollendorf und Ahrdorf – dabei handelt es sich allerdings nur im geologischen Sinn um Mulden, ihre Oberfläche unterscheidet sich nicht wesentlich von der Umgebung. Die Kalkmulden liegen großteils in einer Höhe zwischen 500 und 550 Metern – die Blankenheimer Kalkmulde sogar auf bis 580 Metern – und bilden die Wasserscheide zwischen den Einzugsgebieten von Maas, Rhein und Mosel.

Die Kalkeifel wird von den Oberläufen der Kyll, Ahr, Urft, Nims und Prüm zerschnitten. Bei ihren Quellen handelt es sich teilweise um **Karstquellen.** Die Täler ihrer Oberläufe haben einen mehr oder weniger kastenförmigen Querschnitt, der sich zu den Unterläufen hin in **steile Flusstäler** wandelt, die in diesen Gebieten bis zu 100 Meter tief eingeschnitten sind. Bei den hier vorkommenden Kalken handelt es sich hauptsächlich um Dolomite und Kalke des Mitteldevons in einer massigen oder dickbankigen Lagerung, wobei die **Dolomite** überwiegen. Diese Gebiete weisen ein sehr lebhaftes Relief auf, das nicht nur auf Karsterscheinungen zurückzuführen, sondern auch durch Trockentäler gekennzeichnet ist. Der an den Talhängen angeschnittene Dolomit bildet verschiedene **markante Felswände,** die in der Landschaft weit sichtbar sind.

kenheim-Reetz, Oberdorf 20, Tel. 02449 9 18 40 80, Mobil 0173 4 51 90 47, www.hochseilgarten-nettersheim.de, bietet auch Kinderprogramme an und richtet Kindergeburtstage aus, Buchungen über das Naturzentrum Eifel (s.u.).

## Info

**Unser Tipp:** **Naturzentrum Eifel:** Urftstr. 2–4, Tel. 12 46, www.naturzentrum-eifel.de. Die Einrichtung bietet Naturinformationen der Gemeinde Nettersheim vor allem für Schulklassen und Jugendgruppen. Es gibt Ausstellungen zu Archäologie, Geologie und Naturkunde mit begleitenden Programmen zur Geschichte, Natur, Flora und Fauna. Geöffnet Mo–Fr 9–18 Uhr, Sa, So 10–18 Uhr (im Winter jeweils bis 16 Uhr), 24., 25.12., 1.1. und Rosenmontag geschlossen, Eintritt 2 €, Kinder 1 €. Dazu gehört die **Alte Schmiede,** Bahnhofstraße 50, als „Haus der Fossilien" mit dem Ausstellungsthema 400 Millionen Jahre Wald, mit verschiedenen fossilienkundlichen Ausstellungen, einer Fossilienwerkstatt und einem Fränkischen Steinplattengrab, geöffnet Mo–Fr 9–18 Uhr, Sa und So 10–18 Uhr, Nov. bis April bis 16 Uhr, Eintritt 2 €, ermäßigt 1 €.

■ **Holzkompetenzzentrum Rheinland (HKZ):** Römerplatz 8–10, 53947 Nettersheim, Tel. 80 12 60, www.holzkompetenzzentrum.de. Der „Landesbetrieb Wald und Holz" des Landes Nordrhein-Westfalen, wie heute die moderne Forstverwaltung heißt, hat in Nettersheim ein Informationszentrum für moderne Holzprodukte aus nachhaltiger Waldbewirtschaftung zum Bauen, Modernisieren und Heizen eingerichtet und zeigt auf, wie die Verwendung des nachwachsenden Rohstoffs Holz zum Klimaschutz und zu einer nachhaltigen Entwicklung beiträgt. Das Informationsangebot richtet sich einerseits an gewerbliche und öffentliche Fachzielgruppen, Multiplikatoren und Bildungsträger sowie andererseits an Endverbraucher.

### Wandertipp Nettersheim

Der archäologische Wanderpfad Nettersheim als ausgeschilderter, 6 km langer Rundweg um Nettersheim mit 20 Stationen zum Erleben von Natur, Landschaft, Geologie und Archäologie, Broschüre beim Naturzentrum Eifel (s.o.).

## Essen & Trinken/Unterkunft

■ **Villa Hubertus②**, Gäste- und Seminarhaus der Van-Sun-Alpentouristik, 53947 Marmagen, Kölner Str. 30, Tel. 10 01, www.van-sun-reisen.de. 1917 errichtetes, denkmalgeschütztes Fachwerk-Anwesen in der Ortsmitte von Marmagen in großer Parkanlage. Vielfältiges Raumangebot zur Durchführung von Proben, Tanz, Theater, Tantra, Meditation, Yoga, Schulungen, Seminaren, (Familien-)Feiern; geschmackvoll eingerichtete Zimmer, großteils mit Bad, von Selbstverpflegung bis Vollpension.

# Hardtburg

Was den Jülicher Grafen in Münstereifel gelungen war, konnten sie im Hardtwald im Städtedreieck von Euskirchen, Rheinbach und Münstereifel nicht erreichen. Mit der Are-Hochstaden'schen Schenkung wurde die Hardtburg kurkölnisch, die Erzbischöfe bauten sie als Bollwerk gegen die Jülicher Festungen von Euskirchen und Münstereifel aus. Heute kann man von der romantisch im Wald versteckten Burganlage nur noch vermuten, von welch strategischer Bedeutung sie für die Kölner war und mit welch trotzigem Machtwillen sie hier ihrem Erzfeind Jülich entgegentreten wollten.

Die von **Wassergräben** umgebene, zweiteilige Anlage der Hardtburg war zu Beginn des 12. Jahrhunderts als Motte, deren Burghügel man mit dem Grabenaushub aufschüttete, angelegt worden. Der Graben rund um die Burganlage hat schon fast die Größe eines Sees. Auf dem künstlich aufgeschütteten Burghügel wurde zunächst eine hölzerne Befestigung errichtet, die von den Kölnern um 1340 durch einen massiven Steinbau ersetzt wurde. Der Zugang zur Burg führt auf einem Weg durch den Graben zunächst zu der im Nordwesten des Burghügels gelegenen, weitläufigen **Vorburg.** Hinter dem ehemaligen Torturm befinden sich ein Fachwerkschuppen, ein Wohnhaus sowie ein Wirtschaftsschuppen – immerhin war die Hardtburg bis 1794 Sitz einer kurkölnischen Amtsverwaltung. Über eine **Brücke,** die den Graben zwischen Vorburg und Hauptburg überquert, gelangt man in den Kern der Burganlage mit dem mächtigen **Bergfried.** Die Reste der erhaltenen Burgmauern und Wehrgänge zeigen noch die Mächtigkeit dieser einstigen Festungsanlage. Das Gelände der Hauptburg ist frei zugänglich.

## Tomburg

Auch für die Herren der Tomburg am Rand des Rheinbacher Waldes spielten die Grenzauseinandersetzungen zwischen Jülich und Kurköln eine Rolle, befand sich doch ihre Herrschaft im Niemandsland zwischen diesen beiden mittelalterlichen Großmächten. Doch die Geschichte der Tomburg reicht viel weiter zurück – nicht zuletzt, weil ihre Lage auf einem Basaltkegel mit weitem Blick über die Swistaue als Zugang von der Eifel zur Zülpicher Börde durchaus strategisch bedeutsam war.

Bereits die Kelten errichteten auf dem Tomberg einen Stützpunkt. Grabungen ergaben, dass auch die Römer auf der Kuppe einen Militärposten hatten, und in karolingischer Zeit bestand hier ein Stützpunkt an der **Aachen-Frankfurter-Heerstraße,** die durch das Swisttal führte – dieser Verkehrsweg stellte einen der wichtigsten mittelalterlichen Verbindungswege in Deutschland dar. Die Straße verband nicht nur die Wahl- und Krönungsorte deutscher Könige und Kaiser, sie gewann auch in dem Maße an wirtschaftlicher Bedeutung, wie die Städte der Niederlande als Handelsplätze wichtiger wurden. Doch schon vorher ist im 10. Jahrhundert eine Amtsburg der rheinischen Pfalzgrafen auf dem Tomberg bezeugt.

Dann wurde die Tomburg zum kurkölnischen Lehen und Offenhaus der Jülicher Grafen. Burg und Besitz gingen später an die Herren *von Molenark* über – sie waren es, die auf dem Basaltkegel eine wehrhafte Burg errichteten, deren Überreste heute noch stehen. Den Herren der Tomburg gelang es, ihr kleines Territorium um die Burg über eine beträchtliche Zeit selbstständig zu erhalten und durch glückliche Umstände sogar auszuweiten. Als nämlich Mitte des 14. Jahrhunderts das Burggrafengeschlecht der nahe gelegenen Landskrone ausstarb, fiel *Friedrich I. von Tomberg* ein beträchtlicher Teil ihres Erbes zu. Auf der Basis ihrer so gestärkten Macht trieben die Herren der Tomburg fortan ihr Unwesen als Raubritter im Hinterland der Territorien von Kurköln und Jülich. Erst als das Burgherrengeschlecht der

Tomburg in der zweiten Hälfte des 15. Jahrhunderts ausstarb, konnten die Jülicher eine aufkommende Fehde nutzen und im Jahr 1473 die Tomburg zerstören.

Nach wie vor beeindrucken den Betrachter die mächtigen Blöcke des noch im Burgbereich liegenden heruntergestürzten Mauerwerks. Allein der **Bergfried** der Burganlage, dessen Geschosswölbungen noch gut zu erkennen sind und dessen Mauern größtenteils aus Basalt und Tuffstein bestehen, der als Füllmaterial verwendet wurde, blieb halbiert als Ruine erhalten. Sie erzählt heute einsam am Rande des **Rheinbacher Stadtwaldes** immer noch die Geschichte von einem Raubrittergeschlecht, das allen angrenzenden Territorien das Leben schwer machte.

- **Ruine Tomburg:** Gelände frei zugänglich.

### Rheinbacher Waldkapelle

Nahe der Tomburg findet man im Rheinbacher Wald an der Landstraße nach Todenfeld noch eine kleine Kapelle. Diese Rheinbacher Waldkapelle wurde in der zweiten Hälfte des 17. Jahrhunderts als Gebetshaus eines kleinen **Franziskanerklosters** errichtet. Mit der Säkularisation kam auch das Ende des Klosters. Nach dem Zweiten Weltkrieg wurde die kleine Kapelle, die bis heute Betende anzieht, restauriert.

- **Waldkapelle:** Gelände frei zugänglich.

## Oberes Ahrtal

Die Fahrt durch das reizvolle Ahrtal zeigt dem Betrachter die ganze Vielfalt der landschaftlichen Erscheinungsformen der Eifel. Hat man das Engtal der Ahr mit den Weinsteillagen flussaufwärts durchquert, so weitet sich oberhalb von Altenahr das Tal – hier führt die B 257 nach Adenau, eine beliebte Motorradstrecke in die Hocheifel. In **Dümpelfeld** mit seiner malerisch auf einer Ortsanhöhe gelegenen Kirche geht es nunmehr in westlicher Richtung das Ahrtal aufwärts.

### Wandertipp Tomburg-Runde

Der knapp 10 Kilometer lange Rundweg ist als „Tomburg-Runde" ausgeschildert, beginnt am Parkplatz an der Tomburg oberhalb von **Wormersdorf** und führt weitgehend durch den Rheinbacher Stadtwald. Von der Tomburg geht es zur **Waldkapelle,** eine Ende des 17. Jahrhunderts errichtete kleine, barocke Wallfahrtskirche. Die nächste Station ist das **Schwarze Kreuz,** in Gedenken an einen Pfarrer im 19. Jahrhundert errichtet. Auf dem Weiterweg nach **Todenfeld** sind mittelschwere Anstiege zu überwinden, am Ende wird der Wanderer aber mit einem wunderschönen **Ausblick auf das Siebengebirge** belohnt. Durch den Rheinbacher Stadtwald geht es zurück zur Tomburg.

# Schuld

## Info

- **Postleitzahl:** 53520, **Tel.-Vorwahl:** 02695
- **Verkehrsverein Schuld:** Auf dem Stausten 16, www.verkehrsverein-schuld.de.

Vorbei an der pittoresken Hahnensteiner Mühle führt die Straße nach Schuld, auf einem Felsgrat über einer Ahrschleife gelegen. Die **Ortspfarrkirche** aus dem 13. Jahrhundert erhebt sich genau an dieser Engstelle und prägt das Ortsbild in einmaliger Weise.

Auf der **Freilichtbühne Schuld** bei der Schornkapelle aus dem 13. Jahrhundert werden regelmäßig Laientheaterspiele aufgeführt. Sie wurde im Jahre 1948 von den Mitgliedern der Katholischen Spielschar Schuld gegründet und die Bühne auf einem Gelände der Katholischen Pfarrgemeinde errichtet. Mit Unterbrechungen werden seither regelmäßig Bühnenstücke wie „Wilhelm Tell“,

## Wandertipp Geo-Pfad Schuld

Auf einer Strecke von annähernd 15 Kilometern, bei der man 500 Höhenmeter überwinden muss, zeigt der Geo-Pfad Schuld die **geologische Vielfalt** der Umgebung des Ortes. Die Anstrengung lohnt sich. Auf Schautafeln werden die jeweiligen Gegebenheiten erläutert. So erhält man einen Einblick in die geologische Entstehungsgeschichte des Ortes. Der Geo-Pfad ist in drei Etappen in Längen von zwei bis sieben Kilometern unterteilt. Hinweistafeln geben entsprechende Erläuterungen. Information: www.geopfad-schuld.de.

„Jedermann", „Jim Knopf und Lukas der Lokomotivführer" oder „Das Wirtshaus im Spessart" und auch Passionsspiele in der St. Gertrudkirche im Ort aufgeführt. Die Spielschar hat zurzeit fünfzig aktive Mitglieder (Information, Programm und Kartenvorbestellung unter www.freilichtbuehne-schuld.de).

Oberhalb des Ortes zweigt die Landstraße nach Bad Münstereifel ab. Diese bei Bikern unter der Bezeichnung **„Wasserscheide"** besonders beliebte, gut ausgebaute Strecke mit weit ausladenden Kurven reizt leider auch zu riskantem Fahren.

# Der Wacholder – Charakterbaum im Lampertstal

Das „Kuratorium Baum des Jahres" wählt jedes Jahr eine Baumart zum **Baum des Jahres** aus, 2002 war dies der Wacholder. Der Gemeine Wacholder (Juniperus communis L.) aus der Familie der Zypressengewächse ist über weite Teile der Nordhalbkugel verbreitet. Für bestimmte Eifelregionen stellt er geradezu einen Charakterbaum dar.

Sein Wuchs ist meist länglich-säulenförmig und strauchartig, was ihm auch den Beinamen „Zypresse des Nordens" eingebracht hat. Der Wacholder hat keine großen Ansprüche an den Boden, aber er braucht viel Licht. So gedeiht er am besten in **offenen Landschaften,** wie etwa auf armen, überweideten Heideböden. Solche historischen Weidegebiete finden sich in der Ahrregion besonders ausgeprägt im Lampertstal.

Im Brauchtum, in Sagen und in der Volksheilkunde ist der Wacholder weit verbreitet. Seine ätherischen Öle, seine Beeren (botanisch handelt es sich um „Scheinbeeren") und Geschmacksstoffe helfen bei Arthrosen, treiben Harn und helfen bei Atembeschwerden. **Wacholderbeeren** sind für Wildgerichte unverzichtbar, in Weingeist dienen sie als Einreibemittel und ihr Destillat ist als Spirituosen wie **Genever, Steinhäger** oder **Gin** weit verbreitet. **Wacholderrauch** braucht man zur Schinkenherstellung.

Dass der Wacholder wieder seltener geworden ist, hängt unter anderem mit der zurückgehenden Viehweide in den offenen Landschaften zusammen – sie wachsen wieder zu und andere Pflanzen nehmen dem Wacholder das Licht. So ist es den Naturschützern zu verdanken, dass die historisch so wertvollen Wacholderlandschaften als Kulturlandschaft erhalten bleiben – wie etwa im Lampertstal.

## Hahnensteiner Mühle

Unterhalb von Insul bei Schuld steht in malerischer Lage die im Jahr 1556 erstmals erwähnte Stappen-Mühle mit einem großen **Wasserrad,** die nach ihrem Pächter Hahnensteiner Pitter auch Hahnensteiner Mühle genannt wird. Im 19. Jahrhundert erwarb Familie *Stappen* die Mühle von einem Müller, der nach Amerika auswanderte. Der letzte Müller war bis 1984 *Peter Stappen.* Über dem Türbogen des heutigen Mühlengebäudes steht die Jahreszahl 1729. Eine Außenbesichtigung ist möglich.

## Essen & Trinken/Unterkunft

- **Hotel-Restaurant Ewerts**②, 53520 Insul, Ahrstr. 13, Tel. 02695 3 80, www.hotel-ewerts.de. Praktisch eingerichtete Zimmer, teilweise mit Balkon, großer Garten.
- **Hotel Schaefer**②, 53520 Schuld, Schulstr. 2, Tel. 02695 3 40, www.hotel-schaefer-schuld.de. Gastlicher Familienbetrieb, familiär geführtes Ferienhotel im Ortszentrum. **Restaurant**② mit Eifeler Spezialitäten, die Ahrterrassen laden Wanderer zum Verweilen bei Kaffee und Kuchen oder einem Glas Ahrwein ein.

# Aremberg

## Info

- **Postleitzahl:** 53533, **Tel.-Vorwahl:** 02693
- **Infos** unter: www.aremberg.de

Die Straße entlang der Ahr führt weiter nach Antweiler. Oberhalb erhebt sich der **623 Meter hohe Aremberg,** eine der tertiären Vulkankuppen der Region. Hier errichteten die Herren *von Arenberg* ihre Burg, die sie nach der Zerstörung durch französische Truppen unter *Ludwig XIV.* im Jahre 1689 in ein respektables Barockschloss verwandelten. Erzbergbau bildete die wirtschaftliche Grundlage dieser kleinen Eifelherrschaft. Doch in napoleonischer Zeit wurde das Schloss auf Abbruch verkauft. 1854 errichtete man aus den Trümmern einen Aussichtsturm auf der Kuppe. Sehenswert im unterhalb der Kuppe gelegenen **Ort Aremberg** ist die Pfarrkirche, die aus der Auflösung des Klosters Marienthal im Zuge der Säkularisation wertvolle Barock-Ausstattungsstücke erhielt.

## Essen & Trinken/Unterkunft

- **Gasthof zur Burgschänke:** Burgstraße 23, Tel. 02691 3 93, www.burgschaenke-aremberg.de, Panorama-Sicht, gutbürgerliche Eifeler Küche, angeschlossener Hotelbetrieb mit Doppelzimmern und Appartements. Herrliches Panorama von der Terrasse. Mo und Di Ruhetag, im Winter nur Fr bis So geöffnet.

# Ahrhütte

In Sichtweite des Aremberges vollzieht der Flusslauf der Ahr talaufwärts unterhalb von Dorsel seine letzte große Biegung nach Nordwesten. Hier durchquert die Ahr ein sowohl kulturgeschichtlich wie auch landschaftlich interessantes Gebiet. Links der Ahr befinden sich die von den Herren *von Arenberg* ausgebeuteten **Erzlagerstätten,** rechts erstrecken sich die schönen Wacholderlandschaften und Orchideenwiesen der Dollendorfer Kalkmulde mit dem Lampertstal als ausgewiesenem Naturschutzgebiet.

Nur wenig flussaufwärts liegt Ahrhütte in einer von der hier noch kleinen Ahr gebildeten Wiesensohle, ein Ort mit geteilter Geschichte. Der Ortsteil am rechten Flussufer gehörte historisch zur Herrschaft Dollendorf, der Teil auf der linken Uferseite zur Herrschaft Arenberg. Im Arenberger Teil wurden die Erze aus dem oberhalb gelegenen Lommersdorf verhüttet. Die **Hütte** hatte man *Obere Hütte* genannt, um sie von der Unteren Hütte in Antweiler zu unterscheiden. In Ahrhütte stellte man vermutlich ab etwa 1475 Bau- und Stabeisen sowie Waffen her. Reste der früheren **Eisenwerke** sind hier zu sehen, so auch der Stollenhof aus dem 16. Jahrhundert. Der ehemalige Gasthof „Zur Linde", ein Rentmeisterhaus aus dem Jahre 1677, diente früher als Verwaltungsgebäude der Hütte. In seinem Giebel trägt es noch das Arenberger Wappen mit Herzogskrone, Hermelin und Goldenem Vlies. Das Eisenhüttenwerk verfügte zu Beginn des 19. Jahrhunderts noch über zwei Hochöfen, doch 1870 blies man das letzte Feuer in der Ahrhütte aus.

### Essen & Trinken/Unterkunft

■ **Café Lommersdorfer Mühle:** Ahrtal 46, Tel. 02697 3 72, www.lommersdorfer-muehle.de. Direkt am Ahrtalradweg gelegen, hier wird hauseigener Kuchen serviert, geöffnet Mi–Fr 13–18 Uhr, Sa 10–18 Uhr, So 9–18 Uhr, Mo und Di Ruhetag. Vermietet auch Gästezimmer und Ferienwohnungen.

## Lampertstal

Oberhalb von Ahrhütte mündet der **Lampertsbach** in die Ahr. Dieser Bach entwässert große Teile der Dollendorfer Kalkmulde, die gemeinsam mit den Alendorfer Kalktriften weitgehend unter **Naturschutz** steht. Der kalkige Untergrund rührt von dem Flachmeer aus dem Erdzeitalter des Devons her, dessen Ablagerungen auch Eisenverbindungen enthalten – die Grundlage für den Lommersdorfer Eisenerzabbau.

Die Nordhänge der Bergkuppen des Gebiets sind mit altem **Buchenbestand** bedeckt, die Südhänge tragen **Kiefervegetation** und mit **Wacholder** bedeckte Magerrasen, die Kalktriften, die die Besonderheit des Lampertstals ausmachen. Hier gibt es seltene Tierarten. Unter den **Schmetterlingen** sind dies der Schwalbenschwanz, der Baumweißling, die Goldene Acht, der Senfweißling und der Diestelfalter. An seltenen **Vögeln** sind die Feldlerche, der Neuntöter, der Baumpieper und die Klappergrasmücke anzutreffen. Unter den **Reptilien** gibt es Zauneidechse, Bergeidechse, Schlingnatter und Blindschleiche. Besonders wertvoll sind die Bestände an **seltenen Pflanzen** im Lampertstal. Hier gibt es den giftigen Seidelbast, die Tollkirsche, die Akelei, den Tüpfelfarn, die ganz seltene Scheidige Kronwicke und vor allem den Deutschen Enzian. Außerdem findet man hier viele **Orchideenarten:** das Knabenkraut und nicht zuletzt die Echte Sumpfwurz.

### Wandertipp Lampertstal

Eine 19 Kilometer lange Tageswanderung führt durch das zauberhafte wie gleichermaßen interessante Lampertstal. Der Start ist in **Ripsdorf,** von wo der Weg zum Wacholderhain am **Griesbeutel** führt, mit 563 Metern die höchste Erhebung der Strecke mit herrlicher Weitsicht. Über **Alendorf** geht es zum **Kalvarienberg** und dann abwärts ins Lampertstal. Danach folgt der Wanderweg dem Tal über die Mirbacher Infotafel hinaus zum Abzweig nach **Dollendorf.** Weiter geht es über die **Antonius-Kapelle** nach **Schloßthal,** dann zur Burgruine und hinter dem Jugendzeltplatz abwärts durch einen Wacholderhain zum Wanderparkplatz bei der Landstraße nach Ripsdorf. Von hier geht es über den **Wacholderweg** an den Ausgangspunkt in Ripsdorf zurück. Die Strecke lässt sich problemlos vor Alendorf abkürzen. Einkehrmöglichkeit besteht in Ripsdorf.

### Ripsdorf

Im Einzugsbereich des Lampertsbaches gibt es einige bauliche Sehenswürdigkeiten. In Ripsdorf, vor der Franzosenzeit im Besitz Blankenheims, steht die wuchtige spätgotische katholische **Pfarrkirche St. Johann Baptist,** ein zweischiffiger Bau, dessen Joche von zwei Säulen getragen werden. Daneben steht das reizvolle Pfarrhaus, gegenüber das Hotel

Breuer, ein 1780 als Landgasthof errichtetes Gebäude.

## Essen & Trinken/Unterkunft

■ **Hotel Breuer:** 53945 Ripsdorf, Hauptstr. 74, Tel. 02449 10 09, www.breuer-ripsdorf.de. Ein 1780 errichteter Landgasthof mit Restaurant; frische Küche, Wildgerichte. Täglich (außer Mo) ab 11 Uhr geöffnet.

## Alendorf

Wie viele andere Orte im Bereich des Lampertstals kann auch Alendorf, südlich von Ripsdorf am Oberlauf des Lampertsbaches gelegen, auf eine römische und fränkische Vergangenheit zurückblicken. Die **Agathakapelle** im Ortskern geht auf das Jahr 1494 zurück. An ihr vorbei führt der **Kreuzweg** auf den Kalvarienberg, auf dem sich die im gleichen Jahr gestiftete **Wallfahrtskirche** inmitten eines ummauerten Friedhofs erhebt. Dieser weiß getünchte und mit roten Fensterrahmungen versehene spätgotische netzgewölbte Saalbau mit kreuzgewölbtem Chor im 5/8-Schluss ist weithin als besonderer Blickpunkt in der Wacholderheide sichtbar.

## Mirbach

Auf der gegenüberliegenden Talseite gelangt man vor der Kuppe „Am Kopp" rechts in ein Seitental, das nach Mirbach führt. Hier findet man mit der **Erlöserkapelle** einen Bau, der so gar nicht in diese Region zu gehören scheint. Nachfahren der Herren *von Mirbach*, ein *Freiherr von Mirbach*, der Zugang zum Hof Kaiser *Wilhelms II.* hatte, ließ hier 1902/03 eine neoromanische Kirche errichten, die von Baurat *Schwechten* vollendet wurde, dem gleichen Baumeister, der auch die Kaiser-Wilhelm-Gedächtniskirche in Berlin erbaut hatte.

## Dollendorf

Folgt man dem rechtsseitigen Höhenzug oberhalb des Lampertstals in Richtung Nordosten, kommt man nach Dollendorf, einst eine große römische Siedlung, die sogar einen Marstempel aufwies. Das Prümer Urbar erwähnt den Ortsnamen *Dollendorpt.* In späteren Jahrhunderten verschuldeten sich die Herren *von Dollendorf* und ihr Besitz kam Mitte des 18. Jahrhunderts endgültig an Blankenheim. Dennoch verfügt Dollendorf über einige bemerkenswerte **Bauten aus der Barockzeit.** So stammt die katholische Ortspfarrkirche St. Johann Baptist aus dieser Epoche. Vom Vorgängerbau sind der Chor und der wuchtige Westturm erhalten geblieben.

## Schloßthal

Am Standort des Marstempels auf dem Weg von Dollendorf nach Schloßthal steht heute die 1701 errichtete **Antonius-Kapelle** als achtseitiger Zentralbau inmitten des Kreuzweges, auf dem alljährlich an Karfreitag Prozessionen stattfinden. Schloßthal selbst liegt auf einer Anhöhe oberhalb der Mündung des Lampertsbaches in die Ahr. Hier hatten die Herren *von Dollendorf* ihre Burg errichtet, die ihnen bis ins 15. Jahrhundert

als Wohnsitz diente. Heute stehen nur noch **Ruinen der Burg Dollendorf,** von der ein Mauerrest so in die Höhe ragt, dass er im Volksmund als „Finger Gottes" bezeichnet wird.

## Freilingen

Auf der dem Lampertsbach gegenüberliegenden Seite des oberen Ahrtals ließen die Herren *von Arenberg* die Erzlagerstätten bei den Orten Freilingen und Lommersdorf abbauen. **Unser Tipp:** Heute hat der Blankenheimer Ortsteil Freilingen vor allem Bedeutung als Erholungsgebiet mit dem **Freilinger See** als Anziehungspunkt. Dabei handelt es sich um einen aus Quellwasser gespeisten Stausee. Er wurde 1976 zur Regenrückhaltung gebaut, doch von vornherein war die Nutzung als Freizeitsee vorgesehen.

Inmitten eines von Wiesen und Wäldern umgebenen Tals sind um den See reizvolle Liegewiesen und Buschgruppen angelegt worden. Hier kann **Wassersport** betrieben werden, es gibt einen Minigolfplatz, einen Waldlehrpfad und einen Grillplatz. Im See wurde eine Schutzzone angelegt, in der Haubentaucher ungestört vom Badebetrieb ihre Brut aufziehen können. Am Ufer erstreckt sich ein Campingplatz, der für seine Anlagequalität schon Auszeichnungen erhalten hat. Im Freilinger Bruch, etwa zwei Kilometer vom Ort entfernt, liegt das Feriendorf Freilingen mit Schwimmbad, Tennisplätzen und Kinderspielplatz.

### Essen & Trinken/Unterkunft

■ **Feriendorf Freilingen:** 53945 Freilingen, Tel. 02697 76 25, www.feriendorf-freilingen.de. Beliebte komfortable Ferienanlage mit 207 Ferienhäusern, zwei Tennisplätzen, Freibad, Minigolfanlage, Kinderspielplatz, Gaststätte und Kiosk im Verwaltungstrakt, ganzjährig geöffnet.

### Camping

■ **Eifel Camp:** 53945 Freilingen, Tel. 02697 2 82, www.eifel-camp.de. Komfortable Camping- und Freizeitanlage am Freilinger See mit Touristenplätzen, Dauerplätzen und Mobilheimen, ganzjährig geöffnet.

## Lommersdorf

Wie Freilingen entstand Lommersdorf auf dem Gelände eines römischen Gutshofes. Seine erste Erwähnung erfolgte 975 als *Lumeredorph*. Später kam der Ort unter die Herrschaft der Arenberger. Nördlich des Ortes wurden die für die Arenberger so wichtigen Eisenerze gefunden. Einzelne Eingänge zu den alten Erzschächten sind Eingeweihten noch bekannt. Die in den Arenberger Hütten aufbereiteten Erze wurden zum Großteil in den Lütticher Kanonenöfen verarbeitet. Die Ortspfarrkirche St. Philipp und Jacob ist romanischen Ursprungs.

### Essen & Trinken/Unterkunft

■ **Jägerhof**①, 53945 Lommersdorf, Neuhofer Straße 17, Tel. 02697 5 25, www.hotel-pension-jaegerhof.de. Bikertreff, Restaurant und Pension, gepflegte Zimmer, Kaminstube, mit Westernstadt. Es tritt eine Country-Band auf.

## Blankenheim

### Info

■ **Postleitzahl:** 53945, **Tel.-Vorwahl:** 02449

■ **Touristinformation Blankenheim:** Ahrstraße 55-57, Tel. 87 222, www.blankenheim.de.

Blankenheim zählt zu den reizvollsten Orten der Eifel. Schmucke Häuser in **Fachwerk- und Steinbauweise** prägen den Ort, der von seiner mächtigen Burg überragt wird, die heute wieder aufgebaut ist und in ihrer vollen Schönheit über dem Ort thront. Schon die Römer hatten diesen Standort wegen seiner günstigen Lage an der Straße von Trier nach Köln beziehungsweise Bonn befestigt und besiedelt. Die nördlich der Altstadt gefundenen und frei gelegten Reste einer **Villa Rustica,** einem fast 250 Meter langen Bau mit 75 Zimmern, der zwischen dem 1. und 3. Jahrhundert n. Chr. entstand, legen Zeugnis von der römischen Besiedlung ab.

## Burg

Das beherrschende Bauwerk von Blankenheim ist die Stammburg der Herren *von Blankenheim*. Sie wurde ab 1115 auf einem nach Westen gegen das obere Ahrtal vorgeschobenen Bergsporn errichtet, der nach Osten durch Gräben und Mauern abgeriegelt werden musste. Der älteste Teil der Burganlage ist der dreigeschossige Palas im Südwesten. Er stammt noch aus dem 13. Jahrhundert. Graf *Johann Arnold* ließ während des Dreißigjährigen Krieges einen runden **Geschützturm** aufmauern. So wie dieser Batterieturm stammt auch das **Torhaus** aus dem 17. Jahrhundert. Die rechteckige **Oberburg** erhielt in der zweiten Hälfte des 15. Jahrhunderts ihre bestimmende Gestalt, als Graf *Gerhard VIII.*, der Sohn des Herzogs *Wilhelm I. von Jülich,* sie zu einem repräsentativen Schloss ausbaute. Im 17. Jahrhundert wurde die **Unterburg** hinzugefügt. Weitere Ausbauten erfolgten im 18. Jahrhundert.

In der napoleonischen Ära wurde die Burg zerstört und dann auf Abbruch verkauft. 1927 erwarb die Deutsche Turnerschaft die Ruine, die sie im Zusammenwirken mit dem Landeskonservator Rheinland wieder herstellte und auf den Tonnengewölben des mittelalterlichen Burgkellers ein Turnerheim errichtete. Heute dient der Burgkomplex als **Jugendherberge.**

### Karneval in Blankenheim

Der Blankenheimer Karneval kann auf eine über 400-jährige Geschichte zurückblicken. Jeden Karnevalssamstag wird in Aufrechterhaltung dieser Tradition ab 19.11 Uhr ein **Geisterumzug** gestartet, an dem sich jeder beteiligen kann. Als Kostüm hängt man sich ein weißes Bettlaken um, dessen Zipfel an der Stirn zu zwei Hörnern geknotet werden, außerdem benötigt man eine Pechfackel. Mit **bengalischem Feuer und Fackellicht** führt der Zug durch die winkligen Gassen der Stadt. Unter den Klängen des Blankenheimer Karnevalsmarsches „Juh-Jah Kribbel en d'r Botz" sollen so die Frühlingsgeister in wirbelnden Tänzen die finsteren Winterdämonen vertreiben.

## Tiergartentunnel

Zur Verbesserung der Verteidigungsqualität ließ Graf *Dietrich III.* im 15. Jahrhundert eine **Fernwasserleitung** zur Burg Blankenheim legen – eine technische Meisterleistung für die damalige Zeit! Abschnittsweise verlief diese Leitung als Gefälleleitung, Druckrohrleitung und Aquädukttunnel. Als Ausgangspunkt zapften die mittelalterlichen Konstrukteure die Renn-Quelle in einem zwei Kilometer von der Burg entfernten Hochtal an. Die Leitung verlief unter diesem Tal in einer hölzernen **Druckwasserleitung,** für die man die einzelnen Rohre mit Muffenringen ineinander befestigte. Sie musste dann noch unter einem 15 Meter hohen Bergsporn, dem „Tiergarten"-Berg, in einem **Tunnel** verlegt werden. Das Quellwasser sammelte man in einem Wasserbehälter im Burghof. Tunnel und Druckleitung konnten im Jahr 2000 freigelegt werden.

## Eifelmuseum

Das Zentrum des historischen Ortskerns von Blankenheim wird vom Curtius-Schulten-Platz gebildet, der nach dem bekannten Blankenheimer Maler benannt wurde. Hier findet man die Gebäude des Eifelmuseums: rechts das große dreigeschossige Fachwerkhaus, das ehemalige **Gildehaus,** und auf der gegenüberliegenden Seite das ehemalige Hotelgebäude „Zur Post", das ganz stilgerecht unter Beibehaltung der historischen Fassade zur Ahrstraße für einen modernen Museumsbetrieb hergerichtet wurde. Dieses Gebäude beherbergt die **landeskundliche Bibliothek** (Teil der historischen Kreisbücherei in Euskirchen) für die Themenbereiche Heimatkunde, Regionalgeschichte, Erdgeschichte, Siedlungsgeschichte, Landwirtschaft, Wassernutzung und Waldwirtschaft. Das Gildehaus zeigt Exponate zur handwerklichen Seite des Dorflebens, so die **Herstellung des Leinens** von der Reinigung des Flachses über das Spinnen bis zum Weben des Leinengarns, und **bäuerliche Kleidung.**

## Wandertipp Tiergartentunnel

Ein historischer Rundwanderweg um **Blankenheim** führt an zwanzig gekennzeichneten und erläuterten Stationen aus der Zeit der **Antike** bis in das 21. Jahrhundert vorbei. Den Kern des Wanderweges bildet der Tiergartentunnel mit der Brunnenstube, dem Stauteich, der Trasse, dem Tunnel selbst und dem barocken Wasserhäuschen, von dem aus später sogar eine Fontäne im Barockgarten der Burg betrieben wurde. An die 20 Streckenkilometer und 300 Höhenmeter sind auf diesem, mit einem Tunnelsymbol gekennzeichneten Weg zu bewältigen – belohnt wird man mit **weiten Ausblicken,** reizvollen Berg- und Tallandschaften, **Kultur- und Landschaftsdenkmälern.** Die Strecke kann auch unproblematisch geteilt werden. www.tiergartentunnel.de.

■ **Eifelmuseum:** Ahrstraße 55–57, Tel. 95 1 50, www.eifelmuseum-blankenheim.de, Regionalmuseum für Naturkunde und Kulturgeschichte der Nordwesteifel, mit einer landeskundlichen Bibliothek (Teil der historischen Kreisbücherei in Euskirchen) für die Themenbereiche Erdgeschichte, Siedlungsgeschichte, Landwirtschaft, Wassernutzung und Waldwirtschaft. Geöffnet April bis Okt. Mo bis Do 10–16 Uhr, Fr 10–17 Uhr, Sa und So 11–15 Uhr, ansonsten täglich 11–14 Uhr, Eintritt 2 €, ermäßigt 1 €. Der **Museumsladen** im Gildehaus bietet Eifeler Produkte wie Senf, Landwurst, Schmalz, Honig, Fruchtsirup, Schnäpse, Eifeler Landbier und Apfelsaft an.

## Hirtentor

Am Eckhaus am Weg zur Ahrquelle steht die Statue des Brückenheiligen Johannes Nepomuk aus dem 18. Jahrhundert. Der Weg führt zu einem malerischen Platz mit dem Gästehaus **„Ahrquelle"** zur Linken und dem Haus über der Ahrquelle am Ende. Die Ahrquelle befindet sich im Keller eines 1726 errichteten Fachwerkhauses, hinter dem sich die Silhouette des Hirtentors erhebt. Eine Treppe führt zu diesem **Stadttor,** an dem noch ein Stück des alten Blankenheimer Wehrganges erhalten ist. Außen am Hirtentor, das heute Ausstellungszwecken dient, ist ein prächtiger spätgotischer Stein von 1512 angebracht.

■ **Naturkundliche Ausstellung im Hirtentor,** Tel. 15 73, Dokumentationen des Kreisverbandes Natur- und Umweltschutz, Ortsarbeitskreis Blankenheim, dazu Galeriewerkstatt im Haus am Hirtentor, wechselnde Kunstausstellungen, geöffnet April–Sept. So 10.30–12.30 Uhr und nach Vereinbarung.

## Zuckerberg

Besonders romantisch ist der Zuckerberg, ein Gässchen, das weiter links von der Straße Am Hirtenturm abzweigt. Hier stehen alte und oft mit schönen Schnitzereien versehene **Fachwerkhäuser,** darunter das schmalste der Stadt, das nur 2,01 Meter breit ist.

## Georgstor

Zurück durch das Hirtentor und über die Ahrstraße aufwärts erreicht man das Georgstor. Auf dem Weg kommt man rechter Hand an einem Uhrmacher vorbei, der die alte Blankenheimer Kirchenuhr aus dem Jahr 1909 in die Fassade seines Geschäfts integriert hat. Das Tor ließ Graf *Salentin Ernst* 1679 im Zuge der Erweiterung der Altstadt errichten. In einer Nische findet sich die Statue des Blankenheimer Ortsheiligen *St. Georg*. Im Georgstor ist heute das **Karnevalsmuseum** untergebracht, das über die uralte Blankenheimer Karnevalstradition informiert.

■ **Karnevalsmuseum:** Ahrstr. 20, Tel. 87 222, www.blangem.de/karneval/museum.htm. Dokumentation 400-jähriger Karnevalsgeschichte von Blankenheim, Ausstellung in dem von der Gemeinde Blankenheim überlassenen Georgstor, geöffnet nach Vereinbarung, Führungen vermittelt die Touristinformation (s.o.), Eintritt frei.

## Pfarrkirche

Die Blankenheimer Ortspfarrkirche **St. Mariä Himmelfahrt** erhebt sich inmitten der Stadt als spätgotischer Hallenbau. Graf *Johann I.* ließ die Kirche in seiner Amtszeit zwischen 1495 und 1505 errichten. Von den beiden Emporen war die als Bühne bezeichnete dem Grafen vorbehalten. Die Orgel auf der oberen Empore aus dem Jahr 1660 zählt zu den ältesten des Rheinlandes. Besonders

### Wandertipp Ahrsteig

Der 2012 eröffnete, 108 Kilometer lange Fernwanderweg von der Quelle der Ahr bis zu ihrer Mündung in den **Rhein** ist in zwei Etappen unterteilt und mit dem Logo der beiden Buchstaben A = Berg (rot) und S = Flusslauf (blau) gekennzeichnet. Der Ahrsteig West verläuft durch das obere und der Ahrsteig Ost durch das untere Ahrtal. Die beiden Abschnitte sind zwischen **Altenahr und Walporzheim,** dem Ahrtalweg und dem Rotweinwanderweg verbunden. Insgesamt ist der Ahrsteig in sieben Etappen zwischen zehn und 20 Kilometer unterteilt.

wertvoll ist der Hochaltar mit seinen beiden Seitenaltären. Beachtenswert sind auch das geschnitzte Chorgestühl, die Muttergottes mit Strahlenkranz und eine Reliquiensammlung mit einer Reliquienbüste des heiligen Georg.

## Essen & Trinken/Unterkunft

2 **Gasthof Brüsseler Höfchen**②, Am Hirtenturm 7, Tel. 10 25, www.bruesseler-hoefchen.de. Gutbürgerliche Küche, mit angeschlossenem **Hotelbetrieb**②, familiär-gemütlich, dazu zwei Ferienwohnungen im direkt an der Ahrquelle gelegenen 3 **Gästehaus Zur Ahrquelle.**

8 **Hotel Schlossblick**③, Nonnenbacher Weg 4–6, Tel. 9 55 00, www.hotel-schlossblick.de. Einige Zimmer mit Blick auf den Schlossweiher und die Burg Blankenheim, mit Meerwasser-Hallenbad; das 8 **Restaurant**② bietet gutbürgerliche Küche mit Eifeler Spezialitäten, mit Café. Außerhalb der Saison So Ruhetag.

6 **Hotel Kölner Hof**②, Ahrstr. 22, Tel. 14 05, www.hotel-koelner-hof.de. Hinter historischer Fassade in der verkehrsberuhigten Zone, geschmackvoll eingerichtete Zimmer; gepflegtes 6 **Restaurant** und rustikale Bierschenke.

5 **Hotel Finkenberg**②, Giesental 2, Tel. 10 73, www.hotel-finkenberg.de. In ruhiger Höhenlage direkt am Wald mit herrlichem Rundblick, großzügige Gartenanlage mit Sonnenterrasse, gemütlich eingerichtete Zimmer, großes 5 **Restaurant**① mit abtrennbaren Räumen, Gartenterrasse.

UNSER TIPP: 7 7 **Waldcafé Maus**①, 53945 Blankenheim-Nonnenbach, Tel./Fax 02449 10 16, www.waldcafemaus.de. Wandereinkehr und Restaurant mit reichhaltiger Speisekarte, selbst gebackenem Kuchen, einsam im Waldgebiet des oberen Nonnenbachtals gelegen, einem reizvollen Seitental der oberen Ahr, mit Terrasse und Fernblick, ab 19 Uhr geschlossen; drei Gästezimmer, Swimmingpool, behindertengerecht.

## Jugendherberge

4 **Jugendherberge Burg Blankenheim:** Burg 1, Tel. 9 50 90, www.burg-blankenheim.jugendherberge.de. Moderne Innenausstattung, großzügiges Raumangebot, insgesamt 43 Zimmer mit 164 Betten, davon 20 mit eigener Waschgelegenheit und 17 mit eigener Dusche und WC, 17 Leiterzimmer (teilweise mit TV-/Telefonanschluss), davon 9 mit eigener Dusche und WC, 18 Familienzimmer, Spielzimmer, Gemeinschafts-/Seminarräume, Bistro (auf Anfrage). Vorhandene Musikinstrumente und eine hervorragende Akustik im „Rittersaal" und in der „Vogtei" bieten Chören, Orchestern und Big Bands ideale Probebedingungen. Übernachtung mit Frühstück ab 17,90 €.

## Camping

■ **Wohnmobilstellplatz:** Parkplatz „An der Weiherhalle", Koblenzer Straße, Tel. 1 90 63, direkt an den Erholungsanlagen am Schlossweiher; 1 € für Strom und Wasser, Information beim Verkehrsbüro.

## Einkaufen

1 **Forstwalder Hof:** 53945 Blankenheim-Mühlheim, Am Genfbach 1, Tel. 77 70, www.forstwalder.de. Die Qualitätsmetzgerei bietet Wildfleisch und hochwertige Rindfleischprodukte, dazu die Forstwalder Stube mit Imbiss und 1 **Restaurant** an der B51 am derzeitigen Autobahnende vor Blankenheim. Verkauf und Stube geöffnet Mo–Fr 9–18 Uhr, Sa 9–15 Uhr, Imbiss täglich 9–19 Uhr, Sa, So bis 17 Uhr.

## Veranstaltungen

■ **Karneval:** Mit einem Geisterzug am Karnevalssamstag ab 19.11 Uhr in der Tradition mittelalterlicher Geisteraustreibung mit *Schelleböumche* und *Jeckeböhnche*.

- **Blankenheimer Seenachtsfest:** 1. Augustwochenende mit Höhenfeuerwerk und zweitägigem Hobby- und Kunsthandwerkermarkt.
- **Trödelmarkt:** 3. Augustwochenende.

# Oberes Kylltal

Die Kalkeifel setzt sich über die Blankenheimer Mulde hinaus weiter südwärts fort. Hier bildet das obere Kylltal die zentrale Achse dieses Eifeler Landschaftsraums, der eine Vielzahl historischer Baulichkeiten zu bieten hat. Die Region zwischen Blankenheim und der Kyll ist heute in der Gesamtgemeinde Dahlem, der südlichsten in Nordrhein-Westfalen, zusammengefasst. Hier verlief die große römische Militärstraße Trier – Köln. An ihr entlang hat man römische Münzen, Bestattungsurnen und Steingeräte gefunden. Nach fast 500 Jahren römischer Herrschaft kamen die germanischen Franken im 7. Jahrhundert und besiedelten die Orte der Region wie Baasem *(Heim des Basinus)*, Dahlem *(Talheim)* und Schmidtheim *(Heim des Schmiedes)*, die 867 erstmalig als Besitz König *Lothars II.* genannt werden.

## Schmidtheim

Der Besitz der Blankenheimer Grafen umfasste am Ende des Mittelalters auch den Dahlemer Ortsteil Schmidtheim. Die Lehensinhaber von Schmidtheim waren ab 1340 die Herren *von Smydeheim*, die sich im Laufe der Zeit von den Blankenheimern absetzten. Um 1500 starb das Geschlecht aus und die Erbtochter *Eva* heiratete *Damian Beissel von Gymnich*, der 1511 als Schlossherr in Schmidtheim einzog. Die 1816 in den Grafenstand erhobenen Herren Beissel von Gymnich leben noch heute auf Burg Schmidtheim.

Die weitläufige **Schmidtheimer Burg** besteht im Kern aus dem dreiflügeligen Herrenhaus und der hufeisenförmigen Vorburg, die mit ihren Hofseiten einander zugewandt sind. Der mächtige viereckige Wohnturm des Herrenhauses aus dem 16. Jahrhundert stellt den ältesten Teil der Anlage dar. Die beiden Seitenflügel tragen vorspringende Ecktürme. Im 18. Jahrhundert wurde die Anlage um die Vorbauten an den Seitenflügeln des Herrenhauses, die Brücke zwischen Schloss- und Wirtschaftshof und den Torbau erweitert.

Seitlich der Burg gegenüber der Pfarrkirche steht die alte Gerichtslinde. Die **Pfarrkirche St. Martin** ist ein schlichter Barockbau aus dem Jahre 1720. Der vorgelagerte Westturm aus dem 16. Jahrhundert wurde mit einer Barockhaube versehen.

## Dahlem

Der Hauptort der Gesamtgemeinde Dahlem ist weithin durch seinen **Flugplatz Dahlemer Binz** bekannt. Die Geschichte Dahlems reicht bis in die Antike zurück. Trappistinnen erwarben nach dem Zweiten Weltkrieg die dicht beim heutigen Flugplatzgelände gelegene ehemalige Schäferei auf der Dahlemer Binz, die von den Nationalsozialisten zu einer

Jugendbildungsstätte umgewidmet worden war. Hier schufen sich die Trappistinnen 1953 ihre **Abtei Maria Frieden,** eine reizvolle Anlage am Rande des großen Dahlemer Waldes.

■ **Abtei Maria Frieden,** 53949 Dahlem-Binz, Tel. 02447 91 77 90, www.mariafrieden-ocso.de. Verkauf von Kräuterlikör (20 Vol-%), als Magenbitter „Extra", sowie Kastanienextrakt und -hautöl zum Einreiben, darüber hinaus fertigen die Trappistinnen Paramentenstoffe für Messgewänder, Stolen, Chormäntel und Altardecken an. Mit Gästehaus.

## Aktivitäten

■ **Öffentlicher Verkehrslandeplatz und Segelflugplatz Dahlemer Binz:** 53949 Dahlemer Binz, Flugplatz (Tower) Tel. 02447 14 93, www.dahlemer-binz.de. Bieten Segelflug, Motorflug, Ultraleichtflug, Fallschirmabsprung, Tandemflüge und Ballonaufstieg an, darüber hinaus Schulungen für Segelflug, Motorflug wie auch für den Ultraleichtflug, Rundflüge mit dem Motor-/Segelflugzeug über die Eifel.

**Kartbahn:** 53949 Dahlem-Binz, Hauptstr. 103, Tel. 02447 18 66, www.kartbahn-dahlem.de. Moderne, kurvenreiche Strecke, gut ausgebaut, 1120 m lang. Hier werden auch nationale Meisterschaften ausgetragen, Preise Leihkart 7 Min. 8 €, Geländekart 7 Min. 10 €, Kinderkart 5 Runden 5 €, Rennkart (nur nach Absprache) 30 Min. 60 €, geöffnet täglich 11–19 Uhr.

■ **Wintersportgebiet Oberes Kylltal – Dahlem/Kronenburg:** Gespurte Loipen, Rundstrecke über 7,1 km mit Start und Ziel bei Haus Schieferstein, Dahlem; Rundkurs mit einer Länge von 4,4 km beginnt am Tennisplatz; Rundkurs über 6,1 km (bis zur Abtei Maria Frieden sind es 3,8 km), Schneetelefon: 06597 28 78.

## Baasem

Auf dem Weg zum oberen Kylltal passiert man Baasem, einen kleinen Ort, der durch seine **Pfarrkirche Mariä Geburt** weithin bekannt ist, eine zweischiffige spätgotische Hallenkirche. Der dem nördlichen Schiff vorgelagerte Westturm stammt noch aus dem 12. Jahrhundert,

☐ Ein Teil der Schmidtheimer Burg

028ei ot

sein Obergeschoss wurde 1559 aufgesetzt. Filigrane Netz- und Sterngewölbe charakterisieren mit figürlichen Schlusssteinen den Innenraum – die alte farbige Fassung der Gewölbe konnte bei Renovierungsarbeiten 1954/55 wieder hergestellt werden.

## Kronenburg

Nahe Baasem liegt Kronenburg – kein anderer Ort der Eifel ist so typisch für die Burgenstädtchen, die sich die kleinen Eifelherren im Mittelalter als Sitz errichteten. Gleichzeitig ist der Ort ein Musterbeispiel dafür, wie die kleinen Herrschaften zum Spielball der Interessen der sie umgebenden Großterritorien wurden.

Erstmals wird Kronenburg im Jahre 1277 in einer Urkunde der Abtei Stablo-Malmédie als Besitz der Herrschaft Dollendorf erwähnt. Durch geschicktes Lavieren zwischen Köln, Trier, Jülich und Luxemburg konnten sich die Dollendorfer über 150 Jahre selbstständig halten. Auf Dauer mussten sie sich jedoch für eine Seite entscheiden und so schlossen sie sich an Luxemburg an. Später übernahm eine Dollendorfer Seitenlinie die Herrschaft – diese starb aber 1414 aus. Seither ließen die Luxemburger Kronenburg durch Amtmänner verwalten, mit der Folge, dass der Ort in Bedeutungslosigkeit versank.

Mit der Aufteilung des Reiches durch Kaiser *Karl V.*, gleichzeitig Herzog von Luxemburg, an seine beiden Söhne *Philipp* und *Maximilian* kam Kronenburg an Spanien. Nun brachen die kriegerischen Ereignisse des 17. und 18. Jahrhunderts über den Ort herein. Allein wegen der sich hier entwickelnden Eisenindustrie mit den Eisenhütten in Kronenburgerhütte und Hammerhütte, die bis ins 19. Jahrhundert Erze aus den Gruben von Stadtkyll und Dahlem verarbeiteten, blieb der Ort noch für die Besitzer von Interesse. In preußischer Zeit geriet Kronenburg weiter ins wirtschaftliche Abseits, sodass seither dem alten Ortskern keine Bauten mehr hinzugefügt wurden. Da die beiden Weltkriege Kronenburg weitgehend verschonten, konnte der Ort sein mittelalterliches Aussehen erhalten.

Von der alten Kronenburg im Zentrum des Ortes sind nur Ruinen erhalten, dafür ist der Burgbering aus dem 13./14. Jahrhundert großteils erhalten. Die Rückfronten der alten Fachwerkhäuser des Ortes sind in diesen Bering einbezogen. Besonders erwähnenswert ist **Haus Pallandt** (Nr. 22) mit einem Wappen an der Fassade. Auch die **Pfarrkirche St. Johannes,** deren Turm in verteidigungsfähiger Lage in den Burgbering eingebaut ist, erhielt ihre heutige Gestalt in der Zeit um 1500. Sie wurde als eine der für die Eifel so typischen Einstützkirchen gebaut, ein einziger Pfeiler in der Mitte trägt die vier Sterngewölbe mit Wappenschilden an den Schlusssteinen. Bemerkenswert ist der gotische Altar aus der Bauzeit der Kirche. Das Fresko hinter dem Altar, den Drachenkampf des heiligen *Georg* darstellend, ist noch ein Rest der ursprünglichen Ausmalung.

Als die Burg im 18. Jahrhundert immer weiter verfiel, erbaute sich der Verwalter 1766 ein stattliches Amtshaus. Wegen zu hoher Kosten abgesetzt, übernahm die Familie *Faymontville* den Posten. *„Nettchen" Faymontville* funktionierte als Nachfahrin der Familie ab 1769 das große Amtshaus in eine Unterkunft für Künstler und Wanderer um und zog so die ersten Künstler und Touristen nach Kronenburg. Aufschlussreich ist ein Besuch des **Malerateliers** von *Rolf Dettmann*, der über 50 Jahre als einziger Absolvent der ehemaligen Kronenburger Malerschule an diesem Ort wirkte. Es beherbergt eine Sammlung der Werke seines Nachlasses.

## Kronenburger See

Der nahe gelegene Kronenburger See, ein Stausee im oberen Kylltal, übt große Anziehungskraft auf Besucher aus – hier kann man faulenzen, baden und Tretboot fahren.

■ **Eifelpark Kronenburger See:** 53949 Kronenburg, Zum Kleebusch 15, www.roompotparks.de/ferienparks/554568/eifelpark-kronenburger-see. Reizvoll gelegen an einem Hang über dem See, dicht beim kleinen Ort Kronenburg, zum Ufer des Sees sind es nur ein paar Meter. Der Park bietet Bungalows in zwei Größen, Restaurant mit Terrasse, Imbiss, Eifelbar, Biergarten im Sommer, SB-Laden, Wasch- und Trockenmaschinen, Bootsverleih, Verleih von Mountainbikes, Ponyfarm, dazu eine Freizeithalle zum Bogenschießen, Klettern oder Tischtennis Spielen. Buchung über Sarcon Ferienparks GmbH, Hallerstr. 70, 20146 Hamburg, Tel. 040 4 11 70 00, www.sarcon.de.

## Essen & Trinken

■ **Café-Restaurant Seeterrasse**①, 53949 Dahlem-Kronenburg, Seeuferstraße 6, Tel. 0162 4 04 44 49, www.seeterrasse-kronenburg.de, geöffnet in der Saison 11–21 Uhr (je nach Wetter bis 22 Uhr), Di Ruhetag, deutsche und asiatische Küche, Gastronomie am Freizeitpark Kronenburger See, mit Bistro an der Staumauer. Der See bietet Bademöglichkeiten mit Wasserspielgeräten, Bootsverleih, Angeln, mit Wohnmobilstellplatz und Campingplatz (s.u.).

■ **Campinplatz Kronenburger See:** 54611 Hallschlag, Bahnhofstraße 19, Tel. 06557 90 01 10, www.campingplatz-kronenburger-see.de. Stellplätze für Caravans und Reisemobile von 80–120 m², Jahresstellplätze von 80–150 m², Mobilheimstellplätze von 140–200 m², Zeltplätze auf Platzanlage und seperater Jugendzeltplatz. Zudem Jugend- und Ferienhäuser mit 8 Schlafstellen je Haus, Mietzelte und Mietchalets, mietbare Grillhütte und Gemeinschaftshaus.

■ **Biber-Camp Kronenburger See:** 54611 Hallschlag, Bahnhofstraße 13, Tel. 06557 90 01 10, www.biber-camp-kronenburg.de, neue Jugend- und Gruppenunterkunft am See. Fünf ökologisch erstellte Holzbungalows mit je 8 Schlafplätzen, einer Küche mit Wohnbereich, einem WC/Duschbad, ganzjährig nutzbar.

## Veranstaltung

■ **Kronenburger Kunst- und Kulturtage (KKK):** Alljährlich im September Ausstellungen im gesamten Burgort, auf den Straßen finden Theater- und Musikaufführungen statt, Informationen unter www.kkk-kronenburg.de.

# Stadtkyll

## Info

■ **Touristinformation Oberes Kylltal:** 54589 Stadtkyll, Burgberg 22, Tel. 06597 28 78, www.obereskylltal.de.

Wenig flussabwärts liegt Stadtkyll als Hauptort des oberen Kylltals. Der heute anerkannte Luftkurort blickt auf eine römische Vergangenheit zurück. Die erste urkundliche Erwähnung erfolgte 1098.

Das 13. Jahrhundert war für Stadtkyll eine Blütezeit – die Stadt erhielt einen Bering und eine Burg. Die Folgezeit war durch Wirren mit Höhepunkten im 17. Jahrhundert gekennzeichnet. Die Mauersteine wurden zum Wiederaufbau der Häuser verwendet mit der Folge, dass Mauer und Burg verschwunden sind. Sehenswert sind die alte **Marktscheune** am Kirchplatz und die **Pfarrkirche St. Joseph,** die ihre heutige Gestalt im 19. Jahrhundert erhielt, sowie im Ortsteil Niederkyll die spätgotische **Hubertuskapelle** mit barocken Altären.

### Essen & Trinken/Unterkunft

■ **Landal Ferienpark Wirfttal:** 54589 Stadtkyll, Wirftstr., Tel. 06597 9 29 20, Mobil 01805 70 07 30 (0,12 €/Min.), www.landal.de. Unmittelbar südlich von Stadtkyll im Wirfttal gelegener, schöner Ferienpark mit komfortablen, frei stehenden Ferienhäusern in verschiedenen Größen (für 4, 5 oder 6 Personen) im Eifeler Fachwerkstil, großteils mit offenem Kamin. Komplett eingerichtete Küche, Sat.-TV, Zentralheizung, Wohnzimmer mit Sitz- und Essecke, geräumige Schlafzimmer und möblierte Terrasse, Allergiker-, haustierfreie und Nichtraucher-Bungalows verfügbar. Hallenbad, separates Planschbekken, beheiztes Freibad mit Rutsche, zwei Tennisplätze (im Freien), Freizeitprogramm & Bollo-Miniclub (während der Schulferien), Imbiss und Parkrestaurant (im Sommer Terrasse mit Blick auf den Kinderspielplatz und Minigolf), Minimarkt (täglich geöffnet), Waschsalon.

■ **Waldjugendlager Stadtkyll:** Am Hasenberg 12, Tel. 06597 23 37, www.stadtkyll.de/tourismusfreizeit/waldjugendlager.html. Gut ausgestattetes Jugendlager im Wirfttal, besonders geeignet für Jugend- und Familiengruppen, mit 16 beheizbaren Blockhütten mit je acht Schlafplätzen, zwei davon mit Nasszellen ausgestattet, großzügiger Gemeinschaftsraum mit anliegender Küche, Sanitärgebäude, Bolzplatz auf dem Gelände des Lagers, Kinderspielplatz. Waldfreibad Stadtkyll und Minigolfanlage in der Nähe, Wirftstausee auch zum Angeln ideal. Benutzungsentgelte pro Hütte 56 €, Nebensaison 44 €, mit Sanitäreinrichtung zuzügl. 10 €, Mindestbelegung 200 €, Kaution 30 €.

### Aktivitäten

■ **Wintersportgebiet Oberes Kylltal:** siehe „Dahlem“.

### Galerie

■ **Galerie Max Ströder:** 54589 Stadtkyll, Hauptstr. 8, Tel. 06597 36 25, www.galeriemaxstroeder.de. Der 1958 in Stadtkyll geborene Maler ist mit Naturmotiven und eigenwilligen Porträts über die Eifel hinaus bekannt. Öffnungszeiten nach Vereinbarung.

## Jünkerath

Flussabwärts liegt Jünkerath, hervorgegangen aus einem römischen Straßenkastell. Im Mittelalter errichteten hier die Grafen von Schleiden die Burg Junkerode. Später kam der Besitz an die Grafen von Manderscheid und ab 1488 an Blankenheim.

Hier wurde ein Eisenhüttenwerk errichtet, aus dem dann eine moderne Maschinenfabrik hervorging. Im Jünkerather Ortsteil Glaadt war die eigentliche Hüttensiedlung, in der die Blankenheimer Grafen im 17. Jahrhundert ein Jagdschloss errichteten, das aber einem Brand zum Opfer fiel und seither Ruine ist.

## Eisenmuseum

**UNSER TIPP:** Das Jünkerather Eisenmuseum erinnert noch an die wirtschaftlich so bedeutende Zeit der Eisenverarbeitung. Ausgangspunkt ist ein in den 1960er Jahren in Jünkerath gegossener Roheisenwagen. Im Museum werden die Entwicklung des **Eisengusses** von der Frühzeit bis zum Kunsteisenguss unserer Zeit gezeigt und die geophysikalischen, technischen, sozialen, wirtschaftlichen und kunsthistorischen Hintergründe dieser Fertigungstechnik dargelegt, darüber hinaus werden wertvolle **Öfen** aus Jünkerath gezeigt.

■ **Eisenmuseum Jünkerath:** 54584 Jünkerath, Römerwall 12, Tel. 06597 28 78, www.eisenmuseum-juenkerath.de, geöffnet April bis Mitte Okt. Mi bis Fr, So und feiertags 13–17 Uhr, Eintritt 3 €, ermäßigt 2,50/2 €. Führungen auf Anfrage (mind. 7 Pers.) 6 €, ermäßigt 4 €.

## Wassermühle

Zwischen Jünkerath und Hillesheim findet man in **Birgel** einen alten Mühlenkomplex vor, der als historisches Handwerkszentrum zu besichtigen ist. Es handelt sich um eine vierstöckige Wassermühle mit Sägewerk, Backhaus sowie Öl- und Senfmühle.

■ **Historische Wassermühle:** 54587 Birgel, Mühlenstraße 1, Tel. 06597 9 28 20, 9 28 21 49, www.moulin.de. Erlebnisgastronomie im Sägewerk, französisches Restaurant im Gewölbekeller, geöffnet Ostern bis Nov. 12–17 Uhr, Führung 15 Uhr und auf Anfrage; dazu Mühlen-Ferienhäuser in historischen Fachwerkhäusern, die andernorts abgerissen werden sollten und hier wieder aufgebaut und modern ausgestattet wurden, Tagesmiete ab 51 €. Dazu gibt es ein **Hotel**② mit 8 Zimmern, Hausbrennerei, Senfmühle, Mühlenshop und kleines Museum.

# Hillesheim

## Info

■ **Postleitzahl:** 54576, **Tel.-Vorwahl:** 06593
■ **Touristinformation:** 54576 Hillesheim, Graf Mirbachstr. 2, Tel. 06593 80 92 00, www.hillesheim.de.

Als alter befestigter Marktort wenig östlich des Kylltals kann Hillesheim auf eine bis in die Keltenzeit zurückreichende Geschichte blicken. Hier führte auch eine römische Heerstraße entlang. Im Mittelalter unterstand Hillesheim wechselnden Herren, bis es schließlich durch Verpfändung im Jahre 1354 an Kurtrier kam und als nördlich vorgeschobener Posten für die Trierer große Bedeutung erlangte. Die Trierer verstärkten die im unregelmäßigen Fünfeck errichtete **Stadtmauer,** von der noch imponierende Res-

### Wandertipp Krimi-Hauptstadt

Der 2-stündige Krimi-Spaziergang führt zu den Tatorten und Schauplätzen der Eifel-Krimis in **Hillesheim.** Es gibt Hintergrundinformationen, Geschichten zu den Schauplätzen etc., Information: Tourist-Information Hillesheim, Tel. 80 92 00, www.krimiland-eifel.de, jeden 2. Sa im Monat, Start an der Tourist-Information 11 Uhr, Teilnahme 6 €, Kinder 3 €.

te erhalten sind. Im 17. und 18. Jahrhundert erlitt Hillesheim durch die kriegerischen Ereignisse allergrößten Schaden, zuletzt auch noch im Zweiten Weltkrieg.

Auch die **Pfarrkirche St. Martin** blieb nicht von den Zerstörungen ausgenommen – im Jahre 1851 wurde sie durch einen klassizistischen Saalbau ersetzt. Ihre wertvollsten Ausstattungsstücke sind ein steinerner dreiteiliger Spätrenaissancealtar und die Barockorgel. Nahe der Stadtmauer entstand schon Mitte des 13. Jahrhunderts ein **Augustiner-Eremitenkloster.** Von der vielfach zerstörten Anlage bestehen noch zwei Flügel, die in einen modernen Hotelbau integriert wurden.

## Hauptstadt der Eifel-Krimis

Hillesheim ist als Hauptstadt der Eifel-Krimis bekannt. Im gemütlichen Eifelstädtchen dreht sich alles um Krimis. Wie soll es auch anders sein, in einem Landstrich, dessen literarische Leichen, kreiert von *J. Berndorf* und seinen Autorenkollegen, längst zum Markenzeichen geworden sind. In den Räumen der Alten Gerberei ist neuerdings das **Kriminalhaus** untergebracht. Dieses Haus beherbergt nicht nur den Krimi-Verlag der Eifel-Autoren, sondern auch ein längst deutschlandweit bekanntes Krimi-Archiv, eine ganz auf Krimis spezialisierte **Buchhandlung** und das reizvolle **Café Sherlock,** ganz im Plüsch der internationalen Krimi-Welt eingerichtet.

■ **Das Kriminalhaus:** 54576 Hillesheim, Am Markt 5–7, www.kriminalhaus.de, mit Buchhandlung Lesezeichen, www.lesezeichen-hillesheim.de und Tel. 80 94 33, geöffnet Di bis Sa 9–18 Uhr, So und feiertags 12–18 Uhr, dazu **Café Sherlock,** Tel. 80 94 35, geöffnet 10–18 Uhr, Mo Ruhetag, dazu **Deutsches Krimi-Archiv,** Tel. 80 94 35, geöffnet 10–18 Uhr, Mo Ruhetag, dazu **KBV-Verlag,** Tel. 99 89 60, www.kbv-verlag.de, der Verlag mit den meisten Eifel-Krimi-Autoren, das Kriminalhaus ist zwei Wochen im Januar geschlossen.

■ **Nordeifel-Mordeifel Krimitage:** in Hillesheim alle graden 2 Jahre drei Tage Anfang September. Mit Lesungen, Konzerten, Autoren zur Diskussion, Information: www.krimiland-eifel.de.

## Berndorf

Auf dem Weg von Hillesheim nach Burg Kerpen sieht man schon von weitem auf einer Anhöhe die alte **Wehrkirche St. Peter,** die hier schon im 12. Jh. auf Resten von Gräben und Wällen errichtet wurde. Ihre heutige Gestalt erhielt sie durch Umbauten 1513–15, dabei wurde die Kirche eingewölbt. Bei den Renovierungsarbeiten 1961–65 legte man unter zwölf Farbschichten die mittelalterliche Ornamentenmalerei frei. Auch die Figuren des heiligen *Leonhard,* dem zweiten

### Wandertipp Geo-Pfad Hillesheim

Die Touristinfo Hillesheim hat im Umfeld 35 Aufschlusspunkte mit Informationstafeln versehen, die Auskunft über 400 Mio. Jahre Erdgeschichte geben; dazu wird ein vielfältiges Informations- und Wanderprogramm geboten, Fachexkursionen, Kinder- und Familienaktivitäten, Information: www.hillesheimer-gerolsteiner-land.de/natur/geologie-gerolstein.

Schutzpatron der Kirche, und der heiligen *Barbara* sowie das barocke Kirchengestühl wurden restauriert.

## Dreis

Im Hillesheimer Ortsteil Dreis, unmittelbar am Dreiser Weiher, einem heute als Minerwasserquelle genutzten Trockenmaar, errichtete sich 1597 der Schultheiß der Grafen von Manderscheid ein imposantes **Burghaus** als dreigeschossiges Giebelhaus mit rundem Treppenturm, von dem auch noch ein Wirtschaftstrakt erhalten ist.

### Essen & Trinken/Unterkunft

■ **Fasen**②, 54576 Hillesheim, Am Markt 14, Tel. 06593 9 85 40, www.hotel-fasen.de. Krimi-Hotel mit gemütlichem Ambiente in einem 1908 errichteten, eindrucksvollen Gründerzeitbau. Das gepflegte Restaurant bietet gutbürgerliche Küche mit kulinarischen Besonderheiten aus der Region. Wild- und Fischdelikatessen, rustikale Bierstube, Biergarten, elegantes Café, Spezialität: Five o'clock Teatime, Gesellschaftsräume; Hotelbetrieb mit geschmackvoll eingerichteten Zimmern. Angelscheine für die Kyll auf Vorbestellung, jeder Fliegenfischer bekommt ein Gratis-Lunchpaket.

### Aktivitäten

■ **Golf Club Eifel:** 54576 Hillesheim, Milanweg, Tel. 06593 12 41, www.gc-eifel.de. 18-Loch-Platz, mit Gastronomie, Golf-Schule, Shop.

# Kerpen

Nahebei im Nordosten von Hillesheim erstreckt sich die ehemalige Herrschaft der erstmals 1136 erwähnten Herren von Kerpen. Von ihrer **Burg** wird im Jahre 1173 berichtet. Die großartige romanische Anlage mit Palas und mächtigem Bergfried war von einer weit gefassten Mauer umgeben. Im 14. Jahrhundert erfolgten Erweiterungen mit Wohn- und Torbauten, zusätzlichen Mauern und Türmen, Anfang des 16. Jahrhunderts kam ein **Schlossgebäude** hinzu. Um 1500 ist schon die **Burgkapelle** entstanden, die im Gegensatz zur Burganlage, die in den Fehden der Eifelherrschaften untereinander und während der französischen Besetzung stark zerstört wurde, weitgehend erhalten geblieben ist – auch sie wurde als Einstützenkirche mit Sterngewölbe errichtet. Zu ihrer Barockausstattung zählen drei Altäre sowie die Kanzel. Im Jahre 1911 kaufte der Eifelmaler *Fritz von Wille* (1860–1941) die Burgruine. Sehenswert ist auch der Ort Kerpen selbst mit seinen hübschen Fachwerkbauten.

### Essen & Trinken/Unterkunft

■ **Die Einkehr**③, 54578 Kerpen, Bachstraße 2, Tel. 06593 3 09 96 00, www.die-einkehr.de, neu eingerichteter Gastbetrieb in einem spätbarocken herrschaftlichen Bauernhaus aus dem Jahr 1807 direkt unterhalb der Burg, rustikales Hoflokal bietet ländliche Küche, vielseitige Weinkarte, mit Außengastronomie, fünf modern eingerichtete Gästezimmer, Restaurant Do bis Sa abends geöffnet, So mittags/nachmittags.

# Gerolsteiner Land und Kyllburger Waldeifel

0 2km 

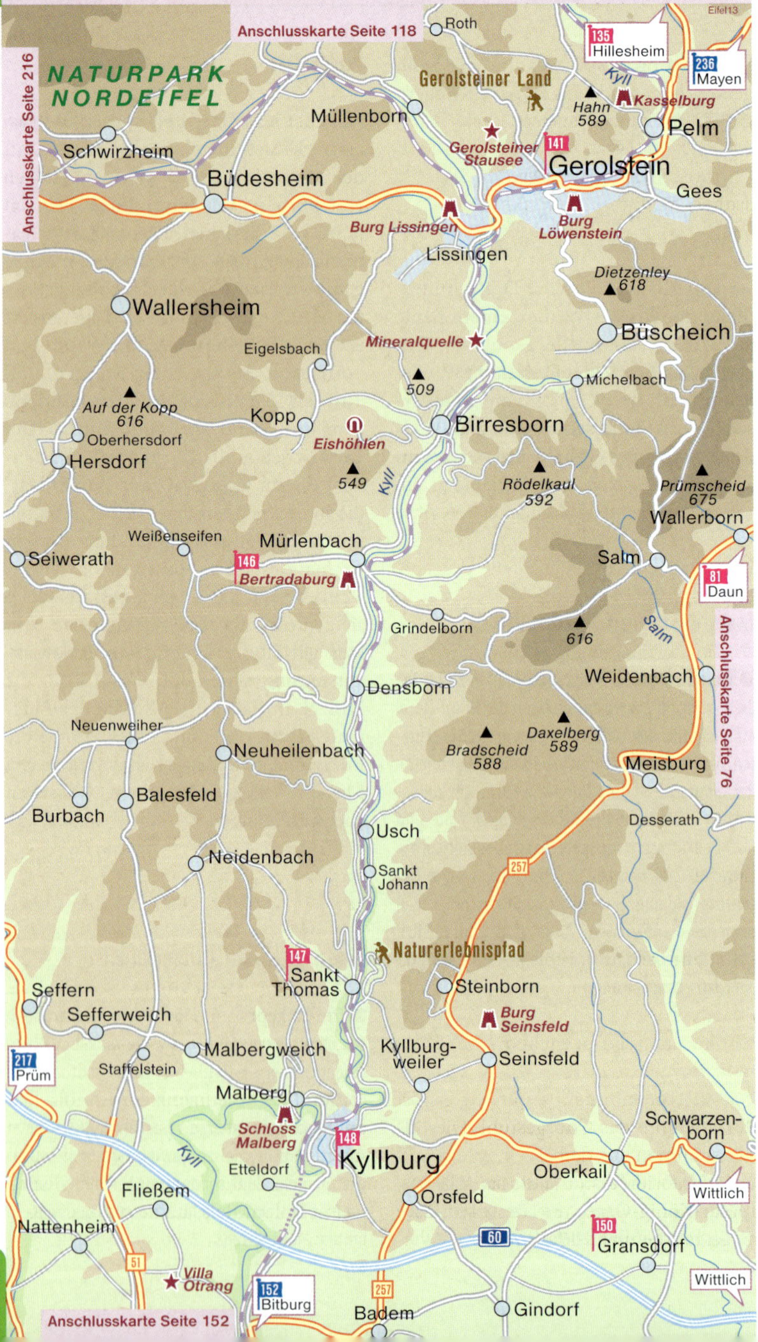

### Veranstaltung

■ **Bauern- und Handwerkermarkt:** Alljährlich 2. Samstag im Juni, mit landwirtschaftlichen Vorführungen, Buden, Theater, Spielleuten, Führungen durch den historischen Ortskern.

## Kloster Niederehe

**Unser Tipp:** Östlich von Kerpen findet man in Niederehe noch ein hochinteressantes Klosterensemble. Hier wurde von der Burg Kerpen aus ein Augustinerinnenkloster für Adelige gegründet. Das mit Ländereien gut ausgestatte Kloster machte seine Bewohnerinnen wohlhabend – doch Reichtum macht begehrlich, und die Nonnen wandten sich im Laufe der Jahrhunderte immer mehr von der klösterlichen Abgeschiedenheit ab. Daraufhin schloss die Obrigkeit das Kloster und wandelte es in ein Prämonstratenserkloster um. Die Einnahmen wurden nun für eine reiche Ausstattung der Kirche eingesetzt. Sehenswert ist vor allem das fein geschnitzte Chorgestühl aus dem beginnenden 16. Jahrhundert. Auch die in der zweiten Hälfte des 12. Jahrhunderts entstandene und weitgehend ursprünglich erhaltene Klosterkirche **St. Leodegar** selbst ist sehenswert – sie birgt das Hochgrab *Philipps von der Mark* und seiner Frau aus schwarzem belgischen Marmor, eine plastische Figur in Ritterpose. Zur wertvollen Innenausstattung gehört des Weiteren das Chorgestühl. Die Bilder stammen aus dem 17. Jahrhundert. Neu restauriert erstrahlt die barocke Balthasar-König-Orgel, die älteste spielbare Orgel in Rheinland-Pfalz, in der Kirche.

### Einkaufen

■ **Einkaufen auf dem Bauernhof:** mustergültiger landwirtschaftlicher Familienbetrieb M. Gröner, 54578 Loogh/Eifel (zwischen Kerpen und Niederehe), Im Mühlenweg 3. Tel. 06593 18 12, www.eifel-groener.de, mit Restaurant. Der Hofladen bietet u.a. Jungbullenfleisch und Bergkäse aus eigener Produktion im Hofladen. Restaurant geöffnet Mo bis Fr 11.30–15.30 Uhr, Hofladen geöffnet Mo, Mi und Fr 10–17 Uhr, Di, Do und Sa 10–12.30 Uhr.

# Gerolsteiner Land

### Info

■ **Postleitzahl:** 54568, **Tel.-Vorwahl:** 06591
■ **Tourist-Information Gerolsteiner Land:** Bahnhofstraße 4, Tel. 94 99 10, www.gerolsteiner-land.de.

Im **Zentrum der Eifel** im Gerolsteiner Land zeigt sich die Naturlandschaft von ihrer vielfältigsten Seite – und zieht Geowissenschaftler und Vulkanologen gleichermaßen wie Wanderer und Fossiliensammler in ihren Bann. Hier treten die **versteinerten Korallenriffe** des flachen devonischen Meeres, das sich vor über 300 Millionen Jahren anstelle der heutigen Eifel muldenförmig ausbreitete, zu Tage und prägen das Landschaftsbild. Die **Dolomitfelsen** rund um Gerolstein wie der Auberg, die Munterley, die Hustley und der Heiligenstein unmittelbar am Stadtrand steigen auf über 100 Meter über das Niveau des malerischen Kylltals an. Auch der Burgberg über der Altstadt ist ein Dolomitfels, auf dem sich die Reste der Burg der Grafen *von Gerolstein* er-

heben. In späteren erdgeschichtlichen Epochen hat der Vulkanismus weiter Form gebend gewirkt – vulkanische Erhebungen und Geländeaufschlüsse sind hier sehr häufig. Auch der berühmte Gerolsteiner Mineralbrunnen verdankt diesen vulkanischen Aktivitäten seine Existenz.

## Gerolstein

Steinzeitliche Funde wie etwa im Buchenloch, einer Höhle in der Nordwand der Munterley, zeigen, dass Menschen den Gerolsteiner Raum schon in vorgeschichtlicher Zeit besiedelten. In keltischer Zeit diente der in Resten erhaltene Ringwall auf der Dietzenley als Fliehburg, und von den Römern hat man mehrere Gutshöfe gefunden, die zwar während der Völkerwanderungen zerstört wurden, in fränkischer Zeit aber noch als Grabfelder dienten.

Im Jahre 762 schenkte der fränkische Herrscher *Pippin* dem Kloster Prüm Grundbesitz im Umland der heutigen Stadt Gerolstein, unter anderem das Grundstück der einstigen römischen Villa Sarabodis, die von den Mönchen als *agri curiae* (= Hofacker) bezeichnet wurde und deren Name auch jetzt noch im Grundbuch zu finden ist – um die Villa entstand die Ortschaft Sarresdorf.

Zu Beginn des 12. Jahrhunderts errichtete *Gerhard I. von Blankenheim* auf dem auf der linken Talseite der Kyll aufragenden Dolomitfelsen des Burgberges die Löwenburg, aus deren ursprünglicher Bezeichnung „Gerhardstein“ sich dann der Ortsname von Gerolstein ableitete. 1336 verlieh Kaiser *Ludwig der Bayer* Gerolstein Stadtrechte. 1548 erbten nach dem Aussterben der Blankenheimer die Grafen *von Manderscheid* die Besitzungen. Im Zuge der Kämpfe um die 1691 von den Franzosen besetzte Stadt wurde die Burg in Brand gesteckt, die meisten Häuser wurden vernichtet. Weiteren Bränden im 18. Jahrhundert und dem Bombardement im Zweiten Weltkrieg fielen wiederum fast alle Gebäude der Stadt zum Opfer. Längst sind die Schäden beseitigt und Gerolstein präsentiert sich heute als attraktiver Urlaubsort, der dem Besucher vielfältigste Anregungen bietet.

### Burg Löwenstein

Von der Burg Löwenstein sind seit der Franzosenzeit nur noch **Ruinen** übrig geblieben. Dennoch lassen die von der Vorburg erhaltene, elf Meter hohe Schildmauer und die Reste der Wohngebäude der Hauptburg noch die einstige Größe und Pracht dieser Anlage erahnen, von der man einen großartigen Blick über Gerolstein, die Dolomitfelsen und das Kylltal hat.

Oben an der Burg ist auch ein **Parkplatz,** sodass man nicht gezwungen ist, die Treppen zum Aufstieg zu nutzen.

‹ Burg Lissingen bei Gerolstein

# Geopark Gerolsteiner Land

Das Gerolsteiner Land zählt zu den geologisch interessantesten Gebieten der Eifel. Sein Herzstück wird von der **Gerolsteiner Mulde,** einer der kleinsten Eifelkalkmulden, gebildet. Markant erheben sich im Kylltal zwischen Pelm und Lissingen die **Gerolsteiner Dolomiten** an die hundert Meter über das Talniveau und geben von ihren Höhen den Blick auf die Gerolsteiner Mulde frei. Das tief eingeschnittene **Kylltal** wird hier von steilen Felshängen gesäumt. Es treten Braun- und Roteisenlagerstätten auf, die die Grundlage für eine blühende Eisenindustrie zwischen dem 16. und 19. Jahrhundert bildeten. Man findet auch einige interessante **Fossillagerstätten.**

Vulkanische Aktivitäten aus dem Erdzeitalter des Quartärs finden sich vor allem zwischen Lissingen und Birresborn, wie etwa der 618 Meter hohe **Dietzenley,** von dessen Aussichtsturm man einen weiten Rundblick hat. Ein typischer jungquartärer Vulkan ist der sich nordöstlich von Gerolstein 555 Meter hoch erhebende **Rokkeskyller Kopf,** der sich aus verschiedenen Lava- und Tuffschichten zusammensetzt.

Aus der Zeit des **Maar-Vulkanismus** stammen das Gerolsteiner Maar, der Duppacher Weiher, das Duppacher Maar, das Eigelbacher Maar sowie die Maare bei Gees, die aber alle ohne Wasserfüllung sind. Aus den im Erdinneren noch vorhandenen Magmablasen strömt nach wie vor Kohlendioxyd aus, das aus dem Grundwasser Mineralien löst und so die Grundlage der **Gerolsteiner Mineralwasserindustrie** schafft.

## Villa Sarabodis

Beim Bau der **Erlöserkirche** zu Beginn des 20. Jahrhunderts wurden die Reste der römischen Villa Sarabodis gefunden. Die Erlöserkirche war die hundertste vom Berliner-Kirchenbau-Verein finanzierte Kirche und wurde deshalb Kaiser *Wilhelm II.* als Jubiläumsgeschenk gestiftet. Ihr Erbauer ist Prof. *Schwechten,* der auch die Kaiser-Wilhelm-Gedächtniskirche in Berlin errichtet hat und hier einen neoromanischen Zentralbau mit beeindruckenden, nach byzantinisch-frühchristlichem Vorbild gestalteten Mosaiken schuf.

Der Kirchenbauverein ließ die Grundmauern der Villa Sarabodis freilegen und rekonstruierte ihre Hypokaustenanlage. Im kleinen **Museum** werden auch Fundstücke vom „Juddekirchhof Gerolstein" gezeigt, einem im Volksmund so bezeichneten gallorömischen Tempelbezirk nördlich der Stadt. Die Reste der römischen Villa können zusammen mit der Erlöserkirche besichtigt werden.

■ **Villa Sarabodis:** Sarresdorfer Str. 15–17, Tel. 1 31 80, www.gerolsteiner-land.de. Führungen April bis Okt. Mo 11 Uhr, Mi und Sa 11 und 15 Uhr, Gruppenführungen auf Anfrage, Teilnahmegebühr 2,50 €, ermäßigt 2/1,50 €.

## Naturkundemuseum

Sehenswert ist auch das Naturkundemuseum im 1710 erbauten **Alten Rathaus** mit Exponaten zu Erd-, Ur- und Frühgeschichte. Es hat außerdem eine interaktive Waldabteilung und eine Schmetterlingssammlung.

■ **Naturkundemuseum:** Hauptstraße 72, Tel. 9 89 94 59, www.naturkundemuseum-gerolstein.de, geöffnet Mo bis Mi, Fr und Sa 13–16 Uhr, Do 17–18 Uhr, Fr 11–16 Uhr, Eintritt 3 €, ermäßigt 2/1 €.

## Kasselburg

**Unser Tipp:** Eine große Attraktion stellt die Kasselburg mit dem Adler- und Wolfspark dar. Ihr um 1350 erbauter, 34 Meter hoher Wohn- und Torturm zeugt vom Machtbewusstsein der Herren *von Blankenheim* als ihrem Erbauer. Auf der geschützten Seite der Anlage stand ein wohnlicher Palas mit dreigeschossiger Kapelle. Der Bergfried stammt noch aus der Zeit um 1200. In den alten Gemäuern des Burghofes leben heute **Adler, Milane, Falken, Uhus, Geier und Eulen** in Volieren. In den Wäldern der Wolfsschlucht um die Kasselburg ist das **größte Wolfsrudel Westeuropas** zu Hause. Freiflugvorführungen mit Steinadlern, Falken und Milanen finden auf der großen Flugwiese vor der Burg statt.

**Adler- und Wolfspark Kasselburg:** 54570 Pelm bei Gerolstein, Tel. 98 51 76, www.adler-wolfspark.de, geöffnet März bis Okt. 10–18 Uhr, Flugprogramm 11 und 15 Uhr, Wolfsfütterung 15.45 Uhr, Nov./Dez. und Jan./Feb. Sa und So 11–16 Uhr, 24.12. und 25.12. geschlossen, in den Weihnachtsferien täglich 11–16 Uhr, Eintritt 7 €, Kinder 5 €.

## Burg Lissingen

Im Gerolsteiner Ortsteil Lissingen steht flussabwärts an der Kyll die ehemalige Wasserburg Lissingen, die ursprünglich der Abtei Prüm als Wirtschaftsburg diente. Im Gegensatz zu den meisten anderen Eifelburgen blieb sie unzerstört und hat sich als beeindruckendes bauliches Erbe erhalten, das bis in die Zeit der Gotik zurückreicht und über ein besonders sehenswertes Renaissanceportal an

## Wandertipp Gerolsteiner Land

Alle **Geotope** des Gerolsteiner Landes werden in vier, mit farbigem „G" gekennzeichneten Wanderwegen mit informativen Hinweistafeln erschlossen. Darüber hinaus bieten geführte Touren tiefere Einblicke in die Natur des Gerolsteiner Landes:

■ **Georoute 1:** April bis Okt. Di 9.30 Uhr, Treffpunkt Tourist-Information Gerolstein, Preis 3 €, Kinder bis 12 Jahre frei.
■ **Georoute 2:** April bis Okt. jeden 1. Sa im Monat 10.30 Uhr, Treffpunkt Hotel Landhaus Müllenborn, Preis 3 €, Kinder bis 12 Jahre frei.
■ **Georoute 3:** April bis Okt. Di 9.30 Uhr, Treffpunkt Hotel Berlinger Mühle, Berlingen, Preis 3 €, Kinder bis 12 Jahre frei.
■ **Georoute 4:** Mai bis Okt. jeden letzten Mi im Monat 10 Uhr, Treffpunkt Tourist-Information Gerolstein, Preis 3 €, Kinder bis 12 Jahre frei (zuzügl. Kosten für die Bahnfahrten Gerolstein – Densborn und Mürlenbach – Gerolstein).
■ **Sonderführung:** Rundwanderung um den Rockeskyller Kopf, 1x monatlich im Sommer 10 Uhr, Treffpunkt Rockeskyller Schnapsbrennerei, Preis 5 €; Kinder bis 12 Jahre frei.
■ **Informationen:** Natur- und Geopark Vulkaneifel, 54550 Daun, Mainzer Str. 25, Tel. 06592 93 33 47, www.ngp-ve.de.

der Oberburg verfügt. In der Anlage standen zwei Burghäuser, die von einer gemeinsamen Wehranlage umschlossen waren. Seit der 1559 erfolgten Erbteilung entwickelten sich die beiden Burgbereiche von Ober- und Niederburg selbstständig voneinander. Die privaten Eigner der Oberburg vermieten im historischen Gemäuer Ferienwohnungen. Teile der Oberburg sind zu besichtigen.

■ **Burg Lissingen:** 54568 Gerolstein-Lissingen, Prümer Str. 1, www.oberburglissingen.de, Führungen nach Vereinbarung Tel. 06591 98 35 77 bzw. 0162 86 43 9 45, Kosten 2 €, ermäßigt 1,50/1 €.

## Eishöhlen

Auf dem Weg nach Mürlenbach passiert man den erloschenen Vulkan Kalem und erreicht zunächst den kleinen Ort **Birresborn,** der durch seine oberhalb gelegenen Eishöhlen weithin bekannt ist. Selbst im Hochsommer überschreiten die Temperaturen im Inneren kaum 6 °C. Ein Fahrweg führt dicht an die Höhlen, für den Besuch sollte man eine Taschenlampe mitnehmen. Nahebei fließt der Eigelbach durch ein ausgetrocknetes Maar. Die Sedimente, die das Maar verlandet haben, gestatten tiefe Einblicke in die klimatische Vergangenheit des Eifeler Raumes.

## Stausee

Der kleine, künstlich angelegte Gerolsteiner **Stausee** nördlich der Stadt lädt Besucher zum Verweilen und Fischen ein. Ein Rundweg führt durch das Schilf- und Binsendickicht am Zulauf des Sees. Für Kinder ist ein kleiner Spielplatz angelegt, der jedoch in keinem guten Zustand ist.

## Essen & Trinken/Unterkunft

■ **Berlinger Mühle**②, 54570 Berlingen, Mühlenstr. 20, Tel. 9 51 30, www.berlinger-muehle.de. 4 km nordöstlich von Gerolstein, gutbürgerliche, saisonale Küche, hausgemachte Wurst, Wild aus Eifeler Jagd, Mi Ruhetag, angeschlossener **Hotelbetrieb**②, vermieten auch Hotelzimmer und Appartements.

■ **Landhaus Müllenborn**④, Auf dem Sand 45, Tel. 9 58 80, Fax 95 88 77, www.landhaus-muellenborn.de. Komfortable Zimmer und Appartements, große Panoramaterrasse, Tagungsräume, Arrangements; im **Restaurant**③ täglich wechselnde Küche, Buffet, rustikale Gerichte, Weinstube.

■ **Haus Huschens**③, 54568 Gerolstein-Michelbach, Talweg 2, Tel. 98 29 60, idyllisch im Grünen gelegenes Hotel, Restaurant und Braustube, großer Gastgarten, vermietet auch Ferienwohnungen, ganzjährig geöffnet.

[>] Die Bertradaburg

## Camping

■ **Felsenhof:** Bungalow- und Feriendorf bei Gerolstein, nahe am Stausee, Tel. 31 29, Fax 48 76, www.felsenhof.de. Großflächiger Platz mit Sicht auf Kylltal, Munterley und Gerolstein, Bungalows für 4–10 Personen, Campingplatz mit geräumigen Plätzen, zwei Sanitärstationen, Minigolf-Anlage, ganzjährig geöffnet.

■ **Campingplatz Oosbachtal:** 54568 Gerolstein-Müllenborn, Müllenborner Straße 31, Tel. 74 09, www.camping-oosbachtal.de, kleiner Familiencampingplatz am Oosbach (für Fliegenfischer) und große Angelteiche nahe der Kyll, mit Campingkiosk und Gaststätte Oosbachschänke, ganzjährig geöffnet.

## Jugendherberge

■ **Jugendherberge Gerolstein:** Zur Buschkapelle 1, Tel. 47 45, www.diejugendherbergen.de. Zwei- bis Sechs-Bett-Zimmer, Aufenthalts- und Seminarräume, Übernachtung mit Frühstück pro Person (mit Bettwäsche) ab 20 €, ganzjährig geöffnet (außer Weihnachten).

## Aktivitäten

■ **Angeln:** Das Kylltal im Gerolsteiner Land gilt als Eldorado der Fliegenfischer. Angelscheine für die Angelstrecken der Kyll sind bei der Tourist-Information erhältlich.

112ei ot

- **Klettern:** Der Kletterfelsen der Hustley bei Gerolstein steht mit gültiger Klettererlaubnis Interessenten offen, Erlaubnis bei der Tourist-Information.
- **Minigolf:** im Feriendorf Felsenhof (s.o.).
- **Schwimmen:** Hallen- und Freizeitbad der Verbandsgemeinde Gerolstein, Raderstr. 22–24, Tel. 45 38, www.gerolstein.de, Kernöffungszeiten **Hallenbad** Mo–Fr 15–21 Uhr, Sa bis 18 Uhr, So und feiertags 9–12 Uhr, Di kein allgemeines Schwimmen. **Freibad** geöffnet Mitte Mai bis Mitte Sept. bis 20 Uhr, Mai, Sept. ab 12 Uhr, Juni ab 11 Uhr Juli, Aug., Sa, So ab 10 Uhr, Eintritt 3,50 €, ermäßigt 2,50 €.

### Einkaufen

- **Rockeskyller Kornbrennerei:** 54570 Rockeskyll, Dorfstr. 43, Tel./Fax 44 50, www.brennerei-eifel.de. Nordöstlich von Gerolstein, stellt Kornbrand und Liköre her, Verkauf Mo bis Fr 9–18 Uhr, Sa 11–15 Uhr (Ostern bis Dez.), Betriebsrundgang jeweils Di 11 und 15 Uhr, pro Person 6,50 €.

### Wandertipp Naturerlebnispfad

Der Naturerlebnispfad St. Thomas ist ein 2,5 Kilometer langer, beschilderter Wanderweg durch das Landschaftsschutzgebiet „Zwischen Ueß und Kyll" im landschaftlich reizvollen Heilenbachtal. Der Weg führt vom **Gemeindeplatz St. Thomas** über das Kloster bis zu den Neidenbacher Wasserfällen. Auf Anfrage bietet das Forstamt Bitburg Führungen an, Kleiststr. 5, 54634 Bitburg, Tel. 06561 9 46 90.

[>] Kloster St. Thomas liegt idyllisch im Kyllburger Wald

### Veranstaltungen

- **Kylltal Aktiv:** Wenn einmal im Jahr Mitte Juli entlang des Radweges Kylltal Aktiv stattfindet, ist das gesamte Kylltal zwischen Malberg und Gerolstein für den Autoverkehr gesperrt und die Straßen gehören nur den Fußgängern, Radlern und Skatern. Info-Hotline Tel. 06591 1 31 80, w ww.kylltalaktiv.de.

## Bertradaburg

Weiter flussabwärts in **Mürlenbach** erhebt sich die Bertradaburg oberhalb der Kyll auf einem markanten Felsvorsprung. *Bertrada die Ältere,* die Urgroßmutter *Karls des Großen* und Gründerin der Abtei Prüm, soll hier geboren sein. Der Standort der Burg markiert seither die Ostgrenze des Herrschaftsgebietes dieser Abtei. Die inzwischen restaurierte doppeltürmige Torburg mit einem durch hohe Mauern und Flankierungstürme umschlossenen polygonalen Hof stammt aus dem späten 13. Jahrhundert. Zu Beginn des 16. Jahrhunderts wurde die Burg zur Festung ausgebaut – trotzdem fiel sie im Jahre 1576 kampflos an Kurtrier und wurde endgültig zu einer rondellierten Bergfestung ausgebaut, aber gleichwohl durch französische Truppen *Ludwigs XIV.* im späten 17. Jahrhundert zerstört. Endgültige Restaurierungsarbeiten waren erst 1993/94 abgeschlossen. Heute ist die Burg teilweise in privater Hand und bietet unter anderem Ferienwohnungen an.

- **Bertradaburg:** 54570 Mürlenbach, Tel./Fax 06594 8 64, www.bertradaburg.de, Führungen jeden 1. So in den Monaten Mai bis Okt. 15 Uhr, für Gruppen auf Anfrage Tel. 06591 98 49 49, vermietet Ferienwohnungen.

# Kyllburger Waldeifel

## Info

- **Postleitzahl:** 54655, **Tel.-Vorwahl:** 06563
- **Tourist-Information Kyllburger Waldeifel:** Hochstr. 19, Tel. 93 02 43, www.eifel-kyllburg.de.

Die Kyllburger Waldeifel übt auf Besucher und Erholungssuchende aufgrund der sich auf ihren Hochflächen ausbreitenden Wälder eine besonders große Anziehungskraft aus. Eingeschnitten in diese Bergwelt ist das **Kylltal.** Auf ihrem weiteren Weg von Gerolstein talabwärts zur Mosel, östlich an Bitburg vorbei, passiert die Kyll die Orte St. Thomas und Kyllburg mit dem nahe gelegenen Malberg, wo man sehenswerte Baudenkmäler findet, die zu den berühmtesten der Eifel zählen.

# St. Thomas

Von Mürlenbach südwärts führt der Talweg der Kyll zunächst an Densborn vorbei, wo die Ruine der ehemaligen **Wasserburg Densborn** malerisch am Fluss steht.

## Kloster

Inmitten des Kyllburger Waldgebietes wurde um 1185 zu Ehren des 1170 ermordeten und 1173 heilig gesprochenen Erzbischofs von Canterbury, *Thomas Becket,* in St. Thomas das älteste **Zisterzienserinnenkloster** in Deutschland gegründet. Der früheste Bauteil der Klosterkirche wurde 1222 geweiht. Ein Brand im Jahr 1742 zerstörte die gesamte Abtei, nur die Kirche blieb erhalten und bietet nahezu unversehrt das Bild einer romanischen Klosterkirche, deren spitzbogige Fenster schon die frühe Gotik erahnen lassen. Die ab 1744 im barocken Stil neu

032ei ot

errichteten Klostergebäude schließen wie ein Geviert zur Kirche um einen quadratischen Innenhof mit Kreuzgang. Im Jahre 1794 plünderten die Franzosen die Abtei und vertrieben die Nonnen. 1802 wurde das Kloster säkularisiert und verkauft. Nach wechselnden Besitzern erwarb 1845 der preußische Staat die heruntergekommene Klosteranlage und übertrug sie 1852 dem Bistum Trier. Von 1910 bis 1942 wirkten Franziskaner in St. Thomas. 1946 machte das Bistum Trier das ehemalige Kloster zum diözesanen Priesterhaus. Inzwischen ist St. Thomas zum Exerzitienhaus des Bistums umgewidmet, wo Einkehrtage und Fortbildungskurse in der Stille des Kylltals stattfinden.

■ **St. Thomas Exerzitienhaus:** 54655 St. Thomas, Hauptstraße 23, Tel. 96 07 00, www.bistum-trier.de/sanktthomas.

## Kyllburg

Die Weiterfahrt von St. Thomas nach Kyllburg führt wiederum durch einen besonders schönen Talabschnitt der Kyll. Die Stadt ist als Luftkurort Mittelpunkt des Fremden- und Erholungsgebietes Kyllburger Waldeifel und weist trotz aller Zerstörungen noch einige malerische Winkel zur Kyll hin auf.

Erstmals urkundlich erwähnt wird Kyllburg um 800 als fränkische Siedlung. Um ihr Territorium gegen das der benachbarten und den Trierern nicht wohl gesonnenen Herren *von Malberg* abzusichern, baute der Trierer Erzbischof *Theoderich von Wied* ab dem Jahr 1239 eine Festung auf dem Stiftsberg, die auch die an der Kyll gelegene Ortschaft *Kileburhc* mit Mauern umschloss – so entstand die kurtrierische Landesstadt Kyllburg. Von der ehemaligen erzbischöflichen Burg steht noch der **Bergfried,** der als 30 Meter hoher Aussichtsturm ausgebaut ist.

### Stiftskirche

Ab 1276 begann man unter Erzbischof *Heinrich II.* von Vistingen mit dem Bau der Stiftskirche, zu der ein entsprechendes Kollegialstift gegründet wurde. In einem zweiten Bauabschnitt zu Beginn des 14. Jahrhunderts wurde sie fertig gestellt. Daher unterscheiden sich auch die drei westlichen Joche mit dem massigen, nördlich die Fassade begrenzenden Turmunterbau von den beiden östlichen und der Choranlage durch die vollständige Quaderung ihrer Wandflächen, die einen starken Kontrast zu den verputzten Ostteilen bildet. Die beiden Glockengeschosse des Turmes stammen aus dem 16. Jahrhundert, der abschließende, vierseitige Steinhelm erst von der Restaurierung 1863–65, die auch sonst, z.B. mit neuem Maßwerk, stark in die Substanz eingegriffen hat.

Seit ihrer grundlegenden Renovierung bis 1961 zeigt sich die Stiftskirche wieder in vollem Glanz und mit einem besonders schönen **Kreuzgang.** Sehenswert sind ihre drei **Renaissance-Chorfenster,** Szenen aus dem Leben Christi darstellend, das **Chorgestühl** aus dem 14. Jahrhundert und nicht zuletzt die **Rokokokanzel.** Eine hochgotische, steinerne **Madonna,** die lange als Wallfahrtsbild verehrt wurde, steht auf dem Hochaltar.

■ **Stiftskirche Kyllburg:** Auf dem Stift 2, Tel. 22 17, www.stiftskirche.kyllburg.net, Besichtigung von Kirche und Kreuzgang täglich 8–18 Uhr.

## Schloss Malberg

**Unser Tipp:** Nur wenig unterhalb von Kyllburg hatten sich die erstmals 1088 erwähnten Herren *von Malberg* auf einer Kuppe oberhalb einer Kyllschleife ihre **Burg** errichtet, wo schon zuvor eine Gerichtstätte bestand. Im Laufe des 13. Jahrhunderts teilte sich die Anlage dann in zwei Teile auf, von denen je ein Teil von den verfeindeten Luxemburgern und Trierern gehalten wurde. Ende des 17. Jahrhunderts kam die Herrschaft Malberg an die Herren *von Veyder.* Ab 1710 ließ *Werner Veyder,* der auch Einkünfte als Weihbischof von Köln bezog, die ganze Anlage großartig ausbauen. Seither besteht die Schlossanlage Malberg aus der alten Burg, dem Arkadenbau, der Schlosskapelle und dem Haupthaus mit bewusst einfach gehaltener Gartenfront und dem angrenzenden so genannten **Eisernen Garten,** der mit zwischen 1758 und 1760 von *Ferdinand Tietz* geschaffenen Figuren bestückt ist. Inzwischen ist die Anlage an die Verbandsgemeinde Kyllburg verkauft worden und wird mit großem finanziellen Aufwand renoviert. Die Schlosskapelle ist inzwischen komplett renoviert worden und wird als multifunktionaler Veranstaltungsraum genutzt. Auch der Arkadenbau und das Alte Haus sind saniert und dienen als Ausstellungsräume.

■ **Schloss Malberg:** Informationen durch die Verbandsgemeinde Kyllburg, 54655 Kyllburg, Marktplatz 8, Tel. 5 91 18, www.schlossmalberg.de. Schlossführungen Mai bis Okt. jeweils Sa 14.30 Uhr, Eintritt 4 €, Kinder unter 16 Jahre frei, Auskünfte erteilt die Verbandsgemeinde Kyllburg, Tel. 5 91 37.

## Burg Seinsfeld

Ein wenig abseits im Nordosten von Kyllburg liegt versteckt in einer Talsenke die **Wasserburg** Seinsfeld, deren fast kreisrunde Bauform auf die frühe Herkunft als Motte schließen lässt. Dennoch ist die eigentliche Bauzeit nicht bekannt. In der ältesten erhaltenen Urkunde aus dem Jahre 1325 überträgt König *Johann von Böhmen* die Burg an den Grafen *Arnold von Blankenheim.* Die nachweislich am weitesten zurückzudatierenden Bauteile stammen aus dem 15. Jahrhundert, doch reichen manche Teile, etwa die bis zu 2,50 Meter dicken Außenmauern an der Nordseite, sicher weiter zurück. Spätere Besitzer errichteten große Teile der Burg im 17. und 18. Jahrhundert neu. Die heutige Anlage ist mit einem Durchmesser von etwa 60 Metern mit einem nach Süden hin offenen Hof nahezu kreisrund und von einem Wassergraben umgeben. Die einstige Zugbrücke über den Graben ist längst durch eine Steinbrücke ersetzt. Die Burg ist in Privatbesitz und nur von außen zu besichtigen.

## Essen & Trinken/Unterkunft

■ **Hotel Haus Kylltal**①, Zendscheid, einige Kilometer nördlich von Kyllburg, Im Fischbachtal 1, Tel. 28 10, www.kylltal.com. Geräumige Gästezimmer teilweise mit Balkon, hotelverbundene Ferienwohnungen; gemütliche Gasträume, frische Küche mit Kräutern aus dem eigenen Garten.

■ **Hotel Haus Wehrbüsch②**, Wilsecker Straße 16, Tel. 26 66, www.kyllburger-waldeifel.de. Hervorgegangen aus der Gaststätte Haus Wehrbüsch, zum Hotel ausgebaut mit Fremdenzimmern zur Südseite und Blick in die Natur, gemütliche Gaststube. Eigene Brotherstellung.

### Camping

■ **Camping Kyllburg:** Karl-Kaufmann-Weg 5, Tel. 81 33, www.campingkyllburg.de, Naturcampingplatz direkt an der Kyll, Zeltplätze, Stellplätze, Ferienwohnungen, Gaststätte, ideal für Angler und Fliegenfischer.

### Aktivitäten

■ **Freibad Kyllburg:** Annenberg 2, Tel. 93 11 79, www.kyllburg.de/nextshopcms/cmspdf.asp?id=187. In den 1990er Jahren von Grund auf renoviertes Freibad, geschützte Lage im Kylltal, nur 250 Meter vom Campingplatz entfernt, mit 56 Meter langer Wasserrutsche, vier getrennten Becken und Planschbecken, auf mindestens 24 °C beheizt. Eintritt 3,50 €, ermäßigt 1,80 bzw. 1,50 €, geöffnet Mai bis Sept. 11–19 Uhr.

## Gransdorf

Ganz im Osten der Verbandsgemeinde Kyllberg steht hoch über dem Friedhof von Gransdorf eine **kleine gotische Kirche** aus dem frühen 14. Jahrhundert. Es handelt sich um die ehemalige Pfarrkirche von Gransdorf, die seit dem Bau der neuen Pfarrkirche vernachlässigt worden und allmählich dem Verfall preisgegeben war. Dank des Einsatzes eines Kloster St. Thomas liegt idyllisch im Kyllburger WaldFördervereins konnte die kleine Kirche renoviert werden, sie erstrahlt heute weiß geputzt in neuem Glanz. Von der barocken Ausstattung sind noch der Hochaltar, zwei Seitenaltäre und die Kanzel sowie das Gestühl von 1825 erhalten.

In der Gransdorfer Gemarkung findet man noch drei alte Wohnbauten, so die **Biermühle** direkt unterhalb der Einmündung des Bierbaches in den Kailbach, **Hof Eulendorf** nördlich des Ortes an der Straße nach Oberkail und **Hof Gelsdorf** auf dem flachen Höhenrücken zwischen Gransdorf und Gindorf. Auf der Biermühle steht mit dem Mühlengebäude von 1580 einer der ältesten Profanbauten der gesamten Region. Zum Mühlenkomplex gehören noch zwei Querhäuser, weitere Wirtschaftsgebäude und eine kleine, inzwischen aufwendig restaurierte Kapelle, die aus dem späten 18. und 19. Jahrhundert stammen.

### Kalkhütte

Bis ins 20. Jahrhundert hinein wurde in Gransdorf Kalk gebrannt. Die Menschen benutzten gebrannten Kalk als Düngemittel für ihre Felder, sie verputzten Häuser damit und machten sogar Medizin daraus. Der „Verein Ackerbau Südeifel" hat die Kalkhütte am Aufstieg der Straße zum Hof Gelsdorf mit **zwei Kalköfen** restauriert, die besichtigt werden können. Auf einer Tafel wird anschaulich die bis in die Römerzeit zurückreichende Tradition des Kalkbrennens erläutert.

▷ Römische Spuren in Bitburg:
Teil der rekonstruierten Kastellmauer

# Bitburger Gutland

## Info

- **Postleitzahl:** 54634, **Tel.-Vorwahl:** 06561
- **Tourist-Information Bitburger Land:** Römermauer 6, Tel. 9 43 40, www.eifel-direkt.de.

Das Bitburger Gutland umfasst die sich zur Mosel hin erstreckenden **südlichen Ausläufer der Eifel.** Die Unterläufe der **Kyll** und **Prüm** mit ihren Nebenflüssen **Enz** und **Nims** durchfließen dieses weniger bergige Gebiet, das einen viel geringeren Waldanteil als die restliche Eifel aufweist. Die höchsten Erhebungen der Verbandsgemeinde sind der 495 Meter hohe Hardtberg nordwestlich von Heilenbach, die 500 Meter hohe Anhöhe „Auf Unigendell" nördlich von Seffern und der 515 Meter hohe „Dreeskopf" nördlich von Sefferweich. So wird das Landschaftsbild des Bitburger Gutlandes, das zu den klimatisch begünstigteren Regionen der Eifel zählt, von großflächigen Ackerkulturen bestimmt. Daraus – und aus der in der Eifel üblichen Realteilung – resultieren auch noch die vielen **Streuobstwiesen,** deren Erträge den Rohstoff für das veredelte Hochprozentige liefern, denn hier in der Eifel gibt es eine lange Tradition des Schnapsbrennens.

033ei ot

# Bitburg

Bitburg, auf einem Höhenzug zwischen Nims und Kyll gelegen, ist das wirtschaftliche Zentrum im Südwesten der Eifel, letztlich vor allem als Sitz der größten Eifelbrauerei bekannt. Hier siedelten schon die Kelten, die ihre Siedlung *Beda* nannten. In römischer Zeit führte die bedeutende Verkehrsachse Trier – Köln hier vorbei. Unter Kaiser *Konstantin* wurde Bitburg zu Beginn des 4. Jahrhunderts zu einem ovalen Straßenkastell ausgebaut, das den Ausgangspunkt der heutigen Stadt bildet – unterhalb der Pfarrkirche hat man einen Mauerzug des **Römerkastells** rekonstruiert.

In fränkischer Zeit wurde Bitburg erstmals im Jahre 715 als *Castrum Bedense* erwähnt. Seit dem 10. Jahrhundert bildete der Ort unter luxemburgischer Herrschaft das Zentrum des Bidgaues und erhielt 1262 Stadtrechte. Die weitere wechselvolle Geschichte brachte Bitburg später unter spanische und österreichische Herrschaft. Nach der napoleonischen Zeit kam es – wie die gesamte Eifel – zur preußischen Rheinprovinz. Im Zuge der Kriegshandlungen vor allem am Ende des Zweiten Weltkriegs wurden 85 % der Bausubstanz zerstört.

1985 stand die längst wieder aufgebaute Stadt im Mittelpunkt der Öffentlichkeit, als der amerikanische Präsident *Ronald Reagan* und der deutsche Bundeskanzler *Helmut Kohl* den Bitburger Soldatenfriedhof Kolmeshöhe aufsuchten, um Kränze niederzulegen. Bekannt ist Bitburg auch durch sein alljährlich ausgerichtetes **Europäisches Folklorefestival** (s.u.).

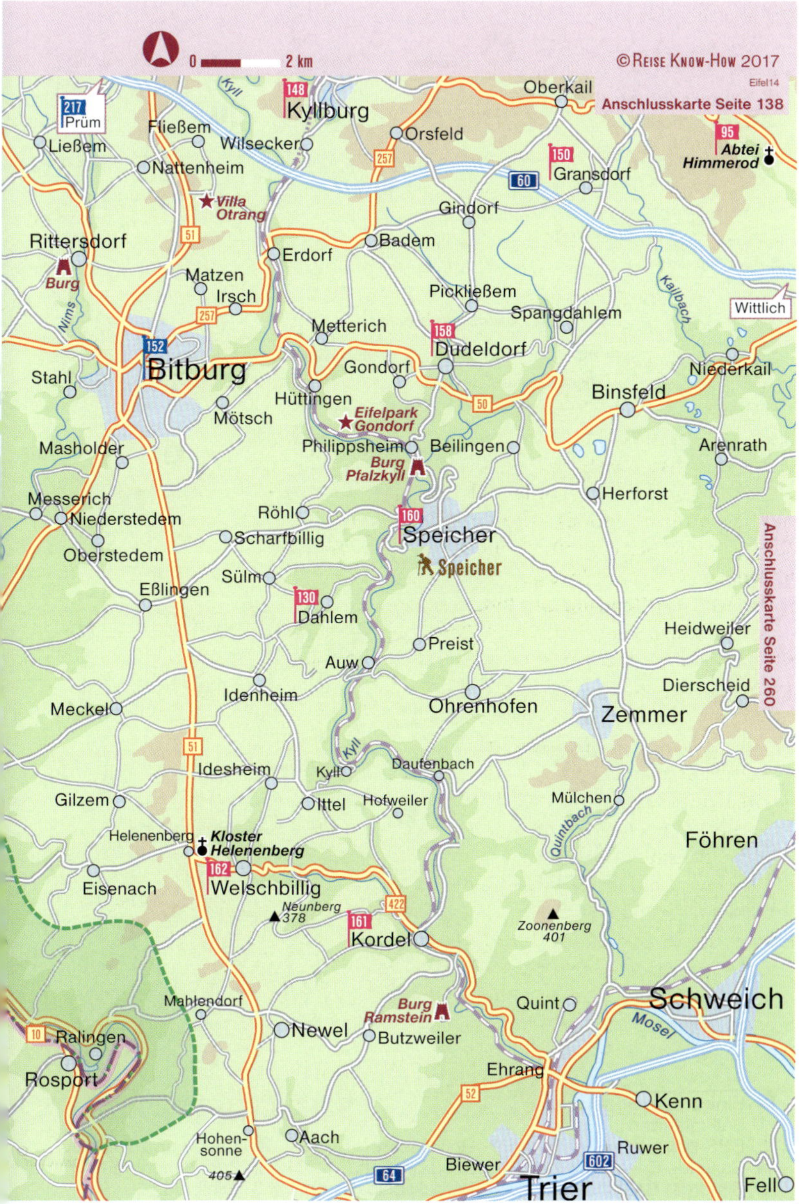
© REISE KNOW-HOW 2017
0 2 km
Anschlusskarte Seite 138
Anschlusskarte Seite 260
Prüm
Wittlich
Kyllburg
Oberkail
Abtei Himmerod
Orsfeld
Fließem
Wilsecker
Ließem
Nattenheim
Gransdorf
Villa Otrang
Gindorf
Rittersdorf
Burg
Erdorf
Badem
Matzen
Irsch
Pickließem
Spangdahlem
Metterich
Dudeldorf
Bitburg
Gondorf
Stahl
Hüttingen
Niederkail
Binsfeld
Mötsch
Eifelpark Gondorf
Masholder
Philippsheim
Beilingen
Arenrath
Burg Pfalzkyll
Messerich
Niederstedem
Röhl
Herforst
Oberstedem
Scharfbillig
Speicher
Sülm
Eßlingen
Dahlem
Preist
Heidweiler
Auw
Idenheim
Ohrenhofen
Dierscheid
Meckel
Zemmer
Idesheim
Kyll
Daufenbach
Gilzem
Ittel
Hofweiler
Mülchen
Helenenberg
Kloster Helenenberg
Föhren
Eisenach
Welschbillig
Neunberg 378
Kordel
Zoonenberg 401
Mahlendorf
Burg Ramstein
Quint
Schweich
Ralingen
Newel
Butzweiler
Mosel
Rosport
Ehrang
Kenn
Hohensonne
Aach
Ruwer
405
Biewer
Trier
Fell

Bitburg
0 200 m
©Reise Know-How 2017
Eifel04
Übernachtung
2 Zum Simonbräu
3 Eifelbräu
6 Dorint Resort
A60, Prüm, Fließem
Bahnhof
Am Zuckerborn
Messenweg
Rittersdorfer Straße
Burg Rittersdorf
Kölner Straße
Burbestraße
Eifel-straße
B257
Wittlicher Straße
J.-P.-Limburg-Str.
A.-Messerich-Str.
Prümer Straße
Burgweg
ehem. Wasserburg
Simon-Straße
Theobald-
Busbahnhof
Otto-Hahn-Straße
Talweg
Im Eschenpesch
Dauner Straße
Erdorferstr.
J.-Peter-Limburg-Straße
Görenweg
Liebfrauenkirche
Auf Paulskreuz
Haupt-straße
Peters-str.
Ostring
Rautenberg
Römermauer
Schakengasse
Schliezgasse
Albachstraße
Am Markt
Poststr.
Karenweg
Borenweg
Berg str.
Bedastraße
Triererstraße
Prälat-Benz-Straße
Stockstraße
B51
Haus Beda
Brodenheckstraße
Gartenstraße
Kreismuseum
Neuerburger Straße
B50
Mozartstraße
Mötscher Straße
Schloss Hamm, Beiersdorf, Stausee, Luxemburg
Heinrichstraße
Bahnhofstraße
Kleiststraße
Lessingstraße
Arndtstr.
Goethestraße
Mecker-Straße
Echternacher Straße
Saarstraße
Südring
Sauerstr.
Weiherstraße
Flugplatz
Franz-
Trier, Luxemburg
Einkaufen/Sonstiges
1 Ballonfahrten BBS-Ballooning
4 Cascade Erlebnisbad
5 Bitburger Bauernmarkt
7 Golf-Resort Bitburger Land
8 Barockschlösschen
Essen und Trinken
2 Zum Simonbräu
3 Eifelbräu

## Liebfrauenkirche

Am Standort der heutigen Liebfrauenkirche auf der höchsten Anhebung im Ort befand sich zu römischer Zeit eine Kultstätte. Der heutige Kirchenbau birgt in seiner Substanz Reste verschiedener früherer Bauwerke. Die ursprünglich einschiffige Saalkirche wurde im 15. und 16. Jahrhundert spätgotisch erweitert. 1822 baute man anstelle des romanischen Chorturms den jetzigen, außen runden und innen polygonal schließenden Ostchor an. 1860 wurde die Kirche im damals üblichen neogotischen Stil zu einer dreischiffigen Halle ausgebaut, wozu man sie nach Westen um drei Joche mit einem Turm auf dem letzten Joch verlängerte und über dem Mittelschiff durch den Anbau eines siebenachsigen nördlichen Seitenschiffes verbreiterte. Insgesamt stellt sich der Bau als ein einheitliches Ganzes dar, dessen Silhouette mit dem hohen Westturm, dem Dachreiter und der von einer Laterne bekrönten Kuppel das Stadtbild von Bitburg prägt.

Die farbliche Fassung des Kircheninneren erfolgte im Zuge der Renovierung 1981 nach dem vorgefundenen historischen Befund. Die Gewölbekonsolen und Kapitelle sind mit figürlichen und floralen Ausgestaltungen versehen. Den im nördlichen Seitenschiff aufgestellten Hochaltar schmückt die „Luxemburger Madonna", eine Muttergottesstatue, die aus Himmerod stammen soll. Neben dem Skulpturenschatz der Kirche verdient noch der Renaissancealtar in der Kriegergedächtniskapelle im Turm Beachtung.

## Kreismuseum

Das Kreismuseum zeigt Exponate zur landwirtschaftlichen, handwerklichen und industriellen Regionalgeschichte sowie archäologische Funde.

■ **Kreismuseum:** Triererstr. 15, Tel. 68 38 88, www.kreismuseum-bitburg-pruem.de, geöffnet März–Okt. Di, Mi 11–17 Uhr, Do–So 14–17 Uhr, Nov.–Feb. Sa, So 14–17 Uhr, Eintritt 3 €, ermäßigt 2 €.

## Wasserburg

Außerhalb des Zentrums liegt im Norden der Stadt die ehemalige Wasserburg von Bitburg. Um 1750 wurde der Bau von den damaligen Besitzern niedergerissen, die anstelle dessen ein schmuckes, reich gegliedertes **8 Barockschlösschen** (Im Graben 2) mit einem schönen Hoftor errichteten. Seit 1960 beherbergt es verschiedene Arten von Schulen, im vergangenen Jahrhundert diente es vorübergehend als Waisenhaus.

Zurzeit ist eine Schule für Behinderte im Schloss untergebracht. Ein Spaziergang in der Parkanlage lohnt sich.

## Burg Rittersdorf

Unmittelbar nördlich von Bitburg steht an der Nims in Rittersdorf eine architektonisch interessante **Wasserburganlage.** Hier fand man fränkische Grabanlagen aus dem 5. und 6. Jahrhundert. Der Ort wird erstmals als Ratersdorf im 9. Jahrhundert erwähnt, Burg Rittersdorf erstmals 1263 unter luxemburgischer Landeshoheit als Besitz der Abtei St. Maximin. Der schlanke, siebengeschossige

Wohnturm, von dem fünf Geschosse Kuppelgewölbe aufweisen, stammt aus dem Jahr 1290. Der 1550 erbaute Palas ist bis heute das Hauptgebäude. Um 1575 wurden ein weiterer Wohnbau sowie das Hofportal mit reichhaltigen Renaissanceformen angegliedert. Nach der grundlegenden Restaurierung der Anlage zwischen 1978 und 1987 birgt die Burg heute ein Restaurant und ein kleines Museum.

■ **Burg Rittersdorf**③, 54636 Rittersdorf, Bitburger Str. 30, Tel. 9 65 70, www.burg-rittersdorf.de. Besichtigung nach Vereinbarung, Burgfest 1. Juliwochenende. Das **Restaurant** bietet mehrere Räume wie das Jagdzimmer, die Burgküche, den Erker, die gute Stube und das Kaminzimmer, Rittermahle können nach Vereinbarung mit Begleitprogramm (Bänkelsänger, Jongleur, Gaukler etc.) geboten werden. Geöffnet Mi–So 11–23 Uhr, Mo und Di nach Vereinbarung.

## Stausee Bitburg

Westlich von Bitburg schlängelt sich die **Prüm** durch das bergige Randgebiet des Bitburger Gutlandes. Bei Biersdorf, 12 Kilometer nordwestlich des Ortes, wird der Fluss zum Stausee Bitburg aufgestaut, einem touristischen Zentrum in der Südeifel. Hier stehen 35 Hektar Wasserfläche zur Verfügung: zum **Rudern, Paddeln, Surfen** (Surfschule) und **Angeln.** Kiosk, Biergarten und Spielplätze ergänzen das Angebot. Eine besondere Attraktion ist die große Fontäne in der Mitte des Sees. Direkt am Ufer liegt das Dorint Resort (s. „Unterkunft"). Am ersten Augustwochenende findet alljährlich das Stauseefest statt, mit dem Feuerwerk **„Stausee in Flammen".** Gute **Wanderwege** entlang des Sees, die nachts zum Teil sogar beleuchtet sind, laden zum Wandern und Spazierengehen ein.

## Schloss Hamm

Einer der Wanderwege am Stausee führt nach Hamm mit einer der größten noch bewohnten Eifelburgen. Der auf den Mauern einer Vorgängerburg aus dem Jahre 1052 errichtete Wehrbau erhebt sich auf einem lang gestreckten, von der Prüm umflossenen Bergsporn. Das heutige Bauwerk mit einem von **zwei hohen Wehrtürmen** eingefassten Haupthaus, einer von einem spätromanischen Gewölbe unterbauten Kapelle, einem gotischen Saal und der Wehrmauer, die den 3000 m² großen Burghof mit Nebengebäuden umschließt, stammt überwiegend aus dem 14. Jahrhundert. Im 17. Jahrhundert war die Burg berüchtigt für die hier stattfindenden Hexenprozesse. Ein Teil des Haupthauses wurde am Ende des Zweiten Weltkriegs in Brand gesteckt und so stark beschädigt, dass man 1960 hinter der viergeschossigen Hoffassade einen Neubau errichtete. Die Burg ist Sitz der Familie der Grafen *von und zu Westerholt und Gysenberg.*

■ **Schloss Hamm:** *Dr. Eva Gräfin von und zu Westerholt,* 54636 Hamm/Eifel, Tel. 06569 96 35 36, www.schlosshamm.de. Zwei komfortable Ferienwohnungen, Eheschließungen sind in der barock ausgestatteten Kapelle möglich sowie Empfänge und Konzerte im gotischen Rittersaal, die Außenanlagen können für Outdoor-Events gemietet werden.

## Fließem

Wenige Kilometer nördlich von Bitburg gelegen findet man den Ort Fließem mit der **Pfarrkirche St. Stephanus.** Von diesem spätmittelalterlichen Bau sind noch der Westturm und zwei Westjoche vorhanden. Das Innere birgt einen beachtenswerten Säulenaltar aus dem 17. Jahrhundert.

Bekannt ist der Ort aber durch die an der alten **Römerstraße** von Trier nach Köln freigelegte **Villa Otrang.** Diese Römervilla wurde zwischen dem 2. und 4. Jh. in mehreren Ausbaustufen mit Heizung, Bädern und Wirtschaftshof versehen – ein großzügig angelegter Bau mit über 60 Räumen, der als größten Schatz verschiedene gut erhaltene Mosaiken mit kunstvoller Musterung aufweist. Das Gelände ist als Museum für Besucher zu besichtigen.

Im Gelände der Ausgrabungsstätte gibt es das **Restaurant Römische Villa Otrang,** das auch Speisen und Getränke im römischen Stil anbietet.

■ **Römervilla Otrang:** Altertumsverwaltung Römische Villa Otrang, 54636 Fließem, Otranger Straße, Tel. 06569 807, www.villa-otrang.de, geöffnet ab Mitte März Mi sowie Okt./Nov. So 9–17 Uhr, April bis Sept. 9–18 Uhr, Okt./Nov. 9–17 Uhr, Eintritt 4 €, ermäßigt 3€, Gastronomie geöffnet Mi bis So 9–17 Uhr.

## Essen & Trinken/Unterkunft

2 2 **Zum Simonbräu**②, Am Markt 7, Tel. 33 33, www.simonbraeu.de. Hier wurde 1817 das erste Bitburger Bier gebraut, gepflegte Gaststätte mit Pilsstube mit Kupfer-Theke, uriger Brauerei-Ausschank der Bitburger Brauerei, elegantes Kamin-Restaurant, sonniger Biergarten, Festsäle; zudem angeschlossener kleiner Hotelbetrieb mit fünf Zimmern.

3 3 **Eifelbräu**②, Römermauer 36, Tel. 91 00, www.eifelbraeu.de. Restaurant mit Eifelstube und großer Terrasse, gepflegte Atmosphäre, angeschlossener Hotelbetrieb mit behaglichen Gästezimmern, dazu gibt es eine Ferienwohnung.

6 **Dorint Resort**④, Seeuferstraße 1, 54636 Biersdorf, Tel. 06569 9 90, www.dorint.com/de/hotel-bitburg. In waldreicher Umgebung am Stausee, 204 komfortable Zimmer, Schwimmbad, Sauna, Schönheitsfarm, Mountainbike-Verleih, Tennishalle, Kletterwand; Wintergartenrestaurant Marktplatz, Bierstube und zwölf Tagungsräume.

## Aktivitäten

■ **Archäologischer Rundweg Bitburg:** Der Weg umrundet in 16 Stationen vom Rathaus bzw. der Liebfrauenkirche die Überreste der einstigen keltisch-römischen Siedlung *Vicus Beda,* so auch noch sichtbare Mauerreste teils im römischen Originalzustand, teils in ihrer mittelalterlichen Umbildung. Ein Modell des römischen Kastells steht im Foyer des Rathauses. Ein ausführliches Begleitheft gibt es bei der Tourist-Information Bitburger Land, Führungen auf Anfrage. Führungen über den Archäologischen Rundweg im Rahmen einer „Römischen Stadtführung" 75 € (Dauer etwa 1½ Std.). Informationen bei der Tourist-Information.

## Wandertipp Bitburger Stausee

Die Rundwanderung um den Bitburger Stausee hat eine Länge von 5 Kilometern. Lediglich 110 Höhenmeter sind zu überwinden. Von **Biersdorf** geht es in einem großen Bogen um den See bis zur Staumauer, von der man einen **unvergesslichen Blick über den See** hat. Eine besondere Attraktion ist die neue große Fontäne in der Mitte des Sees.

4 **Cascade Erlebnisbad Bitburg:** Talweg 4, Tel. 96 83-0, www.cascade-bitburg.de. Hallenbad mit Erlebnisbecken, 55-Meter-Röhrenrutsche, 25-Meter-Sportbecken mit Sprungturm, Imbiss-Galerie, A-la-Carte-Restaurant im Eingangsbereich, Freibad mit 50-Meter-Sportbecken mit Sprungturm, Liegestuhl-Terrasse und Liegewiese, Kiosk, Sauna-Landschaft. Öffnungszeiten Erlebnisbad und Sauna Mo bis Fr 10–22 Uhr, Sa 2–22 Uhr, So und feiertags 9–20 Uhr, Freibadsaison Mitte Mai bis Anf. Sept. Mo bis Fr 10–20 Uhr, Sa, So und feiertags 9–20 Uhr, Eintritt Tageskarte 8,20 €, Jugendliche bis 17 Jahre 5,30 €, Kinder unter 1 m frei, Freibad und Sauna Tageskarte 18 €.

■ **Flugplatz Bitburg GmbH:** Am Tower 14, Tel. 9 63 60, www.flugplatz-bitburg.de. Ehemalige US-Airbase, heute Regionalflughafen im Ausbau, mit Gewerbegebiet, Hotel- und Freizeiteinrichtungen.

1 **Ballonfahrten:** BBS-Ballooning, Kalkstr. 18, Tel. 94 01 56, www.bbs-ballooning.de. Heißluftballon-Fahrten über die Eifel, 1 Person 195 €, 2 Personen 380 €, 3 Personen 555 €. Specials und größere Gruppen auf Anfrage.

7 **Golf:** Golf-Resort Bitburger Land, 54636 Wißmannsdorf (s. Kap. „Reisetipps A–Z: Golf").

### Veranstaltungen

■ **Europäisches Folklorefestival:** Seit der 1250-Jahr-Feier 1965 alljährlich am 2. Juli-Wochenende stattfindend, regelmäßig nehmen etwa 50 Gruppen aus über 15 Ländern teil. Zum Auftakt des Festes findet Mittwoch ein „Europäischer Abend" jeweils im Zeichen eines anderen Gastlandes statt, von Freitag bis Montag erklingt Musik auf den Straßen und Plätzen der Stadt und im Festzelt, dargeboten von 1500 Festteilnehmern der Trachtengruppen. Informationen unter www.folklore-bitburg.de.

UNSER TIPP: **Haus Beda:** Bedaplatz 1, Tel. 9 64 50, www.haus-beda.de. Aus Mitteln der privaten Dr.-Hanns-Simon-Stiftung, einer Gesellschafterin der Bitburger Brauerei, errichtetes Kulturhaus und Begegnungsstätte. Konzerte, Ausstellungen etc.; verfügt im angeschlossenen Eifel-Ardennen-Museum über 80 Bilder des Eifelmalers *Fritz von Wille*, über Arbeiten der ehemaligen Meisterschule für Malerei in Kronenburg und weitere Werke von Künstlern aus dem Eifel-Ardennen-Raum, geöffnet Di 14–17 Uhr. Eintritt 2 €, Kinder frei.

5 **Bitburger Bauernmarkt:** Vor dem „Dienstleistungszentrum ländlicher Raum" mit verkaufsoffenem Sonntag, jeweils am 2. Sonntag im Oktober, www.eifel-direkt.de.

■ **Beda-Markt:** traditioneller Markt am 3. März-Wochenende im Bitburger Stadtgebiet mit den Schwerpunkten Autohandel, Landwirtschaft und Handwerk, ergänzt um eine Gesundheitsmesse, www.beda-markt.de.

## Unteres Kylltal

Am Ostrand des Bitburger Gutlandes führt das Untere Kylltal durch die **Moselwälder** abwärts bis zur Mosel, wo der kleine Eifelfluss unterhalb von Trier mündet. Dolomitkalksteinfelsen prägen weiterhin seinen Verlauf, an dem sich der seit einigen Jahren gut ausgebaute Kylltal-Radweg orientiert. Im Einzugsbereich der unteren Kyll gibt es eine Reihe interessanter Sehenswürdigkeiten zu erkunden. Die Strecke führt über Dudeldorf am Gondorfer Wildpark, an der Ruine Pfalzkyll, an Auw, Kordel und am etwas abseits gelegenen Welschbillig vorbei.

## Dudeldorf

Der kleine Ort Dudeldorf, der heute zur Verbandsgemeinde Bitburg-Land gehörig ist, zählt zu den reizvollsten Orten der Eifel. Erste urkundliche Erwähnungen um die Wende zum 9. Jahrhundert bezeichnen den Ort als *Dudlendorf.* Doch Funde weisen schon eine steinzeitliche und spätere römische Besiedlung der „Dudeldorfer Mulde" nach. Der Ort entwickelte sich im frühen Mittelalter südlich der noch heute das Ortsbild beherrschenden Burg als Sitz einer Viandener Herrschaft. König *Johann von Böhmen* verlieh als Luxemburger Graf 1345 den Dudeldorfer Bürgern die Stadtrechte, die diesen Status erst 1856 durch Erlass der preußischen Städte- und Landgemeindeordnung wieder verloren.

## Burg

Die heutige Burganlage von Dudeldorf besteht aus einem **zweiflügeligen Herrenhaus** aus dem 18. Jahrhundert mit einem älteren dreigeschossigen **Turmbau** an der Südwestecke. Ursprünglich hatten hier die erstmals 1052 urkundlich erwähnten Herren *von Dudlendorf* ihren Sitz und verfügten sogar über zwei Burgen im Ort, von denen aber eine schon im 18. Jahrhundert verfallen war. Ein Teil der Dudeldorfer Burg befindet sich heute im Besitz einer privaten Eigentümergemeinschaft, die es sich zur Aufgabe gemacht hat, die Burg als Ort kultureller Veranstaltungen zu etablieren.

■ **Burg Dudeldorf:** Tel. 06565 93 34 46, www.burg-dudeldorf.de, Veranstaltungsort für Theater, Konzerte, Kinderaufführungen, regionale kulinarische Märkte, Burgfeste; moderne Skulpturen in kleiner Gartenanlage. Kultstatus hat längst das alljährliche **Treckerkino** in Dudeldorf an einem Sommerabend, Zuschauer sind Landwirte und Traktorensammler, Höhepunkt der Veranstaltung ist ein Hup- und Lichtkonzert, bei dem die Traktoren vom Kölner Performancekünstler *Frank Köllges* dirigiert werden.

## In der Altstadt

Der malerische Dorfkern ist von einer nicht mehr vollständig vorhandenen **Stadtmauer** mit noch erhaltenen Toren, dem Ober- und dem Untertor, umgeben. Die Dudeldorfer **Pfarrkirche St. Maria Königin** aus dem beginnenden 20. Jh. ist der vierte Bau an gleicher Stelle, ihr Turm stammt aber noch von der ersten Kirche, die 1226 dem Kyllburger Kollegiatsstift untergeordnet wurde. Unter den vielen historischen, das Ortsbild prägenden Häusern sind vor allem das **Alte Brauhaus,** das **Treppengiebelhaus** in der Kirchstraße und ein Wohnhaus sowie das gegenüberstehende Breitgiebelhaus am **Alten Markt** zu erwähnen.

## Essen & Trinken/Unterkunft

■ **Restaurant Torschänke Dudeldorf**③, Philippsheimer Straße, Tel. 06565 20 24, www.torschaenke-dudeldorf.de. Französische und saisonale Eifeler Küche, Reservierung empfohlen, separater kleiner Raum im angrenzenden Torturm (daher der Name des Restaurants), täglich ab 17 Uhr geöffnet, So und feiertags auch mittags, Mi Ruhetag.

■ **Zum Alten Brauhaus**③, 54647 Dudeldorf, Herrengasse 2, Tel. 06565 9 27 50, www.brauhaus-dudeldorf.de. Um 1700 erbautes, ehemaliges Brauhaus mit Gaststube, das 1978 grundlegend zu einem anspruchsvollen Hotel-Restaurant umgebaut wurde; frische Küche mit saisonal wechselnder Speisekarte, vegetarische Gerichte, Wild- und Fischspezialitäten, Di Ruhetag.

■ **Wohnmobilstellplatz:** gebührenfreier Stellplatz für 5 Mobile am Hotel Zum Alten Brauhaus.

# Hopfenanbau in der Eifel

Der Hopfenanbau in der südwestlichen Eifel hat eine lange Tradition, die nachweislich bis in das Jahr 1560 zurückreicht. Auch heute noch ist der Hopfenanbau im Talbereich der Prüm bei **Holsthum** durch die sieben Meter hohen Hopfengerüste nicht zu übersehen – an diesen reift der Hopfen in nur 100 Tagen. In der zweiten Hälfte des 19. Jahrhunderts wurde in Bitburg ein Hopfenanbauverein von zahlreichen Hopfenpflanzern gegründet. Um die Wende zum vorigen Jahrhundert erreichte der Hopfenanbau hier seine Blütezeit, denn über die neu gebaute Bahnverbindung durch die Eifel konnten sogar Kölner Brauereien mit Hopfen versorgt werden. Nach dem Zweiten Weltkrieg nahmen Sudetendeutsche den Hopfenanbau in Holsthum wieder auf. Inzwischen konzentriert sich der Anbau auf einen Betrieb, der die Bitburger Brauerei beliefert.

■ **Hopfenanbaubetrieb Herbert Dick:** 54668 Holsthum, Auf der Hütte 2, Tel./Fax 06523 4 64, www.hopfenbauer.de. Der Betriebsinhaber erläutert alles Wissenswerte zur Hopfenpflanze als Biergewürz, zum Hopfenanbaubetrieb, zur Hopfenhalle, zur Erntetechnik und zu den Weitervermarktungsmöglichkeiten. Betriebsbesichtigung ab 15 Personen täglich nach Vereinbarung, Beitrag 4,90 € pro Person, auf Wunsch Verköstigung in der Hopfenstube.

Am Hotel geteerter und leicht geneigter Untergrund, an der Seite gepflasterter und ebener Parkplatz.

## Speicher

Speicher liegt etwas oberhalb des Kylltals südöstlich von Bitburg. Der Ort erlangte seine Bedeutung durch Tonverarbeitung seit der Römerzeit, was unter anderem antike und mittelalterliche Ziegelöfen im Speicherer Wald bezeugen. Das Töpfereimuseum im Ort (Plewa-Museum) musste aufgegeben werden, es soll durch eine Neugründung ersetzt werden, die die 2000-jährige Ereignisgeschichte des Ortes dokumentiert.

Speicherer Töpferwaren aus neuerer Zeit kann man im **Museum Speicher** betrachten, außerdem historische Webstühle, Spinnräder und weitere heimatkundliche Exponate. Weiterhin beherbergt das Museum eine Sammlung alter Werke regionaler Dichter, eine alte Schnapsbrennerei und eine Schmiede, im Kellergeschoss befindet sich das alte Amtsgefängnis.

■ **Museum Speicher:** 54662 Speicher, Jacobsstraße 1, Tel. 06562 93 12 07, www.vg-speicher.de, geöffnet Di bis Fr sowie So und feiertags 14–17 Uhr.

### Burg Pfalzkyll

Beim nahe gelegenen **Philippsheim** an der Kyll stehen die Ruinenreste der Burg Pfalzkyll, die im Güterverzeichnis der Abtei Prüm aus den Jahren 893 und 1222 als *Palcenne* bezeichnet wird. Die Burg soll bis ins 18. Jahrhundert in Benutzung gewesen und erst im 19. Jahrhundert zerstört worden sein. Des Weiteren gibt es ein altes Hofgut gleichen Namens im Osten der Gemarkung in einem von der Kyll gebildeten Bogen, das bis zur Säkularisation Besitz der Zisterzienserabtei Himmerod war. Der heutige Ort Philippsheim entstand 1771, als ein Siedler namens *Philipp Probst* hier ein erstes Haus baute.

### Eifelpark Gondorf

**Unser Tipp:** Im Eifelpark Gondorf, einem weitläufigen **Wild- und Erlebnispark** mit faszinierenden Naturschauspielen, Ausstellungen und Shows, kann man hautnah Bären, Luchse und Steinböcke, Murmeltiere, Adler, Falken, Uhus und andere Wildtierarten erleben. Es gibt Greifvögel in der Freiflugschau, dazu Attraktionen wie freier Fall im Rutschenparadies, Sommer-Rodelbahn, Achterbahn oder eine gemütliche Fahrt mit dem Eifel-Express quer durch den Park.

**Eifelpark Gondorf:** 54647 Gondorf (zwischen Speicher und Bitburg), Weiße Str. 12, Tel. 06565 95 66 33, www.eifelpark.de, geöffnet im Sommer ab 9.30 bis 17 Uhr (Hochsommer bis 18 Uhr), ansonsten ist nur der Wildpark 10–16 Uhr geöffnet, behindertengerecht, während der Sommerferien Nachtrodeln auf der Sommerrodelbahn bis 21 Uhr, Eintritt 18,50 € und bis 150 cm Größe 15,50 €, unter 100 cm frei.

### Essen & Trinken/Unterkunft

- **Waldhaus Eifel**③, 54647 Gondorf, Am Eifelpark, Tel. 06565 92 40, www.waldhaus-eifel.de. Hotelbetrieb mit Schwimmbad, Sauna, Fitness-Einrichtungen, Schönheitsfarm; **Restaurant**② mit gutbürgerlichem, preiswertem Essen, Spezialitäten: Wild- und Fischgerichte sowie Steaks „vom heißen Stein".
- **TerraVentura Hotel Resort Spa**③ (früher Eifel-Sport-Hotel), 54647 Gondorf, Philippsheimer Str. 8, Tel. 06565 92 50, www.terraventura.de. Renoviertes Hotel, relativ kleine, stilvolle Zimmer, Wellness-, Wanderer- und Genießerpauschalen, 3 Restaurants, abwechslungsreiche Speisekarte, Luxemburger Spezialitäten, deftige Eifeler Gerichte.

### Einkaufen

- **Bauernmarkt:** in der Innenstadt von Speicher, jeweils am 1. Sonntag im November.

## Kordel

### Info

- **Postleitzahl:** 54306, **Tel.-Vorwahl:** 06505
- **Gemeinde Kordel:** Tel. 06505 17 44, www.gemeinde-kordel.de.

Südlich von Speicher verlässt die Kyll in einem tiefen Taleinschnitt das Bitburger Gutland und taucht in den **Ehranger Wald** ein. Hier treten Buntsandsteinfel-

### Wandertipp Speicher

Der Natur- und kulturhistorische Rundweg im Speicherer Land ist ca. 9,8 km lang.

Es gibt zwei Rundwanderungen durch die Umgebung von Speicher, in denen die wichtigsten Natur- und Kulturdenkmäler zusammengefasst sind.

Information: www.eifelroute.de.

sen hoch aufragend hervor, in die schon die vorgeschichtlichen Bewohner Höhlen zum Schutz vor Feinden gruben. An der Einmündung des Alt- und des Kimmlingerbaches in die Kyll weitet sich das Tal und macht Platz für den Ort Kordel. Die vorgeschichtliche Befestigung auf dem oberhalb gelegenen Burgberg sowie nahe gelegene Ruinen römischer Villen erinnern an die alte Geschichte des Ortes, dessen römischer Name wohl *Cortellums* war.

### Burg Ramstein

Südlich von Kordel erhebt sich auf einem bizarren Felsen die Hochburg Ramstein als Wahrzeichen des unteren Kylltals. Um 900 wurde ein erstes Wohngebäude auf dem Felsen durch Erzbischof *Ratbod von Trier* errichtet. Zu Beginn des 14. Jahrhunderts baute Erzbischof *Balduin* die Anlage mit Vor- und Hauptburg, durch einen in den Felsen gearbeiteten Halsgraben getrennt, zur eigentlichen Festung aus. Die Burg wurde in der Folgezeit des öfteren angegriffen und zerstört, aber immer wieder aufgebaut. Erst als die Franzosen sie 1689 in Brand steckten, blieb in der Hauptburg nur der 25 Meter hohe **viergeschossige Wohnturm** über verzogen rechtwinkligem Grundriss erhalten. Die umgebenden Wohn- und Wirtschaftsgebäude, die heute als Hotel-Restaurant genutzt werden, wurden danach erneuert.

[>] Bollendorf auf dem Ferschweiler Plateau

### Essen & Trinken/Unterkunft

- **Hotel-Restaurant Burg Ramstein**②, 54306 Kordel, Tel. 06505 17 35, www.burg-ramstein.de. Großartige Aussicht über das Kylltal, Restaurant mit gutbürgerlicher Küche, Biergarten, Gästezimmer. Die Ruine der Burg gehört zum Hotel-Restaurant und ist während der Öffnungszeiten frei zugänglich, Mi Ruhetag.
- **Hotel-Restaurant Neyses am Park**②, 54306 Kordel, Am Kreuzfeld 1, Tel. 06505 9 14 00, www.hotelneyses.de. Restaurant mit Pilsstube, Bar und Terrasse, Do Ruhetag.

## Welschbillig

Von Kordel lohnt ein Abstecher zu dem westlich auf einer Anhöhe gelegenen Ort Welschbillig. Hier erstreckten sich in römischer Zeit die ausgedehnten Anlagen einer römischen Villa. Ihre Abgrenzungsmauer war mit 112 Hermenfiguren bestanden, von denen über 70 ausgegraben werden konnten und heute im Landesmuseum Trier zu sehen sind. Im Mittelalter stand hier eine erzbischöfliche Burg, von der nur der **Torturm** erhalten ist. Das barocke **kurtrierische Amtshaus** dient heute als Pfarrhaus. Von der ehemaligen eineinhalb Kilometer langen **Stadtmauer,** die spätestens kurz nach der Stadtrechtverleihung im Jahre 1291 erbaut wurde, sind noch Reste erhalten, ebenso zwei Stadttore.

### Helenenberg

Im nahe gelegenen Helenenberg erheben sich aus der weiten Landschaft die weitläufigen Barockanlagen des ehemaligen **Klosters** des Ordens des Heiligen Kreuzes. Im 13. Jahrhundert stand hier ein Hospiz, 1485 wurde das Kloster neu gegründet und im 18. Jahrhundert zur heute noch vorzufindenden Barockanlage ausgebaut. Hinter der Barockfassade der Kirche öffnet sich am hinteren Ende der dreijochige Chor mit fünfseitigem Schluss im Stil der Trierer Spätgotik. Das barocke Langhaus wurde später mehretagig für Wohnzwecke ausgebaut. Die ganze Anlage kam nach der Säkularisation unter den Hammer. Der Industrielle *Puricelli* als späterer Besitzer vermachte sie Ende des 20. Jahrhunderts dem Bistum Trier zur Einrichtung eines **Waisenhauses,** das heute von den Salesianern als Jugendhilfezentrum weiter betrieben wird.

■ **Jugendhilfezentrum Don Bosco Helenenberg:** 54298 Welschbillig, Puricellistr. 1, Tel. 06506 89 90, www.helenenberg.de.

## Ferschweiler Plateau

### Info

■ **Fremdenverkehrsamt der Verbandsgemeinde Irrel:** 54666 Irrel, Auf Omesen 2, Tel. 06525 7 91 15, www.irrel.de/tourismus.

Das Ferschweiler Plateau stellt sich als acht Kilometer breite und vier Kilometer lange Naturfestung mit **steil abfallenden Sandsteinformationen** dar, die sich westlich des Flusslaufs der Prüm zwischen **Holsthum** und **Irrel** bis zum Flusslauf der Sauer im **luxemburgischen Grenzgebiet** ausbreitet. Das nach drei Seiten durch bis zu 40 Meter hohe, mächtige Sandsteinblöcke mit Kanzeln, tiefen Klüften und Felssäulen geschützte Plateau ist nur nach der vierten offenen Seite durch einen Steinwall befestigt.

Hier hatten sich seit der Urnenfelderzeit (1200–700 v. Chr.) Menschen niedergelassen. Doch es gibt auch noch ältere Hinterlassenschaften, so die für die Megalithkultur typischen **Menhire,** Stein-säulen zu kultischen Zwecken. Ein ursprünglicher Menhir auf dem Plateau wurde zum so genannten Frabillenkreuz; es soll von *St. Willibrod* persön-

036ei ot

lich zu einem Steinkreuz umgemeißelt worden sein. Keltische Treverer sicherten im letzten Jahrtausend v. Chr. das Plateau durch die so genannte **Wikingerburg** im Norden bei Schankweiler und die **Niederburg** im Südwesten bei Weilerbach. Auf dem Plateau finden sich auch Relikte aus der gallo-römischen Zeit, so etwa die römische Villa in Bollendorf, ein römisches Gräberfeld im Norden des Plateaus und das Diana-Denkmal bei Schloss Weilerbach.

Auch geologisch ist das Plateau mit seinen stark zerklüfteten Sandsteinformationen und bizarren Felsformationen von Interesse. Der Naturlehrpfad in der **„Teufelsschlucht"**, der wildesten begehbaren Schlucht im Naturpark Südeifel, stellt eine weitere Attraktion des Plateaus dar. UNSER TIPP: Der 2016 eröffnete **Dinosaurierpark** mit vielen lebensechten Nachbildungen der riesigen Echsen und vielen nicht nur für Kinder interessanten Informationen stellt eine weitere Attraktion der Region dar.

**Dinosaurierpark Teufelsschlucht:** 54668 Ernzen, Ferschweilerstraße 50, Tel. 06525 9 33 93 44, www.dinopark-teufelsschlucht.de. Der Dinosaurierpark besteht aus einem Rundweg, der eine Zeitreise durch die Erdgeschichte über Hunderte von Millionen Jahren darstellt. Wer den Dinopark besucht, sollte auch durch die Teufelsschlucht, dem wohl bekanntesten, nur 500 Meter vom Park entfernten Naturdenkmal der Südeifel, wandern. Naturparkzentrum mit Dinopark geöffnet Mitte März bis Okt. täglich 9–18 Uhr, im Winter bis 17 Uhr, Eintritt 9,50 € und Kinder von 4 bis 12 Jahren 7,50 €.

**Naturerkundungsstation Teufelsschlucht:** 54668 Ernzen, Ferschweilerstraße 50, Tel. 06525 93 39 30, www.teufelsschlucht.de. Ausgangspunkt zur Teufelsschlucht, im Angebot spezielle Führungen mit besonderen thematischen Schwerpunkten, mit Gastronomie, vermietet zwei Gruppenunterkünfte zur Selbstversorgung.

Eine Reihe sehenswerter Orte umschließen das Ferschweiler Plateau in einem weiten Bogen, angefangen in Prümzurlay über Irrel, Echternacherbrück/Echternach, Weilerbach bis Bollendorf.

## Wandertipp Ferschweiler Plateau

Die mittelschwere bis schwere Wanderung um die Teufelsschlucht bietet dem Wanderer vielseitige Highlights. Die mit roter „54" markierte Strecke ist zwar „nur" 8 Kilometer lang, doch sind Höhenunterschiede zwischen 180 und 340 Metern sowie schwierige Wegabschnitte zu überwinden. Startpunkt ist der Parkplatz am Besucherzentrum der Teufelsschlucht. Die Route führt oberhalb der Schlucht in weitem Bogen durch die Sandsteinfelsenwelt am Ostrand des Ferschweiler Plateaus hinunter ins Tal der **Prüm,** an den **Irreler Wasserfällen** vorbei weiter entlang des **Hälbach** wieder auf die Hochfläche und durch das Dorf **Ernzen.**

### Prümzurlay

Weiter flussaufwärts wird das Tal der Prüm im Ort Prümzurlay von einer Burgruine überragt. Der fünfeckige Bergfried der **Prümer Burg** stammt aus der Staufer-Epoche, vom spätgotischen Palas ist noch die Giebelseite zu sehen.

## Irreler Wasserfälle

Südlich von Prümzurlay hat sich die Prüm tief in das Ferschweiler Plateau eingegraben. Hier wurde der Fluss durch eiszeitlichen Felsschlag aufgestaut und hat sich in den letzten 10.000 Jahren einen Weg durch das Gestein geschnitten. Der Flusslauf mündet in der Schlucht in romantischen Wasserfällen. Diese sind für Wanderer besonders reizvoll an der überdachten **Fußgängerbrücke** zu bewundern.

Nördlich vom Ortskern Irrel wurde ein **Panzerwerk** des im Zweiten Weltkrieg von den Nazis errichteten Westwalls von der Freiwilligen Feuerwehr des Ortes wieder hergerichtet. In Erinnerung an die schrecklichen Kriegsereignisse wurde das Panzerwerk zum Museum umfunktioniert.

■ **Westwallmuseum Irrel:** 54666 Irrel, Katzenkopf, Tel. 06525 4 92, www.westwallmuseum-irrel.de, geöffnet April (bzw. ab Karfreitag wenn Ostern im März liegt) bis 3. Okt. So und feiertags 14–17 Uhr, Eintritt 3 €, ermäßigt 1 €, Achtung: Temperatur im Bunker 10°C!

## Echternacherbrück/Echternach

Der Ort wurde um 1800 durch Bürger aus dem auf der anderen Seite der Sauer gelegenen luxemburgischen Ort Echternach gegründet. Ein Sprung über die Grenze in den historisch so bedeutenden Ort Echternach lohnt auf jeden Fall. Hier gründete der Missionar *Willibrod,* gestützt auf eine Stiftung der *Irmina von Oeren,* einer Verwandten der Karolinger, am Ende des 7. Jahrhunderts ein Benediktinerkloster, aus dem die **Reichsabtei** Echternach hervorging. Berühmt ist der Ort für seine **Springprozession,** die jeweils am Dienstag nach Pfingsten zum Grab des heiligen *Willibrod* in der Echternacher Basilika stattfindet.

## Weilerbach

Auf dem Wanderweg zur Niederburg entlang des Weilerbaches kommt man am **Schlösschen** von Weilerbach vorbei, einem 1777–79 entstandenen Lustschloss des Abtes von Echternach. Die Abtei Echternach hatte hier eine Eisenhütte angelegt und der Abt ließ ganz uneigennützig durch den berühmten Tiroler Baumeister *Paul Mungenast* das dafür erforderliche Verwaltungsgebäude zu seiner Sommerresidenz ausbauen. Schlanke Pilaster mit Spitzgiebeln rahmen die kurzen Querflügel und den Mittelrisalit des am Ende des Zweiten Weltkriegs während der Ardennenoffensive zerstörten Schlosses ein, das nunmehr mit seinem reizvollen **Barockgarten** durch Privatinitiative renoviert worden ist. Die neueste Attraktion im Bauensemble des Schlosses ist das **Museumscafé Remise,** in dem auch Produkte der Eisenhütte Weilerbach wie Takenplatten, Öfen und landwirtschaftliche Geräte zu sehen sind (die Eisenhütte war bis 1950 in Betrieb). Am Schloss ist nur Außenbesichtigung möglich, der Barockgarten ist tagsüber geöffnet.

■ **Museumscafé Remise**①, 54669 Bollendorf-Weilerbach, Tel. 06526 13 33, geöffnet Ostern bis Mitte Okt. 11–18 Uhr, ansonsten nur So ab 13 Uhr, www.eifel-route.de.

## Bollendorf

Für den nahe gelegenen Ort Bollendorf berichtet eine frühzeitliche Quelle aus dem Jahre 440 von der Existenz einer Burg. Die Äbte von Echternach errichteten an diesem Standort 1619 ein **Herrenhaus,** das sie 1739 veränderten und erweiterten. Dabei legten sie vor die Mitte der Hoffront den vorgezogenen Mittelbau mit dem Hauptportal. Dieser Mitteltrakt umschließt die ältere Wendeltreppe. Die Rückwand der dem Haupthaus gegenüberliegenden ehemaligen Wirtschaftsgebäude wird von der älteren Ringmauer gebildet. Das Herrenhaus mit dem **Rundturm** als Rest der alten Burg ist seit 1975 in privater Hand. Die neuen Besitzer retteten das Haus durch bauliche Maßnahmen vor dem Verfall und machten es wirtschaftlich nutzbar. Heute befindet sich auf dem Burggelände ein Hotelbetrieb mit einem Ferien- und Freizeitzentrum (s.u.). Im gastronomisch genutzten Keller sind zwei mit Inschriften versehene Reliefs eines römischen Grabdenkmals vermauert, die einen Fischer darstellen.

[>] Das Fraubillenkreuz auf dem Ferschweiler Plateau

## Essen & Trinken/Unterkunft

■ **Burg Bollendorf**②, 54669 Bollendorf, Burgstr. 7, Tel. 06526 6 90, www.burg-bollendorf.de. Hotel und Restaurant im historischen Ambiente, modern ausgestattete Zimmer, Hochzeitszimmer, Bungalows; Restaurant im einem ehemaligen Wirtschaftsgebäude gegenüber dem Haupthaus, Führungen nach telefonischer Anmeldung, Restaurant täglich ab 11 Uhr geöffnet.

## Camping

■ **Camping Nimseck:** 54666 Irrel, Zum Nimseck 2, Tel. 065259 3 14, www.camping-nimseck.de, direkt an der Nims, einem Nebenfluss der Prüm, gelegen, vermietet auch einfache Ferienhäuser, gut ausgestattet mit Schwimmbad; **Nimseck-Schenke** mit Biergarten und Restaurant direkt am Nimstal-Radweg, ganzjährig geöffnet.

■ **Campingplatz Südeifel:** 54666 Irrel, Hofstraße 19, Tel. 06525 5 10, www.camping-suedeifel.de, entlang der Prüm gelegen, mit Spielplatz und **Gaststätte Prüm,** vermietet auch einfache Ferienhäuser.

■ **Camping und Freibad Echternacherbrück:** 54668 Echternacherbrück, Mindener Str. 18, Tel. 06525 3 40, www.echternacherbrueck.de, beheiztes Freibad mit Nichtschwimmerbecken, geöffnet Anf. Juni bis Anf. Sept. 10–19 Uhr. Eintritt 3,50 €, ermäßigt 2,50 €. Der Campingplatz erstreckt sich 1 km entlang der Sauer. Großzügige Flächen, behindertengerechte, moderne Sanitäranlagen, geöffnet April bis Oktober.

■ **Camping Altschmiede:** 54669 Bollendorf, Altschmiedestraße, Tel. 06526 3 75, www.camping-altschmiede.de, großzügiger Platz an einem lang gezogenen Bogen der Sauer gelegen, sehr gut eingerichtet, vermietet zusätzlich komfortable Ferienhäuser, mit gemütlichem Restaurant, großem Schwimmbad mit langer Rutsche, Kanuverleih, geöffnet April bis Okt.

HOTEL
zum
STERN

038ei ot

# 4 Die Westeifel

Eine der urtümlichsten Landschaften ist das Hohe Venn. Monschau zählt zu den schönen Fachwerkstädten. Der Rursee ist das große Freizeitparadies und im Umfeld breitet sich der Nationalpark Eifel in seiner ganzen Schönheit aus.

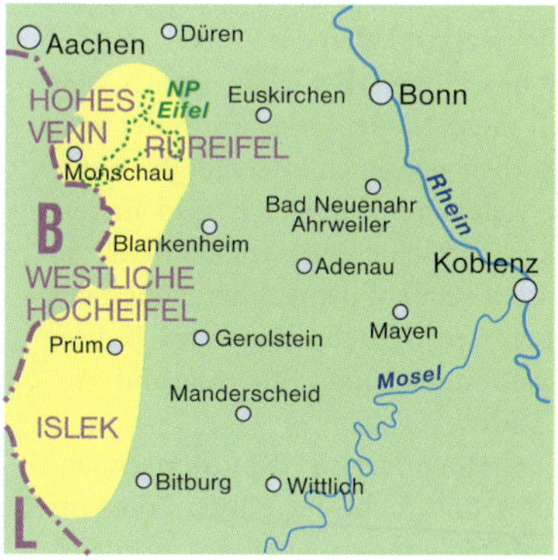


Eifelperle Monschau nahe der belgischen Grenze

# Überblick

Die Westeifel beinhaltet so unterschiedliche Landschaftsformen wie die Ausläufer des Hohen Venns im Norden mit dem Hürtgenwald, die Rureifel mit ihren Stauseen, die zu den größten touristischen Anziehungspunkten der Eifel zählt, die Höhenzüge der Schneifel mit ihren Wintersportgebieten, das Prümer Land und den Islek im Herzen des Deutsch-Luxemburgischen Naturparks.

# Hohes Venn

Das Hohe Venn ist ein **Höhenzug der belgischen Ardennen,** der zwischen Aachen und Monschau nach Deutschland übergreift und in den nordwestlichen Eifelausläufer des **Hürtgenwaldes** übergeht. Dieser bis knapp 700 Meter hohe Höhenzug stellt die erste Barriere für die atlantischen Regenwolken dar, die aus Nordwesten heranziehen. Einen Teil ihrer Wasserlast laden die Wolken im Gebiet des Hohen Venn ab, sodass hier noch mehr Niederschlag als in der weiter östlich gelegenen Eifel fällt. Im Laufe von vielen Jahrhunderten sind meterdicke Torfschichten entstanden. So konnten sich auf den kahlen Höhen des Hohen Venn **Hochmoore und Heideflächen** mit seltenen Pflanzen und Tieren bilden.

Die Hochflächen des Monschauer Landes sind nicht nur ein Paradies für **Wanderer,** sondern auch gut zum **Skifahren** geeignet. Fast alle Orte lassen Loipen spuren, in Rohren gibt es sogar ein richtiges Skizentrum mit Lift.

Hohes Venn und Rureifel
©Reise Know-How 2017
Eifel15
Anschlusskarte Seite 18
23 Düren
Kleinhau
357
Unter-maubach
Drove
23 Düren
Soller
Hürtgen-wald
172 Hürtgenwald
Üdingen
Obermaubach
Broich
Froitzheim
399
Rath
Brandenberg
186
Thum
401
Nideggen
23 Zülpich
Bergstein
Thuir
Vossenack
Weißer Wehebach
Kall
Berg
Simonskall
Kommerscheidt
Wollersheim
510
Schmidt
Blens
Rur
23 Zülpich
Hausen
Kallstausee
Eschauel
Hasenfeld
189
Vlatten
Rollesbroich
Heimbach
Woffelsbach
Rursee
Burg Hengebach
265
266
461
Rurberg
200 Kermeter
Kloster Mariawald
Hergarten
Kermeter
Haus Kermeter
Urftseestaumauer
526
Düttling
Urfttalsperre
Simmerath
Obersee
Bergbuir
Wolfgarten
Bleibuir
Burg Vogelsang
Eicherscheid
Einruhr
Nationalparktor Gemünd
Euskirchen
NATIONALPARK
202 Gemünd
Urft
Voissel
Rur
Erkensruhr
266
Morsbach
EIFEL
Herhahn
Wallen-thalerhöhe
266
477
Dreiborn
183
Olef
203 Kall
Monschauer
Scheuren
205
Schleiden
125 Blankenheim
601
Schöneseiffen
258
Broich
Heckenland
Bronsfeld
Wildgehege Hellenthal
Rinnen
Oberhausen
Urft
Oleftalsperre
Kloster Steinfeld
Wahlerscheid
Steinfeld
258
Blumenthal
268
Sistig
Hellenthal
Wollenberg
207
Marmagen
604
Reifferscheid
Büschem
217 Prüm
125 Blankenheim
Anschlusskarte Seite 212
Burg
Wildenburg
Anschlusskarte Seite 100

# Hürtgenwald

## Info

- **Postleitzahl:** 52393, **Tel.-Vorwahl:** 02429
- **Verkehrsamt Hürtgenwald:** Hürtgenwald, August-Scholl-Str. 5, Tel. 3 09 40, www.huertgenwald.de.
- **Haus des Gastes:** Verkehrsverein Vossenack-Simonskall, 52393 Hürtgenwald, Simonskall 4, im so genannten Junkerhaus (s.u.), Tel. 02429 90 39 142, http://www.huertgenwald.de/de/kultur-bildung/junkerhaus-simonskall/.

**NICHT VERPASSEN!**



**Diese Tipps erkennt man an der gelben Hinterlegung.**

Der Hürtgenwald ist ein ausgedehntes Forstgebiet im **„Deutsch-Belgischen Naturpark Hohes Venn – Eifel"** zwischen Rur-, Kall- und Wehebachtal. Ausgedehnte Wälder, enge Täler und gewundene Flussläufe kennzeichnen diesen etwas abgeschiedenen Landstrich, der heute von Wanderern wie Motorradfahrern gleichermaßen geschätzt wird. Besonders ausgeprägt sind die großflächigen **Hainsimsen-Buchenwälder** bei Zweifall im Nordwesten, die zu den Laubwald-Kerngebieten der Eifel zählen. Dazu kommen bachbegleitende Erlenbestände und kleinflächige Birken-Moorwälder. Charakteristischerweise auf Altholzbestände angewiesene Waldvögel wie **Schwarzspecht** und **Grauspecht** finden hier ihren optimalen Lebensraum.

Von Ende 1944 bis Anfang 1945 tobte hier eine der **verlustreichsten Schlachten des Zweiten Weltkriegs** – die so genannte „Allerseelenschlacht". Ein Museum in Hürtgenwald-Vossenack informiert anschaulich über die Ereignisse dieser Kämpfe (siehe Exkurs „Die Allerseelenschlacht im Hürtgenwald").

Heute ist der Hürtgenwald wieder **Erholungsgebiet.** Die Orte im Hürtgenwald sind zu der Gemeinde Hürtgenwald zusammengefasst worden, die über ein umfangreiches Wander- und Radwegenetz verfügen. Besonders reizvoll ist der Weg von der Kalltalsperre durch das tief eingeschnittene Kalltal bis zur Ruraue. Die große Wehebachtalsperre und die kleinere Kalltalsperre sind Trinkwasserreservoirs und daher für den Wassersport nicht zugelassen, bieten dafür aber um so größere Abwechslung in der ohnehin schon reizvollen Landschaft dieses Waldgebietes.

## Kloster Wenau

**Unser Tipp:** Westlich von Stolberg wurde im Jahre 1122 am Rande des Hürtgenwaldes das **Prämonstratenserkloster** Wenau als Doppelkonvent für Männer und Frauen gegründet, das ab 1340 ausschließlich als Frauenkloster weitergeführt wurde. Der malerische Klosterbaukomplex besteht aus der heutigen **Pfarrkirche St. Katharina,** dem anschließenden Pfarrhaus und einem Wirtschaftshof mit großer Tordurchfahrt. Der ursprünglich romanische Kirchenbau mit der Nonnenempore im Westen erfuhr mehrfache Umbauten. Im 15. Jahrhundert wurden das nördliche Seitenschiff mit Turm und Altarraum neu errichtet, im 17. Jahrhundert das Mittelschiff und das südliche Seitenschiff eingewölbt. Fresken zur Passion Christi stammen aus dem 13. Jahrhundert, die Rankenausmalung ist spätgotisch.

Die monumentale Kreuzigungsskulpturengruppe ist eine romanische Arbeit, daneben bietet die Kirche weitere Skulpturen aus verschiedenen Jahrhunderten. Seit der Säkularisierung im Jahre 1802 dient die Klosterkirche als Pfarrkirche des Ortsteils Wenau von Langerwehe. Die Restaurierung der Schäden aus dem Zweiten Weltkrieg ist vorbildlich gelungen. Die Klostergebäude befinden sich teils in privatem Besitz.

## Die Highlights für Kinder

- **Monschauer Weihnachtshaus** | 182
- **Monschauer Handwerkermarkt** | 182
- **Rursee in Flammen** | 196
- **Weihnachtsmarkt Reifferscheid** | 209
- **Wildgehege Hellenthal** | 211
- **Ardenner Center** mit Puppen, Eisenbahn und Krippen | 214
- **Eifel-Zoo Lünebach** | 222
- **Hochseil-Abenteuer-Welt** am Campingplatz **Irsental** | 232

## Junkerhaus

Das unter Denkmalschutz stehende Junkerhaus in **Vossenack-Simonskall** ist ein zweigeschossiges Doppelhaus mit einem massiven Untergeschoss aus Bruchsteinen und einem Obergeschoss aus Fachwerk, welches sich an die Reste eines ehemaligen Wehrturmes aus Bruchstein anschließt (Datierung auf dem Türsturz „1651, renoviert 1773“). Errichtet wurde das Haus von *Johann Wilden,* dem Schwiegersohn des damals bedeutenden Hüttenmeisters *Simon Kremer,* von dem auch der Ort Simonskall seinen Namen hat. Das Haus diente den Besitzern der nahe gelegenen Eisenhütte als Wohnstätte. Von 1919 bis 1921 wurde es Aufenthalts- und Arbeitsstätte von vier Kölner Künstlern, den „Progressiven in der neuen Sachlichkeit“, die sich ähnlich wie die Künstlergemeinschaft in Worpswede gebildet hatte. Heute ist das „Haus des Gastes“ in einem Teil des Junkerhauses untergebracht (s.o.).

## Mestrenger Mühle

In **Vossenack** steht die älteste Mühle der Region, 1663 als Ölmühle gebaut, 1820 zur Mahlmühle umgebaut für die Men-

# Die Allerseelenschlacht im Hürtgenwald

Im Herbst 1944 wurde der kleine Ort Hürtgen Frontdorf. Nachdem die Amerikaner am 12. Oktober im Nordwestzipfel der Eifel erstmals deutschen Boden betreten hatten, wollten die Alliierten zwischen Aachen und Monschau den Hürtgenwald durchbrechen und den bei Monschau am **Westwall** stehenden deutschen Verbänden in den Rücken fallen. Doch durch das unerwartet schnelle Vorrücken der alliierten Streitkräfte nach der Landung in der Normandie am 6. Juni 1944 konnte deren Nachschub nicht mehr sicher gestellt werden und der Vormarsch geriet im Raum Aachen ins Stocken. Ziel der deutschen Verteidigung war es, einen alliierten Durchbruch zum Rhein zu unterbinden, um dadurch den Aufmarschraum für die geplante **Ardennenoffensive** zu bewahren.

Widrige Umstände und taktische Fehler erlaubten es den alliierten Truppen nicht, diese Schlacht im Hürtgenwald schnell zu beenden. An die **70.000 Tote** auf beiden Seiten – rund 55.000 amerikanische und 12.000 deutsche Soldaten – soll es im Hürtgenwald zwischen November 1944 und Februar 1945 gegeben haben. Damit hatten die Amerikaner an dieser Stelle mehr Verluste zu beklagen als im gesamten Vietnam-Krieg. Am 2. November, am **Allerseelentag,** begann die zweite amerikanische Offensive im Hürtgenwald, weshalb die Kämpfe als „Allerseelenschlacht" in die Geschichte eingingen.

■ Das **Hürtgenwald-Museum** informiert über die Ereignisse: Vossenack, Pfarrer-Dickmann-Str. 21–23, Tel./Fax 90 26 13, www.museum-huertgenwald.de, geöffnet März–Nov. So 11–17 Uhr, Eintritt 5 €, Kinder 2 €, Führung (wenn angeboten) zusätzlich 1 €. Besuch auf Voranmeldung auch zu anderen Terminen sowie in der Winterpause möglich, Museum inkl. Sanitätsbunker 9 €.

125el ot

schen aus den umliegenden Dörfern, die hier ihr Getreide zu Mehl verarbeiten ließen. Der Müller bekam als Lohn den 16. Teil des gemahlenen Getreides. Inzwischen ist wieder ein Gastronomiebetrieb in der Mühle eingerichtet.

■ **Mestrenger Mühle②**, 52393 Vossenack, Tel. 02474 9 98 70 85, www.mestrenger-muehle.de. Das Restaurant wurde 2012 renoviert, es bietet regionale Küche, geöffnet 11–20 Uhr, Mo Ruhetag.

## Essen & Trinken/Unterkunft

■ **Landhotel Kallbach③**, Hürtgenwald, Simonskall 24–29, Tel. 9 44 40, www.kallbach.de. Komfortable Hotelzimmer, teilweise behindertengerecht, Lift, Wellness-Bereich mit finnischer Sauna, Massage, Hallenbad; angeschlossenes Restaurant bietet, regionale Küche aus dem Dreiländereck, große Weinkarte, Café mit sonniger Gartenterrasse.
■ **Zum Alten Forsthaus③**, Vossenack, Germeter 49, Tel. 78 22, www.zum-alten-forsthaus.de. Attraktives Hotel mit Hallenbad und Sonnenbank, angeschlossenes Restaurant mit Standard- und regionaler Karte, Tagungsräume mit Terrassentüren zur Gartenanlage mit genügend Freiraum für eine Outdoor-Sitzung, sehr ruhig gelegen, bietet Wanderprogramme, Führungen durch den Nationalpark.

☒ Sichtbare Überreste des Westwalls: die Panzersperren

## Veranstaltungen

■ **Moto-Cross:** Zweimal im Jahr, am Wochenende nach Christi Himmelfahrt und am letzten Wochenende im September, finden in Hürtgenwald-Brandenberg internationale Moto-Cross-Rennen statt, als Highlight bei Ersterem das Flutlichtrennen mit den Haupt- und Oldieklassen am Freitagabend und im Herbst der jährliche Endlauf zur Europameisterschaft. Veranstalter: MSC Kleinhau, www.msc-kleinhau.de, Veranstaltungsort: Rennstrecke „Am Raffelsberg".
■ **Internationaler Hürtgenwald-Marsch:** Der Marsch (jeweils Ende Okt./Anfang Nov.) erinnert an die Schlacht im Hürtgenwald 1944/45 und dient dem Gedenken der Opfer des Zweiten Weltkrieges. Die Marschstrecken betragen 10 km – 20 km – 30 km, sie orientieren sich an der militärischen Lage im Herbst 1944. Auf der Strecke werden historische Erläuterungen zu den Geschehnissen 1944 gegeben, Teilnehmer sind Soldaten und Reservisten. Der Ausgangspunkt ist ausgeschildert, Information: Gemeinde Hürtgenwald. Veranstalter: Verteidigungsbezirkskommando 31, Köln, Reservistenverband, Bonn (Verband der Reservisten der Deutschen Bundeswehr e.V., Generalsekretariat, Provinzialstr. 1, 53127 Bonn, Tel. 0228 5 90 90), www.huertgenwaldmarsch.de.

# Monschau

## Info

■ **Postleitzahl:** 52156, **Tel.-Vorwahl:** 02472
■ **Monschau-Touristik:** Stadtstr. 16, Tel. 8 04 80, www.monschau.de.

Monschau, eine Ortsgründung der Limburger Herzöge, ist bedeutend älter als seine erste urkundliche Erwähnung im Jahre 1198 als *de monte loci.* Der Ort entwickelte sich als Ansiedlung an seiner

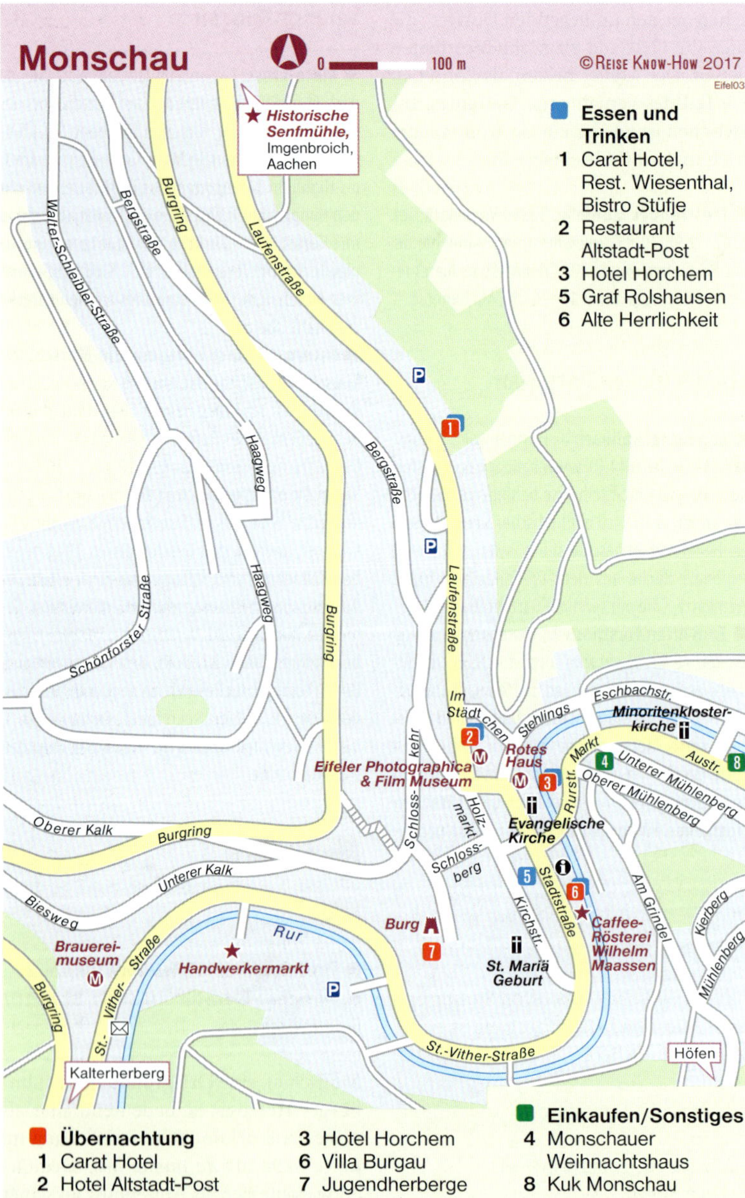
Monschau
0 100 m
©Reise Know-How 2017
Eifel03
Historische Senfmühle, Imgenbroich, Aachen
Essen und Trinken
1 Carat Hotel, Rest. Wiesenthal, Bistro Stüfje
2 Restaurant Altstadt-Post
3 Hotel Horchem
5 Graf Rolshausen
6 Alte Herrlichkeit
Walter-Scheibler-Straße
Bergstraße
Burgring
Laufenstraße
Haagweg
Schönforster Straße
Im Städtchen
Stehlings
Eschbachstr.
Minoritenklosterkirche
Markt
Austr.
Unterer Mühlenberg
Oberer Mühlenberg
Rurstr.
Rotes Haus
Eifeler Photographica & Film Museum
Schlosskehr
Holzmarkt
Schlossberg
Evangelische Kirche
Oberer Kalk
Unterer Kalk
Biesweg
Stadtstraße
Kirchstr.
Am Grindel
Kierberg
Mühlenberg
Caffee-Rösterei Wilhelm Maassen
Burg
St. Mariä Geburt
Rur
Brauerei-museum
Handwerkermarkt
St.-Vither-Straße
Kalterherberg
Höfen
Übernachtung
1 Carat Hotel
2 Hotel Altstadt-Post
3 Hotel Horchem
6 Villa Burgau
7 Jugendherberge
Einkaufen/Sonstiges
4 Monschauer Weihnachtshaus
8 Kuk Monschau

Burg *Castrum Munioie,* die vermutlich schon ein halbes Jahrhundert länger bestand.

Mitte des 13. Jahrhunderts wurden die Herrschaften Monschau und Valkenburg zusammengeschlossen, die Burg wurde weiter ausgebaut. Mitte des 14. Jahrhunderts kam die Herrschaft Monschau nebst Valkenburg an das Haus Schönforst und nach dem Tode von *Johann III. von Schönforst-Montjoie* 1433 an Jülich. In der Gelderschen Fehde 1543 wurden Burg und Stadt von den Truppen *Karls V.* beschossen und eingenommen. Wieder aufgebaut, erlitt Monschau im jülich-klevischen Erbfolgestreit erneut Schaden und wurde 1689 von den Truppen *Ludwigs XIV.* zerstört. 1795 zogen französische Revolutionstruppen ein, Montjoie wurde Sitz eines Kantons und in nachnapoleonischer Zeit preußische Kreisstadt.

Die wirtschaftliche Grundlage Monschaus bildete seit dem 16. Jahrhundert die **Tuchindustrie.** Im Zuge der religiösen Auseinandersetzungen in Deutschland vertrieben die katholischen Aachener ihre Protestanten, die nun ihrerseits vom Herzogtum Jülich aufgenommen wurden. In Monschau fanden die Protestanten ein freies, nicht mehr von Zünften eingeschränktes Betätigungsfeld, dazu auch Wasser und Wolle der Schafherden aus dem nahe gelegenen Hohen Venn, was sich zusammen vorzüglich zum Weben und Färben von Stoffen eignete. Hier fand der Übergang von der häuslichen Weberei zur Feintuchherstellung statt, die ab der zweiten Hälfte des 18. Jahrhunderts industrielle Züge annahm.

Von Wohlstand und Stolz zeugen Tuchmacherpaläste und prächtige, schiefergedeckte **Fachwerkbürgerhäuser,** die ein geschlossenes historisches Stadtbild ergeben. Dieses hat sich nach dem Niedergang der Tuchmacherei in der napoleonischen Zeit weitgehend erhalten und die Stadt zu einem Touristenmagneten gemacht – nicht umsonst wird Monschau als **„Perle der Eifel"** bezeichnet. Doch nicht nur das geschlossene Ortsbild ist von einmaliger Schönheit, es gibt auch unendlich viele Details zu betrachten, etwa den Zierrat an Haustüren, Türstürzen, Giebeln und Fassaden. Übrigens wurde der Name *Montjoie* erst im Jahre 1918 durch kaiserlichen Erlass in *Monschau* geändert.

## Burg

Die Burg als Ausgangspunkt der Stadtentwicklung ist ein über Jahrhunderte in Bruchsteinbauweise entstandener, mit Ringmauern versehener Komplex aus Oberburg, oberer Vorburg sowie der stadtseitigen Vorburg. Eine Wiederherstellung nach der Zerstörung durch französische Truppen 1689 erfolgte nur eingeschränkt: um der Garnison als Quartier zu dienen und um die Wehranlage der unteren Burg zu erweitern. Während der napoleonischen Zeit wurde die Burg verkauft, doch die neuen Besitzer ließen 1836/37 ihre Dächer abtragen, um von der Gebäudesteuer befreit zu werden. Damit verfiel die Burg zur Ruine. Erst Anfang des 20. Jahrhunderts setzten neue Bemühungen zum Erhalt der Festung ein. Das Bauwerk wurde gesichert und instand gesetzt, sodass nach dem Ersten Weltkrieg die **Jugendherberge** in den Westflügel einziehen konnte, wo sie sich auch heute noch befindet.

Im Sommer dient der Innenhof der Burg als Kulisse für die **Monschau Klassik,** eine Veranstaltungsreihe mit namhaften Künstlern und renommierten Orchestern (s.u.).

## Kirchen

Drei Kirchen beherbergt der Ortskern von Monschau. Die katholische **Pfarrkirche St. Mariä Geburt** aus der Mitte des 17. Jahrhunderts fügt sich etwas erhoben in den Hang des Burgberges. Am Markt steht die ehemalige **Kirche eines Minoritenklosters,** dessen Gebäude heute zu Wohnzwecken und als Ausstellungsräume dienen. Die **evangelische Kirche** vom Ende des 18. Jahrhunderts erhebt sich mit ihrem von einer Laterne bekrönten Zwiebelturm pittoresk an der Rur und kann über eine Fußgängerbrücke, die direkt zum Portal führt, erreicht werden.

## Rotes Haus

Direkt neben der evangelischen Kirche steht das großartige Rote Haus, der prächtige Bau des Monschauer **Tuchwebers** *Johann Heinrich Scheibler*, das er sich 1756 errichten ließ. Heute ist dieses Patrizierhaus, glanzvoller als manch ein Adelspalast seiner Zeit, als Museum zu besichtigen. Das Wohnhaus mit Kontor und Fabrikationsstätte präsentiert sich wie vor 250 Jahren. Man findet noch Stücke der **Original-Möblierung** vor, sehenswert sind Tapisserien, Schnitzereien und andere Kostbarkeiten sowie die frei tragende, kunstvoll geschnitzte Holztreppe über drei Etagen.

▷ Das Rote Haus –
die prächtige Innenausstattung ist zu besichtigen

■ **Stiftung Scheibler-Museum:** Laufenstr. 10, Tel. 50 71, www.rotes-haus-monschau.lvr.de, geöffnet Karfreitag bis Nov. Di–So (Einlass zur vollen Stunde) vormittags 10,11 und 12 Uhr, nachmittags 14, 15 und 16 Uhr, Führungen nach Anmeldung, Eintritt 3 €, Studenten, Schüler, Kinder 2 €, Familienkarte 5 €.

## Brauerei-Museum

Das Brauerei-Museum am Ortseingang beim Handwerkermarkt dokumentiert die seit 150 Jahren stattfindende Bierherstellung in Monschau. Der Rundgang führt durch das Sudhaus und den Gär- und Lagerkeller und zeigt als besondere Attraktion den historischen Felsenkeller, der 1830 in einen Schieferberg gesprengt wurde.

■ **Felsenkeller Brauerei-Museum:** St. Vither Str. 22–28, Tel. 30 18, www.brauerei-museum.de, geöffnet geöffnet Di bis So 11–20 Uhr, Mo Ruhetag, Eintritt 3 €, dazu Brauhaus-Restaurant.

## Photographica

Die Eifeler Photographica zeigt eine Ausstellung zur **Geschichte der Fotografie** von der Laterna Magica bis zur Digitalkamera, Originalaufnahmen von **Alt-Monschau** aus der Kaiserzeit sowie Wechselausstellungen von Fotografen aus der Region. Prunkstück der Sammlung des Initiators und gelernten Foto-

040ei ot

grafen *Wolfgang Geisel* ist eine Hochgeschwindigkeitskamera der NASA, die bis zu 40.000 Aufnahmen pro Sekunde machen kann.

■ **Eifeler Photographica & Film Museum:** Laufenstr. 40, Tel. 35 90, www.altstadt-post.de, April bis Oktober täglich geöffnet 10–18 Uhr, Führungen nach Vereinbarung, Eintritt 2,80 €, Kinder 1,40 €. Mit der Gastronomie „Altstadt-Post".

## Weitere Sehenswürdigkeiten

Weiterhin sehenswert sind der **Handwerkermarkt,** das **Druckerei-Museum,** die alte **Kaffeerösterei,** das **Musikmuseum,** die **Senfmühle** und nicht zuletzt der Weihnachtsmarkt. Der ganze Altstadtkern Monschaus lässt sich mit der Stadtbahn erkunden (s.u.).

■ **Druckerei-Museum Weiss:** Monschau-Imgenbroich, Am Handwerkerzentrum 16, Tel. 98 29 82, www.druckereimuseum-weiss.de. Interaktive Ausstellung zum langen Weg von der Hieroglyphe über Gutenbergs Erfindung bis zum Internet. Geöffnet für Einzelbesucher So 13–16 Uhr, Führung So 14 Uhr, Gruppen auf Anfrage, Eintritt 5 €, Familienkarte 10 €, Gruppen ab 8 Personen 4 €/Pers.

■ **Caffee-Rösterei Wilhelm Maassen:** Stadtstr. 24, Tel. 8 03 58 80, www.caffee-roesterei.de. Seit 1862 in Familienbesitz betriebene Handrösterei, geöffnet Di bis So 11–18 Uhr, Eintritt für Führung mit Kaffee-Verkostung („Caffee & mehr") für kleine Gruppen nach Anmeldung 3 € pro Person.

■ **Historische Senfmühle:** Laufenstr. 116–124, Tel. 22 45, www.senfmuehle.de. Senfherstellung in vierter Generation in einer über 100 Jahre alten Senfmühle, die ursprünglich über ein Wasserrad angetrieben wurde und heute noch mit einer alten Transmission arbeitet. Produktion 17 verschiedener Senfsorten wie z.B. Feigensenf. Senfladen, auch mit Eifeler Spezialitäten; Einzelführungen durch die Senfmühle März bis Okt. Mi 11 und 14 Uhr, Gruppenführungen auf Anfrage, Dauer 40 Minuten, Teilnahmepreis 2,50 €, Schulkinder 1,50 €. Senfladen geöffnet Mo–Fr 8–18 Uhr, Sa 8.30–18 Uhr, So 10–18 Uhr, mit Restaurant.

■ **Weihnachtsmarkt:** An den vier Adventswochenenden vor der romantischen Kulisse der Altstadt rund um den Markt von Monschau und weiter zum „Patere Höffje" hinter dem Aukloster, über die Rurbrücke bis Richters Eck und mit lebender Krippe auf der Burg (Info: Krippenfreunde Höfen, Christoph Dosquet, Monschau-Höfen, Im Sief 22, www.krippenverein-hoefen.de).

## KuK Monschau

Vielseitige Programme, Ausstellungen und Darbietungen kann man im **Kunst- und Kulturzentrum** der Stadt Monschau erleben. In der Altstadt bilden im renovierten, fast 150 jährigen ehemaligen Monschauer Finanzamt zwölf offene Ateliers, Verkaufs- und Seminarräume auf über 400 qm eine Arbeits- und Begegnungsstätte, die zum kreativen Austausch mit Künstlern einlädt.

8 **KuK Monschau:** Austraße 9, Tel. 80 31 94, www.kuk-monschau.de, geöffnet Fr 14–17 Uhr, Sa und So 11–17:00 Uhr.

## Essen & Trinken/Unterkunft

5 **Graf Rolshausen:** Kirchstr. 33, Tel. 20 38, www.grafrolshausen.de. Restaurant in einem alten Gewölbekeller, die Küche bietet rustikale bis feine

☐ Die evangelische Kirche in Monschau

Hotel Flosdorff
Restaurant
Kunstausstellung
50m
HOTEL
Flosdorff
Café
Eis

039ei ot

Speisen, dazu ausgewählte Weine und Zwickelbier nach Alt-Monschauer Art vom Fass, geöffnet Do bis So 18–22 Uhr. Angeschlossener Hotelbetrieb.

3 3 **Hotel Horchem**③, Rurstr. 14, Tel. 8 05 80, www.hotel-horchem.com. Denkmalgeschütztes Haus, mit großem Aufwand umgebaut, die alten Eichenholzvertäfelungen und das Mobiliar sind restauriert. Große Zimmer mit Blick auf das Rote Haus. **Restaurant** in toskanischem Stil mit Kaminfeuer, saisonale und regionale Küche, Café-Garten.

1 1 **Carat**③, Laufenstr. 82, Tel. 8 60, www.carathotel.de. Innenstadtnah in einem ehemaligen Tuchmacherhaus, Hotelneubau, modern eingerichtete Zimmer, Beauty-Farm, Sauna, Solarium, Fitnessraum, eigener Parkplatz; angeschlossenes **Restaurant Wiesenthal** mit regionaler und internationaler Küche und **Bistro Stüfje.**

2 2 **Hotel-Restaurant Altstadt-Post**②, Laufenstr. 40, Tel. 35 90, www.altstadt-post.de. Mitten in der Altstadt, rustikal eingerichtete Zimmer, gemütliches Café-Restaurant, im Winter Mi Ruhetag, mit Eifeler Photographica und Film Museum (s.o.).

6 6 **Alte Herrlichkeit:** Stadtstr. 7, Tel. 22 84, www.alte-herrlichkeit-monschau.de. Seit über 150 Jahren in der Altstadt direkt an der Rur in Räumen aus dem 18. und 19. Jahrhundert, saisonale, frisch zubereitete klassische und regionale Gerichte, Mo Ruhetag. Angeschlossen ist der Hotelbetrieb **Villa Burgau**②.

7 **Jugendherberge Burg Monschau:** Auf dem Schloss 4, Tel. 02472 23 14, www.burg-monschau.jugendherberge.de, 1- bis 10-Bettzimmer, 7 Zimmer mit Waschgelegenheit, 6 Leiterzimmer, 4 Tagungsräume, 4 Familien-Appartements, Gemeinschaftsduschen, Gemeinschaftswaschräume, mit Frühstück ab 15,90 € im Mehrbettzimmer, 20,90 € im Zweibettzimmer.

## Aktivitäten

■ **Monschauer Stadtbahn:** 30-Minuten-Rundfahrt durch Monschau im Touristen-Straßenzug, Abfahrt an 2 Stationen, Abfahrt Busstation Burgau 10, 11, 11.45, 13.15, 14, 14.45, 15.30, 16.15 und 17 Uhr, Abfahrt Marktplatz jeweils 15 Min später, Fahrpreis 6,50 € , ermäßigt 4 €, Familienkarte 15 €, Information: Jansen & Kell GmbH, Laufenstr. 67, Tel. 80 00 10, www.jansen-kell.de.

## Veranstaltungen

■ **Monschau Klassik:** Seit dem Jahr 2000 bietet die Open Air Klassik ein vielfältiges Programm mit Oper, Theater und Konzerten vor der stimmungsvollen Kulisse der Burg Monschau. Information: Monschau-Touristik (s.o.), Programm und Preisinformationen unter www.monschau-klassik.de, Karten-Hotline Tel. 80 48 28.

## Einkaufen

UNSER TIPP: 4 **Monschauer Weihnachtshaus:** Markt 6, Tel. 94 01 19, www.weihnachtshaus-monschau.de. Ganzjährig geöffneter Laden mit Weihnachtsartikeln über drei Etagen, außerdem Tischdekoration, Glasvögel, erzgebirgische Volkskunst etc., geöffnet Feb./März je nach Wetterlage, ansonsten ab Beginn der Osterferien 11.30–18 Uhr.

**Monschauer Handwerkermarkt:** Burgau 15, Tel. 99 01 60, www.monschauerland.de/a-handwerkermarkt-monschau. Hier gibt es Marktstände im Stil eines Dorfplatzes, darunter die **Glashütte Monschau,** Tel. 80 25 785, www.glashuettemonschau.com, ganzjährig geöffnet mit Verkauf 10–18 Uhr, die Glasmacher sind zu den Öffnungszeiten bei der Arbeit zu beobachten, Eintritt frei. Die Herstellung einer persönlichen Glaskugel kostet 5 €. Spezielle Gruppenführungen nach Anmeldung Mo bis Sa 10.15, 11.15, 12.15, 13.45, 14.45, 15.45 und 16.45 Uhr, dafür Eintritt 2,50 €.

# Monschauer Heckenland

Das Monschauer Heckenland ist eine Übergangslandschaft vom Hohen Venn zur Rureifel. In der unmittelbaren Nachbarschaft zum Hohen Venn, das sich mit seinem größten Teil im belgischen Osten erstreckt, ist der Einfluss des Atlantikklimas deutlich zu spüren. **Kalter Wind** und lange Winterperioden haben die Bewohner dieses Landstrichs veranlasst, sich durch eine spezielle Bauweise ihrer Häuser diesen Lebensbedingungen anzupassen – nicht umsonst heißt einer der Orte des Monschauer Heckenlandes Kalterherberg. Das **typische Vennhaus** mit dem einseitig tief gezogenen Dach, der Winkelhof mit geschütztem Scheunentor und Hauseingang und die hohen Buchenschutzhecken lassen heute noch ahnen, wie hart das Leben hier einst war.

Haushohe Buchenhecken gehören zum typischen Erscheinungsbild von Simmerath, Roetgen, Mützenich, Kalterherberg, Eicherscheid und den Nachbardörfern. Der schönste Heckenort im Monschauer Heckenland ist aber **Höfen.**

☑ Monschau war Zentrum der Tuchmacherei

070ei ot

Hier stehen auch noch einige reetgedeckte Vennhäuser. Neben den **Hochhecken** an den Häusern werden in den Feldfluren **niedere Buchenhecken** mit überstehenden Einzelbäumen, so genannten Durchwachsern, gepflegt. Sie dienen als Windschutz und bilden wertvolle Lebensräume für Pflanzen und Tiere. Seitens des Deutsch-Belgischen Naturparks werden Besitzer und Pächter mit Geldprämien für die Pflege dieser unvergleichlichen Landschaftselemente unterstützt.

## Kalterherberg

Kalterherberg wird weithin von seiner neuromanischen Ortskirche überragt. Sehenswert sind die kunstvoll gestalteten Portale dieser auch als **„Eifeldom"** bezeichneten Kirche.

An der von Kalterherberg zur belgischen Grenze führenden Straße liegt **Gut Reichenstein,** ein durch Schenkung der Herzöge von Limburg um 1131/1136 gegründetes **Prämonstratenserkloster,** dessen Prioratsgebäude nach der Zerstörung durch Truppen Kaiser *Karls V.* im Jahre 1543 wieder aufgebaut wurde. Im Zuge der **Säkularisation** wurde das Kloster ausfgelöst, die Kirche diente als Ziegenstall, später zur Käseherstellung und seit 1971 als Heustall. Dann erwarben Privatleute die Klosteranlage und setzten sich für die am **Denkmalschutz** orientierte Sanierung der Kirche ein. 2008 erwarben französische **Benediktiner** des Priorats *Notre-Dame de Bellaigue* das Gut Reichenstein, um dort ein Kloster zu betreiben. Schon 2009 wurde die Klosterkirche vom Prior der Gründerabtei Bellaigue neu eingesegnet. Seither wird behutsam an der weiteren Renovierung der Gebäude gearbeitet.

■ **Gut Reichenstein:** Kloster Reichenstein Verein St. Benedikt e.V., 52156 Monschau, Tel. 02472 8 02 50 30, www.kloster-reichenstein.de, geöffnet täglich von Sonnenaufgang bis Sonnenuntergang, Zugang zur Kirche durch den Innenhof des Gutes.

## Perlenbach

Der oberhalb von Monschau in die Rur mündende Perlenbach wird kurz vor dem Ort zur **Perlenbachtalsperre** aufgestaut. Der Oberlauf des Perlenbachtals und des angrenzenden Fuhrtsbachtals sind einzigartige Biotope für die in Deutschland so seltenen **wilden Narzissen.** Deshalb stehen beide Täler unter **Naturschutz.** Im zeitigen Frühjahr sind hier die Bachwiesen gelb übersät mit den Blüten dieser Narzissen – und ziehen Tausende von Besuchern an. Wer diese blühenden Wiesen frei betrachten möchte, sollte früh am Morgen da sein!

## Mützenich

Mützenich, ein **typisches Venndorf** am Rande des Hohen Venns mit dem **Steling,** der höchsten Erhebung des Monschauer Landes (658 m), bietet mit seinen gepflegten Windschutzhecken und den nach Osten ausgerichteten Giebeln seiner alten Wohnhäuser ein schönes Ortsbild. Ein beliebter Spaziergang führt über die Grenze ins Venn zu **Kaiser Karls Bettstatt,** einem markanten Quarzitblock, der der Sage nach einmal Kaiser *Karl dem Großen* als Nachtlager gedient haben soll.

## Rohren

Östlich von Monschau liegt Rohren, ein hübscher Ort mit vielen Fachwerkhäusern, den typischen **Vennhäusern.** Bekannt ist der Ort durch sein oberhalb gelegenes **Skigebiet** mit Sommerbobbahn.

## Lammersdorf

Im **Bauernmuseum** Lammersdorf ist ein typisches Bauernhaus aus der Zeit um 1900 Besuchern zugänglich gemacht worden. Das Haus mit Wohn- und Schlafraum, Stall, Scheune und Werkstatt wurde mit Mobiliar und Gebrauchsgegenständen jener Zeit so ausgestattet, dass das Museum den Eindruck eines bewohnten Hauses vermittelt. Historische Handwerke werden für Schulklassen didaktisch aufbereitet und dargestellt.

■ **Bauernmuseum Lammersdorf:** Bahnhofstr. 3, 52152 Lammersdorf, nördlich von Monschau, Tel. 02473 10 01, www.bauernmuseum-lammersdorf.de, eingerichtet und betrieben vom Verein für Heimatgeschichte und Dorfkultur Lammersdorf, Öffnungszeiten April bis Okt. So und feiertags 11–18 Uhr, Karfreitag geschlossen.

## Essen & Trinken/Unterkunft

■ **Hotel Gut Heistert②,** 52156 Monschau-Kalterherberg, Tel. 02472 50 65, www.gutheistert.de. Außerhalb des Ortes völlig ruhig gelegenes Haus mit freundlich eingerichteten Zimmern, separatem Aufenthalts- und Kaminzimmer, Sauna, Ruheraum und Liegewiese. Guter Ausgangspunkt für Wanderungen und Skilauf, angeschlossenes Restaurant, dessen Spezialität Wildgerichte sind.

■ **Altes Eifelhaus:** 52156 Monschau-Höfen, Hauptstr. 96, Tel. 02472 69 48, www.altes-eifelhaus.de. Ältestes Bruchsteinhaus mit Reetdach in Höfen, Restaurant-Café, gepflegte Gastlichkeit in historischem Ambiente, Motorradtreff, eigene Bäckerei in dritter Generation, werktags 6–18 Uhr, So 8–18 Uhr, Di und Do Ruhetag.

## Aktivitäten

■ **Sommerrodelbahn:** Sommer- und Wintersportzentrum Monschau-Rohren, Rödchenstr. 37, Tel. 02472 41 72, www.sommerbobbahn.de. Rasante 1251-Meter-Bobbahn mit Panoramablick, April bis Nov. 10–18 Uhr (außer bei Nässe), im Herbst und Frühjahr von 11–17 Uhr, im Winter zum Wintersport genutzt, Einzelfahrt 2 €, Kinder 1,50 €.

■ **Wintersportzentrum Rohren:** Ski Alpin auf vier Pisten und einer Waldabfahrt, Skischule, Ski-Verleih (auch für Langlauf), Anker-Schlepplift, drei Übungslifte, Schneelagebericht täglich aktuell, Tel. 41 72.

■ **Loipen:** Verschiedene Längen und Schwierigkeitsgrade in Höfen, Kalterherberg, Konzen, Mützenich, Rohren und Lammersdorf.

## Wellness

■ **Saunadorf Roetgen-Therme:** 52159 Roetgen, Postweg 8, Tel. 02471 1 20 30, www.roetgen-therme.de. Sieben Saunen und Warmluftbäder, offener beheizter Solewasserpool, weitere Pools, Thermengarten, dazu Massagen, Wellness-Anwendungen, Kosmetik. Geöffnet Mo bis Do 11–23 Uhr, Fr und Sa 11–24 Uhr, So und feiertags 10–22 Uhr, Tageskarte 22,90 €, 2-Std-Karte 17.90 €, Studenten 15,40 €, Essen und Trinken im Bademantelrestaurant „Galleria“ (nur für Saunagäste) und in der Brasserie, geboten wird preisgekrönte italienisch-französische Küche. Angeschlossener Hotelbetrieb.

# Rureifel

## Info

- **Postleitzahl:** 52396, **Tel.-Vorwahl:** 02246
- **Rureifel-Tourismus:** 52396 Heimbach, An der Laag 4, Tel. 80 57 90, www.rureifel-tourismus.de.

Die **Rur** entspringt im Naturpark Hohes Venn an der 694 Meter hohen Botrange in Belgien auf 660 m Höhe und erreicht südlich von Monschau nach nur rund 15 Kilometern Flusslauf die deutsche Grenze. Ab Flusskilometer 39 wird das Wasser zum **Rurstausee** gestaut, der zweitgrößten Talsperre Deutschlands. Die Rur schlängelt sich dann an den Burgen von Heimbach und Nideggen vorbei weiter abwärts, um ihren Weg durch die Niederrheinische Bucht über die holländische Grenze zu nehmen und bei Roermond in die Maas zu münden.

In der Eifel zeigt die Rur ihr schönstes Gesicht. Die abwechslungsreiche Landschaft der Rureifel mit ausgedehnten Wäldern, eingebetteten Seen, Feldern und Wiesen sowie reizvollen Ortschaften zieht die Besucher von weither an. Die Einrichtung des **Nationalparks Eifel** im Jahr 2003 hat die Attraktivität dieser Region noch weiter erhöht.

- **Nationalparktor Nideggen:** 52385 Nideggen, Im Effels 9, Tel. 02427 330 11 50 , www.nationalparktor.de/nationalparktornideggen.html, mit Informationsausstellung, täglich geöffnet 10–17 Uhr, Eintritt frei.

# Nideggen

Von Norden kommend, bildet Nideggen schon seit Jahrhunderten das Einfallstor in die Nordeifel. Hier bestand ein Knotenpunkt der römischen Straße von Köln nach Maastricht, hier bauten sich schon die Merowinger eine Feste. Die Ortslage war seit dem 9. Jahrhundert in Kölner Besitz. Als Vögte hatten die Kölner Erzbischöfe die Grafen von Jülich eingesetzt, die sich allmählich verselbstständigten und sich im Laufe der Jahrhunderte zu den ärgsten Rivalen der Kölner entwickelten.

## Burg

Auf dem schmalen, sich nach Westen verjüngenden Bergrücken von Nideggen baute Graf *Wilhelm II. von Jülich* 1177–91 auf dem steil ins Rurtal abfallenden Standort die Burg, die sogar noch als Ruine ihre Wehrhaftigkeit erahnen lässt. Der mächtige Bergfried schützt die Burganlage gegen den einzigen Zugang von Osten. Heute ist im Turm ein Museum untergebracht, früher war dieser Turm durch seine Kerker berüchtigt. Hier wurden so berühmte Leute wie *Ludwig von Bayern* oder die Kölner Erzbischöfe *Konrad von Hochstaden* und *Engelbert II. von Falkenburg* gefangen gehalten, die nur gegen Zahlung enormer Lösegelder wieder frei kamen.

Östlich der Burganlage, aber noch im äußeren Burgbering, wurde fast gleichzeitig mit der Burg die Pfarrkirche St. Johann Baptist errichtet. 1313 bekam Nideggen Stadtrechte und die vorgelagerte Ortschaft mit zentralem Marktplatz erhielt einen Mauerring mit zwei imposanten Tortürmen, die den Zugang in die Stadt frei geben. Wenig später wurde die Burg erweitert und mit einem großartigen Rittersaal versehen. Doch der Machtzuwachs der Jülicher, die inzwischen durch Heirat mit Jülich-Berg und Kleve-Mark vereint waren, rief den Kaiser auf den Plan. Spanische Truppen *Karls V.* drangen in die Eifel ein – auch Nideggen wurde im Zuge dieser „Jülicher Fehde" erobert.

Im 17. Jahrhundert richteten der Jülicher Erbfolgekrieg, der Dreißigjährige Krieg sowie der Spanische Erbfolgekrieg weitere Schäden an. Die Burg verfiel, die Stadt verödete. Erst ab dem Jahr 1900 wurde die Burg wieder hergerichtet und nach heftigem Beschuss am Ende des Zweiten Weltkriegs in den Zustand vom Beginn des vorigen Jahrhunderts zurückversetzt.

Nideggen zählt zu den eindrucksvollsten Burganlagen der Eifel. Den Kern bildet der **Bergfried** mit seiner kreuzgewölbten Burgkapelle im Erdgeschoss. Der Oberbau des Turms wurde um 1350 erneuert, die Wohnanlage gleichzeitig um den Palas mit dem Rittersaal an der Südseite erweitert – von diesem sind nur noch Reste der mit zwei Ecktürmen versehenen Außenwand erhalten, deren Fensteröffnungen den Blick auf das Rurtal frei geben. Seit dem Jahr 1979 bietet das **Burgenmuseum** einen Einblick in das Leben im Mittelalter, außerdem viele Sonderveranstaltungen und -ausstellungen.

■ **Burgenmuseum:** Tel. 02472 63 40, www.kreis-dueren.de/burgenmuseum, geöffnet Di–So 10–17 Uhr, Eintritt 3,50 €, ermäßigt 1,50 €. Einzel-, Gruppen- sowie themenspezifische Führungen nach Voranmeldung, Kosten 25,50 €.

## Pfarrkirche

Ungewöhnlich groß ist die im Burggelände errichtete Pfarrkirche **St. Johann Baptist,** als dreischiffige Basilika aus rotem Rursandstein errichtet – wie die Burg und die alten Häuser der Stadt. Im Osten ist an das Schiff ein Chorquadrat mit halbrunder Apsis angefügt, im Westen der quadratische Turm vorgesetzt, der das Schiff nur wenig überragt. Die Ausmalung der Apsis, Christus in der Mandorla darstellend, stammt im Wesentlichen aus der Mitte des 13. Jahrhunderts. Die Kirche ist reich mit Holzskulpturen aus verschiedenen Epochen ausgestattet.

## Wollersheim

Der östliche Nidegger Ortsteil Wollersheim birgt mit der so genannten **Alten Kirche** einen der ältesten **Sakralbauten** der Region. Der Legende nach soll der Hof an der Kirche, in den sie integriert war, um 700 durch Schenkung der *Plektrudis* an das **Kölner Stift St. Maria** im Kapitol gelangt sein. Der heutige Kirchenbau ist eine spätgotische Halle mit einjochigem Chor mit 4/8-Schluss. Der romanische Turm, dessen Bruchsteinmauerwerk mit römischen Ziegelresten durchsetzt ist, stammt noch von einem um 1000 datierten Vorgängerbau. Im Obergeschoss des Turms befindet sich eine Kapelle mit Sitzbank vor der Apsisnische. Der kreuzrippengewölbte Chor und die nördlich angebaute **Sakristei** wurden im 15. Jahrhundert mitsamt Seitenschiffen, die aber im 18. Jahrhundert wieder abgetragen wurden, angebaut. Im Chor befinden sich Reste einer 1517 da-

041el ot

tierten **Rankenausmalung.** Mit der 1903 fertig gestellten neuen **Pfarrkirche** blieb sie ungenutzt, aber als Friedhofskirche erhalten. Im Zuge der statischen Sicherung des Gebäudes erfolgten auch Renovierungsarbeiten, bei denen unter anderem auch der östliche Fachwerkgiebel freigelegt wurde.

Im Ort befindet sich auch eine der wenigen Brauereien der Eifel, die **Familienbrauerei Cramer,** deren Brautradition ins Jahr 1791 zurück reicht.

■ **Cramer Bier:** Nideggen-Wollersheim, Zehnthofstraße 66, Tel. 02425 2 04, www.cramer-Bier.de, im Angebot Obergärig, Weizen, Bio-Kellerbier, Malz, Zwickel und Schuss (70% obergärig, 30% Malz, 3,5% Alk.), Brauereiverkauf Mo bis Fr 7.30–12 und 13–16 .30 Uhr.

### Essen & Trinken/Unterkunft

■ **Burggaststätte Burg Nideggen**③, 52385 Nideggen, Kirchgasse 10, Tel. 02427 9 09 10 66, www.burgrestaurant-nideggen.de. Anspruchsvolle Gastronomie in historischem Ambiente, gepflegte Atmosphäre im **Restaurant „Kaiserblick"** mit großem Panoramafenster, herrlicher Ausblick auf das Rurtal. Das „Jülicher Zimmer" mit seinem Kachelofen bietet Gemütlichkeit, der Rittersaal eignet sich als Bankettraum für Feiern bis zu 120 Personen, die Küche bietet jahreszeitlich frische Speisen, bekannt für Pfifferling-Gerichte, Mo und Di Ruhetag.

■ **Domizil-Hotel Landhaus Christophorus**③, 52385 Nideggen-Rath, Rather Str. 147–151, Tel. 02427 90 24 99, www.mein-domizil-hotel.de. Hotel im Landhaus-Stil, herrlicher Ausblick in die Eifellandschaft, großer Garten, alle Zimmer mit überdachtem Freisitz, 5 Suiten, spezielles Angebot: Ferienfahrschule; mit **Restaurant Eifelstube,** rustikale Eifeler Küche.

■ **Alpenvereinshütte:** Dürener Hütte, Burg Nideggen. Aus den Ruinen des ehemaligen Pförtnerhauses der Burg, von welchem lediglich die Außenmauern standen, wurde ein komplett neues Haus unter den Auflagen des Denkmalschutzes und des umweltgerechten Bauens errichtet. 15 Lager zur Übernachtung für Selbstversorger, Preis pro Übernachtung 4 €, Jugendliche 2 €, Nichtmitglieder das Doppelte, Information: DAV-Sektion Düren, 52349 Düren, Kolpingstr. 24, Tel. 02421 4 34 50, www.davdueren.de.

### Camping

■ **Campingplatz Hetzingerhof:** 52385 Nideggen-Brück, Hetzinger Hof 1, Tel. 02427 61 05, www.campingplatz-hetzingerhof.de, großzügiger Platz im Rurtal unterhalb Burg Nideggen.

## Heimbach

Von Nideggen führt der Weg in die Eifelhöhen entlang der Rur nach Heimbach. Inmitten einer Talmulde gelegen, ist es heute ein anerkannter Luftkurort, dessen Attraktivität durch die Schaffung des nahe gelegenen Nationalparks Eifel noch gewachsen ist.

■ **Nationalparktor Heimbach:** im Büro der Rureifel-Tourismus (siehe dort), 52396 Heimbach, In der Laag 4 (Bahnhof), Tel. 02446 8 05 79 14, www.heimbach-tourismus.de, mit Informationsausstellung, geöffnet täglich 10–17 Uhr, Eintritt frei.

◁ In der Altstadt von Nideggen

## Burg Hengebach

Auf einem etwa 180 Meter langen und bis zu 40 Meter breiten Grauwackenfelsen erhebt sich majestätisch über den Häusern des Ortes die Burg der ehemaligen Herren *von Hengebach,* deren Anfänge auf die Zeit der Normanneneinfälle Ende des 9. Jahrhunderts zurückgehen und deren Besitz Mitte des 13. Jahrhunderts mit dem von Jülich vereinigt wurde. 1288 wurde Burg Hengebach Sitz eines Jülicher Burggrafen und Heimbach selbst Mittelpunkt eines Jülicher Amtes. Der große Brand von Heimbach im Jahre 1687 vernichtete fast den gesamten Ort. Im Laufe der Zeit verfiel die Burg immer weiter und wurde erst 1904 restauriert.

■ **Burg Hengebach:** 52396 Heimbach. Außenanlagen und Bergfried ganzjährig zu besichtigen, **Burgrestaurant Kochkunst,** Hengebachstraße 46–48, Tel. 02446 220 99 54, www.burgrestaurant-kochkunst.de. Das Burgrestaurant Kochkunst hat 2012 neu eröffnet, die Küche ist spanisch orientiert, mit Terrasse, Tapas-Bar und Vinothek, geöffnet Mi–So ab 11 Uhr.

## In der Altstadt

Am Fuß der Burg trifft man auf einige gut erhaltene ältere **Fachwerkbauten.** Gegenüber erheben sich die **Pfarrkirche St. Clemens** mit romanischem Glockenturm, die nach dem Stadtbrand barock wieder errichtet wurde und ein wertvolles Altarbild besitzt, sowie die 1981 an die Pfarrkirche kontrastierend-modern angebaute **Wallfahrtskirche Christus Salvator.** Hier steht ein berühmter Antwerpener Schnitzaltar mit Darstellungen aus dem Marienleben und dem aus der Abteikirche Mariawald stammenden „Gnadenbild der Schmerzhaften Mutter Gottes", das Ziel von Wallfahrten ist. Das Thema des Kreuzaltares findet seine Fortsetzung in der Fensterwand von *Prof. Georg Meistermann,* Köln (gest. 1990).

## Wasser-Info-Zentrum

Lohnenswert ist ein Besuch des Wasser-Info-Zentrums Eifel im Gebäude der ehemaligen Hauptschule am Karl-H.-Krischer-Platz, ein **Erlebniszentrum,** das sich dem Thema Wasser unter Umweltaspekten widmet. Die heimische Wasserwelt kann man in Groß-Aquarien betrachten, außerdem einen Riesenglobus, ein Minigebirge und Stauseen zum selber Steuern, Wassertechnik, Strom aus Wasser auf Knopfdruck, ein Wasserwerk-Modell, ein Wasserlabor speziell für Schulklassen, weiterhin Verbraucherberatung, z.B. wie man Trinkwasser sparen und Regenwasser nutzen kann.

■ **Wasser-Info-Zentrum Eifel:** Karl-H.-Krischer-Platz 1, Tel. 9 11 99 06, www.wasser-info-zentrum-eifel.de, geöffnet ganzjährig Di–So 14–17 Uhr, So 14.30–15.30 Uhr Besucherführung, Eintritt 3 €, ermäßigt 2 €, Familienkarte 6 €.

## Weitere Sehenswürdigkeiten

Das **Naturerlebniszentrum** im Heimbacher **Haus des Gastes** im Kurparkbereich widmet sich der Nutzung der Natur durch den Menschen und die Folgen für Flora und Fauna.

■ **Haus des Gastes:** Über der Rur 3, www.haus-des-gastes-heimbach.de, Tel. 02446 35 78, geöffnet April bis Okt. 10–12 und 14–17 Uhr, ansonsten nur 14–17 Uhr.

Unterhalb der Rurstauseemauer steht das Jugendstilgebäude des **Wasserkraftwerkes Heimbach,** ein kunstvoller Industriebau, der im Obergeschoss ein kleines Museum beherbergt.

**Unser Tipp:** **Kraftwerk Heimbach/RWE-Industriemuseum:** 52396 Heimbach Hasenfeld, Tel. 02446 9 50 43 20, nur in Begleitung des Führungspersonals, Dauer ca. eine Stunde, Treffpunkt: Eingangstor am Kraftwerk, www.rwe.com/web/cms/de/614872/wasserkraft, Führungen März bis Okt. Di, Do Sa und So 14 Uhr, für Gruppen nach Voranmeldung Mo, Mi und Fr 14 Uhr, Eintritt frei.

## Blens

Zwischen Heimbach und Nideggen an der Rur liegt der kleine Ort Blens mit hervorragend restaurierten **Fachwerkhäusern.** Spätestens um die Mitte des 12. Jahrhunderts existierte in Blens eine burgähnliche Wohnanlage, deren heutige Gestalt einem Umbau des Jahres 1791 entstammt. Ein vierflügeliger Wirtschaftshof umgibt das zweigeschossige **Herrenhaus.** Eine bemerkenswerte Seltenheit ist die noch gut erhaltene Hofpflasterung aus Rurkieseln. Unmittelbar vor dem Wirtschaftshof liegt die **St.-Georg-Kapelle,** ein kleiner Bruchsteinbau aus dem Jahr 1807.

## Essen & Trinken/Unterkunft

■ **Eifeler Hof**②, Hengebachstr. 43, Tel. 4 42, www.eifeler-hof.eu. An der Stelle einer alten Poststation aus dem Jahr 1657. Traditionelles, familiär geführtes Restaurant, beliebter Biker-Treff, gutbürgerliche Küche auf hohem Niveau mit saisonalen Spezialitäten, Ruhetage Mo und Di. Mit Kegelbahn und angeschlossenem Hotelbetrieb.

■ **Alte Mühle**①, Teichstr. 1, Tel. 31 24, Café und Restaurant, ganzjährig geöffnet, Mi Ruhetag, mit Außenterrasse. In einem zweigeschossigen Bruchsteinhaus aus dem 17. Jahrhundert mit Krüppelwalm und modern erhöhtem Drempel, zwei Dachgauben, rechtsseitig im Obergeschoss befindet sich eine Reliefdarstellung des *Johannes Nepomuk.*

113ei ot

▷ Burg Hengebach

■ **Hotel Klostermühle**②, Hengebachstr. 106 a, Tel. 8 06 00, www.hotel-klostermuehle.de. Die Klostermühle wurde früher von Mönchen der Trappistenabtei Mariawald als Wassermühle genutzt. Moderne, dem historischen Bauwerk angepasste Zimmer, dazu Ferienwohnungen, Gesellschaftsräume, Ferienwohnungen, Tennishalle mit Tennisschule, Tennis- und Sportboutique, vollautomatische Bundeskegelbahnen, Sauna, Solarium, **Restaurant** mit Terrasse, Innenhof für Veranstaltungen.

### Camping

■ **Heimbacher Campingplatz,** 52396 Heimbach, Gut Habersaul 3, Tel. 02446 437, www.heimbacher-campingplatz.de, großzügiger Platz unterhalb Heimbach direkt an der Rur gelegen, vermietet auch Holzhäuser.

■ **Campingplatz Kohl,** 52396 Heimbach, Kleestraße 71, www.campingplatz-kohl.de, leicht oberhalb des Bogens des Staubeckens an der Brücke zum Jugendstil-Wasserkraftwerk gelegen, gut ausgestattet, mit Kiosk, ganzjährig geöffnet.

### Aktivitäten

■ **Rurtalbahn:** Moderner Schienenbusverkehr der Rurtalbahn zwischen Düren und Heimbach entlang der Rur. Mitnahme von Fahrrädern, Infos über Tarife und Fahrpläne Tel. 02421 39 01 40, www.rurtalbahn.de.

### Einkaufen

■ **Glasbläserei Gier:** Hengebachstr. 45a, Tel. 625, Fax 6 25, www.glas-gier.de. Fertigung von mundgeblasenen Gläsern und Glaswaren, alles Unikate, geöffnet Di–So u. feiertags 10–17 Uhr.

### Veranstaltungen

■ **Wallfahrt** zur Pietà der Wallfahrtskirche Christus Salvator, Mai bis September, Höhepunkt ist die Oktavwoche Anfang Juli, Information: Katholisches Wallfahrtsamt, Tel. 02446 4 93.

## Talsperren in der Rureifel

### Info

■ **Rursee-Touristik GmbH:** 52152 Simmerath-Rurberg, Seeufer 3, Tel. 02473 9 37 70, Nebengeschäftsstelle: 52152 Simmerath-Einruhr, Franz-Becker-Str. 2, Tel. 02485 3 17, www.rursee.de.

Seit Anfang des vorigen Jahrhunderts wurden in der Eifel fünfzehn Talsperren gebaut, die größten davon in der Rureifel. Hier im Nordwesten fallen die höchsten Niederschläge, die Flüsse führen das meiste Wasser, und damit sind die besten Voraussetzungen für den Talsperrenbau gegeben. Alle diese Stauseen stellen eine außerordentliche landschaftliche Bereicherung dieses Teils der Eifel dar und sind Anziehungspunkte für vielerlei Freizeitaktivitäten.

Der Talsperrenbau in der Rureifel begann 1900 bis 1905 mit dem Bau der Urfttalsperre unterhalb von Gemünd. Mit einer Dammhöhe von 54 Metern weist sie ein Fassungsvermögen von 45,5 Millionen Kubikmetern auf. Der große **Staudamm Schwammenauel** entstand in den Jahren 1934 bis 1938. Die Mauer war zunächst 56 Meter hoch und 350 Meter lang. 1955–58 erfolgte eine Aufstockung auf 72 Meter, und damit stieg das Fassungsvermögen von gut 100 auf 205 Millionen Kubikmeter. Der 14 Meter hohe Erddamm des Vorbe-

043ei ot

ckens Paulushof wurde in der gleichen Zeit auf 33 Meter erhöht. Schon 1933–34 waren das Staubecken Untermaubach unterhalb von Nideggen mit einem 6,50 Meter hohen Erddamm und 1,7 Millionen Kubikmetern Fassungsvermögen sowie das Staubecken Heimbach mit einer 12 Meter hohen Mauer und 1,5 Millionen Kubikmetern Fassungsvermögen entstanden.

## Rurtalsperre

Die Hauptaufgabe der Rurtalsperre liegt in erster Linie auf dem **Ausgleich der Wasserführung** in der Rur, um Hochwasserschäden im Bereich ihres stark industrialisierten Unterlaufes zu vermeiden. Eine weitere Zweckbestimmung ist die Bereitstellung von **Trinkwasser.** Im Obersee der Rurtalsperre Schwammenauel werden jährlich an die 30 Millionen Kubikmeter Wasser für den Großraum Aachen zur Verfügung gestellt. Gleichzeitig dient der Dauerstau des Obersees dem Landschaftsschutz im Rurtal.

Eigentlich besteht die Rurtalsperre Schwammenauel aus zwei Dammbauwerken. Während der Bauarbeiten für die Aufstockung des Hauptdammes wurde ein weiterer Damm gegenüber der Ortschaft Rurberg errichtet. Dieser Damm trennt den **Obersee** vom **Rursee.** Vor Baubeginn befand sich hier lediglich ein Vorbecken, das als „Vorbecken Paulushof" bezeichnet wurde. Der Damm

⌃ Bootsanleger Schwammenauel im Rursee

› Nächste Seite: Die imposante Urfttalsperre

www.fotolia.com © corky46

erhielt daher nach Fertigstellung den Namen **Staudamm Paulushof.** Mit dem Bau des Paulusdammes wurde die Urfttalsperre auf der Luftseite eingestaut. Gleichzeitig stieg die Wasserfläche so an, dass die Urft im Obersee in die Rur mündet.

Das Stauziel von Obersee und Rursee liegt bei 281,50 Meter Höhe. Während der Wasserspiegel im Hauptsee ständig den wasserwirtschaftlichen Verhältnissen angepasst werden muss, wird der Wasserspiegel des Obersees fast immer bis zum Stauziel gehalten. Zwischen Rurberg und dem Paulusdamm befindet sich mit dem Staudamm **Eiserbachsee** noch ein weiteres Dammbauwerk, dessen Wasserfläche auch als Schwimmbad genutzt wird.

## Sportmöglichkeiten Rursee

Der Hauptsee der Rurtalsperre ist das größte Freizeitrevier der Nordeifel – nur hier ist aus hygienischen Gründen der Wassersport gestattet. Die Fahrgastschifffahrt und die Energieerzeugung sind darüber hinaus Nebennutzungen an der Rurtalsperre. Hinter der 480 Meter langen Staumauer Schwammenauel kann man nach Herzenslust **segeln** und **surfen, Bootfahren** oder **schwimmen.** Badeplätze gibt es bei Einruhr, Rurberg und Eschauel. Eine Segelschule bietet fachkundige Ausbildung an. Wer es beschaulich liebt, schippert mit der **Rurseeflotte** über den See und genießt die reizvolle Landschaft vom Wasser aus. In den vielen stillen Buchten versprechen Aal, Hecht und Karpfen dem **Angler** Erfolg. Ein besonderes Erlebnis ist eine **Radtour** rund um den See.

## Ortschaften

Die Orte am Rursee leben heute vornehmlich vom Fremdenverkehr. **Einruhr** direkt am Obersee geht auf ein im 15. Jahrhundert auf der gegenüberliegenden Flussseite gegründetes Eisenwerk zurück, dessen Beschäftigte im Ort wohnten. **Rurberg** und weiter nördlich **Woffelsbach** liegen in wunderschöner Aussichtslage an den Hängen des Rursees. Eine Reihe von Häusern der Orte steht unter Denkmalschutz.

## Rursee in Flammen

Als Höhepunkt der Sommersaison gilt das große Veranstaltungsereignis „Rursee in Flammen" jeweils an einem Wochenende Ende Juli. Es gibt ein großes Unterhaltungsangebot mit über 30 Stunden **Live-Musik,** mit humorvollen und sportlichen Aktionen auf dem Rursee, einem **Paradies für Kinder** mit Springburgen und Karussels, einem Markt mit 100 Ständen, Gourmet-Touren und Jägertag. Alljährlich genießen seit Jahrzehnten Tausende auf den mit Lampions geschmückten **Schiffen** und an den Ufern das atemberaubende **Höhenfeuerwerk** über dem Rursee. Information: www.rursee-in-flammen.de.

## Urfttalsperre

Das als Gewichtsstaumauer ausgebildete Absperrbauwerk der Urfttalsperre wurde in den Jahren 1900 bis 1905 errichtet, sie war damals die größte Talsperre in Europa. Heute wird die Urft- zusammen mit der Rur- und der Oleftalsperre im

Verbund betrieben. Mit diesen drei Talsperren stehen etwa 265 Millionen Kubikmeter Stauraum zur Verfügung. Nach der Vollendung des zweiten Bauabschnitts und der Aufstockung der Rurtalsperre Schwammenauel im Jahre 1961 ist die Urftstaumauer luftseitig um etwa zwölf Meter eingestaut. Dadurch, dass die Urfttalsperre im ehemaligen militärischen Sperrgebiet des **Truppenübungsplatzes Vogelsang** liegt, war die touristische Nutzung nur am Wochenende und an Feiertagen freigegeben. Mit dem Abzug der belgischen Truppen am 1. Januar 2006 konnte der Nationalpark Eifel uneingeschränkt realisiert werden. Die Landschaft war in den vergangenen 50 Jahren wegen der militärischen Nutzung kaum menschlichen Eingriffen ausgesetzt und hat sich so nahezu unberührt erhalten können.

## Essen & Trinken/Unterkunft

- **Eifelgold-Rooding**④, 52152 Simmerath-Erkensruhr, Erkensruhr 108, Tel. 02485 95 55 70, www.eifelgold-rooding.de. Familien- und Wellnesshotel, gemütlich eingerichtete Zimmer, Suiten und Wellness-Suiten, Restaurant.
- **Hotel im Fachwerkhof**②, 52152 Einruhr, Rurstr. 29, Tel. 02485 15 15, eifelhotel-imfachwerkhof.com. Fachwerkhaus in zentraler, ruhiger Lage mit Seeblick, praktisch eingerichtete Zimmer. Angeschlossenes Café-Restaurant, bekannt für selbstgebackenen Kuchen und bodenständige Küche, Sonnenterrasse. Im Winter geschlossen.
- **Hotel Paulushof**③, 52152 Rurberg, Seeufer 10, Tel. 02473 9 49 50, www.hotel-paulushof.de. Direkt am Ufer des Sees gelegen, komfortable Zimmer, großteils mit Balkon und Seeblick, drei Familienzimmer (Dz und Ez), Lift, Hallenbad und Sauna, Naturfreibad und Anlegestelle der Rur-Ausflugsschiffe nahebei. Angeschlossenes rustikal eingerichtetes Restaurant mit Kamin und einer Terrasse mit Blick auf den Rursee, ganzjährig geöffnet.
- **Ferienwohnpark Rursee:** 52152 Rurberg, In den Brüchen 45, Tel. 02473 45 12, www.ferienpark-rursee.de. In ruhiger Lage am Rursee, frei stehende Ferienhäuser, Wohnzimmer mit Kaminofen, 1- und 2-Bettzimmer, Bad, separates WC, Balkon mit Seeblick, überdachte Terrasse, Wintergarten, Grill, Grünanlage, Tennishalle, ganzjährig geöffnet.
- **Ufercafé:** 52152 Rurberg, Tel. 02473 33 24, www.ufercafe-rurberg.de. Direkt an der Bootsanlegestelle mit Blick auf den See gelegen, großer Außenbereich, eigene Konditorei, Kaffee- und Eisspezialitäten, täglich geöffnet, im Winter nur Sa und So.

## Camping

- **Gemeindecampingplatz Woffelsbach** der „Natur beweg Dich gGmbH“: 52152 Simmerath-Woffelsbach, Promenadenweg 5, Tel. 02473 93 78 400, www.nabedi-camp.de, gemeinnütziger Ferienplatz für Jugendgruppen, Radfahrer und Wanderer, Familien, übernachten direkt in der Woffelsbacher-Badebucht in modernen Blockhäusern, im Bauwagen, im romantischen Schäferwagen, im Zirkuswagen oder auf dem Jugend- und Familienzeltplatz, mit großem Sanitärhaus und Kiosk.

## Jugendherberge

- **Jugendherberge Simmerath-Rurberg:** 52152 Rurberg, Tel. 02473 22 00, www.rurberg.jugendherberge. de. Oberhalb des Rursees mit zweckmäßigen Schlafräumen, insgesamt 43 Zimmer mit 188 Betten (alle mit Waschgelegenheit), davon 12 Leiterzimmer, Gruppenzimmer (4- bis 6-Bettzimmer), 6 Tagesräume, Kinderkino mit Video und DVD, Disco, hauseigener Hochseilgarten, Übernachtung ab 22,40 €, ab 27 Jahre Zuschlag 3 €.

## Aktivitäten

**Unser Tipp: Rursee-Schifffahrt:** 52396 Heimbach-Schwammenauel, Tel. 02446 4 79, www.rurseeschifffahrt.de. Vier Fahrgastschiffe, regulärer Fahrplan-Verkehr über Rur-Hauptsee und Obersee, dazu Frühstücksfahrten, Abendfahrten, Nikolausfahrten, Trauungen an Bord. Rundfahrt-Ticket Hauptsee 9,70 €, Obersee 1 Std. 7 €, Familien- und Kinderermäßigungen, Fahrgastschiff „Stella Maris" behindertengerecht, Anleger Schwammenauel barrierefrei. Zwei weitere Schiffe befahren den Hauptsee, ein Schiff befährt den Obersee.

- **Rursee Bahn,** Touristenzug vom Staudamm über Kraftwerk Heimbach, Rathaus Heimbach, Bahnhof Heimbach und zurück, Ticket 8,80 €, Familien 19,60 €, www.rurseeschifffahrt.de
- **Naturerlebnisbad Einruhr:** Schwimmbecken im See, 1200 m², dazu Nichtschwimmerbecken 720 m² und Planschbecken (Kinder/Babybecken) 320 m², Kinderrutsche, Tischtennis, Sprungbrett, Liegewiese, Kiosk mit Terrasse, geöffnet während der Saison nach Wetterlage 10–22 Uhr, Tel. 02485 91 29 29, www.naturerlebnisbad-einruhr.de, Eintritt 3 €, Kinder 1,50 €. Tretbootverleih.
- **Sportbootschule Schwammenauel:** Wassersport Becker, Postanschrift 52396 Heimbach, Am Rechtob 21, Tel. 02446 80 99 90, 80 99 92, www.becker-wassersport.de. Am Bootsanleger Schwammenauel Vermietung von Liegeplätzen, Sportbootschule für Segel- und Motorboote, Bootsverleih (Tretboot 10 €/Std., Canadier 30 €/halber Tag, Joyboot mit E-Motor für 5 Pers. 40€/Std.), Yachtagentur, Slipservice, Verkauf von Bootszubehör, Vermietung von Angelbooten (16 € pro Tag).
- **Angeln:** Auf über 775 Hektar (bei Vollstau) Wasserfläche an der Rurtalsperre Schwammenauel, auch Obersee, Fischereierlaubnisscheine erhältlich in entsprechenden Ausgabestellen wie Gaststätten, Kiosken, Tankstellen und Angelgerätehandlungen rund um den Rursee und in den umliegenden Gemeinden. Information: Geschäftsstelle der Fischerei-Pächtergemeinschaft Rursee e.V., 52385 Nideggen-Schmidt, Am Tierpütz 6, Tel. 02474 2 64, www.fischerei-rursee.de.
- **Fahrrad- und Kanuverleih:** *Joachim Schellberg,* 52152 Rurberg, Ginsterlay 15, Tel. 0151 15 63 90 44, www.fahrrad-kanuverleih-rursee.de, Tagestarife Trekkingrad 14 €, E-Bike 20 €, Canadier 35 €, Marschverpflegung auf Anfrage, Transportanhänger für Boote auf Anfrage, Abhol- und Bringservice.

# Nationalpark Eifel

Der Nationalpark Eifel wurde im Jahr 2003 als **erster Nationalpark Nordrhein-Westfalens** geschaffen. Dazu stellte das Land 10.700 Hektar der Nordeifel unter den Schutz dieses Nationalparks, der sich durch seine eindrucksvollen Buchenwälder, knorrigen Eichenwälder, Schluchten und wilde Bäche und die Aussicht auf den Urft- und Rursee auszeichnet. Hier verzichtet der Mensch zukünftig auf wirtschaftliche Nutzung, die Natur kann sich frei entfalten. Über 230 gefährdete Pflanzen- und Tierarten finden ihre lebensnotwendigen Rückzugsgebiete. Bis 2005 wurde ein Teil des heutigen Nationalparks an der Urfttalsperre von den Belgiern als **Truppenübungsplatz** genutzt. In diesem Gebiet hat sich die Natur relativ ungestört entwickeln können – so ist beispielsweise die ansonsten seltene **Wildkatze** hier zu finden.

Die Nationalparkverwaltung bietet ein breites Spektrum an Veranstaltungen und Führungen durch speziell ausgebildete Nationalpark-Ranger an, um die von

▷ Burg Vogelsang, ein Relikt aus der Nazizeit, liegt im Nationalpark Eifel auf dem Gelände des ehemaligen Truppenübungsplatzes

Wald, Wasser und Wildnis geprägte Landschaft zu erläutern. Die abwechslungsreichen Wanderungen werden nicht nur in deutscher, sondern auf Anfrage auch in niederländischer, englischer und französischer Sprache durchgeführt.

## Burg Vogelsang

**Unser Tipp:** Inmitten des Nationalpark-Geländes liegt **Burg Vogelsang,** ein Monument aus der Nazi-Zeit. Die Anlage wurde als **Schulungsstätte nationalsozialistischen Gedankengutes** für an die 500 „Ordensjunker“ errichtet. Die Bauarbeiten an der Ordensburg wurden im Zweiten Weltkrieg eingestellt. Nach dem Zweiten Weltkrieg beschlagnahmten die Briten die Burg und deklarierten damit ein über 40 $km^2$ großes Gelände zum Truppenübungsplatz, der 1950 von den Belgiern übernommen wurde. Schon die Belgier renovierten Teile der Anlage und entfernten die NS-Symbole. 2006 zogen die Belgier ab. Seither ist die Burg wieder für die Öffentlichkeit zugänglich und wurde unter Denkmalschutz gestellt.

**Zwei Rundwege** wurden eingerichtet und mit entsprechenden Hinweistafeln versehen, die bis zum Adlerhof mit dem 40 Meter hohen Turm oberhalb des Obersees führen, von dem man einen weiten Blick in die Eifel hat. Die Bauwer-

044ei cg

ke der Burg Vogelsang werden behutsam neuen Zweckbestimmungen übergeben, die Fläche des Truppenübungsplatzes wurde Teil des Nationalparks Eifel.

Der Umbau der ehemaligen NS-Burg Vogelsang zu einem **Informationsforum,** dessen Bildungsangebote sich auf die Geschichte der Region, die nationalsozialistische Vergangenheit sowie den Natur- und Umweltschutz richten, hatte 2008 auf der Basis eines Architektenwettbewerbs begonnen. Rund um den historischen **„Adlerhof"** entstand das neue **Forum Vogelsang** als Ausstellungs- und Bildungszentrum mit einem neuen Besucherzentrum in der denkmalgeschützten Bausubstanz mit einer NS-Dokumentation, einer Nationalparkausstellung sowie einem **SchauFenster Eifel.** Das von Belgiern gebaute **Kino** war übergangsweise während der Bauzeit Besucherzentrum, das inzwischen vom Forum übernommen wurde. Es bleibt weiter in die Bildungs- und Informationsarbeit integriert. Das noch in der NS-Zeit gebaute **Schwimmbad** wurde saniert und wird heute von den örtlichen Schwimmvereinen genutzt. Um die Burg in das Wander- und Radfahrwegenetz zwischen Rursee und Kermeter zu integrieren, wurde 2009 eine Brücke über den Urftsee angelegt.

Führungen durch das ehemalige NS-Gelände werden von qualifizierten Referenten und Referentinnen angeboten und gewähren aufschlussreiche Einblicke in die Geschichte und Architektur von Vogelsang, wobei auch Bereiche angesteuert werden, die ansonsten nicht zugänglich sind.

Auf dem Gelände des Truppenübungsplatzes lag auch einst das **Dorf Wollseifen** mit Blick auf die Urfttalsperre, dessen Ursprung bis ins 12. Jahrhundert zurückreicht. Nach dem Ende des Zweiten Weltkriegs fiel der Ort auf Befehl der britischen Besatzungsmacht dem Truppenübungsplatz für militärische Zwecke zum Opfer. Die meisten Häuser wurden durch die Übungsschießerei zerstört – die Ortskirche steht noch als „totes" Monument.

■ **Besucherzentrum:** Internationaler Platz Vogelsang, 53937 Schleiden, Vogelsang 71, Tel. 02444 91 57 90, www.vogelsang-ip.de, täglich geöffnet 10–17 Uhr, 24.12. und 31.12. 10–14 Uhr, Gastronomie 10–17 Uhr, 24.12. und 31.12. 10–14 Uhr, tägliche Führungen 14 Uhr, sonn- und feiertags zusätzlich 11 Uhr, Teilnahme 5 €, ermäßigt 4 €, Kinder bis 12 Jahre frei, Treffpunkt an der Information am Kulturkino, Parken 4 €.

## Kermeter

Von Heimbach führt die Straße in engen Kurven in den **Höhenzug** des Kermeters, traumhafte Ausblicke auf die Burg Hengebach frei gebend. Der als **Naturschutzgebiet** ausgewiesene Kermeter, der sich zwischen Rurstausee und Urfttalsperre südöstlich bis Gemünd erstreckt, ist mit einer Fläche von 3500 km² eines der größten zusammenhängenden Waldgebiete der Eifel. Von großer ökologischer Bedeutung sind seine Hainsimsen- und Waldmeister-Buchenwälder auf saurem Boden. Hohe Anteile an über 200 Jahre alten Buchen und ein bemerkenswerter Totholzreichtum bilden die Grundlage für eine artenreich entwickelte **Wald-Lebensgemeinschaft.** An steilen Abhängen schmiegen sich Reste von ehemals als Niederwald genutzten Eichen-Trockenwäldern an den Fels und entlang der Waldbäche gibt es noch Au- und Bruchwälder. In geschützten Hanglagen und Kerbtälern konnten sich Wärme liebende Traubeneichenwälder ausbreiten.

Die große Vielfalt an Lebensräumen und das Vorhandensein nicht erschlossener Bereiche bietet vielen Tieren und Pflanzen ein Zuhause. Vor allem ist die **Käferfauna** besonders artenreich. Hier leben über 1300 verschiedene Käferarten, von denen etliche selten oder sehr selten sind. Besonders viele von ihnen gehören der Gilde der Totholzkäfer an. Allein 130 Käferarten des Gebiets werden in der aktuellen Roten Liste der Käfer Deutschlands aufgeführt. Hierzu zählen auffällige Arten wie der Großlaufkäfer Kleiner Puppenräuber *(Calosoma inquisitor)*, der Blatthornkäfer *(Valgus hemipterus)* und der Nashornkäfer.

Der Kermeter ist ein altes Kulturgebiet. Im Römischen Reich führte die Straße von Köln nach Reims über den Kermeter. *Karl der Große* nutzte die Wälder als königliches Jagdrevier. Als *Napoleon* das Rheinland eroberte, war der Kermeter durch Raubbau in weiten Bereichen abgeholzt. In der preußischen Zeit begann die Wiederaufforstung. Heute ist der Staatsforst je zur Hälfte mit Laub- und Nadelwald bedeckt. Dem Besucher eröffnet der Kermeter neben einer reizvollen Landschaft einige interessante touristische Ziele, so z.B. einen Waldlehrpfad oder auch das Kloster Mariawald.

## Kloster Mariawald

**Unser Tipp:** Die Abgeschiedenheit des Kermeters bot die Voraussetzung für mönchisches Leben in aller Einsamkeit. Hier im Wald auf 471 Metern Höhe stellte im Jahre 1475 *Heinrich Fluitter*, ein Mann aus Heimbach, ein Vesperbild der Schmerzhaften Muttergottes auf. Das Gnadenbild wurde Ziel von Wallfahrten, und schon 1480 errichteten hier **Zisterzienser** aus Bottenbroich (bei Bergheim) ein Kloster. Dreihundert Jahre lang betreuten die Mönche die Pilger, bis das Kloster 1795 nach der französischen Besetzung aufgehoben wurde. Den wertvollen Antwerpener Schnitzaltar mit dem Gnadenbild konnten die Mönche in die Pfarrkirche von Heimbach retten und so vor der Zerstörung bewahren (siehe Heimbach).

Doch die Klostergebäude begannen zu verfallen. Zisterzienser der Strengeren Observanz (Trappisten) aus der Abtei Oelenberg erwarben 1860 die mittelalterliche Klosteranlage und bauten sie wieder auf. Nach der Zerstörung im Zweiten Weltkrieg kamen die Mönche im April 1945 zurück und begannen mit dem Wiederaufbau. Die heutige Innengestaltung der Klosterkirche stammt von 1962/64. Die Abtei Mariawald ist das einzige (männliche) **Trappistenkloster** in Deutschland, ihm gehören derzeit neun Mönche an. Der Tagesablauf ist streng geregelt und geprägt von Stundengebet, Lesung und Arbeit, wozu der Unterhalt der Klosteranlagen, das Betreiben der angeschlossenen Gaststätte und Buchhandlung sowie die eigene Likörfabrikation gehören.

Inzwischen konnte der nach der Kriegszerstörung installierte, sogenannte Volksaltar Dank einer Stiftung durch einen **neugotischen Holzaltar** ersetzt werden. Dieser neue Altar harmoniert mit der Raumwirkung der Klosterkirche, er entspricht dem klassischen Ritus in angemessener Weise, sodass in Mariawald das Mysterium des Opfers Christi nun in größerer Einheit von Bedeutung und äußerer Form gefeiert werden kann. Eigens zu diesem Zweck hat die Abtei zusätzlich eine Nachbildung des Mariawalder Gnadenbildes, das heute in der Wallfahrtskirche in Heimbach steht, erworben.

■ **Kloster Mariawald:** 52396 Heimbach, Mariawalder Straße, Tel. 02446 9 50 60, Fax 95 06 30, www.kloster-mariawald.de. Besuchertrakt mit mehreren kleinen Zimmern für Gäste zur Teilnahme am Mönchsleben, Klosterladen (bietet u.a. Mariawalder Klosterlikör, Trappisten-Abteitropfen, Gebäck, Brot, Pralinen und Schokolade, Wild aus umliegenden Wäldern je nach Saison, Rindfleisch aus artgerechter Tierhaltung, Naturkosmetika, Produkte anderer Trappistenklöster), Klosterbuchladen und Klostergaststätte mit der mit Abstand besten Erbsensuppe der ganzen Eifel. Geöffnet Mo–Fr 10–18 Uhr, Sa, So u. feiertags 9–18 Uhr, im Winter 11–17 bzw. 9–17 Uhr.

## Wandertipp Kermeter

Im Zuge der Realisierung des Nationalparks Eifel wurde an der **Kermeter Höhe** (mit Bushaltestelle) ein Wanderparkplatz mit Info-Tafeln und Sanitäranlagen eingerichtet. Von hier aus führt ein **Wald-Erkundungspfad** rund um den Parkplatz, ein barrierefreies Wegenetz zum Wegekreuz „Schwarzes Kreuz" (ca. 750 m) weiter zum Aussichtspunkt „Vogelsang-Blick" (750 m) oder geradeaus zum „Aussichtspunkt Hirschley" (1750 m), der auch über einen kürzeren Weg mit bis zu 8% Steigung/Gefälle erreicht werden kann.

# Gemünd

## Info

■ **Postleitzahl:** 54673, **Tel.-Vorwahl:** 06524

**Unser Tipp: Nationalparktor Gemünd:** Im Haus des Gastes, 53937 Schleiden-Gemünd, Kurhausstraße 6, Tel. 02444 20 11, www.nordeifel-tourismus.de, mit der nationalparkspezifischen Ausstellung „Knorrige Eichen, bunte Spechte und Waldgeschichte(n)", geöffnet täglich 10–17 Uhr, Eintritt frei.

An den südlichen Ausläufern des Kermeters liegt Gemünd am Zusammenfluss von Olef und Urft. Der rechtsseitig zu Jülich und linksseitig zur Herrschaft Dreiborn gehörende, seit dem ausgehenden Mittelalter durch Eisenverarbeitung wohlhabend gewordene Ort wurde im Zweiten Weltkrieg beinah vollständig zerstört.

## Wandertipp Urftseestaumauer

Die Urftseestaumauer ist nur zu Fuß, mit dem Fahrrad oder mit den **Rurseeschiffen** zu erreichen. Steigungsfreien Zuweg entlang des Ufers des Urftsees gibt es von **Gemünd** (14,4, km), von **Ruhrberg** (7,8 km), von **Einruhr** (4,6 km) und nach **Vogelsang** (mit Anstieg; 6,2 km). An der Staumauer bietet ein Ausflugslokal Einkehr. Der Anleger der Rurseeschifffahrt befindet sich unterhalb der Staumauer, wo der Rursee anstößt.

■ **Ausflugslokal Urftseestaumauer:** 53937 Schleiden, Urfttalsperre 1, Tel. 02473 9 78 98 83, www.urftseemauer.de, Café, Restaurant, Biergarten und Kiosk,geöffnet Mo bis Fr 10.30–17 Uhr, Sa 10.30–18 Uhr, So 10–18 Uhr.

Längst aber ist Gemünd zu einem attraktiven **heilklimatischen Kurort** neu erstanden. Im Zuge dieser Erneuerung konnten einige alte Bürgerhäuser im Ortskern restauriert werden. Die Pfarrkirche St. Martin ist ein neugotischer Backsteinbau mit Ausstattungsstücken der alten romanischen Pfarrkirche. Der Zehnthof stammt als ehemaliger Schultheißenhof aus dem Jahr 1669.

Als Graf *Ernst von der Marck* als Inhaber der Herrschaft Dreiborn die Gegenreformation betrieb, zwang er die Gemünder Lutheraner die katholische Messe zu besuchen und zur Beichte zu gehen. Viele dieser Lutheraner zogen daraufhin auf das rechte Ufer der Urft, das zum jülischen Amt Heimbach gehörte. Hier waren Lutheraner zumeist geduldet. Als Gemünder Neubürger errichteten sich *Reinhard Dietrich Günther* und seine Ehefrau *Elsgen Jonen* 1619 die Trutzburg in der Bergstraße 5 als prächtiges steinernes Haus, dessen Torbogen ihre Initialien samt Hausmarke und Jahreszahl ziert. **Trutzburg** wurde das Gebäude genannt, weil sich ihr Besitzer dem Freiherrn von Dreiborn widersetzte und den Streit bis vor das Reichskammergericht in Wetzlar brachte.

### Essen & Trinken/Unterkunft

- **Hotel Friedrichs**③, Alte Bahnhofsstr. 16, Tel. 95 09 50, www.hotel-friedrichs.de. Zentral im Ort gelegenes, 1914 erbautes, traditionsreiches Haus mit modernem und zeitgemäßem Komfort, großer Wellness-Bereich mit Massage. Restaurant und Gesellschaftsbereich im Erdgeschoss, Restaurant und Bistro bieten regionale und internationale Küche. Di Ruhetag.

## Kall

### Info

- **Postleitzahl:** 53925, **Tel.-Vorwahl:** 02441
- **Nordeifel Tourismus GmbH:** Bahnhofstraße 13, Tel. 99 45 70, www.nordeifel-tourismus.de.

Auf dem Gebiet der heutigen Gemeinde Kall haben bereits die Kelten nach Metallen geschürft. Die Römer bauten ihre Wasserleitung nach Köln durch dieses Gebiet. 1238 erstmals als *Call* urkundlich erwähnt, gehörten die rechts der Urft gelegenen Teile zu Jülich und links zur Grafschaft Schleiden-Manderscheid. Als Eisenbahnknotenpunkt wurde Kall während des Zweiten Weltkriegs stark in Mitleidenschaft gezogen, dann aber zu einem Erholungsort wieder aufgebaut.

### Urft

Die Urft aufwärts liegt der kleine Ort Urft. Oberhalb im Urfttal hatte die **Römische Wasserleitung** in der Quellfassung „Grüner Pütz" den Ausgangspunkt ihres von Köln am weitesten entfernten Stranges (s. Nettersheim).

Oberhalb steht **Burg Dalbenden,** urkundlich erstmals 1152 erwähnt. Im Laufe der Jahrhunderte entstand hier eine Wasserburg mit Treppenturm und dahinter liegender quadratischer Burg als ältestem Teil, die im 16. Jahrhundert um den heutigen Burghof, das Kutscherhaus und das Burggrabenhaus sowie im 18. Jahrhundert um den Burgpark sowie das Jäger- und Försterhaus erweitert wurde. Die Burgbesitzer hatten hier im 16. Jahrhundert eine Schmelzhütte und einen Eisenhammer eingerichtet und damit die Mittel für die Burgerweiterung erwirtschaftet. Nach weitgehender Kriegszerstörung ist die Burg heute in eine große Zahl von Wohnungen aufgeteilt und kann als Privatbesitz nicht besichtigt werden.

Der ansehnliche **Barockbau** in Urft selbst gehörte einst zur Burg Dalbenden und ist heute Schullandheim.

## Kloster Steinfeld

Oberhalb von Kall-Sötenich steht in Steinfeld eine der bedeutendsten und auch weitgehend erhaltenen Klosteranlagen der Eifel. Der Ursprung von Kloster Steinfeld mit den drei charakteristischen Türmen seiner Kirche geht in die Zeit Kaiser *Heinrichs I.* (919–36) zurück. Mit dem heutigen Bau wurde 1142 begonnen, 1184 wurde Steinfeld zur Abtei erhoben, in der bis zur Säkularisierung in der napoleonischen Zeit 44 Äbte in ununterbrochener Reihenfolge regierten. Danach dienten die sich um drei Höfe gruppierenden Klostergebäude verschiedenen Zwecken, bis sie 1923 von der Ordensgemeinschaft der **Salvatorianer** übernommen und neu belebt wurden. Sie übernahmen auch die Seelsorge in der Pfarrei, gründeten ein **Gymnasium mit Internat,** betreuen eine Verlagsbuchhandlung und leiten eine **Bildungsstätte mit Gästehaus.**

Die Abteikirche ist eine lang gestreckte **romanische Pfeilerbasilika,** deren drei Schiffe im gebundenen System gestaltet sind. Die Gewölbe sind mit vorzüglich erhaltenen und restaurierten spätgotischen Rankenmalereien und figürlichen Darstellungen verziert. Über der Vierung erhebt sich ein mit einer spitzen Dachpyramide gekrönter achtekkiger Turm. Die Front wird von dem festungsartigen, von zwei Rundtürmen flankierten Westwerk beherrscht. Kunsthistorisch besonders interessant sind die romanischen Fresken in der Ursulakapelle mit der Darstellung Christi in der Mandorla und an den Vierungspfeilern. Sehenswert ist des Weiteren das geschnitzte Chorgestühl aus dem späten 15. Jahrhundert, das später barock umgestaltet wurde. Überhaupt dominiert die prachtvolle **Barockausstattung** das Innenbild der Kirche, so der Hauptaltar, die Seitenaltäre, die Wandvertäfelung der Seitenschiffe, die üppig geschnitzte Kanzel, verschiedene figürliche Arbeiten und vor allem die **Orgel,** eine weltberühmte König-Orgel. Die Kreuzigungsgruppe in der Vorhalle stammt schon aus der Zeit um 1500, eine meisterhafte spätgotische Arbeit.

Vom einst kunstvoll verglasten **Kreuzgang** ist in Steinfeld nur eine bildliche Darstellung erhalten. Der andere, weit überwiegende Teil der Glasmalereien ist nach ihrem Ausbau kurz vor der napoleonischen Zeit auf nicht nachvollziehbare Weise nach London gelangt, wo im Victoria und Albert Museum noch 36 Stück davon gezeigt werden. Im Innenhof des Kreuzgangs steht ein sterngewölbtes Brunnenhaus mit einem Becken aus dem 13. Jahrhundert.

■ **Salvatorianerkloster Steinfeld:** 53925 Kall-Steinfeld, Hermann-Josef-Str. 4, Tel. 88 90, www.

⊡ Kloster Steinfeld

kloster-steinfeld.de, Orgelkonzerte und Vespergottesdienste. **Herrmann-Josef Kolleg** (Gymnasium und Internat), Tel. 88 91 41, gymnasium@hermann-josef-kolleg.de. **Franziskus-Jordan-Haus** (Gästehaus) im Kloster Steinfeld für Einkehrtage und Exerzitien etc., Tel. 88 91 31, gaeste@kloster-stein feld.de. **Akademie und Malakademie Steinfeld** für erholsame Tage in klösterlicher Umgebung, www.akademie-steinfeld.de, Postanschrift: Akademie Steinfeld, Alte Burg 51, 53947 Nettersheim, Anmeldung per Fax 02486 80 07 35. Mit **Klosterladen** und **Klostercafé,** Tel. 88 91 31, geöffnet 12–18 Uhr, an Wochenenden 11–18 Uhr.

# Schleiden

## Info

- **Postleitzahl:** 53937, **Tel.-Vorwahl:** 02444
- **Nationalpark Info-Punkt Schleiden:** Im Reisebüro Linden, Am Markt 13, Tel. 85 09 77, www.schleiden.de.

Die Herrschaft Schleiden bestand einst als Luxemburger Lehen und kam dann in den Besitz der Manderscheider Grafen. Mit dem Aussterben der männlichen Linie von Manderscheid-Schleiden ging das Gebiet an die Herren *von der Mark* und als diese ausstarben an die Herzöge *von Arenberg*. Der letzte Herzog *Ludwig Engelbert* verlor seine Herrschaft 1794 gegen die anrückenden Franzosen.

## Schloss

Die Schleidener Burg wurde erstmals 1198 urkundlich erwähnt. Der Ausbau zum Schloss erfolgte durch bauliche Veränderungen im 14. und 16. Jahrhundert. Nach der Zerstörung durch die Franzosen entstand das heutige Schloss 1702 durch den Architekten *J.J. Couven*. Im Zweiten Weltkrieg wurde es wieder fast völlig zerstört, ab 1952 aber neu errich-

045ei ot

tet. Nach einer Nutzung als Schülerinternat und mehrjährigem Leerstand wurde es in eine **Seniorenresidenz** umgebaut. Der Altenpflegeheimneubau passt sich harmonisch der vorhandenen Bausubstanz des Schlosses an. Zur Anlage gehören ein großer Schlosshof mit Park sowie eine Nord- und eine Südterrasse. Der **Restaurantbereich** mit Schänke und Terrasse liegt an der linken Seite des Schlosses, unterhalb des Wintergartens.

■ **Schleidener Schloss:** Seniorenresidenz Liebfrauenhof, Vorburg 9, Liebfrauenhof Schleiden GmbH, St.-Elisabeth-Str. 2–6, 53894 Mechernich, Tel. 02443 17 10 02, www.seniorenresidenz-schleiden.de. Betreutes Wohnen im Sinne der Ordensgemeinschaft der Franziskus-Schwestern, die über 75 Jahre das Haus geführt haben. **Restaurant** im Schlossgewölbe mit gehobener Küche, bodenständige Gerichte in der Schenke, Kaffee, Kuchen und Eis auf der Terrasse, Snacks im Biergarten, Tel. 85 00 85, www.restaurant-schloss-schleiden.de, Di Ruhetag.

## Schlosskirche

Neben dem Schloss oberhalb des Ortes wurde die katholische Schlosskirche, heute Pfarrkirche der katholischen Gemeinde Schleiden, zu Beginn des 16. Jahrhunderts errichtet. Die weit gespannten Netz- und Sterngewölbe der dreischiffigen **spätgotischen Hallenkirche** sind mit Rankenmalereien versehen. Kostbar sind an der Stirnseite der Seitenschiffe die **Glasgemälde** der hohen Maßwerkfenster, die Graf *Dietrich IV. von Manderscheid-Schleiden* und Abt *Wilhelm von Manderscheid-Kall* als ihre Stifter und darüber die Anbetung der Könige und Beweinung Christi zeigen. Diese Renaissanceglasfenster entstanden kurz nach Fertigstellung der Kirche. Groß dimensioniert ist die um 1770 eingebaute **Orgel** an der Westseite, eine König-Orgel wie in der Abteikirche Steinfeld.

## Ortskirche

Ende des 18. Jahrhunderts wurde außerhalb der Stadt auf dem Friedhof an der Olef die Evangelische Ortskirche in Bruchsteinbauweise errichtet. Der vorgesetzte Turm entstand 1839.

## Olef

Unterhalb von Schleiden stehen im Ort Olef am malerischen Marktplatz sehenswerte **Fachwerkhöfe:** Früher war der ummauerte Kirchhof mit barockem Pfarrhaus durch einen Fachwerkhof vom Markt getrennt. Hier erhebt sich der aus dem 14. Jahrhundert stammende Turm der katholischen **Pfarrkirche St. Johann Baptist** mit zweischiffigem spätgotischen Langhaus und Chor. Im Inneren sind noch spätgotische Freskenreste zu sehen.

## Oberhausen

Folgt man dem Tal der Olef weiter aufwärts, findet man in Oberhausen am Zöllerplatz ein reizvolles Ensemble von ansehnlichen **Fachwerkbauten** vor.

## Essen & Trinken/Unterkunft

■ **Tagungshotel Eifelkern**③, Monschauer Straße 5, Tel. 85 74, www.tagungshotel-eifelkern.de.

Unterbringung in drei Häusern, dem historischen Fachwerkhaus „Eifelkern", dem modernen Haupthaus und dem in altem Baumbestand gelegenen „Tannenhof", großzügiger Saunabereich mit Fitnessabteilung und Massageangebot; zwei Restaurants mit Terrasse, Bistro-Pub.

## Camping

■ **Naturcampinganlage Schafbachmühle:** 53937 Schleiden, Schafbachmühle, Tel. 02485 268, www.schafbachmuehle.de, einfacher naturbelassener Platz im Schafbachtal, einem reizvollen Seitental der Olef, gelegen, ganzjährig geöffnet.

# Reifferscheid und Wildenburg

Reifferscheid und Wildenburg gehören heute als Ortsteile zum großflächigen Zusammenschluss der Gemeinde **Hellenthal** (s.u.). Hier übten im Mittelalter verschiedene Linien des Reifferscheider Geschlechts die Herrschaft aus. Einst handelte es sich um ein umkämpftes, aber bis zum Einmarsch der Franzosen Ende des 18. Jahrhunderts selbstständig gebliebenes Territorium. Die *Reifferscheider* waren Nachfahren der Herzöge *von Niederlothringen und Limburg*, ihr Gebiet umfasste damals noch die späteren Herrschaften Reifferscheid und Wildenburg. Die Brüder *Gerhard* und *Philipp* hingegen teilten um 1195 das Land. Gerhard behielt Reifferscheid mit der Repräsentation beim Reich sowie dem Hochgericht über Reifferscheid und Wildenburg, Philipp bekam die Wildenburg. Im Laufe der Geschichte erbten die Reifferscheider, die sich zwischenzeitlich auch als Raubritter betätigten und den

☐ Reifferscheid mit Burg und Kirche Sankt Matthias

046ei ot

Zorn der umliegenden Städte heraufbeschworen, noch die Herrschaften Dyck und Alfter sowie die Grafschaft Salm in den Ardennen, sodass sie sich dann Grafen *von Salm-Reifferscheid* nannten. Aber nicht nur dieser geschichtliche Hintergrund ist so typisch für die Eifel, sondern vor allem sind es auch die baulichen Hinterlassenschaften dieser Dynastie. Reifferscheid zählt zu den reizvollsten Burgstädtchen, die die Eifel zu bieten hat, und die Wildenburg ist mit Umbauten aus dem 18. Jahrhundert noch weitgehend erhalten.

## Burg Reifferscheid

Die Geschichte der Burg Reifferscheid reicht ins ausgehende 11. Jahrhundert zurück. 1106 wurde sie zwar nach einem Streit zwischen Herzog *Heinrich I.* und Kaiser *Heinrich IV.* niedergebrannt, nur kurze Zeit später aber wieder aufgebaut. Französische Truppen *Ludwigs XIV.* zerstörten große Teile der Burg, des Dorfes und der Stadtmauer. Nach dem Wiederaufbau als Schloss im barocken Stil verfiel der Herrschaftssitz nach der Enteignung durch die Franzosen 1805 endgültig. Die Burgruine ging später wieder in den Besitz des Adelsgeschlechts der Reifferscheider über, die sie 1964 der Gemeinde Hellenthal überschrieben, die seither um die Bewahrung der Bausubstanz bemüht ist. Die Ruine ist frei zugänglich, Führungen vermittelt die Touristeninformation Hellenthal (s.u.). Jeden dritten Sonntag im September findet ein **Burgfest** mit historischem Jahrmarkt statt. Das Burggelände dient im Sommer auch als **Freilichttheater.**

## Ort Reifferscheid

Das gegenwärtige Stadtbild zeigt noch den mächtigen Bergfried. Gemeinsam mit der spätgotischen **Kirche Sankt Matthias,** die einst dem Heiligen Kreuz geweiht war, und den historischen Häuserzeilen auf den zerstörten Resten der Burgmauer, wo sich „einfache" Bürger nach einem erneuten Burgbrand 1669 niederlassen durften, gibt Reifferscheid vom Tal aus eine **malerische Silhouette** ab, wie sie in der Eifel einmalig ist.

Man betritt den Burgort durch das *Pörtzchen* genannte **Gotische Tor,** das nach 1400 entstand. Durch zwei schmale, hervorragend restaurierte Häuserzeilen führt der Weg nach oben zur Burg und nach unten durch das imposante **Matthiastor** aus dem 14. Jahrhundert, auch *Portz* genannt, zur **Pfarrkirche.** Diese entstand Ende des 15. Jahrhunderts als dreischiffiger Bau und war damals in die Burgbefestigung mit einbezogen. Bei der Restaurierung in den Jahren 1685–87 wurden der Turm, das Mittelschiff und der Chor erhöht. Der zur Ortsbefestigung gehörende Halbturm auf der Südseite wurde aufgestockt und zum Sakristeibau umgestaltet. Im 19. Jahrhundert hat man die Kirche erweitert und neu eingewölbt.

Im Unterdorf steht der **Liebfrauenhof** als Lehnshof der Herren von Reifferscheid und als gräflicher Witwensitz. Der zweigeschossige, mit einem Walmdach gedeckte und verputzte Bau stammt aus der Zeit um 1700. Nach dem Ersten Weltkrieg wurde das Gebäude an die Franziskus-Schwestern verkauft – so erhielt es seinen Namen.

## Unterkunft

■ **Gästehaus im Tal 18:** 53940 Hellenthal-Reifferscheid, Kupferhardtweg 1, Tel. 02482 15 69, www.gaestehaus-im-tal.de. Ganz auf Eifelwanderer eingestellte einfache Frühstückspension, Teeküche ganztägig für Hausgäste offen, gemütlich eingerichtete Zimmer.

## Veranstaltungen

**Weihnachtsmarkt:** Burg Reifferscheid bietet die einzigartige Silhouette für den jeweils am 1. Adventswochenende veranstalteten Reifferscheider Weihnachtsmarkt, der schon traditionell immer mehr Besucher anzieht. Für Kinder besonders attraktiv ist die „Lebende Krippe", die die Weihnachtsgeschichte erzählt.

## Wildenburg

Die von den Reifferscheidern im 12. Jahrhundert begründete Wildenburg kam Mitte des 14. Jahrhunderts durch Kauf in die Hände der Jülicher, die sie an die Herren *von Palandt* verliehen. Im 16. Jh. wurde die Burg auf Veranlassung der Jülicher so stark ausgebaut, dass sie sogar der modernen Artillerie trotzen konnte. Doch zu Beginn des 17. Jahrhunderts kam es zwischen den Jülichern und denen von Palandt zu Streitigkeiten um Hexenprozesse auf der Burg, die dadurch sehr in Verruf geriet. 1715 kaufte die Abtei Steinfeld die Wildenburg, deren Palas sie zur Kirche umbauen ließ.

Der romantisch auf einem Felssporn zwischen Manderscheider Bach und Leiderbach aufragenden Höhenburg aus Bruchstein ist im Osten eine Vorburg und eine kleine unbefestigte Ansiedlung vorgelagert. Am Eingang zur Vorburg findet sich noch ein Pförtnerhäuschen aus dem 16. Jahrhundert. Anstelle des Südflügels der Vorburg steht jetzt ein Fachwerkbau aus dem Jahr 1600. Die Johanneskirche im Bereich der Hauptburg ist ein kreuzgratgewölbter Saalbau, deren mächtiger Rechteckturm im Erdgeschoss als Sakristei genutzt wird. Der Rundturm an der Südseite dient als Glockenturm. Anstelle des früheren Wohnturms aus dem 13. Jahrhundert errichteten die Steinfelder 1717 ein zweigeschossiges Prioratsgebäude.

Die Wildenburg wurde 1953 zur Jugendburg des Bistums Aachen ausgebaut. Ab 1972 diente sie der bischöflichen Akademie des Bistums Aachen als Tagungshaus. Seit 2005 wird sie von der Genossenschaft „Pro Wildenburg", vertreten durch die Stadt Grevenbroich und die Pfarrgemeinde St. Johann Baptiste Wildenburg, als **Gruppenunterkunft** geführt.

■ **Wildenburg:** 53940 Hellenthal, Wildenburg 10, Tel. 02482 6 32, www.wir-in-grevenbroich.de. Erlebnistagungsstätte mit Ein-, Zwei- und Mehrbettzimmern für 75 Gäste, die Speiseräume bieten gute Küche, Tagungsräume etc.

## Essen & Trinken/Unterkunft

■ **Burgschänke**②, Wildenburg 1, Tel. 02482 73 44, www.burgschaenke-wildenburg.de. Hotel, Pension, Restaurant-Café unmittelbar an der Burg mit herrlichem Blick über die Berge, gutbürgerliche Küche, Gesellschaftsraum, offener Kamin und große Sonnenterrasse. **Zimmer**③ mit Dusche und WC.

# Westliche Hocheifel

### Info

- **Postleitzahl:** 53940, **Tel.-Vorwahl:** 02482
- **Tourist-Information und Nationalpark-Infopunkt Hellenthal:** Rathausstr. 2, Tel. 8 51 15, www.hellenthal.de/tourismus.

Die westliche Hocheifel hat landschaftlich gesehen das typischste Erscheinungsbild der Eifel. Hier erstrecken sich die Hochflächen des Zitterwaldes und der Schneifel, die viel weniger als die anderen Regionen durch Flusstäler eingekerbt sind. Die Flüsse, die den Zitterwald und die Schneifel entwässern, haben hier ihre Ursprünge – so kurz nach der Quelle fehlt ihnen noch die Kraft für tiefe Einschnitte, die sie in ihren Unterläufen zur Mosel und zum Rhein hin entwickeln. Südlich der Schneifel erstreckt sich das waldreiche Gebiet des Islek, dazwischen liegt die geschichtsträchtige Stadt Prüm.

## Hellenthal

Hellenthal, am Nordrand des Zitterwaldes gelegen, bietet in seinen Ortsteilen viel Interessantes.

### Oleftalsperre

Oberhalb von Hellenthal ragt die 1955–59 gebaute und später zweimal verstärkte, **imposante Staumauer** der Oleftalsperre fast 60 Meter empor. Sie wurde in einer speziellen Pfeilerzellenbauweise errichtet, die bis heute in Deutschland einmalig ist. Mit einem Fassungsvermögen von 20 Millionen Kubikmetern dient der Olefsee der Verbesserung des Hochwasserschutzes im Unterlauf der Olef, der Wasserversorgung im Olef-/Urftgebiet und der Stromerzeugung. Führungen an der Staumauer sind auf Anfrage bei der Touristinformation Hellenthal möglich. Weil der Stausee Trinkwasserreservoir ist, ist eine wassersportliche Nutzung ausgeschlossen. Um so ruhiger kann der Besucher die angrenzenden Wälder erwandern und erradeln – ein Rundweg von 13,5 Kilometern Länge verläuft um den See. Im zeitigen Frühjahr breiten sich im oberen Oleftal oberhalb der Talsperre große gelb blühende **Narzissenwiesen** aus.

### Wildgehege

Oberhalb des Stausees erstreckt sich das 65 Hektar große Gelände des Wildgeheges Hellenthal, das insbesondere durch seine **Greifvogel-Vorführungen** bekannt ist. Hier werden die Raubvögel im freien Flug gezeigt. Das Wildgehege dient auch als Pflege- und Auffangstation verletzter Vögel. Besonders stolz ist man auf die Nachzucht von **Weißkopfseeadlern,** aber auch von verschiedenen Falkenarten sowie von Habichten und Milanen. Das Wildgehege zeigt überwiegend einheimische Tiere wie Rotwild, Damwild, Schwarzwild (Wildschweine), Fuchs, Luchs und Bär, dazu auch Auerochsen, Tarpane (Wildpferde) und Wisente. Füttern ist z.T. mit käuflichem

Futter erlaubt. Weiterhin gibt es ein Raubwild-Informationszentrum.

**Wildgehege Hellenthal:** 53940 Hellenthal, Wildfreigehege 1, Tel. 72 40, www.greifvogelstation-hellenthal.de, Führungen für angemeldete Gruppen, kostenlose Rundfahrt mit dem „Gehege-Express" (außer Fr), mehrmals jährlich Fotoworkshops für Natur- und Wildfotografie. Geöffnet April bis Okt. 9–18 Uhr, ansonsten 10–17 Uhr, Flugvorführungen April bis Okt. täglich 11, 14.30 und 16 Uhr, Nov. bis März 11 und 14.30 Uhr, Eintritt 10 €, Schüler, Studenten, Behinderte 8 €, Kinder von 3–14 Jahren 7 €, jedes weitere Kind 6 €, mit Restaurant, Waldschänke und Terrassencafé.

## Blumenthal

Unmittelbar nordöstlich von Hellenthal steht etwas abseits von Blumenthal die kleine **Pfarrkirche St. Brigida,** 1512 noch im spätgotischen Stil errichtet. Im Inneren birgt der Bau einige Skulpturen der Barockzeit.

## Grube Wohlfahrt

Im südlichen Ortsteil **Rescheid** kann man in einem **Besucherbergwerk** einen Stollen erkunden, in dem einst Erz gewonnen wurde. Im Zitterwald wurden seit dem Mittelalter bis in die 1940er Jahre in der Grube Wohlfahrt die bedeutendsten Bleiglanzlagerstätten der Eifel abgebaut.

Aus der Geschichte des Rescheider Bergbaus ist urkundlich bekannt, dass im 16. Jahrhundert hier im Eigenlöhner-Betrieb gearbeitet wurde. *Johann IX. Graf von Salm,* Herr zu Reifferscheid, Dyck und Alfter, gestattete „uff unseren bergwerck Reischeidt" jedermann in Abstimmung mit dem Bergmeister und unter Abgabe des Zehnten an den Landesherrn, den Grafen von Reifferscheid, auf eigene Faust Bergbau zu betreiben. Das Besucherbergwerk „Grube Wohlfahrt" zeigt die Erd- und Bergbaugeschichte dieser Region auf. Im Grubenhaus werden Modelle und Dokumentationen gezeigt. Man kann im Rahmen einer 90-minütigen Führung in den tiefen Stollen des 19. Jahrhunderts einfahren. Weiterhin ist noch ein im Mittelalter gegrabener Stollen erhalten.

■ **Grube Wohlfahrt,** Museumsbergwerk betrieben durch den Heimatverein Rescheid e.V., 53940 Hellenthal, Giescheid 36, Tel. 02448 91 11 40, www.grubewohlfahrt.de, Führungen durch den Stollen täglich um 11, 14 und 15.30 Uhr, Eintritt 5,50 €, Kinder 3 €. Ausstellungen im Grubenhaus 10.30–16 Uhr geöffnet. Bietet auch spezielle Kinderveranstaltungen wie „Schatzsuche" oder „Kindergeburtstag".

## Essen & Trinken/Unterkunft

■ **Landgasthof Auf Wohlfahrt**②, 53940 Hellenthal, Aufbereitung II 1, Tel. 02448 71 23 00, www.aufwohlfahrt.de. Gegenüber der Grube Wohlfahrt gelegenes, rustikales Restaurant, täglich ab 11 Uhr geöffnet, bietet gutbürgerliche Küche, zudem Gästezimmer im Landhausstil.

■ **Jugendherberge Hellenthal:** Platißstraße 3, Tel. 22 38, www.hellenthal.jugendherberge.de. Fachwerkhaus in Waldrandlage südlich des Orts am Rande des Nationalparks Eifel, umgeben von Wiesen und Wäldern gelegen, Einzel-, Zwei- und Mehrbetträume, teilweise behindertengerecht, Tagungsräume, Sporteinrichtungen etc., Übernachtung mit Frühstück ab 19,80 €.

# Zitterwald und Schneifel

### Camping

■ **Camping Dickerscheid:** 53940 Hellenthal, Dickerscheid 47, Tel. 02482 22 98, www.eifel-camping.de, komfortabler Platz, jede Parzelle mit Wasser-, Abwasser- und Stromanschluss ausgestattet, fußbodenbeheizte Sanitäreinrichtungen, ganzjährig geöffnet, mit Gaststätte und Kiosk.

■ **Camping Hellenthal:** Platiß 1, Tel. 15 00, www.camphellenthal.de. Sommer- und Wintercampen „Im Grünen", großzügiger Platz, Freibad 12x6 Meter, mit Camping-Schänke und Schnell-Imbiss, im Sommer abends Lagerfeuer, Rentnerrabatt jede 10. Nacht gratis.

■ **Wohnmobilstellplatz:** Parkplatz Grenzlandhalle, Aachener Straße. Informationen beim Touristenbüro.

## Zitterwald

Zwischen dem Urftsee im Norden und dem Quellgebiet der Kyll am Losheimer Graben im Süden erstreckt sich der Zitterwald, eine nur teils bewaldete Hochebene mit Höhenlagen von weit über 600 Metern. Hier erstreckt sich das bekannteste **Skigebiet** der Eifel mit den Wintersportorten **Hollerath** und **Udenbreth.** Die höchste Erhebung ist der **Weiße Stein** südlich von Udenbreth mit 689 Metern Höhe. Hier gibt es alles, was man zum Skifahren braucht: Langlaufloipen, Skilifte, Rodelbahnen sowie Ski- und Schlittenverleih.

### Narzissenwiesen

Nach der Schneeschmelze strecken auch in dieser Gegend blühende Narzissen ihre Köpfe aus den Wiesen empor. Zwischen Hollerath und Udenbreth liegt an der Bundesstraße 265 ein großer Parkplatz, von dem aus ein **Wanderweg** zu den Narzissenwiesen ausgeschildert ist. Er führt an alten **Westwall-Anlagen,** deren Panzersperren hier auch „Drachenzähne" genannt werden, entlang hinunter ins Tal und auf belgisches Gebiet, wo man dieses Naturschauspiel bewundern kann.

### Essen & Trinken/Unterkunft

■ **Hollerather Hof**①, Hellenthal-Hollerath, Luxemburger Str. 44, Tel. 71 17, www.holleratherhof.com. Schönes Fachwerkhaus auf 650 Metern Höhe in ruhiger Waldlage, moderne Hotelzimmer, Hallenbad, Sauna, Ruheraum, gemütliche Gasträume, sonnige Café-Terrasse, vielseitige Küche mit heimischen und internat. Gerichten.

■ **Wohnmobilstellplatz:** Udenbreth, Weißer Stein, in der Nähe des Ski-Lifts.

### Aktivitäten

■ **Skigebiet Hollerath:** ein Schlepplift, Abfahrt 350 m, Geräteverleih im Ort, 10 km gespurte Loipe, Rodelbahn 150 m, Skihütte, Schneetelefon 02482 8 51 15.

■ **Skigebiet Weißer Stein:** bei Udenbreth, ein Schlepplift, Abfahrt 550 m, Geräteverleih, gespurte Loipen 7 und 10 km, Rodelbahn 350 m, Schneetelefon 02482 8 52 00.

■ **Motorschlittenverleih:** Ferienparadies „Heidehof", Ramscheider Höhe 3, 53940 Hellenthal, Tel. 02448 9 50 10, www.heidehof-eifel.de, Ski oder Rodelschlitten werden auf Wunsch mit dem Motorschlitten gezogen. Auch Ferienwohnungen können hier gemietet werden.

# Losheim

Losheim ganz im Süden des Zitterwaldes hat eine bewegte Geschichte hinter sich. Sowohl nach dem Ersten als auch nach dem Zweiten Weltkrieg kam es zunächst an Belgien, wurde dann aber 1921 bzw. 1949 wieder an Deutschland zurückgegeben. **UNSER TIPP:** Heute ist Losheim durch sein **Ardenner Center** mit Krippen- und Modelleisenbahnausstellung weithin bekannt.

## Ardenner Center

Das Ardenner Center ist eine touristische Einrichtung an der deutsch-belgischen Grenze in Losheim gelegen, mit Einkaufszentrum, Gastronomie, einer Puppen-, einer Krippen- und einer Modellbahnausstellung.

**Ardenner Center:** 53940 Losheim, Prümer Str. 55, Tel. 06557 8 66, www.ardenner-center.net.

■ **ArsKrippana:** ganzjährige Krippenausstellung, Kirchenkrippen aus ganz Europa, mechanische Krippen, bedeutende Landschaftskrippen aus Spanien und Italien, eine Außenkrippe mit lebenden Tieren. Über 300 Exponate aus allen Kontinenten. Tel. 06557 8 66, täglich geöffnet 10–18 Uhr, Mo Ruhetag, Eintritt 6,50 €, Kinder 4 €.

■ **Puppentraumwelt:** Ausstellung antiker Puppen, 200 Puppen verschiedener Materialien von 1800 bis 1940 sowie einige moderne ethnologische Künstlerpuppen. Tel. 06557 8 66, täglich 10–18 Uhr, Mo Ruhetag, Eintritt 6 €, Kinder 4 €.

■ **Euro Tecnica:** Modellbahncenter, 200 m$^2$ große, vollständig digital gesteuerte Modelleisenbahnanlage; über 100 Bahnen fahren auf 2000 m verlegter Gleise. Tel. 06557 92 06 40, geöffnet Di–Fr 12–18 Uhr, Sa, So und feiertags 10–18 Uhr, Eintritt 6,50 €, Kinder 4 €.

# Schneifel

Die Schneifel erstreckt sich als lang gestreckte, weitgehend mit Fichten bewaldete Hochfläche vom Oberlauf der Kyll südwärts zwischen dem Tal der Prüm im Osten und der belgischen Grenze im Westen bis hin zum allmählichen Übergang zum Islek. Zusammengesetzt aus **„Schnee“** und **„Eifel“** hat sich der Begriff **„Schneifel“** gebildet. Eine andere Deutung führt den Namen Schneifel auf den Begriff „Schneise“ zurück, die den ganzen Höhenzug früher als Verkehrsweg durchzogen hat.

In den Wintermonaten liegt der Schnee hier am längsten, sodass über einen längeren Zeitraum **Wintersport** betrieben werden kann. Im Norden erhebt sich der 654 Meter hohe **Steinberg** bei Ormont und in der Mitte der 697 Meter hohe **Schwarze Mann** als dritthöchster Berg der Eifel, der touristisch als Skizentrum erschlossen ist. Ansonsten ist die Schneifel ein weitgehend unberührtes Gebiet, in dem noch seltene Tiere wie beispielsweise die **Wildkatze** zu Hause sind.

■ **Wintersportgebiet Schwarzer Mann:** www.pruem.de/wintersport, zwei Abfahrtspisten: 700 und 800 m lang, zwei Schlepplifte, eine ausgebaute Rodelbahn mit Lift, eine Kinderrodelbahn, zwei Langlaufloipen à 6 km (gespurt und beschildert), großes Gästeblockhaus, Restauration für über 180 Personen, großer Parkplatz. **Ski-Verleih:** im Wintersportzentrum „Schwarzer Mann“: Schwarzer Mann 1, 54597 Gondenbrett, Tel. 0171 6 99 78 89, www.skiverleih-schwarzermann.de. Ski-Verleih tägl. ab 1 Std. vor Inbetriebnahme der Liftanlage bis 18.30 Uhr. **Skikurse:** auf Anfrage, Tel. 06551 39 61, **Schneetelefon:** 06551 44 22.

## Wandertipp Hemingway

*Ernest Hemingway* war im September/Oktober 1944 als **Kriegsberichterstatter** der vorrückenden alliierten Truppen in **Buchet** am Rand der Schneifel. Seine heruntergekommene Behausung nannte er scherzhaft Schloss Hemingstein. In seinen Berichten über den „War in the Siegfried Line" heißt es unter anderem „It was cold and raining and blowing half a gale, and ahead of us was the dark forest wall of the Schnee Eifel range where the dragon lived".

Während seines Aufenthalts in der Eifel soll ihm auch die Idee zu seinem Buch *„Über den Fluss und in die Wälder"* gekommen sein.

Ein Wanderweg erinnert an den späteren **Literaturnobelpreisträger.** In zwei Etappen von 3 bzw. 2 Stunden Wegstrecke führt der Weg von Buchet über **Niederlascheid, Halenfeld** und zurück. Die Abkürzung führt über **Steinbach.**

## Ormont

### Info

■ **Ortsgemeinde Ormont:** 54597 Ormont, Walenstr. 1, Tel. 06557 72 00, www.ormont.de.

Am nordwestlichen Rand der Schneifel liegt Ormont, ein Ort, der im Laufe seiner Geschichte immer wieder zu anderen, angrenzenden Eifelherrschaften gehörte. Nordöstlich erhebt sich der Goldberg als westlichster Punkt des quartären Eifeler Vulkangebietes, ein inzwischen halbseitig abgetragener Vulkan, dessen gold- und braun getönte Aufwurfschichten so beeindruckend deutlich sichtbar geworden sind.

## Auw bei Prüm

### Info

■ **Ortsgemeinde Auw:** Verkehrsamt Prümer Land, Haus des Gastes, Hahnplatz 1, 54595 Prüm, Tel. 06562 84 48, www.auw-an-der-kyll.de.

In Auw bei Prüm, zur belgischen Grenze hin gelegen, ist die um 1530 erbaute **Pfarrkirche Sankt Peter und Paul** mit Netzgewölbe und figürlichen Konsolensteinen sehenswert. Der Kirchturm soll bereits zu Beginn des 11. Jahrhunderts entstanden sein. Der nach dem Zweiten Weltkrieg entstandene Erweiterungsbau fügt sich geschickt ein. Schön ist der barocke Hochaltar mit seinen beiden restaurierten Seitenaltären, auf denen auch Gemälde der Ortslagen Auw (Marienaltar) und Schlausenbach (Josefsaltar) zu sehen sind.

## Bleialf

### Info

■ **Fremdenverkehrsverein Bleialf-Schneifel e.V.:** 54608 Bleialf, Auf Kellerpesch 4, Tel. 06555 3 02, www.bleialf.de.

Ein interessantester Ort zu Füßen der Schneifel, nur etwa fünf Kilometer von der **belgischen Grenze** entfernt, ist Bleialf, ein seit jeher 'durch den Bergbau geprägter Ort, dessen katholische **Pfarrkirche Mariä Himmelfahrt** auf das 12. Jahrhundert zurückgeht. Langhaus und

Chor wurden 1496 erneuert und sind in den Neubau aus den 20er Jahren des vorigen Jahrhunderts integriert. Dabei blieben die spätgotischen Fresken erhalten. Diese stellen motivisch die Zehn Gebote dar. In den barocken Hochaltar sind Reliefs aus einem spätgotischen Schnitzaltar eingearbeitet. Harmonisch ergänzt wird der Ortskern um die Kirche durch den neu gestalteten ehemaligen Marktplatz.

**Unser Tipp:** Die Tradition des hier seit der Römerzeit nachgewiesenen Bergbaus wird heute im ehemaligen **Bergwerk Mühlenberger Stollen** gezeigt, durch dessen Versuchsstollen des ehemaligen Bleibergwerks „Neue Hoffnung" interessierten Besuchern Führungen mit der Darstellung des Eifeler Bleierzbergbaus vom 11. bis ins 20. Jahrhundert angeboten werden. Die Abraumhalden der Gruben stellen ein Eldorado für Mineraliensammler dar. Alle anderen Stollen, Schächte und Übertageanlagen sind verschlossen oder abgetragen worden oder man hat sie verfüllt, sodass heute nur noch wenige Stellen an den traditionsreichen Bleierzbergbau erinnern – sie sind zu einem geologisch-montanhistorischen **Lehr- und Wanderpfad** verbunden worden.

■ **Besucherbergwerk „Mühlenberger Stollen":** 54608 Bleialf, Hamburg 1, Tel. 06555 10 16 oder 85 04, www.besucherbergwerk.bleialf.org. Seit 1987 ist der zwischen 1839 und 1852 aufgefahrene Stollen an der Heinkyller Mühle zu besichtigen (nur mit Helm, passender Kleidung und Geleucht, wird beim Einstieg in den Stollen ausgeteilt), regelmäßige Führungen, Einstieg am ehemaligen Mundloch des Mühlenberger Stollens, dessen Schacht der Förderschacht für die Erze und das Nebengestein war. Im Mühlenberger Erzgang werden Abbau- und Fördermethoden sowie die Wasserhaltung erläutert. Geöffnet Mai bis Okt. Sa und So 14–17 Uhr, ansonsten nach Vereinbarung, Eintritt 5 €, Kinder und Jugendliche von 4 bis 16 Jahren 2,50 €.

### Essen & Trinken/Unterkunft

■ **Haus Zwicker**③, Am Markt 2, Tel. 06555 92 000, www.zwicker-bleialf.de, gut bürgerliches Hotel-Restaurant im Zentrum, Zimmer verschiedener Kategorien, Saisonangebote.

■ **Haus Feldmaus**②, 54597 Olzheim, Knaufspescher Straße 14, Tel. 06552 9 92 20, www.feldmaus.de. Zwischen Knaufspesch und Olzheim gelegenes Haus, praktisch eingerichtete, aber schöne große Zimmer, teilweise Balkon und TV, Wintergarten, Kaminraum, Sonnenterrasse, Liegewiese und Sauna; mit Vollwertkost-Restaurant. Mo Ruhetag.

■ **Blockhaus Zum Schwarzen Mann**②, 54595 Gondenbrett, Tel. 06551 32 52, www.blockhaus-schwarzer-mann.de, uriges Blockhausrestaurant als „Skihütte", Gaststätte, Restaurant und Café mit offenem Kaminfeuer mitten im Lokal, geöffnet Mi bis Mo 11.30–21 Uhr, Di Ruhetag.

### Jugendlager

■ **Jugendlager Bleialf:** 54608 Bleialf, Brandscheider Weg, Informationen und Prospektanforderung: *Ursula Hacken,* Unterbergstr. 16, 54608 Bleialf, Tel. 06555 86 91, www.bleialf.de. Jugendferienunterkunft der Stadt Bleialf unmittelbar am Schwimmbad, Nähe Campingplatz mit 10 Wigwamhütten mit je 7 Schlafstellen, einer Blockhütte mit zwei getrennten Waschräumen für Jungen und Mädchen mit je 6 Waschplätzen, 2 Duschen, Toiletten getrennt, ein Essraum für 70 Personen, Küche, Benutzungsentgelt pro Hütte und Nacht in der Sommersaison Mitte Mai bis Mitte Sept. ab 4 € pro Person bei Selbstverpflegung.

### Camping

■ **Campingplatz Bleialf:** 54608 Bleialf, Im Brühl 4, Tel. 06555 10 59, www.camping-bleialf.de. Großflächiger Ferienpark und Campingplatz unmittelbar an den Alfbach angrenzend, große Waldflächen anschließend, vermietet Holz-Mobilheime und Bungalowzelte, Dauer- und Saisonplätze, rustikale Gaststätte und Imbiss, **Freizeitbad** geöffnet Mitte Juni bis Mitte Sept. 13–18 Uhr, 28 °C warmes **Hallenbad,** ganzjährig geöffnet.

## Prüm

### Info

■ **Postleitzahl:** 54595, **Tel.-Vorwahl:** 06551

■ **Haus des Gastes:** Hahnplatz 1, Tel. 5 05 32 07, www.pruem.de.

Prüm ist eines der wirtschaftlichen Zentren der Eifel, inmitten waldreicher Umgebung mit Höhen zwischen 400 und fast 600 Metern gelegen. Die Stadt ist gleichzeitig anerkannter **Luftkurort.** Das Stadtbild wird von der **Benediktinerabtei** geprägt, die auf die Gründung als Reichsabtei im Jahre 721 zurückgeht. Einst ein geistiges Zentrum des frühen Frankenreichs, hat die Stadt in ihrer weit mehr als tausendjährigen Geschichte immer wieder Höhen und Tiefen erleben müssen. Gleich, ob Normannenüberfälle, die Kriege vom 15. bis zum 18. Jahrhundert oder die Weltkriege – Prüm musste immer wieder neu aufgebaut werden.

Die Gründung der Abtei Prüm erfolgte im Jahr 721 durch *Bertrada,* die Großmutter von *Pippins* Frau. Pippin gründete das Kloster 762 neu. 799 wurde der

# Das Urbar von Prüm – einzigartiges Dokument aus dem Mittelalter

Nachdem durch die Normannenüberfälle alle schriftlichen Unterlagen der Abtei Prüm verbrannt waren, beschloss Abt Region im Jahre 893 ein Urbar anzufertigen, ein **Güterverzeichnis** aller Ländereien und sonstigen Besitztümer der Abtei, die über die gesamte Eifel und darüber hinaus verstreut waren. Dieses Urbar zählt zu den wichtigsten hochmittelalterlichen Dokumenten Deutschlands. **Über 300 Orte** sind in diesem Urbar verzeichnet, dessen Original nicht überliefert ist. 1222 fertigte der Abt Caesarius von Milendonk eine Abschrift an, versehen mit eigenhändigen Ergänzungen und Kommentaren. Der Umfang dieser Abschrift beträgt 57 Seiten, untergliedert in 118 Kapitel. Sie liegt im Landeshauptarchiv Koblenz.

Zur Erstellung des Urbars wurden von Prüm und den Töchterklöstern Mönche ausgeschickt, um vor Ort festzuhalten, wie viele der zur Grundherrschaft gehörenden Mansen (Höfe) dienst- und abgabenpflichtig waren. Heute können Historiker genaue Rückschlüsse auf die sozialen, wirtschaftlichen und landesgeschichtlichen Verhältnisse im Rheinland des ausgehenden 9. Jahrhunderts ziehen. Aus den Aufzeichnungen des Abtes wird auch die wirtschaftliche Stärke der Prümer Abtei ersichtlich, die Güter an der Maas bei Sedan, am Niederrhein bei Utrecht, an der Ijssel in den Niederlanden, bei Limburg an der Lahn, im Taunus, bei Heidelberg und im Elsass besaß.

Klosterneubau durch Papst *Leo III.* in Anwesenheit *Karls des Großen* eingeweiht. 855 begrub man Kaiser *Lothar I.*, Enkel Karls des Großen, in der Abtei. All diese Tatsachen zeigen, wie bedeutend – und wie reich – Prüm im Karolingerreich war. Immerhin hatten die Karolinger die Abtei mit umfangreichem Landbesitz auch weit über die Eifel hinaus bedacht und mit einem Reliquienschrein mit Teilen der Sandalen Christi ausgestattet, einer Reliquie, die große Anziehung auf Pilger ausübte und so die Abtei nicht nur kirchlich, sondern auch wirtschaftlich noch bedeutender machte. Schweren Schaden fügten die Normannenüberfälle Ende des 9. Jahrhunderts dem Ort zu.

Zur Wende vom 12. zum 13. Jahrhundert erreichte Prüm seine höchste Blüte. Kaiser *Friedrich II.* erhob Prüm zum **Fürstentum.** Doch damit geriet es in Konflikt mit Trier, das seine Vorherrschaft gerade auch in der Eifel ausbauen wollte. Schon zu Beginn des 14. Jahrhunderts setzte der Niedergang der Abtei ein. In der weiteren Entwicklung wurde dann das Fürstentum Prüm 1576 dem Kurstaat Trier einverleibt. Anfang des 18. Jahrhunderts begann man mit dem **Neubau der Abteikirche,** Mitte des 18. Jahrhunderts mit dem Neubau der Abteigebäude.

Als französische Truppen in die Eifel einrückten, wurden alle Klöster säkularisiert, so auch die Abtei Prüm. Die

Franzosen erhoben die kleine Residenz zum Hauptort eines französischen Arrondissements. *Napoleon* stellte die requirierten Abteigebäude für ein Friedensgericht und zur Errichtung einer „Secondärschule" zur Verfügung. In nachnapoleonischer Zeit wurde Prüm eine Kreisstadt in Preußen. Ende des Zweiten Weltkrieges war Prüm zu 80 % zerstört. Ein Munitionsbunker auf dem **Kalvarienberg** flog 1949 in die Luft und zerstörte abermals einen Teil der Stadt. Doch heute sind alle Schäden behoben.

## Abtei

Das Wahrzeichen Prüms ist die Abtei mit ihren zwei charakteristischen Türmen. Ihr Baubeginn erfolgte zum 1000-jährigen Bestehen der alten Abtei Prüm im Jahre 1721. Die Bauten der alten Abteikirche wurden in wesentlichen Teilen mitverwendet. Doch dem kurtrierischen Hofbaumeisters *Johann Georg Judas* ist mit der neuen Abteikirche kein großer Wurf gelungen, sein Barockkonzept ist zu wenig glanzvoll und zu sehr an gotisierenden Maßstäben orientiert. Der barocke große Hochaltar stammt aus einer Kreuznacher Kirche. Besonders wertvoll sind das geschnitzte **Chorgestühl** aus dem Jahr 1731, die von einem Schüler von *Balthasar Neumann* entworfene **Orgel,** die alte **Kanzel** aus dem 17. Jahrhundert, an der Eingangsseite die **Sandsteinfiguren** von Karl dem Großen und Pippin und nicht zuletzt die Figurengruppe in der linken Turmkapelle sowie Reste eines flandrischen Renaissance-Altars. Das Grab Kaiser *Lothars* befindet sich im Chor. Die Kirche war 1730 teilweise fertig, wurde jedoch erst mit dem Umbau der Abtei 1908–1912 endgültig vollendet. Nachdem an Heiligabend 1945 die Decke im Langhaus infolge von Kriegsschäden eingestürzt war, wurde die Abteikirche unmittelbar nach dem Krieg wieder hergestellt.

Als 1729 der kunstsinnige *Georg von Schönborn* zum Kurfürsten von Prüm ernannt wurde, holte er sich den berühmten Architekten *Balthasar Neumann* für den Entwurf der **Klostergebäude** – schon beim Betrachten der beeindruckenden Nordfront mit dem dreiachsigen Mittelrisalit und dem kurfürstlichen Wappen zeigt sich der große Unterschied zur Kirchenfassade. Sehenswert sind auch der Kreuzgang und der schöne Fürstensaal, der dem Regino-Gymnasium heute als Aula dient. Während der Sommerferien findet hier die **Kunstausstellung EVBK** statt.

■ **Gemäldeausstellung** der „Europäischen Vereinigung Bildender Künstler aus Eifel und Ardennen (EVBK)", ein freier Zusammenschluss von Malern und Bildhauern aus den Eifel- und Ardennenländern Frankreich, Belgien, Luxemburg und Deutschland zur Wahrung und Mehrung des kulturellen Erbes der alten Kulturlandschaft zwischen Rhein, Mosel und Maas; täglich in den Sommerferien in den Abteigebäuden geöffnet 13.30–18 Uhr, organisiert durch das Haus des Gastes (siehe unter „Info"), Informationen unter www.evbk.org.

## Museum Prüm

Das Heimatmuseum zeigt auf drei Etagen Exponate aus den vergangenen drei Jahrhunderten zum früheren kirchlichen und städtischen Leben in Prüm und zur Lebensweise in der ländlichen Umgebung.

■ **Museum Prüm:** Tiergartenstraße, Tel. 94 30, www.pruem.de/naturkultur/museum.php, geöffnet Mo bis Fr 9–17 Uhr, Sa 10–13 Uhr, zusätzlich Juni bis Okt. So 10–12 Uhr, Eintritt 2 €, ermäßigt 1 €, Schulklassen frei.

## Infostätte „Mensch und Natur"

Beachtenswert ist auch die **Infostätte „Mensch und Natur"** in Prüm. Hier werden die Natur und ihre Nutzung durch den Menschen unter dem Aspekt der Wald- und Landwirtschaft anschaulich gezeigt. Szenisch dargestellt in Dioramen werden die Bienenhaltung, die Fischerei sowie die Holznutzung. Dazu gibt es eine geologische Sammlung, Vogelpräparate und eine Darstellung des Wasserkreislaufs als grundlegendes Eifellandschaftselement.

■ **Infostätte „Mensch und Natur":** Tiergartenstraße 70, Tel. 06551 98 57 55, www.naturpark-hohesvenn-eifel.de, geöffnet Di bis Do 13.30–16.30 Uhr, Mai–Sept., zusätzlich So 15–17 Uhr, Eintritt frei. Führungen und Programme auf Anfrage.

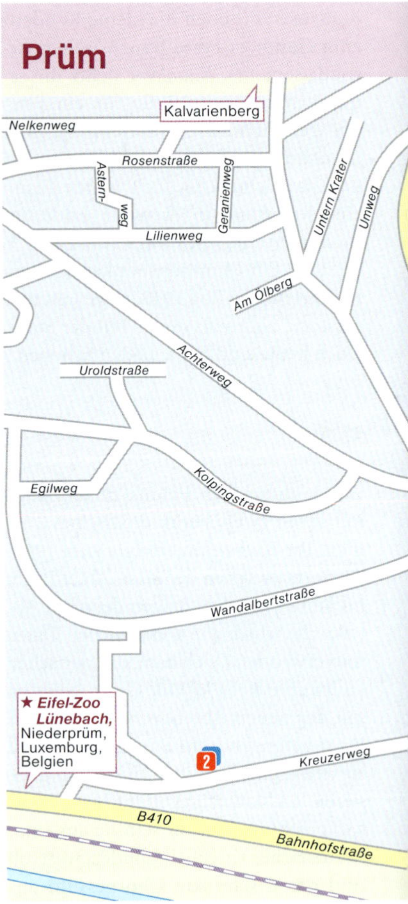


## Niederprüm

Das **Kloster** von Niederprüm, dem Ortsteil im Süden der Stadt, entstand im Zusammenhang mit dem 1190 gegründeten Benediktinerinnenkloster für adelige Nonnen. Nach der Säkularisierung wirkt seit 1920 der Orden der Vinzentiner in den Klostergebäuden und betreut die Vinzenz-von-Paul-Schule. Die ehemalige **Klosterkirche,** ein rechteckiger Saalbau mit sieben rippenlosen Kreuzgewölben, fungiert heute als Pfarrkirche von Niederprüm. Sie wurde 1677 geweiht. Ihr Turm stammt noch von einem Vorgängerbau. Die Äbtissinnenempore, Hochaltar, Chorgestühl und Kanzel stammen aus der Erbauungszeit.

Bekannt ist der Ort durch den **Brunnen- und Skulpturenpark** der im Ort

ansässigen Künstler *Hubert* und *Alfred Kruft.* Auf einem Freigelände von rund 20.000 m² erwartet den Besucher eine fantasievoll gestaltete Landschaft, in der die Gebrüder Kruft mit Sensibilität und großer Naturverbundenheit einen individuellen Ausstellungsrahmen für ihre Kunst geschaffen haben: in Metall gearbeitete Motive, der Natur entnommen und in der Natur präsentiert.

■ **Brunnen- und Skulpturenpark:** 54595 Prüm-Niederprüm, St.-Vither-Straße 62, Tel. 22 14, www.skulpturenpark-kruft.de, geöffnet Mo bis Fr 10–17, Sa 10–14 Uhr und nach Vereinbarung, Eintritt 2 € (für die Pflege des Parks), im Winter 1 €.

## Schönecken

Südlich von Prüm steht im Tal der Nims der Burgflecken Schönecken als Mittelpunkt der so genannten Schönecker Schweiz mit ihren **Dolomitfelsen** und vielen interessanten Biotopen. Ein botanischer Lehrpfad führt durch ein interessantes **Naturschutzgebiet** mit seltenen Pflanzen wie z.B. Weißerlen, Schlehendorn, Pfaffenhütchen, Seidelbast und auch Orchideen (Zugang ganzjährig kurz vor dem Ortsausgang in Richtung Prüm).

Von der aus dem 13. Jh. stammenden, imposanten Hauptburg auf dem breiten, zur Nims abfallenden Bergrücken, einem ehemaligen Besitz der Grafen *von Vianden*, dann ab 1348 zu Kurtrier gehörend, sind nur noch die Ringmauern mit mehreren großen Türmen übrig.

### Wandertipp Schönecker Land

Die 17 km lange, gut ausgeschilderte Wanderroute bietet interessante Einblicke in die **Botanik,** in die **Karstlandschaft** und in die geologischen Besonderheiten der Umgebung von Schönecken. Ausgangspunkt ist der Wanderparkplatz **Schönecken Schweiz.** Der zunächst als Lehrpfad ausgestaltete Weg führt entlang des **Schalkenbaches** unterhalb bizarrer Felspartien. Längst nach der Einmündung des **Kupferbaches** zeigt der gesamte Berghang zur Linken weiterhin interessante Felspartien einschließlich der **Hohl-Ley,** einer geschützten Höhle im Dolomitgestein. Am Waldende geht es über die Höhen nach **Niederhersdorf** und zurück zum Ausgangspunkt entlang des Altburgerbaches.

## Fleringen

Kalkformationen gibt es auch westlich von Prüm bei Fleringen. In dem Seitenchor der Ende des 17. Jahrhunderts erbauten Ortspfarrkirche St. Lukas steht eine spätgotische Muttergottesfigur mit Kind von hoher künstlerischer Qualität.

## Eifel-Zoo

**Unser Tipp:** Am Südausläufer der Schneifel stellt der Eifel-Zoo Lünebach eine ganz besondere Attraktion dar. Im unteren Talbereich des Waldbierbachs findet der Besucher auf 300.000 m² Zoogelände über 400 **Tiere aus aller Welt** in naturidentischen Gehegen: u.a. Affen, Antilopen, Baumhörnchen, Biber, Hirsche, Jaguare, Kängurus, Lamas, Leoparden, Schnee-Eulen, Störche, Strauße, Tiger und Trampeltiere. Die Eifel-Zoo-Bahn fährt auf einer 1,2 Kilometer langen Strecke, mit Fütterung der Hirsche, die aus der Hand fressen. Ein **Minidorf** mit über 30 Bauten zeigt eine Eifellandschaft im Kleinformat.

**Eifel-Zoo Lünebach:** 54597 Lünebach-Pronsfeld, Tel. 06556 8 16, www.eifel-zoo.de, Gastronomie mit großer Außenterrasse, ganzjährig geöffnet 9–18 Uhr, im Winter bis 17 Uhr, Eintritt 10 €, Kinder von 3 bis 12 Jahren 8 €, Schwerbehindertenermäßigung 8,50/6,50 €, Fahrt mit der Zoobahn 1,50/1 €, Fahrt mit der Seilbahn 0,50 €.

▷ Neuerburg, von der Burg aus gesehen

## Gondelsheim

Unter den vielen sehenswerten Dorfkirchen im Prümer Land sei noch die Katholische **Pfarrkirche Sankt Fides** in Gondelsheim, nordöstlich von Prüm, erwähnt, eine als Wallfahrtskirche errichtete spätgotische, unregelmäßige zweischiffige Hallenkirche aus mehreren Bauphasen. Ihren Westturm flankieren zwei niedrige Kapellenräume, die sich wie das Turmgeschoss mit großen Spitzbögen zum Langhaus hin öffnen. Aufgrund der komplizierten Baugeschichte bietet das Äußere einen malerischen, verwinkelten Anblick. Besonders vielgliedrig gestaltet sich die Südseite der Kirche mit der an den seitlich vorspringenden Chor angefügten Sakristei und einem polygonalen Treppenturm am Kapellenbau im Westen. Den nur im Glockengeschoss befensterten Turm krönt ein eingezogener achtseitiger Spitzhelm.

## Essen & Trinken/Unterkunft

2 2 **Landhotel am Wenzelbach**③, Kreuzerweg 30, Tel. 95 38-0, www.wenzelbach.de. In waldreicher Umgebung am Stadtrand von Prüm gelegenes Haus, modern eingerichtete Zimmer zum Teil mit Balkon, Nichtraucherzimmer, Familiensuite, behindertengerechtes Zimmer. Das **Restaurant** mit gemütlicher Gaststube bietet kreative Küche, regionale Gerichte wie etwa Döppekooche, vegetarische Speisen. Do Ruhetag.

3 **Hotel zum Goldenen Stern**②, Hahnplatz 29, Tel. 95 17-0, www.goldenerstern-eifel.de, ehemaliges Gästehaus der Abtei, seit 1803 als Hotel geführt, 2001/02 renoviert, bietet auch einfache Pilgerzimmer. Mit Eiscafé.

4 **Zur Alten Abtei**③, Hahnplatz 24, Tel. 06551 23 60, www.zur-alten-abtei.de, Restaurant im Zentrum mit Blick auf die Abtei, gutbürgerliche Küche mit täglich wechselnden Gerichten, täglich ab 11.30 Uhr geöffnet, Mi Ruhetag.

■ **Vogtshof von Wetteldorf**②, 54614 Schönecken-Wetteldorf, Nimstalstr. 1, Tel. 06553 96 13 73, www.vogtshof-eifel.de. Beliebter Motorradtreff,

049ei ot

0 2 km
©Reise Know-How 2017
Eifel18
Spielmannsholz
Lützkampen
Ouren
BELGIEN
Leidenborn
Üttfeld
217 Prüm
Euscheid
Sevening (Our)
Lieler
Sengerich
Roscheid
Lichtenborner Höhe 570
410
Lichtenborn
Eschfeld
Dreis
Irsen
Kalborn
Reiff
233
Auf der Holbert 543
Arzfeld
Irrhausen
Dahnen
231
Daleiden
Kickeshausen
Our
Olmscheid
Heilbach
Hohe Kuppe 531
410
230
Dasburg
Ammeldingen bei Neuerburg
Irsental
Ausgangspunkt
Karlshauser Mühle
Clervaux
Plascheid
DEUTSCH-
LUXEMBURGISCHER NATURPARK
Leimbach
Wolperdorf
225
Neuerburg
Anschlusskarte Seite 152
Our
Dauwelshausen
Übereisenbach
Roderhausen
202
Gemünd
Muxerather Höhe 535
Berscheid
Waldhof-Falkenstein
Sinspelt
Burg Falkenstein
458
Auf der Nonn 489
152 Bitburg
Keppeshausen
Bauler
Putscheid
Geichlingen
Nettendorf
Our
500
477
50
370
Hüttingen bei Lahr
Obersgegen
Vianden
228
LUXEMBURG
Körperich
Roth an der Our
Schloss Kewenig
Hommerdingen
Fouhren
Diekirch
17
Kruchten

Pension mit sieben praktisch eingerichteten, renovierten Dreibett-, Doppel-, und Einzelzimmern; gemütlicher Gastraum bietet gutbürgerliche Küche, vier Kegelbahnen, veranstaltet Motorradtouren in die Umgebung.

### Aktivitäten

- **Freizeitbad Prüm:** im Kurcenter, Teichstraße 20, Tel. 21 99, www.schwimmbad-pruem.de. Beheiztes Hallenbad, 25-m-Becken (Schwimmer- und Nichtschwimmerbereich), Kinderbecken, Whirlpool, Warmbadebecken 32,5 °C, Bistro, geöffnet für allgemeines Schwimmen 14–20 Uhr, Sa 10–18 Uhr, So 9–18 Uhr, Eintritt 4 €, Kinder 2 €; Kurparksauna separater Eintritt 12,50 €, Kinder von 6–14 Jahren 7,50 €. Tel. 96 54 25.
- **Waldfreibad Prüm:** Prümtalstraße, Tel. 34 00, 50-m-Becken (Schwimmer- und Nichtschwimmerbereich), Kinderbereich mit Elefantenrutsche, Sprungtürme bis 3 m, Breitrutsche, große Liegewiese, Kiosk mit Sonnenterrasse, geöffnet in der Saison 10–19.30 Uhr, Mo und Di ab 12 Uhr, Eintritt 4 €, ermäßigt 2,50 €.
- **Wintersportgebiet Wolfsschlucht:** Abfahrtspiste mit Schlepplift, Rodelmöglichkeiten, beschilderte und gespurte Langlaufloipe, Skikurse auf Anfrage, Tel. 06551 39 61, Skihütte mit Restauration, Tel. 06551 45 45, großer Parkplatz. Skier können im Blockhaus „Schwarzer Mann" (10 km von der Wolfsschlucht entfernt) ausgeliehen werden, Tel. 06551 32 52, Schneetelefon 06551 94 32 07 oder 45 45.

### Veranstaltungen

- **Prümer Sommer:** Die Stadt bietet alljährlich von Juni bis August ein vielfältiges Sommerprogramm. Den Auftakt bildet ein Markt und ein Straßenmusikanten-Wettbewerb am letzten Sonntag im Juni. An den folgenden acht Donnerstagen finden Abendveranstaltungen auf dem Prümer Sommerplatz vor dem Rathaus statt (Musikgruppen, Wettbewerbe, Modenschauen etc.). Informationen unter www.pruemer-sommer.de.
- **Schönecker Eierlage:** Jeweils Ostermontag, einer der ältesten noch erhaltenen Eierbräuche in Europa, der in Schönecken vermutlich schon seit über 300 Jahren ausgeübt wird und seinen Ursprung wahrscheinlich am Burghof fand. Ausrichter dieses ausgefallenen Brauchtums ist der Junggesellen-Verein, www.eierlage.de.

# Islek

Der Name der Westeifel-Landschaft Islek leitet sich vom ehemals fränkischen Ösling-Gau ab und erstreckt sich zwischen den **Flüssen Our und Sauer** im Bereich des Landkreises Bitburg-Prüm im Herzen des **Deutsch-Luxemburgischen Naturparks** an den Grenzen zu Luxemburg und Belgien. Das Gebiet setzt sich in den Luxemburger Ardennen (Eislek) und in Belgien (Eeslek) fort.

# Neuerburg

### Info

- **Postleitzahl:** 54673, **Tel.-Vorwahl:** 06564
- **Tourist-Information Neuerburger Land:** Postfach 11 20, Tel. 19 4 33, www.neuerburgerland.de.

Der Hauptort des Islek ist Neuerburg. Hier gründeten Prümer Mönche im 9. Jahrhundert eine Feste gegen die zunehmenden Normanneneinfälle. Die Herrschaft Neuerburg wurde im Laufe der Jahrhunderte von vielen Eifeldynastien geführt, so auch von den Manderscheidern, die dem Ortsbild um 1500 sein von der Pfarrkirche überragtes Gepräge gaben. Im Dreißigjährigen Krieg, durch die Truppen *Ludwigs XIV.* und während des Spanischen Erbfolgekrieges wurden der Ort und seine Burg immer wieder zerstört. Zuletzt nahmen Neuerburg und seine Umgebung großen Schaden im Zuge der Ardennenoffensive 1944. Trotz des immer wieder erfolgten Wiederaufbaus konnte der Ort einen **hübschen Altstadtkern** mit winkeligen Gassen und dem idyllischen Marktplatz bewahren.

## Burg

Von der 16-türmigen Stadtbefestigung steht vor allem noch der **Beilsturm** aus dem 16. Jahrhundert als Teil eines Vorwerkes, heute ein viel besuchter Aussichtsturm. Die Burg war von den Manderscheidern unter anderem durch eine Ostbastion und durch Ringmauern so ausgebaut worden, dass sie sogar den modernen Kanonen des 17. Jahrhunderts standhalten sollte – doch das rettete sie nicht vor der Zerstörung. Der äußere **Torbau** aus dem 13. Jahrhundert und der **Palas** mit dem dreijochigen Saal aus dem späten 14. Jahrhundert blieben aber erhalten. 1710 wurde mit dem Wiederaufbau des Herrenhauses begonnen. Die Reste der Burg dienten im 19. Jahrhundert als Steinbruch. Seit der nur wenig originalgetreuen Restaurierung zwischen den Weltkriegen wird die Burg als **Jugendherberge** des Katholischen Jugendbundes Neudeutschland genutzt. Die Burganlage ist im Außenbereich ganzjährig zugänglich.

Die Vorburg mit der so genannten **Kleinen Burg** zieht sich bis in den Ort hinein – die Kleine Burg ist das ehemalige Vogtshaus aus dem Jahr 1625, angesetzt an einen Rundturm der früheren Stadtmauer.

▷ Die Ortskirche in Roth an der Our

## Kirchen

Die **Pfarrkirche** ist als zweischiffige Hallenkirche ein typischer spätgotischer Sakralbau im Manderscheider Herrschaftsbereich. Schlanke sechseckige Mittelpfeiler tragen die Netzgewölbe. An der Kirche steht der Turm, der einst als Eingang zur Burganlage diente. Weiterhin sehenswert sind die ehemalige **Hospitalkirche** aus dem 15. Jahrhundert mit alten Grabdenkmälern auf dem Gelände, die **Kreuzkapelle** aus dem 18. Jahrhundert mit einer schönen Grablegungsgruppe im Vorraum sowie nicht zuletzt das **Schwarzbildchen** in einem Waldgebiet oberhalb der Neuerburg, eine vom Rauch der Kerzen geschwärzte Nachbildung der Altöttinger Madonna aus dem 17. Jahrhundert, mit der **Johanneskapelle,** einem Wallfahrtsziel mit langer Tradition.

## Hofmuseum

In Heilbach-Windhausen, auf dem Weg von Neuerburg nach Arzfeld, findet sich ein **Landwirtschafts- und Landmaschinenmuseum.** Die ausgestellten Werkzeuge vermitteln einen Eindruck von den traditionellen Arbeitstechniken und

050ei ot

dem früheren bäuerlichen Leben in der Eifel.

■ **Hofmuseum Heilbach-Windhausen:** Tel. 06564 29 67, www.vg-neuerburg.de. Die sehenswerte Sammlung wird vom Verein für Heimatkunde in der Verbandsgemeinde Neuerburg betreut, Information W. Fischels (Tel. s.o.), geöffnet Mai bis Mitte Okt. Mi und So 14–17 Uhr, ansonsten auf Anfrage. Eintritt 2 €, Kinder frei.

### Essen & Trinken/Unterkunft

■ **Euvea**③, Euvea Freizeit- und Tagungshotel GmbH, Bitburger Str. 21, Tel. 9 60 90, www.euvea.de. Zentral gelegen, moderne Zimmer, behindertengerecht, drei moderne Tagungsräume, Freizeit- und Aufenthaltsräume, Grillplatz, Spielwiese; **Restaurant** mit regionaltypischer Küche, Diätmahlzeiten, Bar, Cafeteria, Terrasse; Wellness-Bereich mit Sauna, Whirlpools und Fitnessraum, Physiotherapie, Familien entlastende Angebote für Eltern mit behinderten Kindern. Barrierefrei.

### Jugendherberge

■ **Jugendburg Neuerburg:** Tel. 21 87, www.jugendburg-neuerburg.de. Jugendunterkunft des Katholischen Jugendbundes Neudeutschland in der Burg Neuerburg, 88 Betten, Tagungsräume, herrliche Aussicht auf die historische Altstadt von Neuerburg. Sehenswert ist die **Burgkapelle,** vormals Rittersaal im Palas, die besichtigt und für Trauungen genutzt werden kann. Der Tagessatz inkl. drei Mahlzeiten beträgt 28,50 €.

### Aktivitäten

■ **Erlebnisbad Aqua-Fun:** Beheiztes Spaß- und Planschbecken, Whirlpool, überdachtes Einschwimmbecken, beheiztes Schwimmerbecken mit Sprungturm, Riesenrutsche, Cafeteria mit großer Freiterrasse, Mitte Mai bis Mitte Sept. Mo 12–20 Uhr, Di–So 10–20 Uhr, Tel. 29 55, www.vg-neuerburg.de. Eintritt 3,50 €, Jugendliche 6–16 Jahre 1,80 €.

## Körperich

Südlich von Neuerburg nahe der luxemburgischen Grenze liegt der Ort Körperich, seit der Steinzeit besiedelt und im Mittelalter als *Kirpurg* urkundlich erwähnt, der zur Grafschaft Vianden gehörte. Typisch für die Gegend um Körperich, die wegen ihrer ertragreichen Böden auch „Goldener Grund" genannt wird, sind die aufwendigen Gutsherren- und Adelssitze, z.B. **Schlossgut Petry** mit dem Tapetenzimmer aus der Maria-Theresia-Zeit, **Hofgut Merz** sowie das ehemalige **Wasserschloss Kewenig,** das zu den ältesten Gutshäusern im Landkreis Bitburg-Prüm zählt. Das Schloss wurde 793 dem Kloster Lorsch geschenkt und 1231 urkundlich als *Villa de Cheweningen* erwähnt. Es war einst Sitz der Herren *von Stein.* Die Anlage mit quadratischem Grundriss mit Ecktürmen und Rundbogenfries des 16. Jahrhunderts verfiel nach der napoleonischen Zeit, wurde aber 1890–91 erweitert und 1970–71 endgültig instand gesetzt.

■ **Schlossgut Petry:** 54675 Körperich, Schlossstr. 6, Tel. 06566 9 30 23, www.neuerburgerland.de. Besichtigung auf Anfrage. Hofladen zur Direktvermarktung, bekannt für Schweinefleisch aus eigener Erzeugung, geöffnet Fr 14–18 Uhr und Sa 9–14 Uhr.

## Freibad Körperich

■ **Freibad Körperich:** Tel. 06566 4 95, www.ortsgemeinde-koerperich.de Mehrzweckbecken mit fünf 25m-Bahnen, Sprunganlage und Kletterwand, Nichtschwimmerbecken mit Wasserrutsche und einer großflächigen Liegewiese, Eintritt 3,80 €, ermäßigt 1,80 €.

## Veranstaltungen

■ **Quetschenfest:** Mit Markt, Unterhaltungsprogramm, Tanzmusik, Hofprodukten (Schnaps, Öl, Senf) in Geichlingen nordöstlich von Körperich. Größtes Dorffest der Region. Hofgut Sachsen-Wagner, 54675 Geichlingen, Hauptstr. 14, Tel. 06566 9 30 63, alljährlich 1. Septemberwochenende, www.quetschenfest.de.

## Ofenmuseum

Östlich von Körperich findet man in **Hüttingen** noch ein interessantes, kleines Ofenmuseum mit einer sehenswerten Ausstellung von Öfen, die teilweise in der nahe gelegenen Hütte Weilerbach produziert worden sind. Alle Ausstellungsstücke sind restauriert und funktionstüchtig. Dazu gibt es das Museumscafé „Ofenstube".

■ **Ofen- und Eisenmuseum:** 54675 Hüttingen bei Lahr, Am Römerberg 10, Tel. 06566 85 42, www.ofen-und-eisenmuseum.de, geöffnet Ostern bis Okt. Mi bis Sa 14–18 Uhr, Mo und Di geschlossen (nicht an Feiertagen), im Winter auf Anfrage, Eintritt 4 €, ermäßigt 2 €.

## Roth an der Our

Schon im Tal der Our liegt Roth nahe dem malerischen Luxemburger Burgstädtchen Vianden. Ab dem Jahr 1220 war es Sitz einer Kommende der Templer, die nach der Auflösung dieses Ordens 1311 den Trierer Johannitern übertragen wurde. Die auf einem felsigen Bergvorsprung errichtete Burg wurde 1733 bis auf den Treppenturm durch einen **Barockbau** ersetzt, der heute ein Appartementhotel beherbergt. Daneben erhebt sich die Kirche – alles zusammen ein attraktives Bauensemble.

Die **Ortspfarrkirche St. Peter** geht in Ursprüngen auf die erste Hälfte des 12. Jahrhunderts zurück. Aus dieser Zeit stammt noch der Chor. Im 13. Jahrhundert wurde auf den Resten der Vorgängerkirche eine dreischiffige **Basilika** errichtet, die 1466 eingewölbt wurde. An der Nordseite steht ein 1632 angebrachtes **Pestkreuz,** zwischen Apsis und Hauptchor das sogenannte **Rother Männchen,** eine Steinfigur mit erhobenen Armen, dessen Sinnhaftigkeit bis heute unklar ist.

## Burg Falkenstein

**Waldhof-Falkenstein** ist ein kleiner Ort etwas weiter nördlich an der Our, der bis 1794 zur eigenständigen Herrschaft Falkenstein gehörte, die erstmals urkundlich im Jahre 1173 durch den Namen des Herrn *Ludovicus de Fulcunstein* erwähnt wurde. Die Burg der Herren *von Falkenstein* erhebt sich auf einem steilen Bergsporn hoch über der Our. Heute sind von der mittelalterlichen Burg noch der Wohnturm, ein später zugebautes Wohn-

048ei ot

haus und die 1936 wieder hergestellte romanische Kapelle mit dreischiffigem Langhaus, Chor und zwei Seitenkapellen erhalten. Die Burg ist in Privatbesitz und nicht zugänglich.

⌃ Die Our bildet die Grenze zwischen Deutschland und Luxemburg

## Dasburg

### Info

- **Postleitzahl:** 54689, **Tel.-Vorwahl:** 06550
- **Tourist-Information Ourtal:** 54687 Arzfeld, Luxemburger Str. 5, Tel. 06550 96 10 80, www.vg-arzfeld.de.

Der malerisch oberhalb der Our gelegene Ort Dasburg liegt inmitten des Naturschutzgebietes Mittleres Ourtal. Er verdankt den Namen seiner **Burg** einer ehemaligen Lehensburg der Grafen *von Vianden.* Im Laufe der Zeit wechselten die Besitzer der Dasburg. Kaiser *Napoleon* schenkte die Burg seinem Marschall *Oudinot,* der sie 1813 an die Bewohner von Dasburg auf Abbruch verkaufte. Von der mittelalterlichen Anlage sind noch die Fundamente der inneren Wehrmauer, Teile der äußeren Wehrmauer mit zwei Halbtürmen, die Nordseite des 20 Meter hohen Wehrturms und Reste des Eingangstores erhalten.

Die **Marienkapelle** etwas außerhalb des Ortes wurde 1638 zur Abwendung der Pest auf einem Felsblock errichtet, ihre Schutzheiligen gegen die Seuche sind St. Sebastian und St. Rochus. Die 1767 entstandene katholische **Pfarrkirche St. Jakobus** weist für eine Dorfkirche eine außergewöhnliche Innenausstattung im Rokokostil mit reichen Schnitzereien an Altar und Kanzel auf.

### Essen & Trinken/Unterkunft

■ **Hotel Daytona**②, Hauptstr. 3, Tel. 15 30, www.daytonadasburg.com. Motorradfahrertreff und -herberge, einfache Zimmer, A-la-carte-Restaurant mit Tagesmenü-Angebot, Grill im nahe gelegen Hotelgarten, separates TV-Zimmer sowie Raum mit Dartspiel und Poolbillard, abgeschlossene Garage für Motorräder. Geöffnet März bis Okt. ab 16 Uhr, Sa, So ab 13 Uhr, Nov. nur Sa, So, im Winter geschlossen.

### Camping

■ **Camping Relles Mühle:** An der Brücke 3a, Tel. 10 73, www.camping-relles-muehle.de, unmittelbar an der Our direkt am Naturschutzgebiet Mittleres Ourtal an der Grenze zwischen Deutschland und Luxemburg gelegen, einfacher Platz, alle Plätze haben Wasser- und Stromanschluss, Dauerplätze auch mit Kanalanschluss, gute Sanitäranlagen, kleiner Imbiss.

### Jugendherberge

■ **Waldjugendheim:** Dasburg-Falkenauel, Falkenauel 31, Tel. 13 52, www.wald-rlp.de. Die Anlage ist eine Einrichtung der Landesforsten Rheinland-Pfalz und der Schutzgemeinschaft Deutscher Wald und besteht aus mehreren Holzgebäuden. Sie liegt am Ortsrand der Ourtalgemeinde Dasburg. 1978 initiierte die Waldjugendgruppe Dasburg zunächst eine Forstlehrhütte, die aufgrund der starken Frequentierung von Gruppen und Schulklassen aus dem In- und Ausland zu einem Waldjugendheim erweitert wurde. Sechs große Schlafräume, dazu auch ein barrierefreier Schlafraum und Nasszelle, Gruppenräume, Information beim Forstamt Neuerburg, Tel. 06564 960 70.

## Daleiden

Im nahe Dasburg gelegenen Eifel-Höhenort Daleiden treffen sich an den Marktsonntagen Besucher wie Einheimische. Die Schönheit des Daleidener Landes begeistert, und nicht ohne Grund wurde der anerkannte Erholungs- und anmutige Urlaubsort 1982 zum **schönsten Ort in Rheinland-Pfalz** gewählt.

Auf dem Scheid erinnert der größte **Ehrenfriedhof** in Rheinland-Pfalz an über 3000 Gefallene des Zweiten Weltkriegs.

In alten Gemäuern widmet sich das **Haus Islek** der Region mit einer sehenswerten Multimediaschau und einem großen Geländemodell. Es ist untergebracht in einem restaurierten typischen Isleker Bauernhaus, mit Touristinformation und einer Ausstellung ländlicher Gerätschaften sowie Multimedia-Informationen zu Landschaft, Flora und Fauna, Geologie, Geschichte und Kultur.

■ **Haus Islek:** 54689 Daleiden, Hauptstraße, Tel. 06550 92 94 15, www.naturpark-suedeifel.de. Touristeninformation und Bistro-Café „Isleker Stuff", geöffnet auf Anfrage.

Sehenswert ist auch der malerische Komplex der **St. Matthäuskirche.** Der Hauptteil der Kirche stammt als Saalbau aus dem Jahr 1933. Einbezogen wurden ältere Bauteile, so der spätgotische Chor aus dem Jahr 1613, der im Kern wohl romanische Turm und dessen oberstes Geschoss und Spitzhelm aus dem frühen 17. Jahrhundert stammen. Auf dem Kirchhof stehen noch ein **Schiefer-Grabkreuz** aus der Zeit um 1790; ein **Vollnischenkreuz** auf kannelierter Säule von 1623 sowie ein **Kreuzigungsbildstock** vom Ende des 18. Jahrhunderts.

## Naturschutzgebiet

Nahe gelegen ist das Naturschutzgebiet **Ginsterheiden** im Irsental („Tal der 1000 Schmetterlinge"): Zwischen Daleiden und **Irrhausen** wird die Talsohle des Irsentals von Mischwald-Hängen gesäumt und öffnet sich im Südwesten zum mit rund 80 ha kleinsten Naturschutzgebiet im Deutsch-Luxemburgischen Naturpark. In idealer Weise greift hier das natürlich verlaufende Gewässer mit angrenzenden Wiesen, Fels-Ökosystemen und Niederwaldbereichen ineinander und bietet einer vielseitigen Fauna Lebensraum.

## Camping

■ **Campingplatz Irsental:** 54689 Irrhausen, Campingplatz 1, Tel. 9 28 50 05, www.campingplatz-irsental.de, familienfreundlicher Platz am Stauteich mit Angelmöglichkeit, Fahrrad- und E-Bike-Verleih, Abenteuerspielplatz, Fußballwiese, Naturkegelbahn, großer Grill- und Lagerfeuerplatz, Jugendzeltplatz, ganzjährig geöffnet, dazu **Hochseil-Abenteuer-Welt** (Info siehe Campingplatz) sowie Waldpark-Restaurant, Tel. 92 84 51 (beide Saison April bis Okt.).

## Wandertipp Irsental

Ausgangspunkt der 18 Kilometer langen Wanderung ist die **Karlshauser Mühle,** eine 300 Jahre alte Getreidemühle mit Dinkel-Entspelzungsanlage. Der Einstieg in die Wanderung beginnt auf dem Weg Nr. 5, der auf den **Bommert** und dann auf den **Hüberg,** den höchsten Punkt auf der Wanderung, führt. Weiter geht es auf Weg Nr. 5, dann auf Weg Nr. 136 abwärts in das **Tal der Irsen** bis zum Rand des **Naturschutzgebietes** „Ginsterheiden Irsental". Danach wird die K 142 an der Irsenbrücke überquert. Im weiteren Talverlauf begleiten **Felsenkulissen** den Weg. Es geht auf dem Weg mit der Markierung „P" zu einem **Stauteich** mit einem naturkundlichen Rundweg bis zum Wanderparkplatz **Laarberg.** Hier am Wendepunkt der Wanderung wird die **Irsenbrücke** überquert. Der Rückweg folgt der anderen Flussseite. Vorbei am Campingplatz geht es wieder zum Lehrpfad am **Stauweiher,** wo man eventuell sogar Bibern bei der Arbeit zusehen kann. Entlang des von Wiesen und Wald gesäumten Talgrundes geht es dann zurück zum Ausgangspunkt.

# Arzfeld

## Info

■ **Tourist-Information Arzfeld:** 54687 Arzfeld, Luxemburger Str. 5, Tel. 06550 96 10 80, www.vg-arzfeld.de.

Der kleine Ort Arzfeld inmitten des Islek ist durch ein historisches Ereignis bekannt. Hier konzentrierten sich die Kämpfe der aufständischen Landbevölkerung gegen die Besetzung durch französische Revolutionstruppen Ende des 18. Jahrhunderts. Sie stellten sich gegen die Unterdrückung, gegen die Kriegslasten und gegen die Behinderung in der Ausübung ihrer Religion. Die Ereignisse gipfelten in Kämpfen, denen die Bezeichnung „Klöppelkrieg" gegeben wurde – in den Kämpfen fanden fünfzig Bauern den Tod. Zum Gedenken an den Aufstand der Isleker Bauern errichtete der Eifelverein 1908 das **Klöppelkriegerdenkmal** an der Pfarrkirche. Es zeigt auf der Bronzetafel fünf bewaffnete Bauern, wie sie 1798 unter dem Losungswort „für den Glauben" gegen die Franzosen in den Kampf zogen.

## Eschfeld

Im nahe gelegenen Eschfeld steht eine **Dorfkirche,** die wegen ihrer **Malereien** weithin bekannt ist. Das 1869 erbaute Gotteshaus wurde vom Ortspfarrer *Christoph März* in 15-jähriger Arbeit von 1906–21 eigenhändig ausgemalt. Er wollte seinen Pfarrangehörigen in den Szenen aus dem Alten und Neuen Testament und aus der Kirchengeschichte das Heilswirken Gottes vor Augen stellen und wesentliche Glaubensinhalte nahe bringen – auch mit hintergründigem Humor.

## Museum in der Wartehalle

**Unser Tipp:** Im Welchenhausener Ortsteil Lützkampen im nördlichen Winkel der Verbandsgemeinde Arzfeld hat sich ein ganz eigenwilliges Kunstmuseum etabliert. Das Museum in der ehemaligen Wartehalle von Welchhausen bezeichnet sich selbst als **kleinstes Museum der Welt.** Es entstand in Eigeninitiative der Dorfbewohner und zeigt Ausstellungen von Künstlern aus dem Islek und den angrenzenden Regionen Belgiens und Luxemburgs.

■ **Museum in der Wartehalle:** Kult-Our-Tal Isleker Art e.V., 54617 Welchenhausen-Lützkampen, Hauptstraße, www.kult-our-tal-museum.de. Eintritt frei, ständig offen.

## Einkaufen

■ **Obstweinkellerei Am Wässerchen:** 54619 Eschfeld, Am Wässerchen 7, Tel. 06559 8 57, www.waesserchen.de. Die Kellerei bietet neben Säften und Obstweinen auch halbtrockenen Kirsch-Secco, Essigspezialitäten etc. an. Außerdem Kellereibesichtigung nach Vereinbarung, Weinproben mit mehreren Sorten Obstwein, Sekt, Saft, Weißbrot und Käse, geöffnet Mo bis Mi 9–12 Uhr, Mi auch 15–18 Uhr, Sa 10–12 Uhr und nach Vereinbarung.

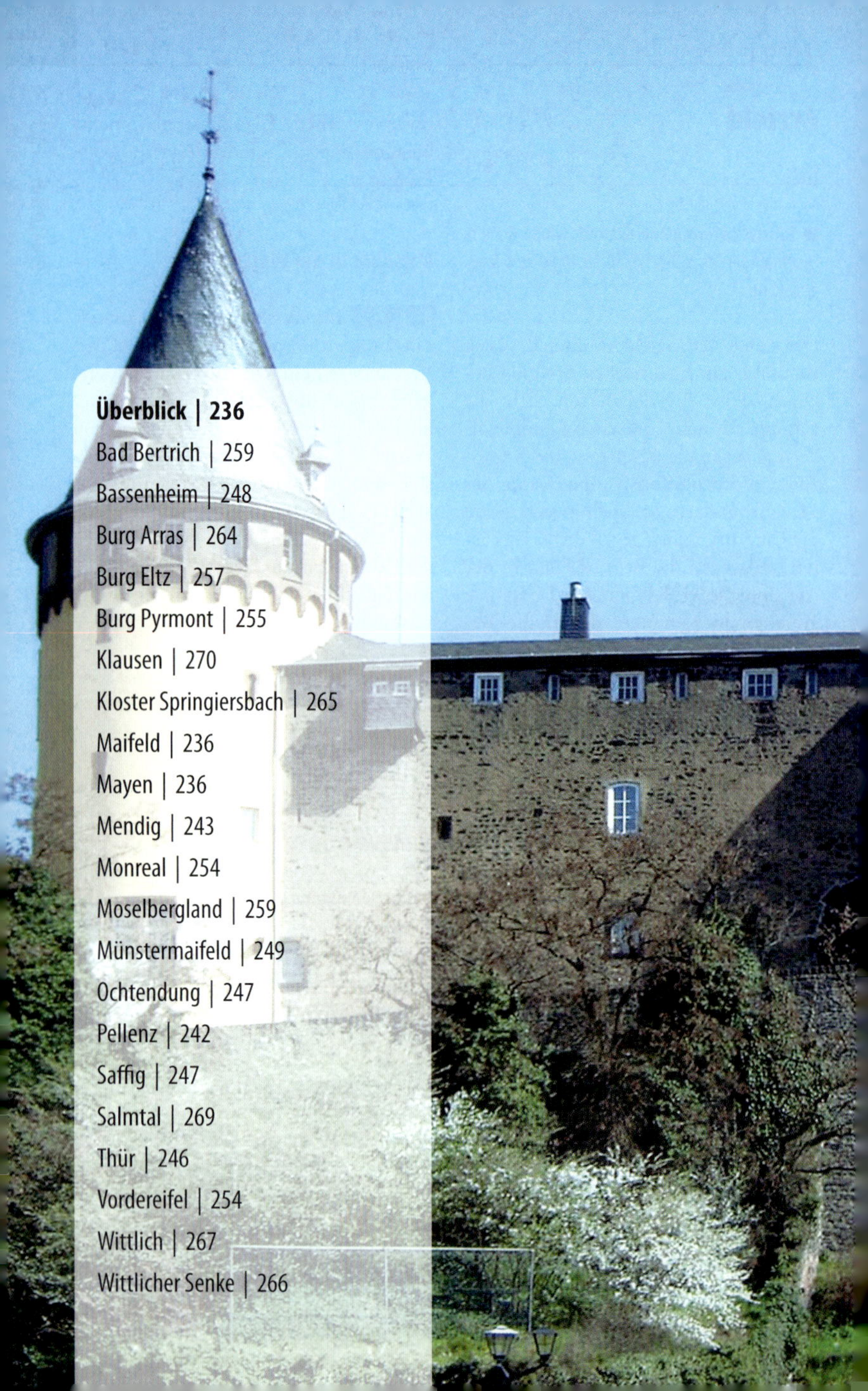

052ei ot

# 5 Die Moseleifel

Burg Eltz erhebt sich hier als berühmteste Burg der Eifel. Reizvoll ist der historische Ortskern von Monreal, imposant der von Mayen mit Genovevaburg. Eher untypisch ist die Landschaft der Pellenz, wo sich weithin sichtbar mächtige Doppeltürme von Münstermaifeld erheben.

< Die Mayener Genovevaburg

# Überblick

Die südöstlichen Ausläufer der Eifel erstrecken sich zur **Mosel** hin und bilden so unterschiedliche Landschaften wie das Maifeld nahe Koblenz, die Moselberge und die Wittlicher Senke. Die letzten Ausläufer reichen bis vor die Tore von Trier.

# Maifeld

Südlich des Laacher Sees breitet sich das Maifeld aus, jene Übergangslandschaft zum südwestlichen Teil des Mittelrheinischen Beckens, die durch ihre leicht **hügelige Oberflächengestalt** auffällt. Das Gebiet wird überwiegend **landwirtschaftlich** genutzt, die Böden sind besonders fruchtbar. Begrenzt wird das Maifeld durch die in das Hügelland tief eingeschnittenen Flusstäler der Mosel, des Elzbachs und der Nette.

## Mayen

### Info

- **Postleitzahl:** 56727, **Tel.-Vorwahl:** 02651
- **Tourist-Info Mayen:** Altes Rathaus am Markt, Tel. 90 30 04, 90 30 06, www.mayen.de.

Mayen, Geburtsort des bekannten Schauspielers *Mario Adorf* und von *Balthasar Krems*, dem Erfinder der Nähmaschine, liegt ganz im Nordwesten des Maifeldes im Nettetal angesichts des 588

## Maifeld und Vordereifel

Meter hohen Hochsimmers im Übergang zur Vulkaneifel, es ist der Hauptort der Region. Hier siedelten schon in der jüngeren Steinzeit oberhalb des linken Ufers der damals noch sumpfigen Nette Menschen. In keltischer Zeit wurden im Umfeld in Steinbrüchen Basalt und Tuff abgebaut, woraus man Mühlsteine und beispielsweise Sarkophage herstellte – so ist der Name Mayen auch keltischen Ursprungs (*magos* = „Ort in der Ebene").

Schon in römischer Zeit war Mayen ein wichtiger Wirtschaftsstandort. Hier gab es vom Ende des 3. Jahrhunderts bis ins Mittelalter hinein Töpfereien, deren Produkte in ganz Mitteleuropa verbreitet waren. Im 8. Jahrhundert war Mayen Regierungssitz des Pfalzgrafen *Siegfried*. Erstmals urkundlich erwähnt wurde die Stadt im Jahre 847 unter dem Namen *Megina*. Seit der Zeit um 1000 gehörte sie zum Kurfürstentum Trier, wo sie bis zum Einmarsch der Franzosen im Jahre 1794 verblieb. Stadtrechte erhielt Mayen 1291 durch *Rudolf I. von Habsburg*. Im folgenden Jahrhundert baute Kurfürst *Balduin von Luxemburg* die Stadtbefestigung aus. Als Amtssitz von Kurtrier wohnten die Amtsleute auf der Burg, die man heute in Anlehnung an die Genoveva-Sage (siehe Exkurs) auch Genovevaburg nennt. Die Belagerung durch französische Truppen im Jahre 1673 scheiterte noch, doch nach dem erfolgreichen Einmarsch der Franzosen sechzehn Jahre später wurde die Stadt weitgehend zerstört.

Erneut in Schutt und Asche fiel die Altstadt von Mayen durch alliierte Bombenangriffe am Ende des Zweiten Weltkriegs. Doch die Schäden aus jener Zeit sind längst behoben und Mayen präsentiert sich heute als moderne Stadt, deren Geschichte durch die Burg und die renovierte Bausubstanz lebendig ist.

## Genovevaburg

Das Wahrzeichen von Mayen ist die Genovevaburg auf der Felskuppe des so genannten „Kleinen Simmers". Mit ihrem Bau wurde im Jahr 1280 durch den Trierer Erzbischof *Heinrich von Finstingen* begonnen. Über 400 Jahre blieb die Festung unversehrt, bis 1689 französische Truppen die Stadt mit ihrer Burg zerstörten. Ab 1700 begann der Wiederaufbau der Burggebäude im barocken Stil. Nach dem erneuten französischen Einmarsch an die 100 Jahre später wurde die Genovevaburg 1803 vom damaligen Pächter für 8100 Francs ersteigert, um das Amtshaus und den Ostturm als Baumaterial zu nutzen. 1815 wurden auch

**NICHT VERPASSEN!**


- **Genovevaburg:** Das Wahrzeichen von Mayen | 238
- **Vulkanmuseum:** Einblicke in die Erdgeschichte | 243
- **Bassenheimer Reiter:** Der Heilige Martin in Stein gehauen | 248
- **Monreal:** Fachwerk, Brücken und Burgen | 254
- **Burg Eltz:** Burganlage aus dem frühen Mittelalter | 257
- **Bad Bertrich:** Mit Deutschlands einziger Glaubersalzquelle | 259
- **Wallfahrtskirche Klausen:** 500 Jahre Geschichte | 270


**Diese Tipps erkennt man an der gelben Hinterlegung.**

die Wirtschaftsgebäude des oberen Burghofes abgerissen.

Ab 1830 hat man jedoch mit der schrittweisen Wiederherstellung der Burganlage begonnen. Nach dem Ersten Weltkrieg kam die Burg in privaten Besitz des Mäzens *Arend Scholten*, der schon bald darauf hier ein Eifelmuseum einrichtete. 1938 wurde die Stadt Eigentümerin der gesamten Anlage, die im Zweiten Weltkrieg allerdings großen Schaden nahm. Der Wiederaufbau war 1984 abgeschlossen. Inzwischen ist das neue **Eifelmuseum** in der Burg zu einem modernen Themenmuseum mit Museums-Schieferbergwerk 16 Meter unter der Burg mit einem 340 Meter langen Stollen umstrukturiert worden. Für das **Schieferbergwerk** wurde das tief unter der Genovevaburg befindliche Stollensystem, welches Bergleute im Zweiten Weltkrieg als Luftschutzbunker für die Bevölkerung gegraben hatten, als Besucherbergwerk zur Geschichte des Schieferbergbaus in der Eifel und besonders im Raum Mayen von seinen Anfängen vor rund 2000 Jahren bis zur Gegenwart eingerichtet.

### Die Highlights für Kinder

- Eine simulierte **Lorenfahrt** durch den Stollen im **Schieferbergwerk Mayen** | 239
- **Heimatmuseum** und **Erlebnisfreibad** in Münstermaifeld | 251
- **Burg Eltz,** eine Bilderbuchburg | 257

**Eifelmuseum und Deutsches Schieferbergwerk:** Genovevaburg, Tel. 90 35 61 oder 90 35 58, www.mayen.de. Eine Attraktion für Kinder und Erwachsene gleichermaßen ist eine simulierte Lorenfahrt durch den Stollen, geöffnet ganzjährig Sa bis Do 10–17 Uhr, in RLP und NRW Ferien auch Fr, 24.–26.12., 31.12. und 1.1. sowie 15.1–15.2. geschlossen, Eintritt für Eifelmuseum und Schieferbergwerk 9 €, ermäßigt 5 € für Kinder, Schüler, Studenten, Behinderte etc.

## Mayener Grubenfeld

Die besonders verwitterungsbeständige Mayener Basaltlava wurde seit 7000 Jahren im Mayener Grubenfeld nahe der Stadt Mayen abgebaut. Das an den Steinbrüchen des Grubenfeldes gelegene Museum Terra Vulcania widmet sich als **Vulkanerlebniszentrum** den wirtschaftlichen und sozialen Aspekten dieses Bergbaus.

UNSER TIPP: **Terra Vulcania:** An den Mühlsteinen 7, Tel. 49 15 06, http://vulkanpark.com/terra-vulcania, geöffnet Di bis So und feiertags 10–17 Uhr, in RLP und NRW Ferien auch Mo, Ende Okt. bis Anf. April geschlossen, Eintritt 6 €, ermäßigt für Kinder, Schüler, Studenten, Behinderte etc.

## Stadtmauer

An den Burgfelsen schließt sich die Stadtmauer an, die einst auf zwei Kilometern Länge mit sechzehn Türmen und vier Toren die gesamte Stadt Mayen umschloss. Erhalten sind Teile der Mauer, von den Stadttoren das **Brückentor** und das **Obertor** sowie zwei der Rundtürme.

## In der Altstadt

Im Zentrum der Altstadt erhebt sich der eigenwillig gedrehte Nordturm der **Pfarrkirche St. Clemens,** die im 14. Jahrhundert von den Augustinern anstelle eines romanischen Vorgängerbaus aus dem 12. Jahrhundert errichtet wurde, wobei der Südturm noch von der alten Kirche stammt. Es ist eine der ersten gotischen Hallenkirchen am Mittelrhein. Zu der wertvollen Inneneinrichtung der 1973 wieder aufgebauten Kirche zählen unter anderem die sechs überlebensgroßen Holzfiguren von *Heinrich Alken* aus der Zeit von 1780 bis 1790 sowie die von *Georg Meistermann* geschaffenen Kirchenfenster.

Das **Rathaus** am Marktplatz wurde 1717 als einfacher Barockbau errichtet. Vom Marktplatz zweigen die lebhaften Straßen der Innenstadt mit teilweise erhaltenen oder wieder errichteten **Bürgerhäusern** ab.

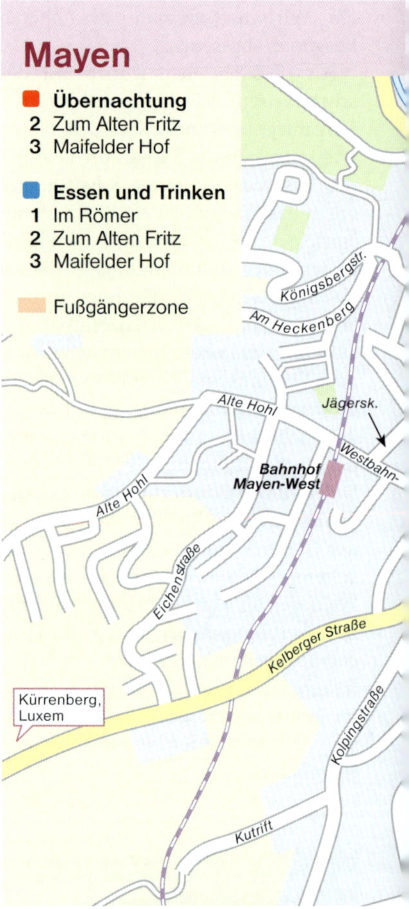


## Essen & Trinken/Unterkunft

2 2 **Zum Alten Fritz**①, Koblenzer Str. 56, Tel. 49 77 90, www.hotel-alter-fritz-my.de. In dritter Generation in Familienbesitz, rheinische und internationale Küche, preiswerte Hauptgerichte, Abendlokal auch So mittags geöffnet, Di und eine Woche nach Karneval geschlossen, auch Partyservice, angeschlossener **Hotelbetrieb**② mit gemütlich eingerichteten Einzel- und Doppelzimmern.

1 **Im Römer**①, Marktstr. 46, Tel. 23 15, www.im-roemer.de. Deutsche Küche, preiswerte Hauptgerichte, mit Außengastronomie, Mo Ruhetag.

3 3 **Maifelder Hof**②, Polcher Str. 72, Tel. 9 60 40, www.maifelder-hof.de. In der ehemaligen Brauerei der Gebrüder *Rathsche* gelegen, gemütlich eingerichtete Zimmer in zwei Kategorien; rustikales **Restaurant,** schmackhafte Küche, außerdem Partyservice mit preiswerten Buffets, Biergarten, Kegelbahn. Mo vormittags Restaurant geschlossen.

■ **Wasserspiel**②, Mayen-Kürrenberg, Im Weiherhölzchen 7–9, Tel. 30 81, www.hotel-wasserspiel.de. Kleines Hotel im Wohngebiet des westlich gelegenen Vorortes Kürrenberg mit gepflegten Zimmern; angeschlossenes Restaurant mit reichhalti-

ger Speisekarte, Räumlichkeiten für Familienfeste, Gartenterrasse, Restaurant Di Ruhetag.

## Veranstaltungen

■ **Lukasmarkt:** eine Woche ab dem ersten Sonntag nach Lukas im Oktober. Der „Lukasmarkt" erhielt 1405 seinen heutigen Namen, nachdem Kurfürst *Werner von Falkenstein* die bis dahin an Marienfeiertagen abgehaltenen drei Jahrmärkte auf andere Termine und somit den Lukasmarkt auf den Sonntag nach Lukas verlegte. Heute ist der Lukasmarkt ein Innenstadtvolksfest mit etwa 200 Krammarkthändlern und vielen Attraktionen in der Fußgängerzone (Infos unter www.mayenzeit.de).

■ **Burgfestspiele:** Im Innenhof der Genovevaburg finden seit vielen Jahren die Burgfestspiele Mayen statt, sechs Wochen im Juli/August mit künstlerisch anspruchsvollen Theaterprogrammen.

### Aktivitäten

■ **Freizeitbad Mayen:** Bachstraße 44, Tel. 90 31 85, www.stwmy.de. Freibad mit der längsten am Hang verlegten Rutschbahn, geöffnet Mai bis Sept. 7–20 Uhr, Sa und So ab 9 Uhr, Mo geschlossen, Eintritt 4 €, ermäßigt 2 €. Dazu gibt es hier auch ein Hallenbad, Mo geschlossen, Eintritt 5 €, ermäßigt 2,50 bzw. 2 € und Sauna geöffnet zu den Bad-Zeiten, Eintritt 13,50 €, Kinder (6–17 Jahre) 12 €.

■ **Ponyreiten:** Zentrum Pferd, 56729 Luxem (bei Mayen), *Sabine Trüe,* Im Allen 2, Tel. 02656 95 19 57, www.ponyfuehren.de, westlich von Mayen gelegen. Reitkurse für 4- bis 12-Jährige, Ausritte auch am Center Parc Eifel.

## Pellenz

### Info

■ **Verbandsgemeindeverwaltung Pellenz:** 56226 Andernach, Breite Str. 14, Tel. 02632 29 94 44, www.pellenz.de.

Der nördliche Teil des Maifeldes wird von der Pellenz gebildet, die noch vom Vulkanismus geprägte **Senke zwischen Mayen und Andernach.** Durch das hügelige und von West nach Ost zum Rhein hin leicht abfallende Gebiet der Pellenz fließt der kleine Fluss **Nette,** die Landschaft zum Maifeld hin begrenzend. Zur Pellenz gehören die vorwiegend industriell geprägten Orte Plaidt,

Kruft, Nickenich, Kretz und Saffig sowie in der oberen Pellenz Niedermendig, Thür und Kottenheim.

In der Pellenz wurden bei Ausgrabungen Siedlungsreste von vor über 300.000 Jahren, keltische wie auch römische Siedlungsreste und Gräberfelder gefunden. Dieser Landstrich lebt neben der Landwirtschaft auch vom Tagebau von Bims und Lavasand und der damit zusammenhängenden Baustoffindustrie – allerdings wurden ihre einprägsamen Vulkankuppen zumeist abgebaggert. Die Nähe zur Rheinschiene hat neben der traditionellen Steinindustrie auch moderne Gewerbegebiete entstehen lassen.

### Pellenz-Museum

Über die lange Geschichte der Pellenz gibt das Pellenz-Museum Auskunft, in einem ehemaligen Kartäuserhof in **Nickenich,** westlich vom Laacher See. Es zeigt eine Ausstellung zur Frühgeschichte und Jungsteinzeit in der Osteifel.

- **Pellenz Museum:** 56645 Nickenich, Zehntstr. 7, www.pellenz-museum.de, geöffnet April bis Anf. Dez. Di bis Fr 9–12 und 14–17 Uhr, Sa, So und feiertags 14–17 Uhr, Mo geschlossen, Eintritt 1 €, Kinder 0,50 €.

### Aktivitäten

- **Pellenz-Bahn:** von Andernach nach Kaisersesch, Teilstück der Eifelquerbahn.

◁ Der Marktplatz von Mayen mit dem Rathaus

# Mendig

### Info

- **Postleitzahl:** 56743, **Tel.-Vorwahl:** 02652
- **Verbandsgemeinde Mendig:** Marktplatz 3, Tel. 9 80 00, www.mendig.de.

Mendig besteht aus den alten Ortsteilen Nieder- und Obermendig. Sehenswert in Niedermendig ist die **Ortspfarrkirche St. Cyriakus,** eine dreischiffige Pfeilerbasilika aus dem 12. Jahrhundert mit alten Fresken, die im 19. Jahrhundert durch ein großes Kirchenschiff erweitert wurde. Der Turm der **Ortspfarrkirche St. Genoveva** in Obermendig stammt noch aus dem Jahr 1250, das Schiff wurde 100 Jahre später als frühgotische Halle errichtet.

### Felsenkeller

Nordwestlich des Bahnhofs der Stadt Mendig befindet sich in 32 Metern Tiefe ein Netz von unterirdischen Felsenkellern, in denen früher schwarze Basaltlava abgebaut wurde. Mitte des 19. Jahrhunderts nutzten viele **Brauereien** die gleich bleibende Temperatur von 6–9 °C, um hier Bier zu lagern. Die Felsenkeller können im Rahmen von Führungen besucht werden.

### Vulkanmuseum

Interessant ist auch die Wingertswand, eine **Bimssteinwand,** deren Schichtung Einblicke in die Erdgeschichte erlaubt. Hierzu bietet das Deutsche Vulkanmuseum verschiedene Exkursionen an, außerdem: **Lava-Dome,** eine Reise durch 700 m² Erlebniswelt ins Innere der Erde, Führung durch die Lava-Keller unter Mendig in dem vor ca. 200.000 Jahren erkalteten Lavastrom des Wingertsberg-vulkans.

**Freiluftausstellung** in unmittelbarer Nähe zum Lava-Dome, wo alles rund

# Lavagestein im Mayener Grubenfeld – vom Tagebau zur Skulpturenkunst

Das sich zwischen Mayen und Ettringen erstreckende Mayener Grubenfeld entstand durch Ausbrüche der **Bellerberg-Vulkangruppe,** einem Komplex aus den Schlackenkegeln des Ettringer Bellerberges, der Kottenheimer Büden und des Mayener Bellerberges – dieser ist mit seinem halbmondförmigen Schlackenwall, der regelmäßig aufsteigenden Kegelfläche und seiner steil abfallenden Innenseite besonders eindrucksvoll. Die austretende Lava war gasreich, das **poröse Gestein** (Tephrit) lässt sich relativ leicht bearbeiten. Schon in vorgeschichtlicher Zeit wurden ab dem 5. Jahrtausend v. Chr. daraus Mühlsteine hergestellt, die bis nach England und an die Donau gelangten.

Mit der beginnenden Steinzeit baute man die oberen Basaltsäulen mit eisernen Steinhämmern ab. Im späten Mittelalter ging man ab dem 15. Jahrhundert zum **Untertagebau** über, der eine Zeit lang parallel zum **Tagebau** bestand. Vom 17. Jahrhundert an gab es ausgedehnte unterirdische Abbauhallen, ab dem 19. Jahrhundert großflächige Tiefengruben. Nun spielte die Produktion von Pflaster- und Werksteinen eine große Rolle. Zu Beginn des 20. Jahrhunderts wurden die bis dahin mit Muskelkraft betriebenen Göpelwerke durch Kräne ersetzt. Längst sind die Basaltfelder weitgehend abgebaut, die mit Holz verkleideten **Kräne** stehen auf verbliebenen Basaltsäulen als Relikte einstiger Bergbautätigkeit.

Das Mayener Grubenfeld bietet mit seinen frostsicheren und feuchten Höhlen beste Lebensvoraussetzungen für **Fledermäuse.** Insgesamt 14 Arten nutzen die Höhlen als Winterquartier, zwei weitere als Schwarmquartier. Deshalb stehen Teile der Höhlen unter Naturschutz.

Zwischen 1985 und 2006 wurden im Zusammenhang mit dem Mayener Grubenfeld mehrwöchige **Symposien für Steinmetze und Steinbildhauer** abgehalten. Viele der damals entstandenen Skulpturen aus dem Mayener Gestein sind im **Lapidea** genannten Bereich des Grubenfeldes ausgestellt, ein anderer Teil wurde entlang des Maifeld Radweges in Richtung Polch ausgestellt.

- **Lapidea:** 56727 Mayen, An den Mühlsteinen, im Bereich Terra Vulcania, gut ausgeschildert, Zutritt frei.
- **Vulkanpark Infozentrum Rauschermühle:** 56637 Plaidt, Rauschermühle 6, Tel. 02632 9 87 50, www.vulkanpark.com, geöffnet Mitte April bis Okt. Di bis So 9–17 Uhr (im Winter 11–16 Uhr, Mo geschlossen (außer in RLP und NRW Ferien), Eintritt 3,50 €, Kinder bis 16 Jahre 2,50 €, Kinder unter 100 cm frei (ermäßigtes Kombi-Ticket mit Römerbergwerk).

um die Steinverarbeitung anschaulich erläutert wird. Zu sehen sind dort Grubenkräne, eine Steinmetzhütte, eine originalgetreu nachgebaute Schmiede, eine alte, funktionsfähige Grubenbahn und ein Göpelwerk, mit dem früher Steine mit Pferdekraft aus der Tiefe gehoben wurden.

■ **Deutsches Vulkanmuseum** (auch Sitz der Deutschen Vulkanologischen Gesellschaft): Brauerstr. 1, Tel. 93 99 222, www.lava-dome.de, geöffnet Di–So und feiertags 10–17 Uhr, 3. Adventssonntag bis 25.12. sowie Ende Weihnachtsferien bis 31.1. geschlossen, Eintritt Lava-Dome und Lavakeller 8,50 €, ermäßigt 7 €, Kinder über 100 cm bis 16 Jahre 6,50 €.

## Römerbergwerk

Schon die Römer wussten die guten Eigenschaften des vulkanischen Tuffs als Werkstein zu schätzen. In Kretz östlich von Mendig wurde seit der Antike Tuff im Untertagebau abgebaut. Hier können 2.000 Jahre Bergbaugeschichte besichtigt werden. Eine futuristische, freitragende Hallenkonstruktion schützt das Kulturdenkmal.

■ **Römerbergwerk Meurin:** 56630 Kretz, Nickenicher Straße (an der B256), Tel. 02632 9 87 50, www.roemerbergwerk.de, Eintritt 4,90 €, Kinder bis 16 Jahre 2,60 €, Kinder unter 100 cm frei (ermäßigtes Kombi-Ticket mit Infozentrum).

## Veranstaltung

■ **Gambrinus-Fest:** Alljährliche Veranstaltung zu Ehren des legendären germanischen Königs Gambrinus, dem „Ur-Brauer", alle zwei (ungeraden) Jahre auf dem Mendiger Marktplatz, jeweils im Mai.

## Essen & Trinken/Unterkunft

■ **Hansa**②, Niedermendig, Laacher-See-Str. 11, Tel. 9 70 80, www.mendighansahotel.de. Hotel mit modern eingerichteten Zimmern, auch behindertengerechte Räume; **Restaurant**① mit traditioneller Küche in der ehemaligen Hansa-Brauerei, Do Ruhetag, Mitte Dez. bis Feb. geschlossen.

■ **Vulkan Brauhaus**①, Laacher-See-Str. 2, Tel. 52 03 30, www.vulkan-brauhaus.de. In den Gasträumen einer alten Brauerei, im Ausschank die naturbelassenen Biere „Vulkan Bräu hell" und „Vulkan

053ei ot

Bierdenkmal in Mendig

Bräu dunkel", frische und reichhaltige Brauhausküche, täglich geöffnet, Biergarten von Mai bis Okt.; mit Brauhaus-Laden, im Angebot Vulkan-Bräu-Spezialitäten, Räucherwaren, Bierbrot, Käse, Souvenirs, Geschenkartikel, geöffnet täglich Mai bis Oktober, Nov. bis April Mo und Di Ruhetag.

## Thür

Im Süden der Verbandsgemeinde Mendig liegt der kleine, landwirtschaftlich geprägte Ort Thür am Rande eines weiträumigen Talkessels. Die Bauernhäuser mit ihren Natursteinfassaden sind typisch für das Ortsbild. Inmitten des Ortes steht **Haus Thür,** eine Hofanlage aus dem 15. Jahrhundert, renoviert und mit umgebauten Stallungen und Scheune den Bewohnern als Dorfgemeinschaftshaus zur Verfügung.

### Wallfahrtskirche Fraukirch

**Unser Tipp:** Unweit südöstlich von Thür steht die bekannte Wallfahrtskirche Fraukirch inmitten der weitläufigen Landwirtschaftsflächen der Pellenz, umgeben von einer eindrucksvollen Hofanlage aus Stallungen, Scheunen und dem Herrenhaus. Die Fraukirch ist eng mit der **Genoveva-Sage** verbunden. Sie beherbergt die Grabstätten des Pfalzgrafen *Siegfried* und seiner Gattin *Genoveva.*

Die der Muttergottes geweihte Kirche wurde auf den Fundamenten einer fränkischen Saalkirche aus dem 8. Jahrhundert errichtet. Bereits zu Beginn des 13. Jahrhunderts wurde der ursprüngliche Bau durch einen Neubau ersetzt, von dem heute noch das Mittelschiff und der Chor erhalten sind.

Seit dem Mittelalter war die Fraukirch das Ziel vieler Wallfahrer. Von diesen Wallfahrten zeugen noch am Rande der Wallfahrtswege nach Fraukirch die erhaltene Votiv-Kapelle aus dem Jahre 1605 westlich der Fraukirch oder auch das „Golokreuz" auf dem Prozessionsweg nach Mendig. Im Chor der Kirche

## Die Genoveva-Sage

Der sagenhaften Überlieferung zufolge wurde *Genoveva von Brabant* um 730 n. Chr. als Tochter eines Herzogs von Brabant geboren. Später wurde sie die Gemahlin des Pfalzgrafen *Siegfried zu Mayen.* Als Siegfried, dem Aufruf des Königs folgend, in den Krieg zog, wurde Genoveva durch Siegfrieds Statthalter Golo, dessen Werben von der treuen Genoveva verschmäht wurde, unter Vorwand des Ehebruchs beschuldigt und zum Tode verurteilt, vom Henker jedoch heimlich frei gelassen. Daraufhin lebte Genoveva mit ihrem neugeborenen Sohn sechs Jahre in einer Höhle. Die Gottesmutter Maria schickte ihr angesichts ihrer elenden Situation eine Hirschkuh zu Hilfe, die ihr Kind nährte, bis ihr Ehemann sie wiederfand und ihre Unschuld einsah. Zum Dank für Genovevas Errettung soll Siegfried die **Wallfahrtskirche zu Fraukirch,** wo sie sich versteckte, errichtet haben. Golo wurde auf einer nahen Anhöhe gevierteilt.

Weite Verbreitung und Bekanntheit fand die Genoveva-Sage durch den Dramatiker *Friedrich Hebbel,* der das Thema in seiner 1843 entstandenen fünfaktigen Tragödie „Genoveva" umsetzte.

befindet sich ein Hochaltar mit einem Altartisch aus dem 13. Jahrhundert, über dem sich ein Altaraufsatz aus Tuffstein von 1664 erhebt. Hier sind neben der Verkündigung Mariens auch die Hauptszenen der Genoveva-Sage, der zu Unrecht verstoßenen Pfalzgräfin, dargestellt, so im großen Mittelteil hervorgehoben die Vierteilung des Verleumders *Golo.*

In der Tradition der alten Wallfahrten steht die weithin bekannte **Fraukircher Kirmes,** die am zweiten Augustwochenende eine große Zahl von Menschen anlockt.

### Essen & Trinken

■ **Gasthaus Fraukirch**①, 56743 Thür, Fraukircher Hof, Tel. 02652 39 87 bzw. 5 24 94, urige Gaststätte unmittelbar an der Wallfahrtskirche, geöffnet Di bis Sa 15–22 Uhr, feiertags ab 11 Uhr und nach Vereinbarung.

## Ochtendung

### Info

■ **Ortsgemeinde Ochtendung:** 56299 Ochtendung, Raiffeisenplatz, Tel. 02625 54 09 30, www.ochtendung.de.

Weiter in Richtung Koblenz gelangt man über Ochtendung zur **Burg Wernerseck,** die sich oberhalb des Nettetals erhebt. Burg Wernerseck verdankt den Namen ihrem Bauherrn, Erzbischof *Werner von Trier* (1388–1418). Ab dem 16. Jahrhundert war die Burg an die Herren von Eltz verpfändet, die sie bis ins 19. Jahrhundert besaßen. Es war eine Wohnburg, deren Bergfried für damalige Verhältnisse wohnlich eingerichtet war. Die renovierungsbedürftige Burg befindet sich im Eigentum der Gemeinde Ochtendung, wurde von ihr saniert und steht heute unter Denkmalschutz. Sie wird zu besonderen Ereignissen für das Publikum zur Besichtigung frei gegeben.

### Essen & Trinken/Unterkunft

■ **Hotel-Restaurant Gutshof Arosa**③, Koblenzer Str. 2, Tel. 02625 44 71, www.gutshofhotelarosa.de. Praktisch und geschmackvoll eingerichtete Zimmer, Restaurant und Biergarten, die Hotelchefin führt Kochkurse durch, gutbürgerliche Küche. Mo Ruhetag.

## Saffig

Saffig, inmitten der Pellenz gelegen, war schon **keltisches, römisches und fränkisches Siedlungsgebiet.** Am Westrand von Saffig stieß man auf einen **Friedhof der Merowingerzeit,** wo 250 Gräber mit Schmuck, Keramik und Waffen als Grabbeigaben ausgegraben werden konnten. Seit dem späten Mittelalter war der Ort in den Händen der Familie *von der Leyen.* Sie errichteten 1739–42 ein **Grafenschloss** mit einem schönen Park sowie eine neue **Pfarrkirche** nach Plänen von *Balthasar Neumann.* Fränkisch prunkvoll mutet dieser Sakralbau mit welscher Haube auf dem Turm an, dem querschiffartig Sakristei und Herrschaftsloge angebaut sind. 1773 verlegte Graf *Franz-Karl von der Leyen* seine Residenz nach Blieskastel. Saffig verlor dadurch seine einstige Bedeutung.

# Bassenheim

## Info

■ **Gemeindeverwaltung:** 56220 Bassenheim, Walpotplatz 9, Tel. 02625 44 56, www.bassen heim.de.

Schon vor den Toren von Koblenz liegt Bassenheim, eine eher unscheinbare Gemeinde, die aber mit dem **Bassenheimer Reiter** im linken Seitenschiff ihrer Pfarrkirche aus dem Jahr 1900 einen der größten Kunstschätze der Eifel aufweist. Dieses aus Stein gehauene, fast lebensgroße Relief des heiligen *Martin* stammt eigentlich aus dem Mainzer Dom, für den es der sogenannte Naumburger Meister wohl 1239 gefertigt hat. Es handelt sich um eine der großartigsten Reliefdarstellungen im Übergangsstil zur frühen Gotik von dem Meister, der später die weltbekannte Figurengruppe des Fürstenpaares Ekkehard und Uta für den Naumburger Dom schuf.

An den Walpotplatz im Ortszentrum grenzt eine Reihe gut restaurierter, pittoresker **Fachwerkhäuser,** darunter auch das barocke Rathaus. Das einstige Schloss der Herren *Waldbott von Bassenheim* ist längst in andere Hände übergegangen und als Privatbesitz inmitten eines großen Parks nicht zu besichtigen. Oberhalb des Ortes auf dem Karmelenberg ließen der Reichsfreiherr *Johann Lothar Waldbott von Bassenheim* und seine Gemahlin *Anna Magdalene,* geb. Gräfin *von Metternich,* 1662 die **Marienkapelle** errichten, die zu den ältesten Barockkirchen der Eifel zählt, zu Ehren eines Gnadenbildes, das zu Beginn der zweiten Hälfte des 17. Jahrhunderts in die Bassenheimer Burg gelangte.

## Essen & Trinken/Unterkunft

■ **Zum Hirsch**③, Mayener Straße 18, Tel. 6447 bzw. 95 94 48, www.zum-hirsch.com, Hotel und Restaurant im Zentrum, gepflegte Zimmer, das stilvoll eingerichtete Restaurant bietet deutsche und italienische Gerichte, Sa und So nur nach Vereinbarung geöffnet.

### Wandertipp zum Karmelenberg

In der fruchtbaren und klimatisch begünstigten **Pellenz** haben schon die **Kelten** gesiedelt. Sie hinterließen den Goloring, einen der wichtigsten archäologischen Funde aus der Eisenzeit in Rheinland-Pfalz. Das auch **Eifel-Stonehenge** genannte Erdwerk ist leider nicht frei zugängig, weil es auf einem ehemaligen Militärgelände liegt. Aber der Wanderweg führt durch diese geschichtsträchtige Region.

Der 11 Kilometer lange Rundwanderweg, deren höchster Punkt bei 372 Metern und tiefster Punkt bei 163 Metern liegt, beginnt im Ortskern von **Bassenheim.** Der Weg führt durch die alte, im 17. Jahrhundert angepflanzte Baumallee aus Rotbuchen, Eichen, Kastanien und Linden hinauf zum Karmelenberg (372 m) mit der **Marienkapelle** darauf. Seit sie 1998 restauriert wurde, erstrahlt sie in „altem" Glanz. Mit dem Abstieg quert man die Autobahn A48 nach Trier und gelangt zu den **Achterspannerhöfen.** Südlich der Landstraße L52 geht es nahe am Goloring vorbei und zurück nach Bassenheim.

[>] Der Goldaltar des Münsters

# Münstermaifeld

## Info

- **Postleitzahl:** 56294, **Tel.-Vorwahl:** 02605
- **Tourist-Information Münstermaifeld:** Münsterplatz 6, Tel. 96 150 26, www.www.maifeld urlaub.de.

Die geschichtlichen Ursprünge des Maifeldes findet man in Münstermaifeld. Funde aus der Steinzeit und aus der keltischen Zeit zeugen von einer frühen Besiedlung. Unter den Merowingern entwickelte sich die Ansiedlung zum Zentrum des Mayengaus, denn hier hatte der Trierer Erzbischof *Magnericus* auf den Fundamenten eines römischen Wachturmes eine Martinskirche zur Christianisierung der Region erbauen lassen. Im Jahre 965 erhielt Münstermaifeld Marktrecht, 1018 kam der Ort ans Bistum Trier. Kurfürst *Balduin von Luxemburg* gab Münstermaifeld die Stadtrechte und ließ es befestigen – von der **Stadtmauer** sind heute noch beachtliche Teile zu sehen.

## Münster

**UNSER TIPP:** Weithin überragt wird der Ort vom Westbau des Münsters, dem Münstermaifeld seinen Namen verdankt. Als erster Probst des Stifts wird 1052 *Geramnus* genannt. Das Stift florierte und verfügte über umfangreiche Einnahmen, was die Begehrlichkeit des Papstes weckte. Lange konnten sich die Pröpste erfolgreich gegen Zugriffe wehren, bis sich das Erzbistum Trier 1515 selbst die Pfründe sicherte. Nunmehr verwalteten Dechanten das Stift, das zu Beginn des 17. Jahrhunderts durch grausame Hexenprozesse traurige Berühmtheit erlangte. Mit der Säkularisation war auch das Ende des Stifts gekommen. Die Kirche mit ihren Kunstschätzen blieb erhalten, der Kreuzgang wurde allerdings 1828 abgebrochen.

Das altehrwürdige Münster ist vom 11. Jh. an in verschiedenen Bauabschnitten entstanden und zeigt architektonisch in interessanter Folge die Entwicklung der Baustile über Jahrhunderte. Das **Westwerk** der St. Martin und St. Severus geweihten Stiftskirche stammt vom romanischen Vorgängerbau aus dem Jahre 1103. Mit dem Bau des **Chores,** der die gleiche Höhe wie das Querschiff aufweist, wurde 1225 begonnen. Äußerlich kann man an der horizontalen Wandgliederung des Chores mit Lisenen und Bogenfriesen noch die spätromanische Architektur, aber an der vertikalen Fenstergliederung auch schon Formen der Frühgotik erkennen. Als nächste Bauphase erfolgte die Errichtung des Langhauses, die das Querschiff mit dem Westwerk verband. Die Kirchenweihe fand 1332 statt. Die Zinnen auf dem Westwerk wurden im 15. Jh. aufgesetzt.

Auch im Inneren des Münsters vereinigen sich spätromanische mit gotischen Bauelementen. Spätromanische Blendarkaden bestimmen den unteren Wandaufbau, die sich darüber erhebende Fensterzone ist mit schmalen Spitzbögen überhöht. Weiterhin sind der reichhaltige **Kapitellschmuck** und die freigelegten **Fresken** aus dem 13. bis zum 15. Jahrhundert beachtenswert.

Im Blickfang des Chores steht der große Hochaltaraufsatz. Dieser spätgotische **Münstermaifelder Goldaltar** ist ein Meisterwerk mittelalterlicher Holzschnitzkunst der Antwerpener Schule. Von großer künstlerischer Bedeutung sind auch die Plastiken am Südportal sowie die aus dem Jahr 1320 stammende Madonnenfigur am nördlichen Chorpfeiler mit einer Tuffsteinrose in der Hand, die Grablegung Christi, eine gotische Steinmetzarbeit des frühen 16. Jahrhunderts, eine Pietà sowie die Orgel mit reich geschnitztem Gehäuse aus dem beginnenden 18. Jahrhundert.

## In der Altstadt

Trotz aller Zerstörungen im Zweiten Weltkrieg konnte nahe am Münster mit den **Stiftsgebäuden** und am angrenzenden Marktplatz mit dem **Renaissance-Rathaus** und den Fachwerkbauten ein historisches Stadtbild bewahrt werden. Reizvoll sind auch die alten **Kanonikerhäuser** in der Stiftsstraße innerhalb der alten Stiftsimmunität, das **Alte Pfarrhaus** und das im Kern romanische **Doppelerkerhaus.**

## Archäologisches Museum

Das neue Archäologische Museum, das sich in den Kellergewölben der **Alten Propstei** befindet, widmet sich schwerpunktmäßig den Funden aus **fränkischen Gräbern,** die bei Ausgrabungen am Münster vorgenommen wurden. Die kostbaren Beigaben geben Auskunft über das Leben der Franken in vorkarolingischer Zeit. Aber auch weit ältere

Funde, wie der Schädel eines **Neandertalers** und Schädel aus der Keltenzeit werden ausgestellt.

■ **Archäologisches Museum Münstermaifeld:** Alte Propstei am Münsterplatz, Tel. 9 61 50 26, www.muenstermaifeld.de, geöffnet Ende März bis Okt. Mi, Do, Sa und So 10–13 und 14.30–16 Uhr, Eintritt 3 €, ermäßigt 2,50 €.

## Heimat- und Erlebnismuseum

Das erneuerte Heimatmuseum bietet als Deutschlands **größtes Ladenmuseum** mit 15 historischen Läden, 10 Handwerksbetrieben, einer Schulklasse, einer Kneipe, einer Arztpraxis etc. Einblick in das frühere Alltagsleben in der Stadt.

**Erlebnis- und Heimatmuseum:** Alte Propstei am Münsterplatz, Tel. 35 56, www.muenster maifeld.de, geöffnet Ende März bis Okt. Mi bis So 14–17 Uhr, Eintritt 5 €, ermäßigt 4,50/3,50 €.

## Bauernmuseum

Das **Bauernmuseum,** das der Stifter *Peter Weber* der Stadt vermacht hat, zeigt Exponate zum Wohnen in der Eifel um die Zeit um 1900 .

■ **Bauernmuseum:** Obertorstraße 16, Tel. 02605 18 31 (Dr. Bernhard Koll), www.muenstermai feld.de, Öffnungszeiten nach Vereinbarung.

## Info

■ **Kirchen- und Stadtführung:** Ende März bis Ende Oktober So ab 15 Uhr, Sa ab 15 Uhr, feiertags ab 15 Uhr und nach Vereinbarung Tel. 9 40 21 20, Treffpunkt am Tourismusbüro, Information www.pro-muenstermaifeld.de, Teilnahme 4 €, ermäßigt 2,50 €.

## Essen & Trinken/Unterkunft

■ **Hotel-Restaurant Athen**②, Obertorstr. 4–6, Tel. 17 15, www.hotel-restaurant-athen.de. Gepflegtes kleines Hotel im Zentrum, Restaurant mit griechischer Küche, im Sommer Außengastronomie, Biergarten. Mo mittags geschlossen.

## Aktivitäten

**Erlebnis-Freibad:** Pilligertorstraße, Tel. 24 40, www.muenstermaifeld.de. Großes Schwimmbecken 22 °C, Freizeitbecken mit langer Doppelrutsche, 24 °C, Kindererlebnisbecken mit Rutsche, 24 °C, geöffnet in der Freibadsaison 10–19 Uhr, Eintritt 3,50 €, ermäßigt 2/2,50 €.

⊡ Nächste Seite: Brücke in Monreal

# Vordereifel

## Info

- **Postleitzahl:** 56727, **Tel.-Vorwahl:** 02651

Als Vordereifel bezeichnet man den Landstrich zwischen dem Maifeld und der Hocheifel. Er wird heute zu weiten Teilen von der Verbandsgemeinde Vordereifel eingenommen, einem künstlichen Verwaltungsgebilde, das aus der Auflösung der alten Kreise Mayen und Adenau hervorgegangen ist. Kulturhistorisch interessantester Ort der Region ist Monreal am Elzbach, der von hier aus seinen Weg durch ein verschlungenes, tief eingeschnittenes Tal südwärts zur Mosel findet.

## Elzbachtal

Das romantische Elzbachtal bildet die westliche Grenze des Maifeldes. Hier erheben sich **Burg Pyrmont** und **Burg Eltz,** die bekannteste Burg Deutschlands. Das Elzbachtal kann man von der Mosel vom Ort Moselkern aufwärts **erwandern** und **erradeln** – das Rad muss allerdings mehrfach auf Treppen mit bis zu 50 Stufen getragen und der Fluss mehrfach gequert werden. Die Wegbreite beträgt gelegentlich nur 50 Zentimeter, dazu gibt es kurze Strecken mit über 20 % Steigung. Einkehrmöglichkeiten bestehen kurz vor der Hälfte in Burg Pyrmont oder in der Mühle am Fuß der Burg. Endpunkt der Strecke ist Monreal.

## Monreal

- **Ortsgemeinde Monreal:** Am Hochkreuz 47, Tel. 7 76 85, für touristische Anfragen 80 09 95, www.monrealeifel.de.

Der von zwei Burgruinen überragte, pittoreske Ort Monreal verfügt über einen gut erhaltenen Kern ansehnlicher Fachwerkbauten und eine spätgotische Pfarrkirche mit sehenswerter Innenausstattung. Urkundlich erwähnt wurde *Mons regalis* (= Königsberg) erstmals 1229, als Graf *Philipp von Virneburg* die Region um Monreal an seinen Bruder *Hermann* übergab. Hermann begann sofort, die Burg zu bauen und den Flecken *Kunigsberg* mit starken Mauern zu umwehren. Bereits 1306 bekam Monreal die Stadtrechte, erst 1642 folgten die Marktrechte.

Monreal gehörte zwar zum Gebiet des Trierer Erzbistums, die Virneburger Grafen aber hatten auch beste Beziehungen zu den Erzbischöfen in Köln. Dies wurde von den Trierern als ständige Bedrohung angesehen, und so waren Konflikte mit Trier vorprogrammiert. Als 1545 das Grafengeschlecht *von Virneburg* ausstarb, zog Trier die ganze Grafschaft als erledigtes Lehen ein und setzte in Monreal eigene Amtmänner ein.

Im Dreißigjährigen Krieg zerstörten schwedische Truppen die Stadt, 1689 legten französische beide Burgen in Schutt und Asche. Aufschwung kam dann im 18. Jahrhundert durch die **Tuchindustrie,** gestützt auf die Wolle der großen Schafherden der Eifel. Erst in der zweiten Hälfte des 19. Jahrhunderts wurde dieser Industriezweig Opfer der internationalen Konkurrenz. Monreal versank in der Bedeutungslosigkeit –

doch dies ist heute von Vorteil für den Ort, der sich so sein historisches Ortsbild mit gepflegten **Fachwerkhäusern** aus dem 16. bis 18. Jahrhundert, die noch an die Tuchmacher der Barockzeit erinnern, erhalten konnte und mit dem Fremdenverkehr eine neue wirtschaftliche Grundlage erhielt.

### Brücken

Drei steinerne Brücken in mittelalterlicher Bruchsteintechnik führen mitten im Ort über den Elzbach. Die eher unscheinbare obere und die untere Brücke trugen die Stadtmauer, und so ist die mittlere Fahrbrücke, geschmückt mit der spätbarocken **Statue des heiligen Nepomuk** und dem im Rheinland einzigartigen **Löwendenkmal,** am reizvollsten.

### Burgen

Von der **Rech,** der kleineren der beiden Burgen, verblieben der Turm mit seinen vier kleinen Ecktürmchen und Reste der Umfassungsmauern. Die gegenüber liegende, auch als **Löwenburg** bezeichnete Große Burg war in früheren Zeiten von tiefen Gräben umgeben. Es gab eine Vorburg, im Burggelände eine sechseckige Kapelle, Wohngebäude und einen runden Bergfried mit dicken Mauern. Das Löwendenkmal auf der mittleren Brücke soll einst vor der Großen Burg gestanden haben.

### Kirche

Als bedeutendstes Kunstwerk von Monreal ließen die Virneburger Grafen die Ortspfarrkirche direkt am Elzbach errichten. Die drei Joche des einschiffigen Baus sind mit Kreuzrippengewölben eingewölbt, der Chor hat ein filigranes Netzgewölbe. Ein spitzbogiger Durchlass im vorderen Joch führt in die kleine, seitlich angebaute Heiligkreuzkapelle, ein spätgotisches Schmuckstück, das reich mit Blattwerkkapitellen und figürlichen Schlusssteinen verziert ist.

### Essen & Trinken/Unterkunft

■ **Café Plüsch**①, Obertorstraße 14, Tel. 58 52, www.cafe-plüsch.de. Im historischen Ortskern in einem Barockhaus aus dem Jahr 1744, bietet hausgebackene Kuchen und Torten, breites Frühstücksangebot, geöffnet 6.30–18 Uhr, Sa, So ab 9 Uhr, vermietet 2 rustikal eingerichtete Zimmer im **Gästehaus Plüsch.**

■ **Pension-Ferienwohnungen Zum Obertor**①, Mühlenstraße 4, Tel. 67 29, www.am-olle.de/Monreal/Pension.htm. Vermietet Ferienwohnungen in einem renovierten Fachwerkhaus im Ortskern und 3 weitere für jeweils 2–3 Pers., etwas außerhalb, Frühstücksservice, die Wohnungen können auch wie Hotelzimmer gebucht werden.

## Burg Pyrmont

Die Ursprünge der Burg Pyrmont im **Elzbachtal** sind nicht genau bekannt. Sie soll von *Kuno I. von Schönberg* gegen Ende des 12. Jahrhunderts erbaut worden sein. Ihr 24 Meter hoher Bergfried war der erste dieser Art in der Eifel. Mehrere Zwinger mit Rundtürmen schützen die

056ei ot

Kernburg, welche durch einen tiefen Graben und einen massiven Torbau von zwei Vorburgen getrennt war. Diese existierten aber schon zu Beginn des 20. Jahrhunderts nicht mehr.

Erstmals urkundlich erwähnt wird Burg Pyrmont im Jahre 1225. In der Folgezeit wurde sie von den sich *Pyrmont* oder *Pirmont* nennenden Nachkommen des Erbauers bewohnt. Einen politischen Höhepunkt erlebte die Burg zum einen während der Regentschaft *Heinrichs von Pyrmont* (1476–95), Reichsfreiherr unter Kaiser *Maximilian,* der als Haupterbe in einem Vergleich mit seinen Brüdern die Anteile an der Ritterburg neu regelte, zum anderen zu Beginn des 18. Jahrhunderts, als die *Waldbott von Bassenheim,* die ab 1652 in den Besitz eines Teils, ab 1710 in den Vollbesitz der Burg Pyrmont gelangten, diese zu einer repräsentativen, schlossartigen Anlage umbauten. Nachdem französische Revolutionstruppen die Eifel erobert hatten, wurde die Burg auf Abbruch verkauft und als Steinbruch benutzt, sie verfiel zunehmend. Nach vielfachem Besitzerwechsel und wenig erfolgreichen Renovierungsversuchen kauften 1963 die Architekten *Hentrich* und *Petschnigg* die Ruine und gaben ihr ein neues Aussehen. Heute ist Burg Pyrmont teilweise bewohnt, teilweise kann sie besichtigt bzw. für Veranstaltungen gemietet werden.

Vier **Übernachtungszimmer** stehen für (Hochzeits-)Gäste zur Verfügung. Seit 2010 wird auch Burg Pyrmont vom **Burgenbus** angefahren. Es ist die Linie 330 des Verkehrsverbundes Rhein-Mosel, der in der Sommersaison (mit einem Fahrradanhänger) zwischen Treis-Karden und Hatzenport verkehrt und die Burgen Pyrmont und Eltz sowie das Eifelstädtchen Münstermaifeld miteinander verbindet.

■ **Burgenbus:** Verkehrt zwischen Mai und Okt. Sa, So und feiertags 4 x täglich ab Treis-Karden, Moselallee, bis Burg Pyrmont und zurück, für Gruppenfahrten ab fünf Personen telefonische Anmeldung unter 02671 89 76, Info unter www.rhein-mosel-bus.de.

■ **Burg Pyrmont:** 56754 Roes, Tel. 02672 23 45, www.burg-pyrmont.de. Der Rittersaal ist auch Trauzimmer des Standesamtes Treis-Karden, kirchliche Trauungen sind im Valentinsgewölbe möglich, der Rittersaal steht für Hochzeitsveranstaltungen zur Verfügung. Information erhält man unter Tel. 02672 23 45, direkte Buchungen kann man unter info@burg-pyrmont.de vornehmen. Burgbesichtigung Mai bis 3.10. Mi bis So 11–16 Uhr, Eintritt 5 €, ermäßigt 3,50 €.

### Essen & Trinken/Unterkunft

■ **Gasterey**①, Gaststätte in der Vorburg, Tel. 02672 80 21, geöffnet So im März sowie 3.4. bis 1.11. 10–18 Uhr, Mo und Di Ruhetag, Information unter gastronomie@burg-pyrmont.de.

## Burg Eltz

Das Elzbachtal stellte früher eine wichtige Verbindung zwischen der Mosel und dem fruchtbaren Maifeld dar. Hier errichteten die Ritter *von Eltz* im frühen Mittelalter eine kleine Burganlage. Erste urkundliche Erwähnung findet *Rudolf von Eltz* 1157 als Zeuge einer von Kaiser *Friedrich I. Barbarossa* ausgestellten Schenkungsurkunde. Teile dieser Anlage – wie der **spätromanische Bergfried** und Reste des **romanischen Wohnhauses** im Untergeschoss des Kempenicher Hauses – sind heute noch erhalten.

### Ganerbengemeinschaft

Im Jahre 1268 gliederte sich das Geschlecht von Eltz in drei Linien. Die Brüder *Elias, Wilhelm* und *Theoderich* führten fortan getrennte Haushalte. Sie teilten die Burg und ihre Güter unter sich zu einer im ausgehenden Mittelalter nicht unüblichen Erben- und Wohngemeinschaft auf und bildeten eine so genannte Ganerbengemeinschaft. Innerhalb der Burgmauern konnte sich **jeder Familienzweig sein eigenes Wohnhaus** errichten, für die Erhaltung der Burg und ihrer Wehrhaftigkeit waren sie gemeinsam verantwortlich. Entsprechend ihrer Wappen nannten sich die drei Brüder „Eltz vom Goldenen Löwen“ (die späteren *Eltz-Kempenicher*), „Eltz vom Silbernen Löwen“ (die *Eltz-Rübenacher*) und „Eltz von den Büffelhörnern“ (die *Eltz-Rodendorfer*). Die Ganerbenregelung auf Burg Eltz verhinderte Auseinandersetzungen zwischen den einzelnen Familienzweigen, die im Laufe der folgenden Jahrhunderte bis etwa 1650 **sieben turmartige Bauten** innerhalb des Burgberings errichteten und der bis heute unzerstört erhaltenen Burganlage so

◁ Wie aus dem Bilderbuch: Burg Eltz

ihr einmaliges Gepräge geben und sie zum **Innbegriff deutscher Burgenromantik** machen. Besonders im Innenhof wird der Besucher von der Vielfältigkeit der in die Höhe strebenden Architektur der einzelnen Bauteile mit Fachwerk, Erkern, Türmchen und Dachformen beeindruckt.

## Eltzer Fehde

Einzig die Eltzer Fehde (1331–36) hätte der Burg Schaden bereiten können. Immer mehr freie Ritter verloren am Ende des Mittelalters ihre Selbstständigkeit. Erzbischof *Balduin von Trier* versuchte nunmehr auch, die Herren von Eltz in seinen Machtbereich einzuverleiben. Mit anderen freien Rittern zusammen bildeten die Eltzer ein **Bündnis gegen Trier.** Zunächst versuchte Balduin mithilfe des ersten nachgewiesenen **Kanonenangriffes** vergeblich, Burg Eltz von der Westseite her im Sturm zu erobern. Von diesem Angriff zeugen noch die ältesten erhaltenen Kanonenbolzen der Welt. So ließ Balduin gegenüber von Burg Eltz eine Belagerungsburg bauen – die so genannte **Trutzeltz.** Von dort belagerte Balduin Burg Eltz mehrere Jahre. Von der Trutzeltz katapultierte **Steinkugeln** werden noch im Innenhof von Burg Eltz gezeigt. Auf Dauer konnten die Eltzer aber den Trierern nicht widerstehen. Im Jahre 1336 wurden schließlich der **Eltzer Friede** geschlossen und das Ritterbündnis aufgehoben. Die Eltzer erhielten zwar ihre unzerstörte Burg zurück, aber als Lehen von Trier. Ein paar Jahrhunderte später stellten die Eltzer sogar einige Trierer Kurfürsten und Erzbischöfe.

## Erhaltung der alten Anlage

Burg Eltz blieb auch beim französischen Einmarsch in die Eifel Ende des 17. Jahrhunderts verschont – durch den glücklichen Umstand, dass *Johann-Anton von Eltz-Üttingen* in der französischen Armee diente und die Zerstörung seiner Stammburg verhindern konnte. 1733 erhielten die *Eltzer vom Goldenen Löwen* den Reichsgrafentitel. Graf *Hugo Philipp* wurde 1815 durch den Kauf des Rübenacher Hauses und des Grundbesitzes der Freiherren *von Eltz-Rübenach* alleiniger Besitzer der Burg, nachdem der Anteil der Linie *Eltz-Rodendorf* schon 1786 nach ihrem Aussterben an die *Eltz-Kempenicher* gefallen war. Im 19. Jahrhundert betrieb Graf *Karl zu Eltz* die Restaurierung seiner Stammburg. Die umfangreichen Arbeiten dauerten von 1845 bis 1888 und verschlangen große Summen aus seinem Privatvermögen. Glücklicherweise folgte er dabei nicht der zeitgenössischen Mode des Historismus, sondern erhielt die vorhandene Architektur.

## Sehenswertes im Inneren

Die bis heute erhaltene wertvolle Ausstattung von Burg Eltz zeigt einen Querschnitt durch mehrere Jahrhunderte spätmittelalterlichen Herrenlebens. Besonders eindrucksvoll sind die Holzdecke aus dem 15. Jahrhundert im **Rübenacher Untersaal,** die **Möbel,** die **Gemäldesammlung** mit Bildern von *Lucas Cranach d.Ä.* sowie von Malern der Kölner Schule, das mit gotischen Ornamenten und Figuren ausgemalte **Ankleidezimmer,** das **Rübenacher Schlafgemach** mit seinen filigranen Freskenmalereien aus der Zeit um 1470 und dem Stufenbett mit geschnitztem Baldachin von 1520, der festliche **Rittersaal** und die spätmittelalterliche **Küche** in den Rodendorfer Häusern, das elegante spätgotische Netzgewölbe im **Fahnensaal,** die **Waffensammlung** aus den Türkenkriegen und nicht zuletzt die **Schatzkammer** in den Kellergewölben des Rübenacher Hauses mit Exponaten aus dem 12. bis 19. Jahrhundert. Die Sammlung besteht zudem aus Meisterwerken der Gold- und Silberschmiedekunst, wertvollem Porzellan des 18. Jahrhunderts, mittelalterlichen Jagdwaffen sowie Kuriositäten wie dem „Dukatenscheißer", einer holländischen Elfenbeinarbeit aus dem 16. Jahrhundert.

Obwohl über Jahrhunderte unzerstört geblieben, hat der Zahn der Zeit auch an Burg Eltz genagt. 2009–2012 wurden hier umfangreiche **Sanierungsarbeiten** durchgeführt. Die Statik der Burg war stellenweise gefährdet sowie das Gewölbe des Fahnensaals wegen der auseinanderweichenden Mauern. Der Vorbau des Kempenicher Hauses und die Schieferdächer wurden erneuert, die Haustechnik wurde modernisiert. Seit 2013 steht die Burg den Besuchern wieder uneingeschränkt offen.

- **Gräflich Eltz'sche Kastellanei Burg Eltz:** 56294 Münstermaifeld, Tel. 02672 95 05 00, www.burg-eltz.de. Führungen mit Besichtigung der **Schatzkammer:** 20.3. bis 1.11., Eintritt 10 €, Schüler, Studenten, Behinderte 6,50 € (nicht rollstuhlgerecht). **Gastronomie:** Zwei Self-Service-Gaststätten mit kleinen Gerichten sowie Kaffee und Kuchen; **Burgladen** mit Literatur, Souvenirs etc.
- **Burgenbus:** siehe Burg Pyrmont

# Moselbergland

Als Moselbergland bezeichnet man die südlichen, sich zur Mittelmosel erstreckenden Ausläufer der Eifel zwischen dem Maifeld im Osten und dem Bitburger Gutland im Westen. Es ist ein **waldreicher, bergiger Landschaftsstreifen,** der von den Tälern des Elzbachs, des Endertbachs, des Ueßbachs, der Alf, Lieser und Salm teilweise tief eingeschnitten wird und von Senken durchsetzt ist, deren größte die **Wittlicher Senke** ist. Im Umfeld von Bad Bertrich liegt die südöstlichste **Vulkangruppe** der Eifel. Hier sind die für die Osteifel so typischen vulkanischen Erscheinungen wie Schlackenkegel, Schichtvulkane und Lavaströme und sogar ein Maar, das Hardt-Maar, vertreten.

## Bad Bertrich

### Info

- **Postleitzahl:** 56864, **Tel.-Vorwahl:** 02674
- **Touristik-Agentur Bad Bertrich:** Kurfürstenstr. 32, Tel. 93 22 22, www.bad-bertrich.de.

Am Unterlauf des Ueßbachs öffnet sich ein Talkessel, wo die einzige, 32 °C warme **Glaubersalzquelle** Deutschlands den Kurort Bad Bertrich entstehen ließ. An der hier schon in vorrömischer Zeit bekannten Quelle wurde Ende des 4. Jahrhunderts ein großartiges Badegebäude mit Säulentempel errichtet. In nachrömischer Zeit verfielen die Badeanlagen von *Bertriacum,* doch im Jahre 1097 taucht dieser Name in einer Besitzurkunde des Erzbischofs *Egilbert von Trier* erneut auf. 40 Jahre später belagerte 1136/37 Erzbischof *Alberto von Trier* die nördlich vom heutigen Bad Bertrich auf einem Felsen gelegene **Entersburg** und machte sie dem Erdboden gleich – es handelte sich um die um 1095 von Raubrittern errichtete *Nentirsburch,* an deren Standort schon Kelten und Römer Befestigungen angelegt hatten.

Längst wurde die Quelle wieder genutzt, als 1391/92 die Besitzer Bertrichs, die Ritter *Hermann von Arras* und *Heinrich von Pyrmont,* ihren Anteil am Bade an den Erzbischof von Trier verkauften. 1657 verkaufte dann wiederum Kurfürst *Carl Caspar von der Leyen* das Bad an die Gemeinde Bertrich und wenig mehr als 100 Jahre später kaufte Kurfürst *Johann von Walderdorff* das Bad zurück. Zwischen 1785 und 1787 ließ der letzte Trierer Kurfürst *Clemens Wenzeslaus von Sachsen* das „Kurfürstliche Schlösschen" nach dem Entwurf des Koblenzer Hofbaumeisters *Andreas Gaertner* als Sommer- und Jagdresidenz und wenig später das heutige **Kurhotel am Kurfürstlichen Schlösschen** als Kavalierhaus für die Gäste des Kurfürsten erbauen.

Mit dem Einmarsch französischer Truppen wurde Bertrich 20 Jahre lang französisches, danach preußisches Staatsbad. So erlebte Bad Bertrich im 19. Jahrhundert einen großen Aufschwung, viele **klassizistische Privatbauten** zeugen von der großen Anziehungskraft der Quelle. 1858 fand man bei Ausgrabungen eine Statuette, die Diana darstellt, die römische Schutzherrin von Bad Bertrich. 1902/03 stieß man bei den Arbeiten zur Neufassung der Bergquelle in 25 Metern Tiefe auf die Reste einer römischen Quellfassung. Mit der 2010 erfolgten Fertig-

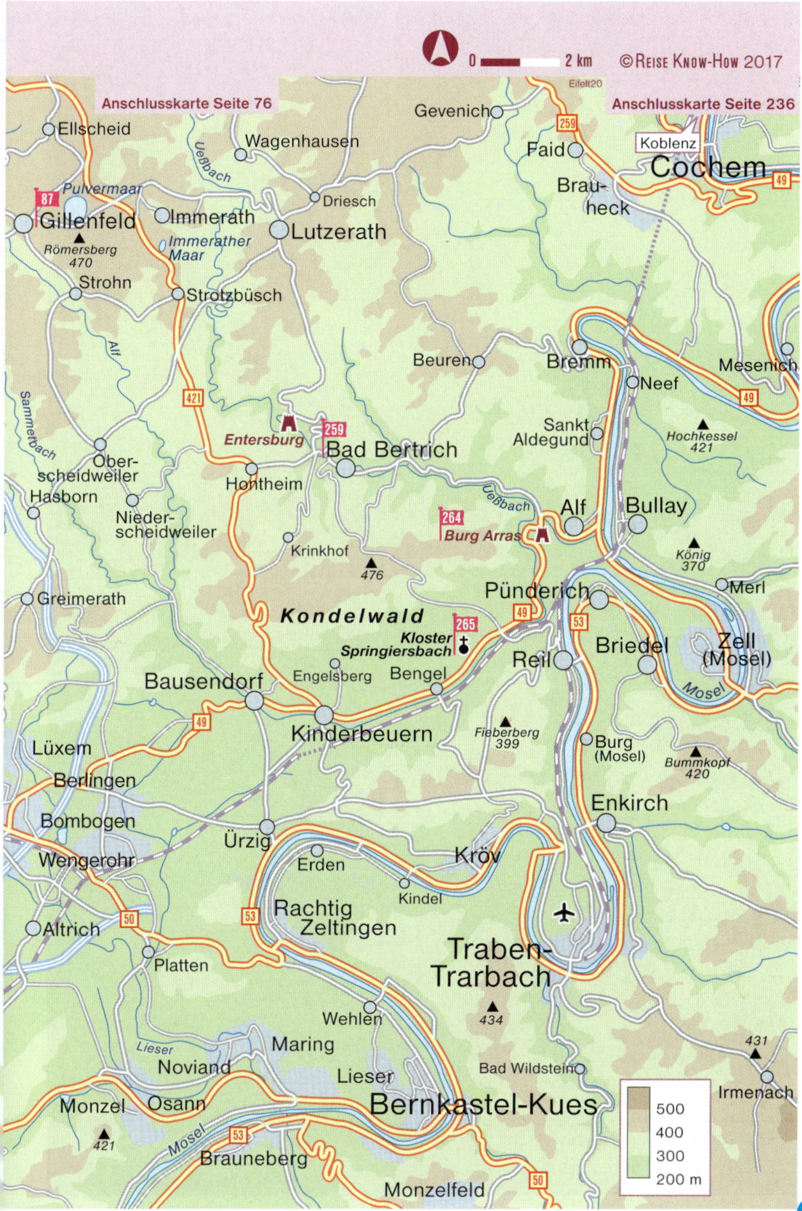
0 2 km
© Reise Know-How 2017
Eifelt20
Anschlusskarte Seite 76
Anschlusskarte Seite 236
Ellscheid
Wagenhausen
Gevenich
Faid
Koblenz
Cochem
Uеßbach
Pulvermaar
Gillenfeld
Immerath
Driesch
Lutzerath
Brau-
heck
Immerather
Maar
Römersberg
470
Strohn
Strotzbüsch
Alf
Beuren
Bremm
Mesenich
Neef
Sammetbach
Sankt
Aldegund
Hochkessel
421
Entersburg
Bad Bertrich
Ober-
scheidweiler
Hontheim
Hasborn
Nieder-
scheidweiler
Uеßbach
Alf
Bullay
Burg Arras
König
370
Krinkhof
476
Merl
Greimerath
Pünderich
Kondelwald
Kloster
Springiersbach
Briedel
Zell
(Mosel)
Reil
Engelsberg
Bengel
Bausendorf
Mosel
Kinderbeuern
Fieberberg
399
Burg
(Mosel)
Bummkopf
420
Lüxem
Berlingen
Enkirch
Bombogen
Ürzig
Wengerohr
Erden
Kröv
Kindel
Altrich
Rachtig
Zeltingen
Traben-
Trarbach
Platten
434
Wehlen
Lieser
Maring
431
Noviand
Bad Wildstein
Lieser
Irmenach
Monzel
Osann
Bernkastel-Kues
421
Mosel
Brauneberg
Monzelfeld
500
400
300
200 m
87
259
421
49
264
265
53
50

www.fotolia.com © Philipp Bohn

stellung der neuen **Vulkaneifel Therme** stellt sich Bad Bertrich heute als modernes Kur- und Wellnessbad dar, das Patienten mit Rheuma-, Herz- und Kreislauferkrankungen Linderung und gleichermaßen Urlaubern Erholung und Entspannung bietet.

## Driesch

Nördlich von Bad Bertrich findet man im Lutzerather Ortsteil Driesch die **Wallfahrtskirche Mater Dolorosa,** eine für den Eifeler Raum so typische Einstützenkirche. Das von der Säule getragene Rippengewölbe ist farblich ornamentiert. Das Innere der Kirche wird von dem großartigen holzgeschnitzten Bitter-Leiden-Altar im Hauptchor geprägt, einer Arbeit, die noch spätgotische Züge trägt und die Leiden Christi darstellt.

## Essen & Trinken/Unterkunft

■ **Elfenmühle**②, Kurfürstenstr. 1, am Ortseingang, Tel. 93 69-0, www.elfenmuehle.de. Restaurant mit guter Wildküche, Gartenterrasse, Café mit hausgemachtem Kuchen, frische Waffeln mit heißen Kirschen, Mo Ruhetag. Angeschlossener Hotelbetrieb mit praktisch eingerichteten Gästezimmern.

■ **Häckers Kurhotel Fürstenhof**④, Kurfürstenstr. 36, Tel. 93 40, www.haeckers-kurhotel.de. Hotel der Spitzenklasse mit eigenem Glaubersalz-Thermalbad, mit Saunalandschaft im Stil der Belle Epoque, luxuriös eingerichtete Zimmer und Suiten; **Restaurant Blauer Salon** mit Blick in den Kurgarten, Café Crêperie für Kaffee und Kuchen und den kleinen Hunger.

■ **Parkhotel am Kurfürstlichen Schlösschen** ④, Kurfürstenstr. 34, Tel. 94 40, www.parkhotel-badbertrich.de. Urlaubs- und Wellnesshotel, angeschlossenes Gästehaus, bietet verschiedene Wellnessprogramme an.

■ **Hotel Alte Mühle**③, Bäderstr. 46, Tel. 18 80, www.hotel-altemuehle.de. Oberhalb des Ortes gelegenes Hotel mit komfortablen Zimmern, teilweise mit separatem Wohnraum, teilweise mit Balkon, große Terrasse für die Hotelgäste auf der 1. Etage, **A-la-carte-Restaurant** mit großer Moselweinkarte, Gartenterrasse.

## Veranstaltung

■ **Eifel-Kulturtage:** 2007 in Bad Bertrich gegründet, durchgeführt inzwischen in vier Eifel-Landkreisen, vielfältiges Sommerprogramm mit Musik, Theater und Lesungen. Informationen unter www.eifel-kulturtage.de.

## Wellness

■ **Vulkaneifel Therme:** Clara-Viebig-Str. 3–7, Tel. 91 30 70, www.vulkaneifel-therme.de, die einzige Glaubersalztherme Deutschlands mit 32 °C warmen Wasser aus über 2000 Metern Tiefe, mit Innenbecken, Außenbecken, Heißbecken, Bewegungsbecken, Ruhegalerie, Sauna, Wellnessbereich, modernem Gesundheitszentrum mit klassischen Anwendungen bis hin zu fernöstlichen Heiltechniken und Gastronomie. Die Therme ist täglich geöffnet 9–22 Uhr, Sauna Mo-Do 11–22 Uhr, Fr, Sa und feiertags 9–22 Uhr, Therapie- und Wellnessbereich 9–20 Uhr, Sa bis 19 Uhr, So bis 18 Uhr, Eintritt (bis 2 Std.) 10,50 €, Kinder (3–16 Jahre) 8,50 €.

◁ Burg Arras

## Weinbau in der Wittlicher Senke

Der Weinbau an der **Mosel** zieht sich bis in die vom Klima begünstigte Wittlicher Senke hinein, wo an den Wärme speichernden Schieferböden der Südhänge schon nachweislich seit annähernd tausend Jahren Rebstöcke kultiviert werden. Überwiegend gibt es in den fünf Wittlicher Lagen Klosterberg, Portnersberg, Felsentreppchen, Bottchen und Wittlicher Lay **Rieslingreben,** darüber hinaus auch **Blauen Spätburgunder, Kerner** und **Weißburgunder.** Eine feine, pikante Säure, gepaart mit einem kräftigen Geschmack zeichnen die Wittlicher Weine aus. Durch ihre ausgewogene Säure bleiben sie lange frisch und lagerfähig. Bei den Wittlicher Weingütern findet man ein reichhaltiges Angebot an trockenen, halbtrockenen und milden Weinen sowie vorzügliche Winzersekte.

**Weingüter in der Region:**

- **Weingut Losen – Bockstanz:** Himmeroder Straße 50, Tel. 06571 84 32, www.loosen-bockstanz.de.
- **Weingut Johannes Lütticken:** Schloßberg 7, Tel. 06571 85 81, www.luetticken-feine-weine.de.
- **Weingut Axel Mertes:** Himmeroder Straße 43, Tel. 06571 85 82, www.weingutmertes.de.
- **Weingut Zender – Göhlen:** Rosenweg 10, Tel. 06571 89 36, www.weingut-zender.com.

- **Landschaftstherapeutischer Park:** Relativ neu ist dieser Park im Römerkessel von Bad Bertrich. Er verfolgt den Zweck, die im Inneren verlorene Balance durch den Kontakt zur Natur wiederzufinden, um eine mentale Ausgeglichenheit zu erreichen. Die Landschaftstherapie greift unterschiedliche Elemente auf, um beruhigend, belebend, aufbauend oder beglückend auf den Menschen einzuwirken. So entstanden die sieben Themengärten, der Stille Garten, der Terrassengarten, der Lavagarten, der Bewegungsgarten, der Kräutergarten, der Fürstengarten und der Entspannungsgarten.

## Burg Arras

**Unser Tipp:** Folgt man dem **Ueßbach** unterhalb des 1908 vom Eifel-Verein errichteten Bismarckturms wenige Kilometer flussabwärts, erhebt sich auf einer Bergkuppe oberhalb des Zusammenflusses mit der Alf kurz vor der Mündung in die Mosel Burg Arras. Schon die Römer hatten diesen Platz um 350 n. Chr. befestigt. Pfalzgraf *Herrmann* ließ Ende des 9. Jahrhunderts an dieser Stelle eine erste Burg gegen die sich häufenden Normannenüberfälle errichten. 936 war der Bau der Burg vollendet, die im Wappen drei Normannenschilde führt und **eine der ältesten Burgen Deutschlands** ist.

Später kam Burg Arras in den Besitz von Trier. Erzbischof *Albero von Montreuil* ließ sie im 12. Jahrhundert ausbauen. Wie die meisten Burgen der Eifel wurde auch Burg Arras beim Einmarsch der Franzosen Ende des 17. Jahrhunderts zerstört. Verbliebenes Mauerwerk der lang gestreckten, von der Südwestseite durch zwei Tore zugänglichen Anlage wurde bei der Restaurierung durch die Besitzerfamilie zu Beginn des 20. Jahrhunderts wiederverwendet.

Innerhalb des Burgberings findet man einen Vorhof, von wo aus man durch ein flachbogiges Tor der Zwischenmauer in den inneren Bering gelangt. An der Südostseite erhebt sich der zweigeschossige Palas mit dem Treppenturm. Vorgelagert steht der rechteckige **Bergfried** aus der Entstehungszeit der Burg, den man durch einen Eingang vom Erdgeschoss aus besteigen kann – in der Entstehungszeit gab es dazu aus militärischen Gründen nur eine rundbogige Tür im Obergeschoss. Vom Turm hat man einen Blick über die Eifelausläufer an der Mosel.

Das **Museum Burg Arras** zeigt historische Darstellungen der Mittelmosel, Landschafts-Grafiken, Rüstungen und Waffen. Ein Raum ist als Gedenkstätte des ehemaligen Bundespräsidenten *Heinrich Lübke* eingerichtet (Lübke war ein Angehöriger der heutigen Besitzerfamilie der Burg Arras).

In der Burg ist ein **Laser-Institut** zur Hautbehandlung untergebracht. Hier werden von Fachärzten Behandlungen nach der dermatologischen Lasertherapie und medizinisch-dermatologischen Kosmetologie bis hin zur plastisch-kosmetischen Chirurgie durchgeführt.

■ **Burg Arras:** 56859 Alf, Tel. 06542 2 22 75, www.arras.de. Burgmuseum mit Burgbesichtigung (mit Rittersaal und gotischer Kapelle) geöffnet Mo bis Fr 10–18 Uhr, Sa und So 9–18 Uhr, Eintritt 4 €, ermäßigt 2,50 €, standesamtliche Trauungen in den Burgräumen möglich, **Hotelbetrieb**④ mit großzügigen, historisierend eingerichteten Zimmern, teilweise mit Baldachin-Betten, Aufenthaltsraum mit Panoramaraum. **Burgrestaurant:** Heimische Küche, große regionale Weinkarte. Neben dem Restaurant können auch der Rittersaal, das Grafische Kabinett und die Terrasse für Veranstaltungen genutzt werden.

# Kloster Springiersbach

## Info

■ **Touristinfo Mittelmosel-Kondelwald:** 54536 Kröv, Robert-Schuman-Str. 65, Rathaus, Tel. 06541 70 61 11, www.mittelmosel-kondelwald.de.

**Unser Tipp:** Wendet man sich von Burg Arras an der **Alf** entlang durch das Höllental aufwärts, so steht kurz vor dem kleinen Ort Bengel unterhalb des Kondelwaldes Kloster Springiersbach. An diesem einst so abgeschiedenen Standort stiftete zu Beginn des 12. Jahrhunderts *Beningna von Daun,* eine Adelige aus der Eifel, ein Kloster nach der Regel der Augustiner-Chorherren. Im Jahre 1769 wurde die alte, wahrscheinlich baufällig gewordene, dreischiffige romanische Basilika abgebrochen und durch eine neue **Rokoko-Kirche** ersetzt. Das Innere des prächtigen Kirchensaalbaus wird von einem Deckengemälde beherrscht. Zur reichen Ausstattung gehören die Altäre und das kunstvolle Chorgestühl.

Die Klosterkirche überstand die Säkularisation der Franzosenzeit, indem sie zur Pfarrkirche von Bengel umfunktioniert wurde. Ein Brand im Jahre 1940 zerstörte das Gotteshaus, das aber schon 1946 wieder errichtet wurde. Am Chor schließt sich der Ostflügel mit dem wieder hergerichteten romanischen, zweiflügeligen Kapitelsaal an. Zum Gebäudekomplex zählen noch das Haus mit der Wohnung des Abtes aus dem 16. Jahrhundert und das spätgotische ehemalige Hospital. Heute hat der **Orden der Karmeliten** in Kloster Springiersbach eine Ausbildungsstätte untergebracht, die auch Besuchern zu Veranstaltungen offen steht.

■ **Kloster und Exerzitienhaus „Carmel Springiersbach":** 54538 Bengel, Karmelitenstr. 2, Tel. 06532 9 39 50, www.karmeliten.de/exerzitienhaus, Veranstaltungsort für Exerzitien, Urlaub im Kloster, Vortragsveranstaltungen etc. Der Musikkreis Springiersbach bietet hier überregional bekannte, allmonatliche Konzerte.

Weinbau in der Wittlicher Senke

## Wittlicher Senke

Die Wittlicher Senke, ein geologischer Graben als Fortsetzung des Trierer Tales in nordöstlicher Richtung, stellt sich schon als Übergangslandschaft zur Mosel dar. Im eigentlichen Sinne handelt es sich um eine etwa 25 Kilometer lange **Niederung,** nördlich begrenzt durch den Meulenwald, südlich durch die Moselberge und im Osten durch den Kondelwald. Die durchschnittliche Höhe dieser Niederung liegt bei etwa 180 Meter über N.N., sodass das ganze Gebiet

057el ot

im Windschatten der Eifel liegt und damit klimatisch entsprechend begünstigt ist – bestes Zeichen dafür sind die **Weinberge** an den Südhängen der Randberge.

Der **Meulenwald,** der sich zwischen der unteren Salm und der unteren Kyll mit der Abbruchkante zur Wittlicher Senke hin erstreckt, wurde 2012 zum „Wald des Jahres" ernannt. Hier hat man in beispielhafter Weise – unter Verzicht auf das Primat der Holznutzung – die Bestände nach den Gesichtspunkten naturnaher Zusammensetzung erneuert.

# Wittlich

## Info

- **Postleitzahl:** 54516, **Tel.-Vorwahl:** 06571
- **Moseleifel-Touristik:** 54516 Wittlich, Marktplatz 5, Tel. 40 86, www.moseleifel.de.

Bei Wittlich, inmitten der Wittlicher Senke gelegen, bestand schon eine keltische Siedlung. Ihre Fluchtburg auf dem nahen Tempelberg zeugt davon. In der zweiten Hälfte des 2. Jahrhunderts n. Chr. entstand eine römische Villa mit einer Länge von 140 Metern an der Lieser. In fränkischer Zeit wurde Wittlich in den Herrschaftsbereich der Trierer Erzbischöfe gegeben und verblieb dort über 1000 Jahre. 1065 wurde Wittlich erstmals urkundlich erwähnt, um 1220 erhielt es die Marktrechte.

In den folgenden Jahrhunderten wurde der Ort immer wieder in die Auseinandersetzungen hineingezogen, die die Trierer Erzbischöfe mit ihren Nachbarterritorien ausfochten. So eroberte 1397 der Ritter *Friedrich von Ehrenberg* die Stadt, der Sage nach der Ursprung der Säubrenner Kirmes (s.u.). Nach dieser Sage verschloss ein Stadtwächter ein Stadttor in Ermangelung eines Bolzens nur mit einer Rübe, die nächstens von einem Schwein gefressen wurde, sodass sich das Tor öffnete und die Truppen des Ritters in die Stadt eindringen konnten und diese brandschatzten. Später wütete die Pest und dann brannte die Stadt mehrmals, so zu Beginn des 17. Jahrhunderts samt der von Erzbischof *Otto von Ziegenhais* erbauten Burg Ottenstein nach der Explosion eines Pulverturms.

In der Franzosenzeit wurde Schloss Philippsfreude, an der Stelle der alten

Burg errichtet, auf Abbruch verkauft. Die Bombardements des Zweiten Weltkrieg vernichteten wertvolle Teile Wittlichs, doch die Stadt konnte sich im Rahmen des Wiederaufbaus ihr Erscheinungsbild erhalten, das von Bauten aus der **Rokoko-Zeit** geprägt ist.

## In der Altstadt

Sehenswert ist das Häuserensemble um den **historischen Marktplatz** mit schönen Fassaden aus Renaissance und Barock. Besonders beachtenswert sind die ehemalige Posthalterei (Nr. 3), das Haus Neuerburg (Nr. 5) sowie das schöne, im Stil der Spätrenaissance reich gegliederte und verzierte **Rathaus** aus dem Jahr 1647. Die Glasarbeiten im Inneren stammen von *Georg Meistermann*, darunter die berühmten „Apokalyptischen Reiter". Das Gebäude der ehemaligen **Synagoge** in der Himmeroder Straße wurde ab 1976 restauriert und in eine Kultur- und Tagungsstätte umgebaut. Auch von *Meistermann* sind die Glasfenster in der nach dem Krieg renovierten **Pfarrkirche St. Markus,** einem Bau aus dem beginnenden 18. Jahrhundert im Stil des Trierer Barocks.

■ **Kultur und Tagungsstätte Synagoge:** Himmeroder Str. 44, Tel. 06571 44 33, www.wittlich.de/kultur/synagoge/synagoge.htm, geöffnet Di–So und feiertags 14–17 Uhr, Mi zusätzlich 9.30–12 Uhr.

## Meistermann-Museum

*Georg Meistermann* (1911–90) hat durch seine **sakralen Glasmalereien** Weltruhm erlangt. Die ausgeprägte Liebe des Wahlkölners zu Wittlich veranlasste ihn, der Stadt seinen Nachlass zu überlassen.

■ **Städtische Galerie für moderne Kunst:** Neustraße 2 (am Marktplatz im Alten Rathaus), Tel. 06571 1 46 60, www.wittlich.de. Großartige Sammlung der Werke *Georg Meistermanns,* geöffnet Di–Fr 10–12 und 14–17 Uhr, Sa, So und feiertags 14–17 Uhr.

## Essen & Trinken/Unterkunft

■ **Hotel Lindenhof**③, Am Mundelwald 5, Tel. 69 20, www.lindenhof-wittlich.de. Modernes Haus mit Standardzimmern, Komfortzimmern, Appartements, meist mit Balkon, Wellness-Angebote; mit **Restaurant Vulcano Meditarrano**③ mit mediterranem Flair über der Stadt, dazu Bar, Wirtshaus und Biergarten.

■ **Hotel Well**②, Marktplatz 5, Tel. 9 11 90, www.hotel-well.de. Zentral gelegenes Garni-Hotel hinter historischer Fassade in einem Neubau.

■ **Waldhotel Sonnora**⑤, 54518 Wittlich-Dreis, Tel. 06578 4 06, www.hotel-sonnora.de. L'Art-de-Vivre-Restaurant, **Spitzenrestaurant der Südeifel** mit französisch angehauchter Küche, Mo und Di Ruhetage; Hotelbetrieb mit wunderschönen Zimmern in einem Haus in Waldrandlage inmitten eines liebevoll gestalteten Gartens.

■ **Restaurant Daus**②, Karrstr. 19–21, Tel. 9 16 20, www.restaurant-daus.de. In einem Haus aus dem 17. Jahrhundert an der Stelle, wo einst der erzbischöfliche Hof mit der Kelteranlage stand, gepflegte Räumlichkeiten, Gartenlokal, Saisonkarte mit gemäßigten Preisen. Mi Ruhetag.

## Veranstaltungen

■ **Säubrennerkirmes:** In jedem Jahr wird am 3. Augustwochenende zum Namensfest des Stadtpatrons St. Rochus die über die Grenzen hinweg bekannte Säubrennerkirmes gefeiert, eines der größten Volks- und Straßenfeste in Rheinland-Pfalz. Im Mittelpunkt steht das Rösten von mehr als hundert Säuen am Spieß, dazu gibt es Schauspiel, Festzug, Markt und Rummel; www.saeubrenner.com.

## Salmtal

Die Salm entspringt in der Vulkaneifel, schlängelt sich weitgehend im natürlichen Bett durch die bewaldeten Eifelhöhen südwärts und tritt unterhalb von Bruch in die Wittlicher Senke ein. Weiter führt ihr Weg durch die Senke und nahe an der Wallfahrtskirche von Klausen vorbei zur Mosel, wo sie nahe Klüsserath mündet.

### Burg Bruch

In Bruch im reizvollen Salmtal erhebt sich eine **Wasserburg,** mit deren Bau im Verlauf der ersten Hälfte des 13. Jahrhunderts begonnen worden und der 1243 abgeschlossen war – in diesem Jahr wird *Theoderich von Bruch* als Besitzer des *Castri de Bruche* urkundlich genannt. Später übernahmen die Herren *von Daun* sie als kurfürstliches Lehen, bis sie 1639 in den Besitz von Kurtrier kam. Die annähernd rechteckige Anlage war ursprünglich von Gräben umgeben, die auch die höher gelegene Kernburg mit Palas, Bergfried und Toranlage von der größeren Vorburg mit den Wirtschaftsgebäuden trennten. Bemerkenswert sind die beiden relativ schlanken und hohen Rundtürme, welche um 1340 – zwecks größerer Wehrfähigkeit der Burg an der Grenze zum Herzogtum Luxemburg – aufgestockt wurden. Der Zehntspeicher von beträchtlicher Länge (43 m) stammt aus der Zeit um 1650.

■ **Burg Bruch:** 54518 Bruch, In der Burg 1, Tel. 06578 16 20, www.burg-bruch.de, Besichtigung nach telefonischer Absprache mit der Besitzerfamilie *Förschner.* **Bed & Breakfast auf der Burg**④, in familiärer und gemütlicher Atmosphäre stehen vier renovierte Gästezimmer zur Verfügung. Im Kapellensaal der Burg Bruch können sich Brautpaare durch den Standesbeamten der Verbandgemeinde Wittlich-Land trauen lassen.

### Schlösser

Das untere Salmtal bietet eine Reihe von Schlössern, die sich in Privatbesitz befinden, so auch Schloss Walderdorff in **Dreis.** Der nach dem Sauerbrunnen (= *Drees*) neben der Kirche benannte Ort wird Ende des 8. Jahrhunderts erstmals urkundlich erwähnt, seine Burg war schon zur Zeit *Karls des Großen* der Abtei Echternach übertragen. Der heutige Bau wurde als Sommersitz der Echternacher Äbte 1774 erbaut und kam später in den Besitz der Grafen *von Walderdorff.* Der zweieinhalbgeschossige Bruchsteinbau mit Gliederungen in rotem Sandstein ist mit einer reichen Ausstattung an Gemälden und Bildtapeten versehen.

Bei **Dodenburg** steht das Schloss der Reichsgrafen *von Kesselstatt* in einem Seitental der Salm, das heute ein Altenheim beherbergt. Das Barockschloss wurde im 18. Jahrhundert am Standort einer mittelalterlichen Burg errichtet und 1894 mit Schmuckformen im Stil der Neorenaissance versehen – nach diesem Umbau erinnern an die ehemalige Wasserburg nur noch die Ecktürme.

Im weiteren Verlauf der Wittlicher Senke ist Schloss **Föhren** mit seiner Zehntscheune als Veranstaltungsort und mit seinem Hofladen für Wildfleisch und -wurst ein Anziehungspunkt. Das im Besitz der Grafen von Kesselstatt befindliche Schloss erhielt im 17. Jh. seine heutige Gestalt. In der Schlosskapelle werden bis heute die Familienmitglieder in der gräflichen Gruft beigesetzt.

Jenseits der Autobahn wurde in **Bekond** um 1710 für den Trierer Dompropst von Kesselstatt eine ehemalige Wasserburg neu gestaltet. Der eindrucksvolle Herrensitz ist ein typisches Beispiel des ländlichen Barockschlossbaus. Der Mittelbau der heute privat bewohnten Anlage wird zur Aufführung von Kammerkonzerten genutzt. Der Schlosspark mit großer Orangerie von 1732 wurde im 19. Jahrhundert zu einem Landschaftsgarten umgestaltet.

058ei ot

# Klausen

## Info

- **Tourist-Information Klausen:** c/o Unser Dorfladen w.V., Eberhardstr. 3, Tel. 98 58 59, www.klausen.de.

Die **Wallfahrtskirche** in Klausen, südlich von Wittlich, kann auf eine über 500-jährige Geschichte zurückblicken. Ein gläubiger Winzer, Bauer und Tagelöhner namens *Eberhard* stellte um das Jahr 1440 am Ort der heutigen Wallfahrtskirche eine Figur der schmerzhaften Muttergottes auf, die schon bald Ziel von Pilgern wurde, die auch Opfergaben vor dem Marienbild ablegten. Eberhard errichtete neben dem Marienbild eine Hütte und lebte dort als Einsiedler. 1459 kamen Augustinerchorherren nach Klausen und bauten hier ab 1474 eine Wallfahrtskirche, die 1502 geweiht werden konnte.

Der sich weithin über die Landschaft erhebende Bau ist eine zweischiffige spätgotische Hallenkirche mit Seitenschiff und Chor, kunstvoll eingewölbt mit einem filigranen Netzgewölbe. Am Westende des nördlich Seitenschiffs findet sich die geschmückte **Gnadenkapelle** mit dem hölzernen Gnadenbild aus dem Jahre 1440, dem bis heute das Ziel der Wallfahrten gilt, darunter die seit 1997 regelmäßig am letzten Sonntag im April durchgeführte Motorradwallfahrt. Ebenfalls an der Nordseite befindet sich über einer Heilquelle die als Nachahmung der Klause errichtete **Eberhardskapelle.**

Ein großer **Antwerpener Schnitzaltar** ist das Prunkstück der Kirche, etwa um 1480 entstanden. Sehenswert sind auch das aus der Entstehungszeit der Kirche stammende Chorgestühl sowie die barocke Kanzel und die ebenfalls barocken Beichtstühle. In der Turmhalle findet man noch das Grabstandbild des Ritters *Philipp von Ottenesch* (gest. 1535) in prägnanter Darstellung. Nach dem Wittlicher Volksmund rieben Heiratswillige Frauen an den Falten der Pluderhose der Figur, um ihre Heiratsabsichten zu äußern, und baten mit einem Vers um Erfolg: „Heilige Kudoo hol mich – geb mer n gude Mann, der mich nit schlägt, der mich nit tritt, der nit in t Wirtshaus gieht."

Von den alten Klostergebäuden existieren noch die gewölbte **Bibliothek** aus dem 16. Jahrhundert sowie Remise, Brauhaus und Herberge, die heute als **Gasthöfe** genutzt werden.

Im Jahr 2008 hat die Gemeinde Klausen das ehemalige Restaurant Eberhardsklause am Klosterkomplex erworben und bis 2012 zum **Dorfzentrum** umgebaut. Darin befinden sich seither der Dorfladen, eine Pilgerherberge mit 35 Betten, das Gemeindebüro und zwei gemeindliche Säle. Die Herberge bietet insbesondere den Jakobspilgern, die auf dem Eifelcamino und dem Moselcamino auf ihrem Weg nach Trier in Klausen Station machen, preiswerte Übernachtungsmöglichkeiten.

■ **Kirchenführung:** Auf Anfrage beim Pfarramt Klausen, Am Augustiner Platz, Tel. 06578 2 18, www.klausen.de, pro Person 2 €.

■ **Bibliotheksführung:** Der Freundeskreis der alten Klosterbibliothek bietet kulturhistorische Führungen durch die Wallfahrtskirche und die Klosterbibliothek an, Dauer etwa 50 Minuten, pro Person 3 €, mindestens 10 Personen; Information: Gerhard Schruff, Marienstr. 56, 54524 Klausen, Tel. 06578 71 77, www.klosterbibliothek-klausen.de, Teilnahme 3 €.

■ **Eberhardsklause:** Eberhardstr. 3, Tel. 98 58 59 oder 10 29 05, www.herberge-eberhardsklause.de. Gruppenunterkunft für Pilger auf dem Jakobsweg, auch für Gruppen von Radfahrern, Bikern, Jugendgruppen, Wallfahrern, etc. Insgesamt stehen 35 Betten in 9 Zimmern zur Verfügung (4 Doppelzimmer und 5 Mehrbettzimmer).

## Essen & Trinken/Unterkunft

■ **Hotel-Restaurant Klausenhof**②, 54524 Klausen, Eberhardstr. 6, Tel. 06578 2 75, www.hotel-klausenhof.de. Geschmackvoll eingerichtete Gästezimmer, Hotel-Terrasse mit schöner Aussicht großer „Panorama"-Speisesaal für 100 Personen und weitere Gasträume für 20 und 30 Personen, reichhaltige Küche, besonderes Angebot: 6-Gang-Schlemmermenü mit korrespondierenden Weinen, präsentiert von Profis aus traditionellen Weingütern.

■ **Gasthaus Marmann's:** Wittlicher Str. 1, Tel. 06578 2 28, bietet regionale Küche und Weine des Familienweinguts Marmann von der Mosel an (www.marmann-schneider.de), mit überdachter Terrasse.

◁ Die Wallfahrtskirche in Klausen

METZGEREI

# 6 Praktische Reisetipps A–Z

Im Zentrum von Bitburg

# Anreise

## Hauptverkehrsstraßen

Da es in der Eifel **keinen Verkehrsflughafen** gibt und nur wenige Bahnstrecken zu Verfügung stehen, vollzieht sich der Verkehr in der Region heute hauptsächlich auf der Straße. Die Anreise in die Eifel mit dem eigenen Fahrzeug ist von diversen Autobahnen aus möglich. Die **A4** führt von Aachen nach Köln am Eifelnordrand entlang. Die **A61** tritt südlich von Bonn in die Rheineifel ein, umrundet den Laacher See und führt durch das Maifeld bei Koblenz über die Mosel. Die **A48** quert vom Koblenzer Kreuz die Südeifel, vereinigt sich mit der **A1** vom Meckenheimer Kreuz und führt dann durch die Wittlicher Senke zum Moseltalkreuz. Die A1 soll zukünftig die gesamte Eifel von Nord nach Süd durchkreuzen, führt aber derzeit nur bis Blankenheim. Relativ neu ist die Autobahn **A60** von Wittlich nach Lüttich, die an Bitburg vorbei durch die Westeifel führt. Die **B51** durchquert die Eifel weitgehend kreuzungsfrei in Nord-Süd-Richtung von Euskirchen nach Bitburg, die **B58** in Ost-West-Richtung von Monschau nach Mayen.

## Bus und Bahn

War die Eifel bis ins ausgehende 19. Jahrhundert hinein verkehrsmäßig kaum erschlossen, so änderte der Bau von Eisenbahnlinien – meist auch aus militärischen Gründen zur Absicherung der Westgrenze – die Situation grundsätzlich. Ein verzweigtes Netz von Strecken durchzog die Eifel, die aber weitgehend nach dem Zweiten Weltkrieg eingestellt wurden. Als durchgehende Verbindung ist einzig die Strecke Trier – Gerolstein – Blankenheim – Euskirchen verblieben, als Stichstrecken die Ahrtalbahn und die Eifelquerbahn von Gerolstein nach Andernach. Und dann gibt es noch den Vulkan-Express, die bekannteste Museums-Eisenbahn der Eifel, die durch das reizvolle Brohltal führt.

**Buslinien** erreichen eigentlich alle Orte. Die heute bestehenden Verkehrsverbünde erleichtern die allgemeine Information, den Fahrkartenkauf und das Umsteigen.

- **Aachener Verkehrsverbund GmbH:** Neuköllner Str. 1, 52068 Aachen, Tel. 0241 9 68 97-0, www.avv.de.
- **Verkehrsverbund Rhein-Mosel GmbH:** Schlossstr. 18–20, 56068 Koblenz, www.vrminfo.de.
- **Verkehrsverbund Rhein-Sieg GmbH:** Krebsgasse 5–11, 50667 Köln, Tel. 0221 2 08 08-0, www.vrs- info.de.
- **Verkehrsverbund Region Trier GmbH (VRT):** Bahnhofsplatz 1, 54292 Trier, Tel. 0651 1 45 96-0, www.vrt-info.de.

# Autofahren

Das Straßennetz der Eifel ist gut ausgebaut, Durchgangsstraßen queren das gesamte Gebiet (siehe oben). Doch die von Tälern durchschnittene Oberflächenstruktur macht die Landstraßen unübersichtlich. Auf **kurvigen Strecken** ist Vorsicht geboten, weiß man doch nie, was einen hinter der nächsten Biegung erwartet. Der häufig auftretende **Regen** trocknet zwar auf offener Strecke – auch durch den Wind – schnell wieder weg, aber in den Waldgebieten bleibt der Asphalt lange nass. Wenn dann im Herbst auch noch Laub fällt, wird die Fahrbahn umso rutschiger. Noch gefährlicher ist die Situation im Winter, wenn **Schnee und Glatteis** auf den von der Sonne beschienenen Abschnitten abgetaut sind, es aber bei Eintritt in die Waldabschnitte plötzlich glatt wird!

Gefährliche Situationen entstehen auch durch **Radfahrer,** die oft in ganzen Pulks zu Mehreren nebeneinander die Straße für sich in Anspruch nehmen. Die Beliebtheit der Eifel bei **Motorradfahrern** macht so manchem Autofahrer zu schaffen. Oft kann man nur noch mit dem Kopf schütteln, wenn sie mit weit überhöhter Geschwindigkeit über die schmalen Straßen jagen, riskant überholen und andere Verkehrsteilnehmer in Bedrängnis bringen. Glücklicherweise trifft dies nur auf einen kleinen Teil der Zweiradfahrer zu, die meisten erleben ihre Fahrfreude in der Eifel diszipliniert. Offensichtlich stellt die kurvige Eifel aber auch für manchen PKW-Fahrer eine Herausforderung dar und reizt zu riskantem Überholen. Dennoch – die Eifel ist so schön, dass man die Freude an der Landschaft in Ruhe genießen sollte. Und wenn man genügend Vorsicht walten lässt, kann man auch unversehrt und reich an Eindrücken wieder nach Hause zurückkehren.

# Barrierefreies Reisen

Die Tourismus- und Freizeitbranche der Eifel wie gleichermaßen Gastronomie, Veranstalter und Institutionen haben in den letzten Jahren viel unternommen, um behinderten Menschen den Zugang zur Eifel zu ermöglichen. Dabei geht es nicht nur um Menschen mit Mobilitätseinschränkung, sondern auch um Gehörlose, Blinde oder auch lernbehinderte Menschen. Unter den Tipps zu den einzelnen Ortsbeschreibungen in diesem Buch sind vor allem entsprechende **Hinweise für Rollstuhlfahrer** aufgenommen worden.

Vorbildlich ist beispielsweise die Initiative der Verwaltung des Deutsch-Belgischen Naturparks, die in der Broschüre „Eifel barrierefrei – Natur erleben für Menschen mit Behinderung" auf spezielle Angebote hinweist. Sie ist in den entsprechenden Fremdenverkehrsämtern erhältlich. Infos gibt es auch unter **www.eifel-barrierefrei.de.**

# Einkaufen und Souvenirs

## Handwerkserzeugnisse

Die Eifel bietet eine Vielzahl regionaler Produkte, die es lohnt, als Mitbringsel mit nach Hause zu nehmen. Es handelt sich dabei meist um handwerkliche Erzeugnisse, deren Herstellung eine lange Tradition aufweisen. Eigentlich jeder größere Ort hat neben Fleischereien und Bäckereien auch **Souvenir- und Geschenkeläden.** Da gibt es Spielzeug, schmiedeeiserne Waren, Holzerzeugnisse, Gläser und Glasprodukte, Kerzen, Textilien und vieles andere mehr. Eine Kuriosität stellt das Monschauer Weihnachtshaus dar, in dem ganzjährig Weihnachtsartikel verkauft werden.

■ **Monschauer Weihnachtshaus:** 52156 Monschau, Markt 6, Tel. 02472 94 01 19, www.weihnachtshaus-monschau.de, geöffnet Feb./März je nach Wetterlage, sonst ab Beginn der Osterferien 11.30–18 Uhr. Im Angebot sind gläserner Baumschmuck, Weihnachtsmänner, Lichterketten, Engel, Krippensätze, Kerzen, Tischdekoration etc.

## Spezialitäten

Im Bereich der Lebensmittel und Getränke bieten sich an: Fleisch- und Wursterzeugnisse, insbesondere Wildfleisch, Milchprodukte, so auch Schafs- und Ziegenkäse, Brot- und Backwaren, Obst und Gemüse, Säfte, Liköre und Schnäpse, Teigwaren und Honig und nicht zuletzt Wein von der Ahr. Eine besondere Spezialität stellen die Senfsorten dar, wie sie die Monschauer Senfmühle anbietet (siehe Monschau). Überhaupt bietet Monschau mit seinem Handwerkermarkt ein großes Angebot zum Einkauf von Eifeler Spezialitäten.

■ **Monschauer Handwerkermarkt:** Euregio Event Monschau GmbH, Burgau 15, Tel. 02472 99 01 60, www.monschauerland.de/a-handwerkermarkt-monschau. Geschäfte mit Seidenmalerei, Holzschnitzkunst, Schmuck, Holzbrandmalerei, Glasmalerei und Geschenkartikeln sowie Weinhandlung und Bäckerei, täglich geöffnet 10–18 Uhr, an Adventwochenenden Fr–So bis 20 Uhr, Heiligabend, 1. und 2. Weihnachtstag, Silvester und 1.1. geöffnet, 2 Wochen im Januar geschlossen.

In der **Glashütte** im Handwerkermarkt führen Glaskünstler das Glasblasen und die Glasgestaltung an Schmelze und Glasofen vor und zeigen, wie Glas künstlerisch geschliffen wird. Die Glasmacher sind zu den Öffnungszeiten bei der Arbeit zu beobachten, Eintritt frei. Die Herstellung einer persönlichen Glaskugel kostet 5 €. Spezielle Gruppenführungen nach Anmeldung Mo bis Sa 10.15, 11.15, 12.15, 13.45, 14.45 15.45 und 16.45 Uhr, dafür Eintritt 2,50 €, www.glashuettemonschau.com.

## Vom Bauernhof

Besondere Bedeutung hat der Ab-Hof-Verkauf in der Eifel gewonnen. Viele landwirtschaftliche Betriebe hätten angesichts der ungünstigen Voraussetzungen und der zunehmenden Konkurrenz aus der Europäischen Union aufgeben müssen, wenn sich ihnen nicht die Möglichkeit der Direktvermarktung eröffnet hätte. Aus der Idee heraus, solchen regionalen Erzeugern eine neue Absatzplattform zu bieten, hat sich ein Zusammenschluss gebildet, um ihren Eifeler Qualitätsprodukten unter der **Regionalmarke EIFEL** zu einem erweiterten Marktauftritt zu verhelfen. Strenge Qualitätskriterien und umfassende Kontrollen garantieren aber nicht nur diese echte Eifeler Qualität, sondern tragen auch zur nachhaltigen Wirtschaftsweise in der Kulturlandschaft Eifel bei.

■ **Regionalmarke EIFEL GmbH,** 54595 Prüm, Kalvarienbergstr. 1, Tel. 06551 9 81 09-0, www.regionalmarke-eifel.de.

# Essen und Trinken

## Traditionelle Essgewohnheiten

Die Bevölkerung der Eifel war jahrhundertelang der Armut ausgesetzt. Abgeschnitten von Verdienstmöglichkeiten, waren die Menschen auf **Selbstversorgung** angewiesen, also auf das, was die Äcker und Wiesen hergaben. Die wenigen, im Stall aufgezogenen Tiere wurden meist verkauft, um wenigstens gelegentlich auch Geldeinkünfte zu haben. Und an das Fleisch aus den Wäldern kam man nicht heran, war doch die Jagd den hohen Herren vorbehalten. So blieben einzig Milch und Eier als selbst zu verwertende Nebenprodukte der Tierhaltung. Daher ist die traditionelle Ernährungsweise in der Eifel durch **einfache Produkte** gekennzeichnet, die auch auf möglichst einfache Weise zubereitet wurden.

Grundlage der bäuerlichen Eifel-Ernährung stellten **Breie und dicke Suppen** dar. Getreide wurde gemahlen und durch Kochen genießbar gemacht. Suppen mit Fleischeinlage oder Eierstich waren den Sonn- und Feiertagen vorbehalten. Anstelle von Milchsuppe gab es Buttermilchsuppe, angereichert mit Graupen oder Dörrobst. Buchweizen gab es häufig, vor allem als **Buchweizengrütze.** Unter den Gemüsen war der *Kappes* genannte Weißkohl allgegenwärtig, konnte er doch durch Säuerung zu **Sauerkraut** haltbar verarbeitet werden,

Eifelgasthöfe, wie hier in Kyllburg, vermieten meist auch Zimmer

wodurch er auch im Winter zur Verfügung stand. **Steckrüben** wurden genauso gern zu Eintöpfen verarbeitet wie **Hülsenfrüchte:** grüne und weiße Bohnen, Fitschbohnen, Erbsen und Linsen. Ab und zu kam etwas Blutwurst in den Topf. Selten war auch, dass alltags Speck an **Pfannkuchen** oder **Bratkartoffeln** kam, dann gab es eher schon **Eiergerichte.** So waren wochentags auch süße Speisen beliebt, wozu vor allem **Aufläufe** gehörten. **Obst** war reichlich in den Hausgärten vorhanden, es wurde gern eingekocht und ersetzte so den fast unbezahlbaren Zucker. Und natürlich verarbeitete man, was die Natur sonst noch so hergab, z.B. Löwenzahn, Giersch oder Brennnessel.

Ein großes Ereignis stellte regelmäßig das **Schlachtfest** dar. Fast jeder Haushalt päppelte ein oder zwei Schweine mit Küchenabfällen hoch. Viele freiwillige Hände halfen beim Schlachten, gab es an diesem Tag doch reichlich zu essen. Ein Teil des Fleisches wurde durch Pökeln haltbar gemacht, ein Teil zu Wurst verarbeitet und die Wurstsuppe noch am gleichen Tag von allen Dorfbewohnern aufgegessen.

Doch „täglich Brei und nix dabei" war üblich in der Eifeler Alltagsernährung. So wurden denn die Eifeler Kinder von den Rheinländern abwertend als *Breipänz* (Breikinder) bezeichnet, der Rest der Bevölkerung als *Breibüch* (Breibäuche). Weitere „liebevolle" Bezeichnungen waren *Stutzfresser* (Stutz = Kartoffelbrei), *Seimlöffel* (womit auf den dick gekochten Sirup aus Obst angespielt wurde) oder *Muuremänn* (wegen des häufigen Verzehrs von Wurzelgemüse wie Möhren). Grundsätzlich wurden die *Feldbure* auf den fetten Lössböden der Zülpicher Börde von den *Bergbure*, die den kargen Eifeler Boden bearbeiteten, unterschieden. Diese wiederum unterteilten sich in *Mistbure* und *Oaßebure* (Ochsenbauern) – aber *Kappesköpp* (Kohlköpfe) waren sie alle.

Die bescheidenen Lebensumstände ließen die Menschen in der Eifel zu jeder Mahlzeit den Segen für das täglich' Brot erbitten. Mit dem Tischgebet brachte man zum Ausdruck, wie sehr man hinsichtlich der Ernährung der Unbill der Natur ausgesetzt und auf Gottes Gnade angewiesen war. Und natürlich wurde das Kreuzzeichen mit dem Messer unter dem Brot gemacht, bevor man es anschnitt!

## Typische Speisen

Typische Gerichte auf den Speisekarten der Eifeler Restaurants sind heutzutage neben dem **Rheinischen Sauerbraten** vor allem **Wildgerichte** und **Fischgerichte** aus Forelle, Karpfen, Zander oder Hecht. In vielen einfacheren Speisen kommt alte Eifeler Kochtradition zum Tragen, etwa bei **Linsen-, Erbsen- oder Kohleintöpfen.** Feiertagstradition spiegeln dagegen beispielsweise festliche **Gänsebraten** wider. Und dann gibt es die ganze Palette an Süßspeisen wie etwa Obstaufläufe, Milchreis mit Zucker und Zimt und die vielen herrlichen Kuchen und Torten!

## Gastronomie

Vorbei sind die Zeiten, in denen die Preise in der abgelegenen Eifel unter denen des Bundesdurchschnitts lagen.

Heute ist das gastronomische Angebot der Eifel so weit ausgebaut, dass es längst allgemeines Niveau erreicht hat. Mit der Qualität des Angebots haben sich auch die Preise entsprechend angepasst.

Die Eifel bietet heute Restaurants aller Kategorien. Da gibt es die **Spitzenbetriebe,** wie etwa Die Alte Post des Starkochs *Steinheuer* in Heimersheim bei Bad Neuenahr. Groß ist inzwischen die Zahl der **gehobenen Restaurants,** die heute in allen größeren Orten der Eifel anzutreffen sind. Oft gehören sie zu Hotels, die sich nicht nur auf Feriengäste spezialisiert haben, sondern vor allem auch für Konferenzen und Seminare – fernab von allen betrieblichen Ablenkungen – aufgesucht werden. Dann gibt es überall die typischen Eifeler **Gasthöfe und Kneipen,** wo vor allem die Einheimischen anzutreffen sind. Und die Weinschänken an der Ahr, die immer mehr Besucher anziehen.

### Restaurant-Kategorien

In diesem Buch sind die beschriebenen Restaurants in **Preiskategorien** unterteilt, dargestellt durch die **Ziffern** ① bis ⑤ **hinter dem Namen.** Die Einteilung erfolgt anhand der Preise für ein Hauptgericht (in Klammern für ein Menü). Ist bei einer Hotelbeschreibung das zugehörige Restaurant nicht durch eine eigene Ziffern gekennzeichnet, so gilt die gleiche Kategorie wie beim Hotel.

| | |
|---|---|
| ① | unter 10 € (unter 15 €) |
| ② | 10–15 € (unter 20 €) |
| ③ | 15–20 € (unter 25 €) |
| ④ | 20–25 € (unter 30 €) |
| ⑤ | Luxusklasse |

# Feste und Feiertage

In der Alteifeler Festtagstradition der vorwiegend katholischen Bevölkerung war der Jahreslauf durch die **kirchlichen Feiertage** bestimmt – Ostern, Christi Himmelfahrt, Pfingsten, Fronleichnam, dann der wegen der Feldarbeit festtagsfreie Sommer bis zum Erntedank, Allerheiligen, Advent und Weihnachten. Daneben zählen bis heute die **Kirmes** (zu der zumindest in den kleineren Orten die Kinder schulfrei haben) und der **Karneval** zu den jährlichen Höhepunkten des Festkalenders.

### Veranstaltungen

Heute hat der Eifeler Veranstaltungskalender neue Akzente aufzuweisen. Da gibt es Musikfestivals, Burgfeste, den Gebietsweinmarkt zu Pfingsten in Ahrweiler, Burgfestspiele in Mayen, das Große Nürburgringrennen, „Rock am Ring" mit 100.000 Besuchern, das Folklorefestival in Bitburg und das Rurseefeuerwerk, Töpfer- und Handwerkermärkte, Advents- und Weihnachtsmärkte. Die einzelnen Events sind in den jeweiligen Ortsbeschreibungen aufgeführt.

⊡ Nächste Seite: Das auch Totenmaar genannte Weinfelder Maar

# Fahrradfahren

In der Eifel sind in den letzten Jahren viele Wegstrecken für Radfahrer ausgebaut worden. Vor allem hat man **nicht mehr benutzte Bahntrassen** mit einem entsprechenden Belag versehen, sodass sie nun – ohne große Steigungen und frei von Autoverkehr – ideal sind zum Radfahren. So kann man beispielsweise den **Maare-Mosel-Radweg** auf einer Strecke von 55 Kilometern ohne Verkehrsbeeinträchtigungen von der Vulkaneifel bis zur Mosel befahren. Der nahezu flache Streckenverlauf mit einer durchschnittlichen Steigung von 2,5 % ist auch für ungeübte Radfahrer und Kinder wie geschaffen.

Auch der **Kylltal-Radweg** entlang der Kyll nutzt eine ehemalige Bahntrasse, wobei allerdings ein Teil der noch nicht überall ausgebauten Strecke durch das Gelände mit einer erheblichen Steigung (die aber umgangen werden kann) führt. Die Radwege im **Ahrtal** nutzen teilweise das früher einmal am Oberlauf weiter verzweigte Eisenbahnnetz.

Darüber hinaus gibt es weitere, ganz oder teilweise auf alten Bahntrassen verlaufende Radwege, so den **Eifel-Ardennen-Radweg** von Prüm nach St. Vith in Belgien (36 km), den **Enz-Radweg** durch das Islek von Pronsfeld bis Holsthum (44 km), den **Maifeld-Radwanderweg** von Mayen bis Ochtendung (19 km), den **Nims-Radweg** von Weinsheim bei Prüm zur Irreler Mühle (62 km), den **Prüm-Radweg** von Stadtkyll bis Minden (fast 100 km), die **Vennbahn** von Aachen durch Belgien bis Troisvierges in Luxemburg (124 km) sowie die **Vennquerbahn** von Jünkerath bis Weywertz in Belgien (38 km) mit Anschluss an die Vennbahn. Und nicht zuletzt gibt es noch entsprechend ausgeschilderte Radwege entlang der Eifel-Flüsse und **Themenradwege,** vor allem zum Thema „Vulkan“. Information: http://www.eifel.info/radfahren.

# Fliegen

Fliegen ist von verschiedenen Sportflugplätzen möglich. Am größten ist das Flugsportzentrum Dahlemer Binz, des Weiteren gibt es die Flugplätze Hinterweiler und Senheld. Neben der klassischen **Motorsportfliegerei** wird unter anderem **Drachenfliegen, Paragliding** und **Ultraleicht-Fliegen** ausgeübt.

Möglichkeiten und Grenzen dieser Sportarten in der Eifel seien am Beispiel Bausenberg für Gleitschirmfliegerei gezeigt: Das **Fluggelände Bausenberg** bei Niederzissen ist beschränkt auf Piloten von Rhein-Mosel-Lahn (Geländehalter) und DGC Siebengebirge. Um das Gelände nicht zu gefährden, gilt: Parken ist am Bausenberg nur im Wohngebiet erlaubt, zum Ausladen darf jedoch bis ans Ende des Weges gefahren werden, Drachen sind nicht zugelassen, es dürfen nur maximal 8 Schirme gleichzeitig in der Luft sein, Topp-Landen ist verboten, die Anweisungen des örtlichen Naturschutz-Vertreters sind für alle Piloten bindend.

## Sportflugplätze

- **Öffentlicher Verkehrslandeplatz und Segelflugplatz Dahlemer Binz:** 53949 Dahlemer

Binz, Flugplatz (Tower) Tel. 02447 83 93, www.dahlemer-binz.de. Möglichkeiten zu Segelflug, Motorflug, Ultraleichtflug, Fallschirmabsprung und Ballonaufstieg, darüber hinaus Schulungsangebote zum Segelflug, Motorflug wie auch für den Ultraleichtflug, Rundflüge mit dem Motor- oder Segelflugzeug über die Eifel.

■ **Flugplatz Hinterweiler:** betrieben durch den DFC-Vulkaneifel e.V., www.dfc-vulkaneifel.de, Platztelefon 0174 63 65 700. Ultraleicht-Sonderlandeplatz, hier werden Drachen in die Luft gezogen, auch Tandemflüge mit einem modernen Doppelsitzerdrachen oder mit Ultraleicht sind möglich, Gastpiloten sind willkommen. Der Flugplatz ist von der B 410 kommend erreichbar, Richtung Hinterweiler abbiegen, dann den ersten Feldweg (ca. 100 m) rechts den Berg hochfahren, nach ca. 200 m ist schon der Windsack zu sehen.

■ **Segelflugplatz Senheld,** Segelflugverein Vulkaneifel, 54552 Daun, Tel. 06592 29 76 oder 27 55, www.flugplatz-daun.de. Rundflüge mit Motorflugzeugen, Motorseglern und Ultraleichtflugzeugen samstags, sonntags, in der Ferienzeit täglich und nach Vereinbarung, Kurzflüge über die Dauner Maare, 1-Std.-Flüge zum Nürburgring oder zur Mosel, großer Rundflug (Dauer 60 Minuten) bis zur Mosel und zum Rhein, Mindestpreis 180 €.

■ **Flugplatz Bitburg GmbH:** Am Tower 14, 54634 Bitburg, Tel. 06561 9 63 60, www.flugplatz-bitburg.de. Soll sich zum Fracht-, Werft- und Regionalflughafen entwickeln.

■ **Flugplatz Bad Neuenahr:** 53474 Bad Neuenahr-Ahrweiler, Bengener Heide, Tel. 02641 27 82 2, www.neuenahr-info.de, betrieben vom Luftsportverein Bad Neuenahr-Ahrweiler e.V, geöffnet an Wochenenden und Feiertagen ab 10 Uhr.

# Golf

In der Eifel gibt es zahlreiche Golfplätze. Die unten genannten, landschaftlich reizvoll gelegenen Plätze stehen auch Gästen offen.

## Golfplätze

■ **Golf- und Landclub Bad Neuenahr:** 53474 Bad Neuenahr-Lohrsdorf, Grosser Weg 100, Tel. 02641 95 09 50, www.glc-badneuenahr.de. 18-Loch-Platz, mit Golfschule, Clubhaus und Restaurant im ehemaligen Koehlerhof, geführt von Starkoch *Steinheuer.*

■ **Golfclub Burg Zievel:** 53894 Mechernich, Tel. 02256 16 51, www.gcburgzievel.de. 18-Loch-Golfplatz mit Driving-Range mit offenen und überdachten, beheizten Abschlagsplätzen; Übungsgrün, Sandbunker und Pitchgrün sorgen für gute Trainingsbedingungen.

■ **Golf Bad Münstereifel,** 53896 Bad Münstereifel, Eschweiler, Moselweg 4, Tel. 02253 27 41, www.golfbadmuenstereifel.de. 18-Loch-Platz in mittlerer Schwierigkeitslage, idyllische Lage mit abwechslungsreichen Bahnen, Restaurant im Clubhaus, mit Jugendmannschaft und Golf-Shop.

■ **Golf Club Eifel:** 54576 Hillesheim, Milanweg, Tel. 06593 12 41, www.golfclub-eifel.de. 18-Loch-Platz, mit Gastronomie, Golf-Schule, Shop.

■ **Golfclub Kyllburger Waldeifel,** 54597 Burbach, Lietzenhof, Talstraße 3, Tel. 06553 96 05 42, www.golf-lietzenhof. de. 18-Loch-Anlage mit Golfschule und Shop, Spielort des Golfclubs Kyllburger Waldeifel und des Golfclubs 2000.

■ **Golf-Resort Bitburger Land,** 54636 Wißmannsdorf, Zur Weilersheck 1, Tel. 06527 92 72-0, www.bitgolf.de. 18-Loch-Platz mit Gastronomie, Golf-Shop, Golf-Schule, Unterricht inmitten der reizvollen Landschaft.

# Informationsstellen und Internetadressen

## Touristinformationen

Die Eifel ist als Tourismusgebiet hervorragend mit Informationsstellen bestückt. Es gibt sowohl überregionale Fremdenverkehrsämter als auch örtliche Tourismusbüros mit hervorragenden Dienstleistungs- und Informationsangeboten sowohl in schriftlicher als auch in digitaler Form. Die Adressen und Webseiten der lokalen Touristinformationen sind bei den jeweiligen Orten angegeben. Zu den **regionalen Informationsstellen** zählen z.B.:

- **Ahrtal-Tourismus Bad Neuenahr-Ahrweiler e.V.:** Hauptstraße 80, 53474 Bad Neuenahr-Ahrweiler, Tel. 02641 91 71-0, www.ahrtal.de.
- **Romantischer Rhein Tourismus:** 56075 Koblenz, An der Königsbach 8, Tel. 0261 97 38 4 70, www. romantischer-rhein.de.
- **Zweckverband Ferienregion Laacher See:** Kapellenstr. 12, 56651 Niederzissen, Tel. 02636 1 94 33, www.brohltal-tourismus.de.
- **Tourist-Information Hocheifel-Nürburgring,** Kirchstraße 15–19, 53518 Adenau, Tel. 02691 30 51 22, www.hocheifel-nuerburgring.de.
- **Tourist-Information Bitburger Land:** Römermauer 6, 54634 Bitburg, Tel. 06561 9 43 40, www.eifel-direkt.de.
- **Monschauer Land Touristik:** Seeufer 3, 52152 Simmerath, Tel. 02473 93 77-0, www.monschauerland.de.
- **Rhein-Mosel-Eifel-Touristik:** Tourismuszweckverband des Landkreises Mayen-Koblenz, Bahnhofstr. 9, 56068 Koblenz, Tel. 0261 10 84 19, www.remet.de.
- **Rureifel-Tourismus:** In der Laag 4, 52396 Heimbach, Tel. 02446 80 57-90, www.rureifel-tourismus.de.

## Internet

Außerdem gibt es Internetadressen, unter denen man umfangreiche Informationen über alle touristischen Themen der Eifel abrufen kann. Die Webseite des Eifel-Vereins sei besonders empfohlen.

- **Eifelverein e.V.:** Stürtzstr. 2–6, 52349 Düren, Tel. 02421 1 31 21, www.eifel.de.
- **Eifel Tourismus GmbH:** Kalvarienbergstraße 1, 54595 Prüm, Tel. 06551 96 56-0, www.eifel.info
- **www.eifelreise.de**
- **www.nordeifel-tourismus.de**
- **www.eifel-ardennen-wasserland.com**

Neben diesen allgemein gehaltenen Informationsadressen gibt es zahlreiche weitere, die sich mit speziellen Themen oder ausgewählten Regionen befassen. Dazu zählen beispielsweise:

- **www.radroutenplaner.nrw.de,** bietet allgemeine Radfahrhinweise sowie auch ganz spezielle für die Eifel, listet darüber hinaus Sehenswürdigkeiten auf.
- **www.roscheiderhof.de,** Datenbank der Kulturgüter in der Region Trier des Freilichtmuseums Roscheider Hof, Konz.

**Kinder-Tipps ...**
... das Symbol kennzeichnet Sehenswürdigkeiten, Unterkünfte und Aktivitäten, an denen auch kleine Eifel-Urlauber ihre Freude haben werden.

# Mit Kindern unterwegs

Die Ferien- und Erholungsregion Eifel kann als besonders familienfreundlich und jugend- und kindergerecht bezeichnet werden. Dies gilt sowohl für die Unterkünfte als auch für die Gastronomie. Fast jedes Restaurant bietet Kinderteller oder spezielle **Kindergerichte** an, und beinahe jedes Hotel hat **Kinderermäßigungen.** Die vielen schön gelegenen **Campingplätze** sind ein Paradies für Kinder und Jugendliche, darüber hinaus verfügt die Eifel über mehrere **Jugendherbergen und Jugendlager** (siehe Ortsbeschreibungen und Stichpunkt „Unterkunft“).

## Museen und Veranstaltungen

Auch Veranstalter und Museen bemühen sich, die interessanten und erfahrenswerten Dinge der Eifel kindgerecht zu präsentieren. In Museen werden spezielle **Kinderführungen** angeboten; die Ranger des Nationalparks Eifel bieten **Familienwanderungen** an, bei denen ganz besonders auf die Wissbegierde von Kindern und Jugendlichen eingegangen wird. Das Tourismusbüro Gerolsteiner Land hat die Comicfigur „Willi Basalt“ kreiert, mittels derer Phänomene wie Gesteine, Mineralien und Versteinerungen spannend erklärt werden, sodass sie Menschen jeden Alters faszinieren. Jedes Fremdenverkehrsamt in der Eifel hat spezielle Kinderprogramme im Angebot.

# Klima und Reisezeit

Die Eifel ist eine nach Nordwesten hin exponierte Berglandschaft, die den atlantischen Witterungseinflüssen stärker ausgesetzt ist als alle anderen Regionen Deutschlands. Sie wirkt wie eine Barriere gegen die vom Atlantik heranziehenden Tiefausläufer und wird dadurch mit **reichlichen Niederschlägen** versehen. Es herrscht jedoch ein Klima, das nur mäßig kalte Winter bringt, die aber ausgedehnt und schneereich sind. Die Sommer sind eher feucht und relativ kühl.

Diese generelle Aussage trifft nicht für alle Teile der Eifel zu. Der Süden und Südosten präsentieren sich mit größerer Trockenheit und Wärme im Windschatten der vorgelagerten Bergrücken. Auch verursacht die Oberflächenstruktur abweichende Witterungserscheinungen. Die Kalkmulden, die die Eifel mittig von Norden nach Süden durchziehen, sind wasserdurchlässig, weniger bodenfeucht und damit auch klimatisch trockener. Extremer ist dies noch in den Engtälern der Eifel, so beispielsweise im unteren Ahrtal, wo die abstrahlende Wärme des Schiefers herrlichen Wein gedeihen lässt.

Raues und wechselhaftes Wetter kennzeichnet vor allem die **Winter** in der Eifel. Wenn auch durch die gemäßigten Klimaeinflüsse vom Westen her eine dauerhafte Schneedecke in den niedrigeren Lagen nur für wenige Tage im Jahr zu erwarten ist, so sieht dies in den Höhenlagen anders aus – dies allerdings mit großen jährlichen Schwankungen, denn sibirische Kaltluft bleibt in der Regel auch in den höheren Lagen wenig wetterwirksam. Dennoch ist in der Schneifel mit 70 Schneefalltagen zu rechnen, die hier oben auch geschlossene Schneedecken hinterlassen, dagegen in Bitburg mit 35 Tagen und in Mayen gar nur mit 30 Tagen. Die Schneehöhen liegen zwischen 15 und 60 Zentimetern, die Mitteltemperaturen betragen im kältesten Monat Januar –1,5 °C in den Hochlagen, im Gebirgsvorland 1,5 bis 2 °C.

Die **Sommer** der Eifel sind wie die Winter durch abwechslungsreiches Wetter gekennzeichnet. Der wärmste Monat Juli hat im Schnitt nur eine Temperatur von 14 °C in den Hochlagen. Die Niederschlagsmenge nimmt allerdings von Westen nach Osten ab – auf ihrem Weg haben sich die Wolken schon an den Hängen abgeregnet. So gibt es in der Schneifel durchschnittlich 1200 Millimeter Niederschlag, im Maifeld sind es nur noch 600 Millimeter.

Frischer Wind sorgt für saubere Luft – insofern ist die Eifel eine **heilklimatisch begünstigte Region.** Die Sommer sind nicht schwül und belasten den Kreislauf nicht. Die Luft ist von Schadstoffen rein gefegt. Das gemäßigte Reizklima sorgt für erholsame Urlaubstage. So ist in der Eifel immer Saison. Im Winter locken der Schnee und der Karneval, die Eifelorte ziehen mit ihren Weihnachtsmärkten die Besucher an. Im Frühjahr faszinieren die blühende Natur und die zahlreichen Narzissenfelder, im Sommer

geht es raus mit dem Motorrad, dem Fahrrad oder auf Schusters Rappen. Und der Herbst kann in der Eifel mit seiner Laubfärbung so schön sein wie kaum andernorts.

### Ausrüstung und Kleidung

Das wechselhafte Klima der Eifel setzt die Maßstäbe für Ausrüstung und Kleidung der Besucher dieses Landstriches. Selbst im Sommer sollten Pullover und warme Jacke immer dabei sein. Auch ist immer mit Regen zu rechnen, sodass eine Regenausrüstung zwingend erforderlich ist. Es kann im Sommer aber auch sehr warm werden, deshalb sollte die Badehose nicht fehlen. Aber die braucht man für die vielen Thermalbäder in der Eifel sowieso.

## Motorradfahren

Der Motorradspaß in der Eifel findet nicht nur auf dem Nürburgring statt – Biker haben längst die ganze Eifel für sich entdeckt. Die Straßen sind gut ausgebaut, die Landschaft wechselt ständig, Steigung und Gefälle wie Kurven und Kehren fordern den Fahrer immer wieder heraus. Längst gibt es in der Eifel eine eigenständige **Gastronomie für Motorradfahrer.** In Biker-Treffs ist man unter seinesgleichen, tauscht Erfahrungen und Neuigkeiten aus. In den Ortsbeschreibungen wird auf solche Gasthäuser verwiesen. Legendär ist das Café Fahrtwind im Ahrtal, das seinen Anfang in Ahrbrück nahm und heute weiter flussaufwärts nach Hönningen umgezogen ist.

☒ Das Steinerberghaus in der Ahreifel: beliebter Biker-Treff

- **Café Fahrtwind:** 53506 Hönningen, In den Weidenhecken 34, Tel. 02643 60 06, www.cafe-fahrtwind.de, Mo–Fr 12–22 Uhr, Sa, So und feiertags 9–22 Uhr je nach Wetterlage, im Winter nur an Wochenenden. Mit Bike-Börse für Motorräder und Ersatzteile, Bike-Auktionen, Kontaktbörse für Biker-Termine und -Freundschaften.
- **Motorrad-Reisekarten:** RV Reise- und Verkehrswege Verlag München, Norddeutschland 1:300.000, Süddeutschland 1:300.000 (beide für die Eifel erforderlich). Die Karten sind versiegelt herausnehmbar und weisen schöne Strecken aus (grün unterlegt), Hinweise auf Werkstätten und spezielle Gastronomie.

### Gefahren

Auf die Gefahren der kurvenreichen Strecken, vor allem in Verbindung mit plötzlich auftretender Nässe in waldigen Abschnitten, kann man nicht oft genug hinweisen. Vor allem die Wasserscheide in Richtung Schuld scheint viele Biker herauszufordern. Die Polizei weiß ein Lied von dieser Strecke zu singen, sind hier doch schon Fahrer mit Geschwindigkeiten an die 200 Stundenkilometer verunglückt. Dann hilft auch die Unterfütterung der Leitplanken nicht mehr! Und die vielen Kreuze an Eifeler Straßenrändern zeugen vom Übermut und der Gefahrenunterschätzung zahlreicher Fahrer.

# Reiten

Der Reitsport ist in der Eifel **allgegenwärtig.** Überall gibt es Reiterhöfe und Pferdepensionen, die neben Reitunterricht, Ausritten und Pferdeunterbringung auch Unterkunft und Verpflegung bieten.

Groß in Mode ist **Westernreiten,** eine ganz spezielle Art der Ausübung dieses Sports mit entsprechenden gesellschaftlichen Aktivitäten.

Zu den ganz „edlen" Reiterhöfen zählt das Gestüt „El Marees" in Blankenheim-Reetz.

- **Gestüt El Marees:** Reit- und Zuchtanlage Hof Grefenstein, 53945 Blankenheim-Reetz, Tel. 02449 91 98 51 oder 91 98 53, www.grefensteinerhof.de. Vollblutaraber-Gestüt in herrlicher Lage, wo sogar die Pferde aus ihren Boxen die freie Sicht auf die Eifel genießen können. Große Zuchterfolge mit rein ägyptisch gezogenen Vollblutarabern, große Reitanlage, Durchführung von Turnieren, Pensionsstall, Reitunterricht, drei Ferienwohnungen.

**Wanderreiten** bietet der Zusammenschluss „Eifel zu Pferd" an. Mehrtägige Touren führen je nach Wunsch mit und ohne Berittführer durch die schönsten Gebiete der Eifel, Unterkunft jeweils in Reiterhöfen, teilweise auch mit Verleihpferden, Gepäck wird separat transportiert.

- **„Eifel zu Pferd":** Geschäftsstelle Rolf Roßbach, 54619 Großkampenberg, Auf dem Dackscheid, Tel. 06559 9 30 51, www.eifelzupferd.de.

# Unterkunft

Die Ferienregion Eifel hat eine breite Palette von Unterkünften zu bieten, vom Luxushotel bis zu Pensionen in jeder Preislage. Sehr zugenommen hat das Angebot an überwiegend gut ausgestatteten **Ferienwohnungen.** Viele Hotels und Pensionen gehen dazu über, auch Appartements anzubieten – ein attraktives Angebot, gerade für Familien.

Weitere reizvolle Unterkünfte bieten Bauern und Winzer und zunehmend auch Reiterhöfe.

**Unterkunftsverzeichnisse** erhält man über die Fremdenverkehrsbüros (s. „Informationsstellen").

## Hotel-Kategorien

In diesem Buch sind die beschriebenen Hotels in folgende **Preiskategorien** unterteilt, dargestellt durch die **Ziffern** ① bis ⑤ **hinter dem Namen.** Die Preise gelten für ein Doppelzimmer pro Nacht mit Frühstück:

| | |
|---|---|
| ① | bis 50 € |
| ② | 50 bis 75 € |
| ③ | 75 bis 100 € |
| ④ | 100 bis ca. 150 € |
| ⑤ | Luxusklasse |

Bei den angegebenen Preisen handelt es sich um Hochsaisonpreise. Inzwischen bieten eigentlich alle Hotels spezielle Arrangements an, um ihre Belegzeiten zu verlängern. Es lohnt also auf jeden Fall, sich nach solchen Sonderangeboten zu erkundigen.

## Camping

Recht groß ist die Zahl der Campingplätze, meist an landschaftlich besonders attraktiven Standorten gelegen.

■ **Broschüre Campingmagazin Eifel:** Eifel-Tourismus GmbH, Kalvarienbergstr. 1, 54595 Prüm, Tel. 06551 9 65 60, www.eifel.info.

Darüber hinaus gibt es eine spezielle Broschüre, die Auskunft über die **Wohnmobil-Stellplätze** in der gesamten Eifel erteilt.

■ **Reisemobilerlebnis Eifel:** Eifel-Tourismus GmbH, Kalvarienbergstr. 1, 54595 Prüm, Tel. 06551 9 65 60, www.eifel.info.

## Ferienparks

Geradezu geschaffen für Familien mit Kindern sind die Ferienparks, in denen Urlauber **Bungalows** mieten können. Sie sind mit allem ausgestattet, was für Erholung, Spiel und Spaß erforderlich ist, vor allem verfügen sie über **Erlebnisbäder.** Beispielhaft seien in diesem Zusammenhang der Landal Park im Wirfttal (siehe Stadtkyll) und der Center Park Heilbachsee erwähnt.

■ **Center Park Heilbachsee:** 56767 Gunderath, Am Kurberg, Tel. 01805 43 45 22, www.centerparcs.de. Großzügiger Ferienpark im oberen Elztal, am besten von Kelbach zu erreichen, Anfang Jan. bis Mitte Sept. „all inclusive", großes Sportangebot von der Tauchschule über Tennis bis zum Volleyball, umfangreiches Kinderprogramm mit der „kids factory", vier verschiedene Ferienhauskategorien: Standard, Comfort, Premium und VIP, behindertengerechte und allergikerfreundliche Ferienhäuser.

## Jugendherbergen

In vielen Eifelorten stehen Jugendherbergen zur Verfügung (s. Ortsbeschreibungen). Ein **Jugendherbergsausweis,** den man auch als Familie beantragen kann, ist notwendig, man erhält ihn für 12,50–21 € über das Deutsche Jugendherbergswerk.

■ **Deutsches Jugendherbergswerk,** Bismarckstr. 8, 32657 Detmold, Tel. 05231 7 40 10, www.jugendherberge.de.

# Wandern

Die Eifel ist ein Paradies für Wanderer. Markierte Wege durchziehen die grandiose Berglandschaft. Ein Großteil der überregionalen Wanderwege wird durch die Mitglieder des Eifel-Wandervereins betreut und markiert. Es gibt **Fernwanderwege,** die mit „FWW" gekennzeichnet sind, **Weitwanderwege** („WWW"), **Hauptwanderwege** („HWW"), **Regionalwanderwege** („RWW") und **Gebietswanderwege** („GWW"). Dazu kommen die vielen örtlichen Wanderwege, die oft als Rundwege angelegt sind. Für den leichteren Zugang sind an allen Eifellandstraßen Wanderparkplätze angelegt und ausgeschildert worden.

■ **Eifelverein:** 52349 Düren, Stürtzstr. 2–6, Tel. 02421 1 31 21, www.eifelverein.de. Der Eifelverein wurde 1888 gegründet und zählt mit 30.000 Mitgliedern, organisiert in 158 Ortsgruppen und 13 Bezirksgruppen, zu den größten Wander- und Heimatvereinen. Er betreut Wanderwege, übt aktiv Naturschutz aus, betreibt Kulturpflege und Jugendarbeit und gibt Publikationen heraus, vor allem Wanderkarten. Insbesondere die Karten im Maßstab 1:25.000 sind empfehlenswert.

Der **313 Kilometer lange Eifelsteig** führt in fünfzehn Etappen durch die gesamte Eifel unter dem Motto „Wo Fels und Wasser Dich begleiten" durchquert. Er geht von Aachen über das Hohe Venn, durch das Rurtal, vorbei an den großen Eifelstauseen, durch den Nationalpark Eifel und über die Kalk- und die Vulkaneifel bis hinunter zur Süd-eifel bis Trier. Die offizielle Eröffnung des Eifelsteiges erfolgte am 4. April 2009 im Rahmen einer „grenzüberschreitenden" Wanderung von Nordrhein-Westfalen nach Rheinland-Pfalz.

- **Eifelsteig:** Informationen zu den einzelnen Etappen findet man unter www.eifelsteig.de.

Parallel zum wohl bekannten **Rotweinwanderweg** gibt es neuerdings auch den **Ahrsteig,** der von Blankenheim bis zur Ahrmündung führt. Im Bereich der Weinahr führt dieser Weg auf der dem Rotweinwanderweg gegenüber liegenden Ahrseite entlang (siehe „Osteifel/Altenahr").

Im Zuge der Schaffung des Nationalparks Eifel wurde dort der **Wildnis-Trail** in 4 Etappen eingerichtet.

- www.rotweinwanderweg.de
- www.ahrsteig.de
- www.nationalpark-eifel.de
- www.eifel-wanderungen.de

Zahlreiche Stauseen prägen das Bild der Eifel

# Wassersport

Wassersport ist in der Eifel vielfach möglich. Die **Flüsse** eignen sich für Kanu- und Schlauchbootfahrten. Die großen **Talsperren** laden zum Baden, Surfen und Segeln ein, sofern sie für Wassersport zugelassen sind. Motorboote sind auf keinem der Seen erlaubt.

# Wellness

Die **Thermalquellen** der Eifel wurden schon von den Römern geschätzt und genutzt. Ausgegrabene Baureste, Brunnenfassungen und Badeanlagen zeugen von der antiken Badekultur in der Eifel. Mit dem Untergang des Römischen Reichs verfielen die bislang genutzten Thermalquellen. Doch schon im Mittelalter erkannte man ihre heilende Wirkung wieder. Heute bilden die Thermalquellen die Grundlage des Heil- und Wellnessbetriebes der Kurorte in der Eifel, allen voran **Bad Neuenahr, Bad Bertrich** und **Bad Münstereifel.** Sie bieten großzügige Thermalbadeanlagen mit dem dazu gehörigen Service.

21142543ei fotolia

Darüber hinaus hat sich eine Vielzahl von Eifelorten als **Luft- oder Kneippkurort** qualifiziert, so vor allem Daun, Gemünd, Kyllburg und Manderscheid. Landschaft und Klima bieten die Grundlage für erholsame Aufenthalte.

# Wintersport

Aufgrund der Höhenlage und der Witterungsbedingungen kann in der Eifel an mehreren Stellen Wintersport betrieben werden. Im Vordergrund steht der **Skilanglauf,** obwohl auch einige Abfahrten vorhanden sind, die mit **Schleppliften** versehen sind. Über Schnee-Telefonnummern kann man sich über die örtlichen Schneebedingungen erkundigen.

Die besten Bedingungen finden sich meist in den Wintersportgebieten „Weißer Stein" bei Udenbreth und „Schwarzer Mann" in der Nähe von Prüm. Diese Gebiete liegen über 600 Meter hoch und bieten neben mehreren Kilometern Langlaufloipen auch Lifte und **Rodelpisten** an. Des Weiteren sind noch die Skigebiete Hohe Acht bei Jammelshofen, Mäuseberg bei Daun, Wolfsschlucht bei Prüm und das Langlaufgebiet bei Blankenheim zu erwähnen.

- **Aktueller Schneebericht Schneifel:**

Tel. 06551 44 22.

062ba ot

# 7 Land und Leute

[<] Blick auf die Nürburg

# Die Eifel im Überblick

Die Eifel umfasst als linksrheinischer Teil des **Rheinischen Schiefergebirges** eine Fläche von über 5000 $km^2$. Im Laufe erdgeschichtlicher Zeiträume wurde die nach Norden abfallende Hochfläche der Eifel mit ihrem Untergrund aus Schiefer, Kalk- und Sandsteinen sowie Quarziten der Devonzeit abgetragen und von Flussläufen durchschnitten. In mehreren vulkanischen Phasen entstanden durch Ausbrüche eine Vielzahl von **Bergkegeln und Maaren,** die teilweise mit Wasser gefüllt sind und ganz wesentlich zum vielgestaltigen und reizvollen Bild der Eifeler Landschaft beitragen. Bis heute gilt die Eifel als **vulkanisch aktiv,** denn man geht davon aus, dass sich in ihrem Untergrund ein so genannter „Hot Spot“ befindet. Kennzeichen dieser vulkanischen Aktivität sind die vielen **Mineralquellen** und austretendes Kohlensäuregas, wie dies etwa im Laacher See zu beobachten ist.

**Klimatisch** zählt die Eifel zum **atlantischen Einflussgebiet** mit reichlichen Niederschlägen, die in den Hochlagen anhaltend als Schnee fallen.

Schon vor 100.000 Jahren durchstreiften die ersten Menschen das Gebiet. Während der Kaltperioden der Eiszeit lag die Eifel zwar nicht unter einer tiefen Eisschicht, aber die Lebensbedingungen für Menschen gestalteten sich erst mit der beginnenden Warmzeit wieder besser. Vielfältige Funde belegen die Besiedlung der klimatisch bevorzugten Räume im Süden und in den niederschlagsärmeren Flusstälern. Die **Römer** erschlossen sich dann die **Bodenschätze** wie Galmei und Eisen, nutzten Kalk und Stein und legten große **Fernstraßen** durch die Eifel an. Im Hochmittelalter war die Eifel Grenzgebiet zwischen den Erzbis-tümern Köln und Trier, der Grafschaft Luxemburg und dem Herzogtum Jülich. Dies erklärt die große Zahl an

**Burgruinen,** welche vor allem zur Grenzsicherung erbaut wurden.

Erzverarbeitung sowie der Bau- und Brennholzbedarf führten bis zum 18. Jahrhundert zur weitgehenden Entwaldung der Eifel. Erst die Preußen begannen im beginnenden 19. Jahrhundert mit der Wiederaufforstung, doch an den sozialen Zuständen änderte sich wenig – die Eifel war als **ärmliches Randgebiet des Reiches** nur aus militärischen Gründen von Interesse. Erst der Bau vieler **Eisenbahnstrecken,** die vor allem strategischen Zwecken dienten, und später der Bau von Straßen brachten eine Verbesserung der Wirtschaftslage und nebenbei auch den Tourismus in Schwung.

Heute lebt die Eifel im Wesentlichen vom Dienstleistungssektor. Zwar haben alle Eifelgemeinden längst eigene Gewerbegebiete, doch der **Fremdenverkehr** stellt nach wie vor die Haupterwerbsquelle dar. Es sind die naturgegebenen Voraussetzungen, die die Eifel zum Anziehungspunkt für Urlauber machen!

# Geografie

Die Eifel zählt zu den erdgeschichtlich alten Gebirgen. Ihre Entstehung geht im Wesentlichen auf das **Zeitalter des Karbon** vor 300 Millionen Jahren zurück. In dieser Periode wurden die Mittelgebirge in Europa aufgefaltet, so unter anderem das Rheinische Schiefergebirge, das sich beiderseits des heutigen Mittelrheingrabens erstreckt.

Die Eifel wird als **Teil des Rheinischen Schiefergebirges** im Osten durch den Rhein, im Süden durch die Mosel und im Norden durch die Ausläufer der Norddeutschen Tiefebene begrenzt. Im Westen geht die Eifel in die **Ardennen** über und setzt sich auf belgisch-luxemburgischem Territorium fort. Die Täler der Hauptflüsse sind zum Teil tief in ihre Randlandschaften eingeschnitten – **Kyll, Lieser, Alf** und **Elz** entwässern südlich in die Mosel, **Ahr, Brohl** und **Nette** westlich in den Rhein, die **Rur** nördlich in die Maas und die **Erft** nördlich in den Rhein.

## Geologische Formationen

Einst breitete sich auf dem heutigen Gebiet der Eifel ein großes Meer aus, dessen Sedimente im Zuge von Erdauffaltungen an die Oberfläche gerieten. Aus dieser Zeit stammen die **Sandsteine** und **Schiefer,** aus denen große Teile des Eifeluntergrundes zusammengesetzt sind. Im

Die drei Dauner Maare sind durch Wanderwege miteinander verbunden

# Die Eifel-Maare – Kratermulden mit und ohne Wasser

Die Eifel-Maare (lateinisch *mare* = die See, das Meer), von der Dichterin *Clara Viebig* als die „Augen der Eifel" bezeichnet, sind überwiegend in der letzten Ausbruchsperiode des Eifel-Vulkanismus entstanden. Es handelt sich hierbei um kraterförmige Vertiefungen, die durch **vulkanische Gasexplosionen,** so genannte phreatomagmatische Explosionen entstanden. Maare sind großteils kreisförmig und teilweise mit Wasser gefüllt, sodass man **Maarseen** von **Trockenmaaren** unterscheidet.

In der ersten Entstehungsphase eines Maares trifft aufsteigendes Magma mit Wasser führenden Gesteinsschichten zusammen. Beim Kontakt von Wasser und Magma kommt es zu jenen Explosionen, bei denen das umgebende Gestein zusammen mit der Magma in kleinste Bestandteile zerfetzt und aus dem Explosionstrichter geschleudert wird. Das Gestein bricht über dem Explosionsschlot zusammen, der Maartrichter entsteht und nachfolgendes Auswurfmaterial bricht in den Trichter ein. Bleibt ein Trichter erhalten, füllt sich dieser mit **Grund- und Oberflächenwasser,** der Maarsee entsteht. Verfüllt sich der Trichter, auch durch spätere Sedimente, entsteht ein Trockenmaar.

Der wohl schönste Maarsee ist das kreisrunde **Pulvermaar** bei Gillenfeld, das interessanteste Trockenmaar wird vom **Booser Doppelmaar** westlich von Boos bei Kelberg gebildet. Der **Laacher See** ist übrigens kein Maar im eigentlichen Sinne. Es handelt sich hierbei um einen See, der im ehemaligen Einbruchkrater des Laacher Vulkans entstanden ist.

Als das älteste Maar wird das **Eckfelder Maar** bei Manderscheid angesehen. Es stammt aus der erdgeschichtlichen Epoche des Eozän, der zweiten Epoche des Tertiär vor etwa 50 Millionen Jahren. In diese Periode fällt die sprunghafte Weiterentwicklung der Säugetiere, vor allem der Unpaarhufer, Fledertiere, Primaten und Nagetiere. Und so hat man im Untergrund dieses Maares so sensationelle Funde gemacht wie das Eckfelder Urpferd, ein vollständig erhaltenes Skelett einer trächtigen Stute, sowie den Flügel einer vorzeitlichen Fledermaus.

Das jüngste Maar ist das **Eichholzmaar** bei Steffeln. In den Jahren 2007/08 wurden umfangreiche Renaturierungsmaßnahmen durchgeführt, um das zu Beginn des vorigen Jahrhunderts zum Erhalt von Wiesenflächen trocken gelegte Becken wieder zu füllen. Das Eichholzmaar bedeckt nun wieder eine Wasserfläche von einem Hektar, es hat einen Durchmesser von 120 Metern und seine größte Tiefe beträgt drei Meter.

Erdzeitalter des Devon bildeten sich Korallenriffe, deren **Kalke** an verschiedenen Stellen der Eifel auftauchen. Im Laufe der folgenden erdgeschichtlichen Zeiträume wurden die Auffaltungen weitgehend zu einem Rumpfgebirge abgetragen. Es herrschte trocken-heißes Klima in diesem Erdzeitalter von Perm und Trias. Das Meer überflutete nur noch Randbereiche des Eifelrumpfes – aus diesem Zeitraum stammen rötliche Buntsandsteinablagerungen.

## Vulkanismus

Im folgenden **Erdzeitalter des Tertiär** wurde der Eifelrumpf angehoben. Im Zuge dieser tektonischen Bewegungen brachen die Niederrheinische Bucht und auch das Neuwieder Becken ein. Mit dem so entstandenen Gefälle begann die Erosionskraft der Flüsse auf den Rumpf einzuwirken, das Eifelgebirge wurde langsam durch **Flusstäler** und Abtragungen strukturiert. Diese tektonischen Bewegungen machten gleichzeitig die Erdoberfläche unruhig und rissig – so setzte im Tertiär die erste Phase des Eifelvulkanismus ein. Tertiäre Vulkankuppen charakterisieren noch heute das landschaftliche Erscheinungsbild der Hocheifel. Hier drängte vulkanisches Material an die Erdoberfläche und hinterließ die höchsten Berge der Eifel, so die **Hohe Acht** (747 m), die **Nürburg** (678 m), den **Hochkehlberg** (674 m) und den **Aremberg** (623 m). Ingesamt gibt es – unabhängig von der Frage möglicher noch eintretender Eruptionsphasen in der Zukunft – derzeit **340 Vulkane** in der Eifel, die als erloschen gelten können.

Der Höhepunkt dieser primären tektonischen Unruhe in der Eifel lag vor 35 bis 45 Millionen Jahren und ist bis heute keinesfalls abgeschlossen, wie unter anderem die **häufigen Erdbeben** im Köln-Bonner Raum zeigen.

Die Umwandlung des Eifelrumpfgebirges zum heutigen Erscheinungsbild einer typischen **Mittelgebirgslandschaft**

| Erdzeitalter | Formation | Jahre |
|---|---|---|
| Erdurzeit | | vor 1 Milliarde |
| Erdfrühzeit | Präkambrium | vor 590–1000 Mio. |
| Erdaltertum | Kambrium | vor 490–590 Mio. |
| (Paläozoikum) | Silur | vor 390–490 Mio. |
| | Devon | vor 340–390 Mio. |
| | Karbon | vor 260–340 Mio. |
| | Perm | vor 215–260 Mio. |
| Erdmittelalter | Trias | vor 170–215 Mio. |
| (Mesozoikum) | Jura | vor 125–170 Mio. |
| | Kreide | vor 60–125 Mio. |
| Erdneuzeit | Tertiär | vor 2–60 Mio. |
| (Känozoikum) | Quartär | vor 11.500–2 Mio. |
| Gegenwart (Holozän) | Alluvium | seit 11.500 |

ist das Ergebnis der in den letzten 500.000 Jahren auf die Erdoberfläche einwirkenden Kräfte. Das Rumpfgebirge wurde stärker angehoben, die Flusstäler schnitten sich immer tiefer ein, der Mittelrheingraben senkte sich um 150 Meter ab. Im Wechselklima dieses Erdzeitalters des **Quartär** hinterließ die Einwirkung von Niederschlägen immer tiefere Spuren. Gleichzeitig war die erneute Eifelanhebungsphase von lebhaftem Vulkanismus begleitet. Dieses jüngste mitteleuropäische Vulkangebiet hatte seine geographischen Schwerpunkte in der Westeifel und im Maria-Laach-Gebiet. Aus dieser Zeit stammen auch die **Maare,** jene vielfach mit Wasser gefüllten Vulkantrichter, die die Eifel – neben vielfältigen Fossilienfunden – so berühmt gemacht haben.

# Flora und Fauna

## Die Pflanzenwelt

Die Eifel weist die typische Pflanzen- und Tierwelt der **deutschen Mittelgebirge** auf. Wenn es auch keine endemischen Arten gibt, so ist die Vielzahl ihrer Pflanzengesellschaften in Abhängigkeit von den hier anzutreffenden unterschiedlichen Lebensbedingungen beachtenswert. Von besonderer Attraktivität sind unter anderem die Orchideenstandorte in verschiedenen Regionen der Eifel und die Narzissenbestände in den Tälern der Westeifel.

Kaum ein anderes Mittelgebirge in Deutschland hat einen so vielfältigen Landschaftscharakter wie die Eifel. Die wechselnde Oberflächengestalt, klimatische und witterungsbedingte Abweichungen, unterschiedliche Bodenbeschaffenheiten und menschliche Eingriffe bedingen eine vielfältige Vegetation.

105ei ot

Die Moselberge begrenzen die Eifel im Südosten

# Die Waldgeschichte der Eifel

Im Zuge der nacheiszeitlichen Erwärmung hatte die **Buche** in der Eifel die bis dahin in den Mittelgebirgen dominierenden Eichen und Linden verdrängt. Als die Bevölkerung im Mittelalter stark zunahm, war es erforderlich, das Land immer intensiver zu bewirtschaften und auch die Wälder stärker zu nutzen. Neben den **Forsten,** den Jagdrevieren der Grundherren, gab es die **Buschen,** den Gemeindewald als Nutzwald für die Dorfbevölkerung. Ab dem 15. Jh. wurden die Forsten zunehmend zur Gewinnung von Holz und Holzkohle erschlossen, die Buschen zum Holzeinschlag, zum Sammeln von Streu, zum Abrinden und als Waldweide „missbraucht". Danach erfolgte weitgehender **Kahlschlag** in den Buchenwäldern, um Holzkohle für die sich auch in der Eifel stark entwickelnde Eisenindustrie zu gewinnen.

Als die Eifel – und damit auch die östlichen Teile des Hohen Venns – preußisch wurden, begann dort die gezielte **Aufforstung** mit der schnell wachsenden **Fichte,** die seither in der Eifel auch als „Preußenbaum" bezeichnet wird. Um 1900 betrug der Anteil von Fichten nach weiterer Vernichtung der Laubholzbestände in vielen Revieren schon um die 70 %. Heute bemüht man sich zunehmend um die **Wiederanpflanzung von einzelnen Laubholzbeständen,** sodass die Forste der Eifel wieder mehr durch Misch- und Laubwälder geprägt sind.

■ **Ausstellung 400 Millionen Jahre Wald:** Naturzentrum Eifel, 53947 Nettersheim, Römerplatz 8–10, www.naturzentrum-eifel.de (siehe Nettersheim).

Was auf den ersten Blick nur als abwechslungsreiche Komposition aus Feld, Weide und Wald erscheint, bietet bei genauerer Betrachtung beachtenswerte Aspekte, die der landschaftlichen Unterteilung der Eifel in Östliche Hoch- und Vulkaneifel, Nord-Süd-Senke, Westliche Hocheifel und Moseleifel entsprechen.

## Osteifel

So wird beispielsweise die Flora der Vulkankuppen der Osteifel von **Rotbuchenwald** beherrscht, in deren Krautunterbewuchs **Orchideenarten** wie das Waldvögelein, aber auch Nest- und Zahnwurz vorkommen. Die Maare dieser Region zeigen typische Wasserpflanzengesellschaften aus **Seerosen, Laichkraut** und **Binsen** sowie **Röhricht** in den Verlandungszonen, soweit sie vorhanden sind. Im Flussverlauf der Ahr findet man im unteren Bereich kurz vor der Mündung unterhalb der Landskrone auf nicht mehr bewirtschafteten Wein- und Obsthängen der Lohrsdorfer Wiesen Orchideenstandorte. Hier geben Hinweistafeln dem Besucher weitergehende Erklärungen zu diesem Biotop. Im Bereich der Wein-Ahr mit den steilen, Wärme speichernden Felsformationen kommen

**mediterrane Steingartengewächse** vor. Im oberen Ahrbereich haben sich im Lampertstal noch entwaldete Flächen erhalten, die durch Beweidung mit Schafen unter Naturschutz stehende **Wacholderheiden** tragen.

### Nord-Süd-Senke

Die Nord-Süd-Senke der Eifel ist durch ihre Kalkmulden gekennzeichnet. Hier ist der Niederschlag geringer, die Wasserdurchlässigkeit des Bodens erheblich. Neben **Orchideen,** vor allem Knabenkräutern und den Ragwurzarten im Trierer Muschelkalk, findet man vor allem verschiedene **Nelkenarten** und auf Magerwiesen die violett blühende **Kuhschelle.** Auch der **Ginster** ist weit verbreitet, der wegen seiner üppigen gelben Blüten als „Eifelgold" bezeichnet wird.

### Westeifel

Die Westeifel geht in Teilbereichen in das Hohe Venn über, das durch Hochmoore gekennzeichnet ist – hier wachsen **Moose, Wollgras** und **Seggen** und an den Torfrändern **Heide.** Vor allem im Perlenbachtal, aber auch in anderen Bachtälern der Region trifft man auf ausgedehnte **Narzissenstandorte.** In den Wäldern der Hochlagen von Zitterwald und Schneifel findet man am Boden üppigen **Farnbewuchs.** Neben der **Rotbuche** trifft man auf **Bergahorn** und **Esche. Efeu** ist weit verbreitet und es wachsen auch verschiedene **Beerenarten.** An den Hängen tritt **Ilex** auf. Ein ganz besonderes Biotop weist die Westeifel in den nördlichen Ausläufern des Hürtgenwaldes auf – hier zählt der Schlangenberg zu Europas bekanntesten Vorkommen der seltenen Schwermetallvegetation. Seine hervorragend ausgebildeten Schwermetallrasen und -heiden zählen zu den artenreichsten Vorkommen ganz Deutschlands. Es sind bedeutende Refugialbiotope für das **Gelbe Galmei-Veilchen,** das **Galmei-Täschelkraut** und die **Galmei-Grasnelke.**

### Moseleifel

Die Moseleifel ist klimatisch begünstigter als die anderen Eifelregionen. An den nach Süden exponierten Hängen sind **Eichenmischwälder** typisch. An den Steilhängen zur Mosel treten die **Weichselkirsche** auf, Wärme liebende **Farnarten** wie der Streifenfarn, **Fettkräuter, Felsheide, Mauerpfeffer,** die für warme Felsstandorte so typische **Felsenmispel** und **Felsenbirne** und vieles andere mehr.

## Die Tierwelt

Genauso wie der Mensch in die Vegetation der Eifel eingegriffen hat, betrifft dies auch die Tierwelt. Auerochs und Wisent waren spätestens im 16. Jahrhundert, der Bär im 17. Jahrhundert, Luchs und Wolf im 19. Jahrhundert ausgerottet. Auch Hirsche wurden Opfer der Entwaldung. Doch mit der Wiederaufforstung verbesserten sich die Lebensbedingungen. Heute ist **Rehwild** häufig, **Mufflons** wurden eingebürgert. Das **Wildschwein** vermehrt sich stark. Den **Fuchs** als größtes Raubtier findet man allerorten. Selten geworden ist die **Wildkatze.** Sie soll vor allem im neuen

Nationalpark Eifel bessere Lebensbedingungen finden. Daneben gibt es **Dachs, Iltis** und **Wiesel. Biber** wurden wieder ausgesetzt, der **Waschbär** kam aus Pelztierfarmen. Zu den fliegenden Säugetierspezies der Eifel zählen verschiedene **Fledermausarten.**

In der Luft dominieren Raubvögel, vor allem der **Bussard,** aber auch **Milan, Habicht,** selten die **Kornweihe.** Der **Uhu** ist an mehreren Standorten erfolgreich wieder eingebürgert worden. Selten ist der **Schwarzstorch,** aber es gibt ihn in der Eifel. Selten sind auch der **Eisvogel,** dessen Bestand sich aber ausweitet, die **Wasseramsel** und der **Pirol,** der einen Standort an der Ahrmündung hat. Daneben ist die Eifel Durchzugsgebiet für Vögel, aber auch Winterstandort, etwa für **Bergfinken.**

Kröten und Frösche sind weit verbreitet, auch der seltene **Laubfrosch.** Unter den Reptilien ist vor allem der **Feuersalamander** zu erwähnen. **Nattern** sind seltener geworden, **Eidechsen** sieht man überall an warmen Standorten.

Die Flüsse beherbergen eine große Artenvielfalt an **Fischen** – die Flüsse und Seen der Eifel sind sauber! Hier haben viele **Libellenarten** ihren Lebensraum. Groß ist auch die Zahl der **Käferarten** und **Schmetterlinge.**

Insgesamt kann man sagen, dass die vielen menschlichen Eingriffe in die Natur der Eifel in den zurückliegenden Jahrhunderten zwar ihre Lebenswelt beschränkt haben, dass aber heute der aktive Naturschutz dazu beiträgt, die Pflanzen- und Tiergesellschaften der Eifel zu erhalten und ihnen neuen Lebensraum bereitzustellen. So ist die Eifel auch wieder **Wolferwartungsland** geworden. Der letzte Wolf wurde 1888 geschossen. Aus den Ardennen streift immer wieder einmal einer durch die Eifel. Es wird wohl nicht mehr lange dauern, bis sich das erste Rudel hier niederlässt.

# Naturschutz

Zwei große Naturparks, neuerdings auch ein Nationalpark und viele Naturschutzgebiete erstrecken sich auf dem Gebiet der Eifel.

## Naturparks

Im Norden liegt der **Naturpark Nordeifel** als Teil des „Deutsch-Belgischen Naturparks Hohes Venn – Eifel". Seine Gesamtfläche umfasst 1760 km² zwischen dem Hohen Venn und dem Kermeter mit dem Rurtal, seinen Stauseen und der Schneifel. Im Süden der Eifel findet sich der **Naturpark Südeifel** als Teil des Deutsch-Luxemburgischen Naturparks mit einer Fläche von 433 km². Im Kern umfasst er die Gebiete des Ferschweiler Plateaus und verläuft entlang der Flüsse Sauer und Our bis hinter Dasburg. Darüber hinaus ragt südlich von Köln noch ein kleiner Teil des **Naturparks Rheinland** mit dem Rheinbacher Wald in die Eifel hinein.

## Nationalpark Eifel

Im Jahre 2003 hat das Land Nordrhein-Westfalen 10.700 Hektar der Nordeifel unter den Schutz des **ersten Nationalparks in Nordrhein-Westfalen** gestellt.

Der Nationalpark Eifel zeichnet sich durch seine weiten Buchenwälder, knorrigen Eichenwälder, Schluchten und wilden Bäche aus. Er umfasst das Gelände südlich der Rurtalsperren, das bis Ende 2005 von den Belgiern als Truppenübungsplatz genutzt wurde und bis dahin Besuchern nur beschränkt offen stand.

- www.nationalpark-eifel.de

### Naturschutzgebiete

Viele der geologischen, geographischen und landschaftlichen Besonderheiten der Eifel konnten unter Naturschutz gestellt werden. An die 150 solcher Naturschutzgebiete gibt es, wovon das Gebiet **Laacher See** mit seinen Randgebieten das größte ist. Es geht um den Schutz der Moore, Bachläufe und Felsformationen, um Orchideen- oder Narzissen-Biotope oder auch um Wacholderflächen oder spezifische forstliche Biotope, um nur eine Auswahl zu nennen.

# Geschichte

### Frühgeschichte

Bereits in vorgeschichtlicher Zeit durchwanderten Menschen die Eifel – entsprechende Funde lassen sich an die 100.000 Jahre zurückdatieren. Mit dem Ende der letzten Eiszeit verbesserten sich die klimatischen Bedingungen und die Menschen stießen intensiver in die Eifel vor. Das **Ferschweiler Plateau** im Süden ist ein gutes Beispiel für die Siedlungsgeschichte der letzten Jahrtausende vor der Römerzeit.

### Römer

Die Römer bescherten der Eifel vom 1. Jahrhundert v. Chr. bis ins 3. Jahrhundert n. Chr. eine friedfertige Zeit, in der das Gebiet sich zu einem **bedeutenden Wirtschaftsraum** entwickelte. Die Bodenschätze (Blei, Galmei, Eisen, Kalk und Steine zum Bauen) wurden abgebaut, große Fernstraßen quer durch die Eifel und die Fernwasserleitung nach Köln angelegt.

### Frankenreich

Ab dem 5. Jahrhundert drangen Franken in die nachrömische, entvölkerte Eifel vor. Das Gebiet lag am Ende des 1. Jahrtausends inmitten der fränkisch-karolingischen Herrschaftszentren **Aachen und Trier.** Die Karolinger statteten die **Abtei Prüm** zu einem der reichsten Klöster des gesamten Frankenreichs aus. Viele weitere Klostergründungen ließen die Eifel wirtschaftlich und kulturell aufblühen. Doch allmählich gewannen die Territorialstaaten im Reich an Gewicht.

## Hochmittelalter

Im Hochmittelalter war die Eifel Grenzgebiet zwischen den **Erzbistümern Köln und Trier,** der **Grafschaft Luxemburg** und dem **Herzogtum Jülich.** Sie alle strebten danach, ihr Herrschaftsgebiet im Hinterland der Eifel abzusichern. Die kleinen Eifelterritorien mussten sich gegen die Machtansprüche der Großen behaupten. Dies erklärt die große Zahl an **Burgen** in der Eifel, die vor allem zur Grenzsicherung erbaut wurden, von denen wir die meisten nur noch als Ruinen oder von späteren Wiederaufbauten kennen. Durch geschickte Politik konnten einige kleinere **Fürstentümer** und Abteien ihre Selbstständigkeit bewahren, so z.B. das Haus Manderscheid-Blankenheim, die Grafschaft Salm-Reifferscheid oder die Herzöge von Arenberg.

## Die römische Wasserleitung

Die etwa 100 Kilometer lange Eifelwasserleitung von Nettersheim nach Köln zählt zu den **längsten Fernwasserleitungen des Römischen Reiches.** Sie versorgte vom Ende des 1. bis zum 3. Jahrhundert n. Chr. Köln als Provinzhauptstadt Niedergermaniens mit Frischwasser. Die Leitung hatte ihren Ausgangspunkt unterhalb von Nettersheim im Flusstal der Urft an der Quellfassung „Grüner Pütz". Als reine Gefälleleitung zog sie sich am Talhang der Urft entlang nach Kall, um dort die europäische Wasserscheide zwischen Maas und Rhein zu überwinden. Anschließend verlief sie parallel zum Nordhang der Eifel, überquerte die Erft bei Euskirchen-Kreuzweingarten und den Swistbach mit gemauerten Gewölbebrücken, um dann im Kottenforst nordwestlich von Bonn den Höhenrücken des Vorgebirges zu passieren. Weiter führte die Leitung über Brühl und Hürth nach Köln. Die Leitung verlief zum Schutz vor Frost großteils etwa **einen Meter unterhalb der Erdoberfläche.** Sie hatte innen eine Breite von siebzig Zentimetern und eine Höhe von einem Meter und konnte auch begangen werden. Das Innere der Leitung war mit einem rötlichen Putz versehen, der neben Kalk auch zerstoßene Ziegelsteine enthielt. Dieses Material erhärtete unter Wasser und diente zur Abdichtung gegen Wasserverluste.

Eine zweite Verwendung erhielt die römische Eifelwasserleitung im **Mittelalter.** Die Baumeister der Kirchen, Klöster und Burgen in der Umgebung nutzten das Baumaterial, vor allem auch den **Kalksinter,** der sich in der Leitung durch das von den Römern so geschätzte kalkhaltige Wasser gebildet hatte. Der bis zu 30 Zentimeter dicke Kalksinter wurde wie Marmor verwendet – daher sein Name **„Eifelmarmor"!**

Der rund 110 Kilometer lange **Römerkanal-Wanderweg** folgt der Trasse der Eifelwasserleitung von Nettersheim nach Köln.

## Zeit der Kriege

So litt das Bergland der Eifel vom ausgehenden Mittelalter an bis in die Neuzeit hinein unter kriegerischen Eingriffen. In mehreren Wellen wurden viele Kulturgüter durch Brandschatzung und Plünderung zerstört. Es begann mit der so genannten **Jülicher Fehde.** Der Jülicher Herzog lehnte sich gegen Kaiser *Karl V.* auf, der im Gegenzug mit seinen Truppen 1542/43 den Nordwesten der Eifel mit Nideggen und Monschau verwüstete. Gegen Ende des 16. Jahrhunderts durchzogen im **Kölner Krieg** spanische Truppen das Rur- und Erftgebiet. Entsetzlich wütete der **Dreißigjährige Krieg** in der Eifel. Städte, Burgen und Dörfer wurden zerstört, Einquartierungen und Plünderungen taten ein Übriges. Noch schlimmer wüteten die **Truppen Ludwigs XIV.,** die ab 1667, insbesondere in den Jahren 1688/89 Frankreichs Traum von der Rheingrenze durchsetzen sollten. Diesen Raubkriegen fielen fast alle Burgen und Städte der Eifel zum Opfer.

## Französische Herrschaft

Am Ende dieser kriegerischen Ereignisse war die Eifel ausgeblutet und **verarmt.** Die Berg- und Hüttenwerke sowie der große Bedarf an Bau- und Brennholz führten ab dem 17. Jahrhundert zu einer fast völligen **Abholzung der Wälder,** sodass sich die Eifel bis zum Ende des 18. Jahrhunderts zu einer Wiesen- und Heidelandschaft zurückentwickelte, in der vor allem Schafherden weideten. Gleichzeitig verarmte die Bevölkerung der Eifel weiter, da die kargen Ackerböden keine ausreichenden Ernten zuließen. Da erwies sich der Einmarsch französischer Revolutionstruppen im Jahre 1794 geradezu als Segen für die Eifel. Die Feudalstrukturen, die von Frondiensten und Abgaben charakterisiert waren, wurden aufgehoben und das in Départements und Kantone aufgeteilte Land wurde an Frankreich und dessen Wirtschaftsraum angegliedert. Endlich lohnte sich wieder das handwerkliche und industrielles Engagement der Bevölkerung der Eifel.

## Preußen

1815 sprach der Wiener Kongress das Gebiet der Eifel Preußen zu, wo es bis 1945 verblieb. Preußen war um sein neues, an Frankreich grenzendes Herrschaftsgebiet bemüht, doch die Bevölkerung blieb verarmt. Die Infrastruktur wurde primär aus militärischen Gründen aufgebaut, das Land wieder aufgeforstet. Die Bevölkerung profitierte vom Eisenbahn- und späteren Straßenbau. Doch die Infrastruktur brachte auch billigere Produkte in die Eifel – hier mussten viele Industriebetriebe ihre Tore schließen. Dadurch blieb die Eifel bis in die Zeit nach dem Ersten Weltkrieg **einer der ärmsten Landstriche Deutschlands.**

Der Bau des **Nürburgringes** südlich des entlegenen Adenau ab 1925 setzte dann ein erstes Zeichen für den **wirtschaftlichen Neuanfang.** Diese Arbeitsbeschaffungsmaßnahme brachte zahlreiche Touristen in die Eifel! Doch zunächst musste der Zweite Weltkrieg mit seinen verheerenden Folgen überstanden werden.

## Zweiter Weltkrieg

Der schon vor dem Zweiten Weltkrieg errichtete **Westwall** machte die Eifel noch kurz vor Kriegsende zu einem der verlustreichsten Schlachtfelder. Im Hürtgenwald starben 1944/45 fast 70.000 Soldaten. Zur Unterbrechung der Nachschublinien hatten die Alliierten bis zum Ende des Krieges fast alle Städte, Dörfer, Verkehrsknotenpunkte und Industrieanlagen zerbombt.

## Wiederaufbau

Nach dem Krieg wurde die Grenze zwischen britischer und französischer Besatzungszone durch die Eifel gezogen. Mit der Konstituierung der Bundesländer kam der Nordteil der Eifel an **Nordrhein-Westfalen,** der größere Südteil an **Rheinland-Pfalz.** Der Wiederaufbau begann zunächst zögerlicher als in den Ballungsgebieten der jungen Bundesrepublik. Auch gelang städtebaulich nicht immer der „große Wurf“. Doch das Bewusstsein für die traditionelle Kultur wurde stärker. Vor allem die besonders schönen **Fachwerkstädte** wie Monschau, Monreal und Bad Münstereifel entstanden, von Putz und Verblendung befreit, neu.

## Tourismus

Es entwickelte sich eine touristische Infrastruktur mit Freizeiteinrichtungen, Gastronomie, Ferienparks und Erholungsangeboten. Heute stellt sich die Eifel als **moderne Freizeitregion** dar, die für ihre Besucher zu allen Jahreszeiten attraktiv ist.

# Kunst und Kultur

## Spuren der Römer

In vorrömischer Zeit waren primär die klimatisch bevorzugten Randlagen von Menschen bewohnt – im Norden von den Eburonen und im Süden von den keltischen Treverern. Mit dem Einzug der Römer wurde der gesamte Eifelraum erschlossen. Die Reste römischer Gutshöfe und Villen, römischer Straßen und der Wasserleitung, dazu Häuser- und Tempelreste, Befestigungsanlagen, aber auch Spuren des Bergbaus, der Industrie und der Kalkbrennerei sind Zeugen dieser Zeit. Anschaulich wird römische Kultur, wenn man die **Mosaiken der Villa Otrang** oder die **Römervilla am Silberberg** von Ahrweiler betrachtet oder beispielsweise den **Archäologischen Rundwanderweg** in Bitburg entlanggeht.

## Romanik und Gotik

Die nachrömisch-fränkische Kulturepoche der stark entvölkerten Eifel hat kaum Spuren hinterlassen. Mit der Christianisierung entstanden die ersten **Klosterbauten,** als wichtigstes die Abtei Prüm im Jahre 721 durch Bertrada aus dem Geschlecht der Karolinger. Die Karolinger richteten an die 50 Königsgüter in der Eifel ein, was zeigt, dass diese Region nunmehr wieder politisch und wirtschaftlich an Gewicht gewann. Weitere Klöster entstanden, Land wurde gerodet und urbar gemacht, Dörfer wurden errichtet, Mühlen gebaut und Weinberge angelegt. Die die Grundherren vertretenden Vögte verselbstständigten sich, richteten sich eigene kleine Herrschaften ein und bauten **Burgen** zu ihrer Verteidigung. So soll es im frühen Mittelalter an die 150 Burgen in der Eifel gegeben haben.

Das Mittelalter ist auch die Zeit des großartigen **Kirchenbaus** in der Eifel. In **Ahrweiler, Münstereifel, Münstermaifeld, Maria Laach, Prüm** und **Klausen** entstanden Sakralbauten von hohem künstlerischen Rang. Zu ihren Innenausstattungen zählen wertvolle Statuen, Fresken, Altäre und Gemälde. Nur zu leicht werden dabei die vielen **Dorfkirchen** aus jener Bauzeit übersehen, die man ganz verstreut über die Eifel findet, so in **Baasem** mit dem Renaissancealtar, die Wehrkirche in **Berndorf,** die Wallfahrtskirche **Fraukirch** mit dem berühmten Genoveva-Altar oder die Burgkapelle von **Kerpen.**

In der Spätgotik entwickelte sich mit der von *Nikolaus von Cusanus* geförderten Einstützenkirche ein eigenständiger Eifeler Baustil, der vor allem durch die Manderscheider Grafen in ihrem Herrschaftsgebiet zum Tragen kam, so beispielsweise in der Pfarrkirche St. Johann Baptist von **Kronenburg** oder in der Kirche von **Steinborn.**

## Barock und Rokoko

Obwohl vom 16. bis zum ausgehenden 17. Jahrhundert die Eifel immer wieder von Kriegen und durchziehenden Truppen heimgesucht wurde, hat diese Zeit viele bauliche Spuren hinterlassen. Das imposante **Barockschloss von Malberg** bei Kyllburg ist eines der klassischen Bauwerke dieser Zeit, das Rokoko-Ensemble von **Wittlich** hat seinen ganz besonderen Charme. Aus dieser Zeit stammen im Wesentlichen auch die großartigen **Fachwerkbauten,** wie sie heute restauriert als geschlossene Bausubstanz in den Altstadtkernen von **Ahrweiler,**

**Monschau, Bad Münstereifel** und **Monreal,** aber auch in vielen kleineren Orten anzutreffen sind. Aus dieser Barock- und Rokoko-Epoche stammen auch viele **Klosteranlagen,** so die in **Steinfeld, Springiersbach, Niederehe** und in **Prüm.** Ein besonderes Kleinod stellt die **Pfarrkirche von Saffig** dar, deren Baumeister niemand anders als *Balthasar Neumann* war.

## Sakrale Kunst

Neben den baulichen Leistungen, die über Jahrtausende in der Eifel vollzogen wurden, hat dieser Landstrich auch Akzente in anderen Kulturbereichen gesetzt. Großartig sind die vielen **Altäre und Skulpturen** in den Eifeler Kirchen, die der Romanik und Gotik, der Renaissance und dem Barock wie auch der Moderne entstammen. Der **Bassenheimer Reiter** des Naumburger Meisters in der Pfarrkirche von Bassenheim soll hier nur beispielhaft genannt sein – er zählt zu den künstlerisch wertvollsten Reliefskulpturen der Romanik ganz Deutschlands.

## Literatur

Zu den großen literarischen Leistungen zählt das um 1250 im Kloster Marienthal im Ahrtal entstandene **„Marienlob“,** ein 5000 Verse umfassendes **mittelhochdeutsches Mariengedicht.** Es beginnt, indem der Verfasser das Buch selbst sprechen lässt: „Ich bin das Lob der reinsten Frau, die Gottes Augen je erschauen konnten …“. Als Verfasser wird der damalige Prior des Nonnenklosters Marienthal vermutet – männliche Vorsteher von Nonnenklöstern waren damals nicht unüblich. **Volkspoesie** entstand in der abgeschiedenen Landschaft der Eifel mit ihren langen Wintern und drückte sich in Sagen, Legenden und Märchen aus. Mit der **Romantik** setzte das überörtliche Interesse an der „wilden, fernen Eifel“ ein. *Karl Simrock* und *Gottfried Kinkel* aus Bonn bereisten die Eifel und schrieben ihre Eindrücke für ein großes Publikum nieder.

Prominenteste Eifelschriftstellerin ist die in Trier geborene **Clara Viebig** (1860–1952), deren sozialkritische Romane, wie vor allem „Das Weiberdorf“, einen tiefen Einblick in das dörfliche Leben dieses verarmten Gebietes vermittelten – und die Eifel zu einer Literaturlandschaft machten. Diese Tradition setzt heute beispielsweise der Schriftsteller **Norbert Scheuer** mit seinen inzwischen viel beachteten Romanen „Flußabwärts“ (2002), „Kall, Eifel“ (Erzählungen 2005) und „Überm Rauschen“ (2009) fort.

Ein ganz anderes Literaturgenre der Eifel hat inzwischen Furore gemacht – der **Eifel-Krimi.** Diesen Hintergrund nutzt vor allem der 1936 geborene Kriminalschriftsteller **Jacques Berndorf,** der mit seinen Krimis ein großes Publikum in ganz Deutschland erreicht und mit seinen spannenden Schilderungen die Eifel weit über ihre Grenzen hinaus berühmt gemacht hat – er ist inzwischen der meistgelesene deutsche Krimiautor. In seinem Gefolge sind viele weitere Krimis anderer Autoren aus der Eifel entstanden. Unter ihnen ragt besonders

< Bitburger Barockschlösschen

**Ralf Kramp** mit seinen Eifelgeschichten hervor. Er veranstaltet auch **Krimi-Events** mit Live-Mördersuche in und um Hillesheim, der heimlichen Krimi-Hauptsatdt der Eifel. Angeboten werden auch **Krimi-Lesungen.** Ein „Eifel-Krimi-Wanderweg" führt von Hillesheim zu verschiedenen Schauplätzen der Eifel-Krimis (siehe „Eifeler Nord-Süd-Senke/Hillesheim"). Auch Daun bemüht sich zunehmend um das Krimi-Thema. Die Stadt richtet alle zwei Jahre das **Krimifestival der Eifel „Tatort Eifel"** mit Lesungen, Autorenpreisverleihung, Kurzfilmen etc. aus (siehe „Osteifel/Daun").

### Malerei

Den Malern der Eifel und ihrem Schaffen seit 150 Jahren widmet sich das KunstForumEifel. 2007 konnte der Förderverein die Räumlichkeiten der ehemaligen Volksschule in Gemünd beziehen und zu einem Ausstellungs- und Veranstaltungsort über die Eifelmalerei umgestalten. Der bekannteste Maler ist sicherlich **Fritz von Wille** (1860–1941), der die Burg Kerpen erworben hat (siehe „Eifeler Nord-Süd-Senke/Kerpen").

■ **KunstForumEifel:** 53937 Schleiden-Gemünd, Dreiborner Str. 22, eingerichtet durch den Förderverein Maler der Eifel e.V., Tel. 02445 91 12 50 und 02440 95 92 14, www.kunstforumeifel-gemuend.de, Ausstellungsräume geöffnet Fr–So 13–18 Uhr, Eintritt frei, Spenden erwünscht.

▷ Typische Landschaft in der Vulkaneifel



# Wirtschaft und Tourismus

### Bodenschätze

Die Eifel hat im Laufe ihrer Besiedlungsgeschichte ganz spezifische Wirtschaftsformen hervorgebracht. Ausgangspunkt der Eifelwirtschaft bildeten die Bodenschätze der Region. Dies betraf zum einen Erze wie **Blei, Galmei, Eisen** und **Kalk** und zum anderen Gestein als Baumaterial. Schon seit vorrömischer Zeit wurden diese Bodenschätze genutzt. Der **Erzabbau** spielte in vielen Regionen der Eifel eine große Rolle, so in Jünkerath oder für die Herzöge von Arenberg. Erst mit den verbesserten Verkehrsbedingungen im 18./19. Jahrhundert wurde der Erzbergbau immer konkurrenzunfähiger, sodass die letzten Gruben im 20. Jahrhundert geschlossen wurden.

Grundlage der Steinindustrie bilden die vulkanischen Gesteine der Eifel, **Schiefer** und **Sandstein.** Harter **Basalt** wurde schon prähistorisch für die Herstellung von Waffen genutzt. Die Römer setzten Basalt und Tuffe als Baumaterialien für ihre Straßen und beispielsweise für die Herstellung von Mühlsteinen ein. Heute noch gehört das Gebiet um Mayen und Kottenheim zu den größten zusammenhängenden Abbaugebieten für Natursteine in Deutschland. Der von den Vulkanen des Laacher Sees zu Tage geförderte **Bims** ist wegen seiner sehr guten Wärmedämmeigenschaften Rohmaterial für die Produktion von Bimssteinen. Die im Neuwieder Becken hergestellten Bimssteine finden überregional im Hausbau Verwendung.

## Landwirtschaft

Während sich die Steinindustrie in der Eifel punktuell ausbreitete, wurde seit dem Mittelalter Landwirtschaft flächendeckend betrieben. Dort, wo Ackerbau möglich ist, zählten bis vor dem Zweiten Weltkrieg **Hafer** und **Roggen** neben der **Kartoffel** zur Hauptnahrungsgrundlage der im Wesentlichen auf Selbstversorgung ausgerichteten Eifeler Landwirtschaft. Als weiteres traditionelles Getreide des Eifeler Hochlands stand **Dinkel** im Anbau. **Buchweizen,** auch Heidekorn oder Hederich genannt, gehört zu den Knöterichgewächsen und war die typische Kulturpflanze für die ärmsten Eifelzonen. Hafer und Buchweizen haben einen festen Platz in der traditionellen Eifeler Küche. Sie erleben heute eine kleine Renaissance, nachdem sie über Jahre aus dem Anbauspektrum verschwunden waren.

Noch um die Jahrhundertwende wurde der **Flachsanbau** auch in der Eifel betrieben. Der Samen der Pflanze wurde zur Erzeugung von Leinöl benutzt, während die Bastfäden des Stängels zur Herstellung von Textilien dienten.

In den Höhenlagen dominiert die Dauergrünlandnutzung zum **Futteranbau** und für die **Weidewirtschaft.** Wie überall ist auch in der Eifel die Milchviehhaltung in der Folge des rapiden Strukturwandels unter starken wirtschaftlichen Druck geraten.

## Forstwirtschaft

Auch die Forstwirtschaft der Eifel leidet zunehmend unter dem internationalen Wettbewerb. Zwar beträgt das Rundholzaufkommen der Eifel immerhin 700.000 Festmeter, doch werden heute die Aufgaben des Waldes nicht mehr

064ei ot

ausschließlich als Rohstoff- und Einkommensquelle gesehen. Die Bedeutung für das Allgemeinwohl liegt in seinen **Schutz- und Erholungsfunktionen.** Mit seiner stabilisierenden Wirkung auf Wasserhaushalt und Klima ist der Wald ein bedeutender ökologischer Faktor im sensiblen Naturgefüge. Als wertvolle Erholungsräume prägen die Wälder der Eifel die Landschaft, deren Erscheinungsbild eine der Grundlagen für den Tourismus ist, der inzwischen den Hauptwirtschaftsfaktor der Eifel darstellt.

## Tourismus

Der Tourismus hat eine lange Tradition in der Eifel – wenn man die Jagdausflüge der Karolinger von Aachen aus als eine Art Freizeitbeschäftigung betrachtet, reichen die Anfänge weit zurück. Doch der eigentliche Fremdenverkehr im heutigen Sinne fand seinen Ursprung im 19. Jahrhundert. In der Epoche der **Romantik** suchten Maler der Düsseldorfer Kunstakademie wie *Johann Wilhelm Schirmer* und *Karl Friedrich Lessing* die Schönheiten der Eifel und erwanderten in den 1820er und 1830er Jahren vornehmlich das Ahrtal. Ihre Bilder begründeten den Ruf der Eifel als malerische Landschaft. Neben den Malern waren es auch die Schriftsteller, die durch das Eifelgebiet wanderten, wie *Hoffmann von Fallersleben, Ernst Moritz Arndt* und *Gottfried Kinkel,* die literarische Zeugnisse von der Schönheit der Eifellandschaft ablegten. Ihnen folgten dann die ersten – wohlhabenden und gebildeten – Sommerfrischler auf den inzwischen gebauten Provinzialstraßen mit Posthaltestellen.

Kur- und Bäderreisende suchten die neu entstehenden **Kurorte** Bad Neuenahr und Bad Bertrich auf. Mit dem beginnenden Eisenbahnbau in den 1870er und 1880er Jahren wurde auch die innere Eifel für Touristen zugänglich. Eine gezielte Förderung des Eifeltourismus unternahm der 1888 gegründete **Eifelverein,** der sich die Imageförderung und den Ausbau touristischer Angebote zum Ziel gesetzt hatte. In seinem ersten Eifelführer (1889) wurden zahlreiche Tourenvorschläge vor allem entlang der Eisenbahnlinien gemacht.

Die Anfänge des **Wintersports** gehen auf das erste Jahrzehnt des 20. Jh. zurück, als Bonner Professoren in Hollerath einen Skiclub gründeten. 1909 entstand der „Wintersportverband der Eifel“.

Ein Zeichen setzte die Eröffnung des **Nürburgrings** 1927, der vor allem der Region um Adenau den erhofften Aufschwung brachte. An der Rur entstand Mitte der 1930er Jahre mit dem Bau der **Staudämme** bei Obermaubach, Heimbach und Schwammenauel ein riesiges Naherholungsgebiet mit zahlreichen **Wassersportmöglichkeiten.** Straßenbau und Motorisierung erschlossen dann auch die Vulkaneifel mit ihren zahlreichen **geologischen Attraktionen** dem Tourismus. Aber richtig los ging es erst nach dem Zweiten Weltkrieg. Der Autobahnbau machte die Eifel als **Naherholungsgebiet** für die Menschen aus den Ballungsräumen an Rhein und Ruhr erreichbar. Auch für Niederländer wurde die Eifel zu einem immer begehrteren Ziel.

Parallel vollzog sich der Strukturwandel in der Landwirtschaft. Man erkennt ihn einerseits schon von Weitem an den Windparks mit den großen Windrädern, die vielfach als landwirtschaftliche Nebennutzung betrieben werden, andererseits an den neuen Betätigungsfeldern der Landwirte, die ihnen angesichts der Strukturschwäche zusätzliche Einkommensquellen verschaffen – **Ferien auf dem Bauernhof** und Selbstvermarktung sind zwei Beispiele für diese Betätigungsfelder, die auch die Attraktivität der Eifel für Besucher weiter erhöhen. Überall in der Eifel sieht man heute die Hinweisschilder zu **Bauernhofläden,** in denen man nicht nur Obst und Gemüse, sondern auch selbst hergestellten Schnaps, Fleischwaren oder Käse erwerben kann.

Im Zuge dieser Entwicklung wurde die touristische Infrastruktur flächendeckend ausgebaut. Jeder Ort hat sein **Fremdenverkehrsamt,** das nicht nur Gastgewerbe und Ferieneinrichtungen vertritt, sondern vielfältigste Veranstaltungen anbietet, um die jeweilige Region noch attraktiver zu machen. So stellt sich die Eifel heute als eine professionell organisierte Ferienregion mit umfassenden **Erholungs- und Kulturangeboten** dar, deren Attraktivität das ganze Jahr über gegeben ist. Auffallend ist dabei, wie sehr sich die Fremdenverkehrswirtschaft auf die zunehmenden Besucher und Feriengäste aus den Niederlanden eingestellt haben – an manchen Häusern, die zum Verkauf stehen, sieht man auch das Schild: „Te koop"!

Zum neuen Besuchermagnet in der Eifel sollte der erweiterte **Erlebnispark Nürburgring** ausgebaut werden. Die bereits errichteten neuen Gebäude für ein ganzjähriges Freizeit- und Businesszentrum mit „Boulevard", „Arena", „Themenpark", „Ringwerk" und dem Eifeldorf „Grüne Hölle" sind überdimensioniert und haben die in sie gesetzten Erwartungen nicht erfüllt. Dazu kamen das finanzielle Desaster mit Insolvenz und die zwischenzeitliche Abwanderung der legendären Musikveranstaltung „Rock am Ring" zum Flughafen Mendig. Dieses findet zwar inzwischen wieder am Nürburgring statt. Die Zukunft des Parks steht aber in den Sternen (siehe „Rund um den Nürburgring").

Demgegenüber hat die Einrichtung des **Nationalparks Eifel** auf ganz neue Weise breites Interesse beim Publikum geweckt. Abgesehen vom Imagegewinn lockt der Nationalpark auch immer mehr Menschen an, was die Eifel zu einem immer attraktiveren Naherholungsraum macht. Hier ist es gelungen, Naturschutz mit Besucherströmen zu vereinbaren.

# 8 Anhang

# Literaturtipps

*Klaus Grewe*
**Der Römerkanal-Wanderweg**
herausgegeben vom Eifelverein, Düren, 2005. Hervorragende Darstellung des parallel zur Römischen Wasserleitung verlaufenden Wanderweges mit detaillierten Informationen über die Wasserleitung im Generellen wie auch über ihre einzelnen Abschnitte, mit 18 Kartenskizzen.

*Rudolf Kuhl*
**Roadbook Eifel/Mosel**
Reiner H. Nitschke Verlags-GmbH Euskirchen, 2004. Sehr detaillierte Tourenbeschreibungen mit tabellarischer Auflistung der beachtenswerten Streckenmerkmale wie Kurven, Gefahrenmomente und Richtungshinweise, aber auch zu Gastronomie und Sehenswürdigkeiten.

*Sophie Lange*
**Alt-Eifeler-Küche, Band 1: Kochen, Spezialitäten, Traditionen, Frauenwirken**
Helios Verlag, Aachen 1994. Das hübsch aufgemachte Buch bietet einen umfangreichen Überblick über die traditionellen Eifeler Speisen. Was dieses Buch besonders reizvoll macht, sind die zusätzlichen Darstellungen und Einblicke in die Alteifeler Lebensweise wie Alltags- und Sonntagsernährung, Tischsitten, Gebet, Schlachten oder den Dorfladen.

**Meyers Naturführer: Eifel**
herausgegeben vom Geographisch-Kartographischen Institut Meyer, Meyers Lexikonverlag Mannheim, Leipzig, Wien, Zürich 1990. Zusammenfassende Darstellung der wichtigsten landeskundlichen Phänomene der Eifel. Anhand von über 50 ausgewählten Themen wird auf 140 Seiten knapp, aber mit interessanten Details über Geologie, Geografie und landeskundlich-historische Aspekte der Eifel informiert. Im Anhang ein übersichtliches Glossar.

*Clara Viebig*
**Das Weiberdorf**
Verlag Egon Fleischel & Co., Berlin 1911. Sozialkritischer Roman der „Eifelschriftstellerin" über das Leben in einem Eifeldorf, in dem die Männer aus Not und Armut zum Arbeiten ins Ruhrgebiet gehen und nur an hohen Feiertagen zu ihren Familien zurückkommen.

*Clara Viebig*
**Kinder der Eifel**
Rhein-Mosel-Verlag, Alf 2007.
Eifel-Novellen aus drei Jahrzehnten.

*Cristiane Rüffer-Lukowicz und Jochen Rüffer*
**Eifelsteig: 15 Tagesetappen durch die wildromantische Eifel – von Aachen nach Trier**
Bachem Verlag, Köln 2008.

*Jacques Berndorf*
**Die Nürburg-Papiere**
KBV-Verlag 2010. Der berühmte Krimi-Autor, mit richtigem Namen *Michael Preute,* nimmt den Finanzskandal um das Freizeitzentrum Nürburgring zum Hintergrund seines neuesten Romans.

*Barbara und Hans Otzen*
**Das Eifel-Kochbuch**
Edition Lempertz, Königswinter 2009. Darstellung der Eifeler Küche mit ihren regionalen Bezügen.

*Barbara und Hans Otzen*
**Die schönsten Schlösser und Burgen: Ausflüge in der Eifel**
Droste Verlag, Düsseldorf 2015. Informationen und Ausflugstipps zu den attraktivsten Burgen der Eifel.

*Barbara und Hans Otzen*
**Erlebnis Nationalpark Eifel**
Regionalia Verlag, Rheinbach 2015. Reich bebilderter Text-/Bildband zur Landschaft, zu den Pflanzen und Tieren des Nationalparks mit touristischen Hinweisen auch zum Umfeld.

DEUTSCHE NORDSEEKÜSTE
Die schönsten Routen durch SÜDSCHWEDEN
TOURGUIDE
Rügen
Costa Brava
Costa Blanca
Florida
Hunsrück
La Gomera
Provence
Dresden
Madrid
FEHMARN
BERGEN
PISA · LUCCA · LIVORNO
ERFURT · WEIMAR
HAVANNA
HAMBURG
MONTREAL
REYKJAVIK
SYDNEY
TAIPEH
Yachtsegeln
Wohnwagen-Handbuch Indien
KulturSchock
Irakisch-Arabisch
für Afghanistan: Dari
Tagalog / Filipino
Kauderwelsch
AUSSPRACHE BEISPIELE
CityTrip
mit Faltplan
southern england · wales
uruguay · paraguay
pyrenees · pyrenäen
kolumbien · colombia
world mapping project
algarve
1:400 000
1:250 000

Pauschal &
Individuell
© Davis - fotolia

# Register

136ei ot

# Die Autoren

**Barbara und Hans Otzen**

Ihr gemeinsames Leben ist von Beginn an durch seine Reiselust geprägt worden. Es hat ihn an den Amazonas, in die Anden und nach Ostafrika gezogen. Aus all diesen Reisen sind Reiseführer entstanden, die in renommierten Verlagen erschienen.

Inzwischen konzentrieren sich beider Interessen auf die europäischen Länder und Kulturen, ganz besonders auch auf die nähere Umgebung ihres Wohnsitzes im Rheinland. Geschichte, Natur und Landschaft sowie Kunst und gleichermaßen Essen und Trinken spielen nicht nur in ihren Reiseführern über Österreich, Frankreich, Italien und die Niederlande eine große Rolle, sondern auch in ihren Wein-Reiseführern und in Kochbüchern, für die sie schon Buchpreise namhafter Institutionen erhalten haben. Mit der Eifel fühlen sich die Autoren besonders verbunden, liegt diese hochinteressante Ferien- und Erlebnisregion doch unmittelbar vor ihrer Haustür.

Im Reise Know-How Verlag sind von Barbara und Hans Otzen die Reiseführer „Holland – Die Westküste", „Münsterland", „Niederlande", „Normandie" und „Südtirol" sowie die Wein-Reiseführer „Deutschland", „Italien" und „Toskana" erschienen.